农业可持续发展：
理论与实践

NONGYE KECHIXU FAZHAN
LILUN YU SHIJIAN

冯海发 / 编著

吉林出版集团股份有限公司

图书在版编目（CIP）数据

农业可持续发展：理论与实践 / 冯海发编著. —— 长春：吉林出版集团股份有限公司，2015.12

ISBN 978-7-5534-9816-4

Ⅰ.①农⋯ Ⅱ.①冯⋯ Ⅲ.①农业可持续发展－研究－中国 Ⅳ.①F323

中国版本图书馆 CIP 数据核字（2016）第 006768 号

农业可持续发展：理论与实践
NONGYE KECHIXU FAZHAN：LILUN YU SHIJIAN

编　　著：	冯海发
责任编辑：	杨晓天　张兆金
封面设计：	韩枫工作室
出　　版：	吉林出版集团股份有限公司
发　　行：	吉林出版集团社科图书有限公司
电　　话：	0431-86012746
印　　刷：	三河市佳星印装有限公司
开　　本：	710mm×1000mm　1/16
字　　数：	450千字
印　　张：	26
版　　次：	2016年4月第1版
印　　次：	2016年4月第1次印刷
书　　号：	ISBN 978-7-5534-9816-4
定　　价：	105.00元

如发现印装质量问题，影响阅读，请与印刷厂联系调换。

目 录

第1章 农业可持续发展的重要意义 ………………………………… 1
1.1 农业的内涵及特征 ……………………………………………… 1
1.2 农业在国民经济中的地位 ……………………………………… 4
1.3 农业对国民经济发展的贡献 …………………………………… 10
1.4 农业与二、三产业的相互关系 ………………………………… 16
1.5 我国传统的重农思想和理念 …………………………………… 20
1.6 农业可持续发展的重要性 ……………………………………… 23

第2章 农业可持续发展的兴起背景 ………………………………… 29
2.1 农业发展的历史阶段 …………………………………………… 29
2.2 传统农业及其改造 ……………………………………………… 30
2.3 现代农业及其外部性 …………………………………………… 40
2.4 我国农业发展中出现的生态环境问题 ………………………… 53
2.5 农业可持续发展的兴起 ………………………………………… 57

第3章 农业可持续发展的理论内涵 ………………………………… 59
3.1 农业系统中环境系统与经济系统的运行规律 ………………… 59
3.2 农业可持续发展的内涵和实质 ………………………………… 66
3.3 农业可持续发展的指标体系 …………………………………… 74

第4章 农业可持续发展的实践探索 ………………………………… 78
4.1 发达国家对农业可持续发展的探索 …………………………… 78
4.2 农业可持续发展的几种实践模式 ……………………………… 87

第5章　我国农业可持续发展的资源框架 … 99
5.1　地形地貌背景 … 99
5.2　土地资源背景 … 104
5.3　气候资源背景 … 109
5.4　水资源背景 … 114
5.5　生物资源背景 … 116
5.6　生态环境背景 … 117

第6章　我国农业可持续发展的总体规划 … 121
6.1　推进农业可持续发展的综合管理 … 121
6.2　加强食物安全和预警系统 … 123
6.3　调整农业结构优化资源和生产要素组合 … 124
6.4　提高农业投入和农业综合生产能力 … 125
6.5　农业自然资源可持续利用和生态环境保护 … 127
6.6　发展可持续性农业科学技术 … 129
6.7　发展乡镇企业和建设农村乡镇中心 … 130
6.8　草地资源的开发利用与保护 … 132
6.9　水资源的保护与开发利用 … 134
6.10　土地资源的管理与可持续利用 … 138
6.11　森林资源的培育、保护、管理与可持续发展 … 140
6.12　生物多样性保护 … 142
6.13　荒漠化防治 … 144
6.14　水土流失综合防治 … 146
6.15　水土保持生态工程建设与管理 … 148

第7章　种植业生产与农业可持续发展 … 151
7.1　调整和优化种植业结构 … 151
7.2　提高种植业产品质量 … 165
7.3　发展小杂粮生产 … 170
7.4　搞好农作物秸秆综合利用 … 172

第 8 章　畜牧业生产与农业可持续发展 … 174
8.1　调整和优化畜牧业结构 … 174
8.2　大力发展奶牛业 … 180
8.3　加快建立无规定动物疫病区 … 184
8.4　严格执行畜牧法中有关畜牧业可持续发展的规定 … 187

第 9 章　渔业生产与农业可持续发展 … 191
9.1　调整和优化渔业结构 … 191
9.2　推行和完善休渔期制度 … 195
9.3　加强渔业水体污染治理 … 199
9.4　严格执行渔业资源保护和发展的法律法规 … 202

第 10 章　林业建设与农业可持续发展 … 214
10.1　林业在可持续发展中的重要地位和作用 … 214
10.2　搞好林业生态建设工程 … 218
10.3　推进退耕还林 … 222
10.4　加强森林病虫害防治 … 242
10.5　推行木材节约和代用 … 254

第 11 章　结构调整优化与农业可持续发展 … 258
11.1　农业结构调整优化的一般问题 … 258
11.2　人多地少国家农业结构调整的经验 … 267
11.3　农业结构调整优化的基本模式 … 286

第 12 章　土地利用保护与农业可持续发展 … 297
12.1　土地在农业可持续发展中的地位和作用 … 297
12.2　耕地数量保护 … 301
12.3　耕地质量保护 … 314
12.4　湿地保护 … 320

第13章　水资源开发利用与农业可持续发展 ································ 326
13.1　水资源在农业可持续发展中的地位和作用 ······················ 326
13.2　大力发展节水农业 ··· 329
13.3　大力开发非传统水资源 ·· 336

第14章　草原保护与农业可持续发展 ·· 342
14.1　草原在农业可持续发展中的地位和作用 ······················ 342
14.2　实施草畜平衡管理 ··· 345
14.3　严格执行草原法 ··· 346
14.4　积极推进退牧还草 ··· 355
14.5　加强草原鼠害防治 ··· 362
14.6　实施围封转移战略 ··· 366
14.7　转变畜牧业增长方式 ··· 372

第15章　水土保持建设与农业可持续发展 ·· 375
15.1　水土流失对农业可持续发展的影响 ·································· 375
15.2　我国水土保持的目标和任务 ·· 377
15.3　加强水土保持工作的对策措施 ·· 379

第16章　生态农业与农业可持续发展 ·· 390
16.1　生态农业在我国的实践 ··· 390
16.2　我国生态农业的基本原理 ·· 392
16.3　我国生态农业的技术类型 ·· 394
16.4　我国生态农业发展前景与重点 ·· 397

第17章　促进农业可持续发展的政策措施 ·· 401
17.1　促进农业可持续发展的政策手段 ······································· 401
17.2　促进农业可持续发展的基本对策 ······································· 405

第1章　农业可持续发展的重要意义

农业可持续发展，不仅对于农业发展本身，而且对于整个经济社会的可持续发展，都具有非常重要的地位和作用。因此，在系统讨论农业可持续发展的内涵、模式及途径等具体问题以前，我们先讨论农业可持续发展的地位、意义和作用。

1.1　农业的内涵及特征

农业可持续发展的所有问题，都与农业的内在含义及其特征有着直接关系。基于此，我们需要首先了解和把握农业的内涵和特征，为认识农业可持续发展问题提供基础。

1.1.1　农业的内涵

农业是人类劳动参与和控制下的动植物的自然再生产。这是农业作为一个产业的最一般定义。从这个定义出发，构成农业必须具备两大要素：一是必须要有动植物作为劳动对象；二是必须要有人的劳动参与和控制。缺少动植物的自然再生产或缺少人的劳动，都不成为农业。所以，农业的基本内容就是植物栽培和动物饲养。

由于植物有草本植物和木本植物之分，二者有着不同的生理过程，要求不同的栽培和管理条件，因此，植物栽培又可分化为二：草本植物的栽培和木本植物的栽培，习惯上称前者为种植业，即狭义的农业，称后者为林业。同样，动物也有陆生动物和水生动物之分，二者也有不同的生活习性，要求不同的饲养管理方法，因而动物饲养也就分化为二：陆生动物的饲养和水生动物的饲养，前者即为畜牧业，后者即为渔业。这样，农业的两个基本内容又具体地分化为四个部门：种植业、林业、畜牧业、渔业。

但是，农业的内涵除了要体现自然要素外，还要反映社会要素。在社会经济中，一个国家农业所包括的范围以及农业部门的划分，并不完全是由农业的基本定义决定的，它还要受到各个国家生产力的发展水平、经济条件、人们的生产习惯等因素的影响，特别是生产力的发展水平，对农业的范围和农业部门的划分影响很大。所以，我们要考察一个国家农业的具体范围和部门，就必须同时历史地考察这个国家经济发展的全过程。只有这样，才能对农业的范围和部门的现状有一个比较全面完整的理解。

我国目前的农业在内涵上包括四部分，即四个部门：一是农业（狭义农业，即种植业），具体包括粮食作物、经济作物、其他作物以及水果和茶叶类，野生植物的采集，农民家庭兼营商品性工业。二是畜牧业，具体包括家畜、家禽及其他经济动物的饲养、野生动物的捕猎。三是林业，具体包括农民的营林活动，从人工栽培的竹木上不经砍伐竹木的根而取得各种林产品的活动，村及村以下竹木采伐活动。四是渔业，具体包括在内陆水域和海水上的养殖活动，对天然生长的水产品的捕捞活动。

历史地看，我国农业的内涵是经历了变化的。1993年以前，农业中单独设立副业，具体内容是野生植物的采集和野生动物的捕猎，1958—1983年期间还包括村及村以下办的工业，1980年以后包括农民家庭兼营商品性工业。从1984年起，村及村以下工业活动划入工业。从1993年起取消副业，将野生动物的捕猎划入畜牧业，将野生植物的采集和农民家庭兼营商品性工业划归农业，从而形成了目前的农业、畜牧业、林业和渔业四个部门。

1.1.2 农业的基本特征

农业作为一个物质生产部门，与其他生产部门相比，有着本身所固有的特征。

农业的最根本特征，是经济再生产过程和自然再生产过程交织在一起。马克思指出："经济的再生产过程，不管它的特殊的社会性质如何，在这个部门（农业）内，总是同一个自然的再生产过程交织在一起。"这就是说，农业的再生产过程，既是人们投入活劳动和物化劳动，生产出满足人们需要的农产品的经济再生产过程，同时又是动植物本身生长发育和繁衍后代的自然再生产过程。这两个方面的再生产过程，在农业中交织在一起，这是农业区别于国民经济其他部门的根本特点。由这个根本特点派生出了农业的其他一些特点，主要是：

第一，农业生产具有明显的地域性，又称区间差异性。农业生产的对象是动植物有机体，动植物生长发育需要内因和外因两大条件，内因是指动植物本身所固有的遗传基质，而外因则是自然条件。动植物与外界自然环境之间有严格的选择性，只有在适宜的环境中，动植物才能进行系统地生长发育，完成它的生命过程，为人们提供产品。然而，自然条件由于其本身规律的支配，其分布具有明显的地域性。不同地区之间，自然条件的差异很大。动植物与环境之间的相互选择性，就决定了一定地区只能有某一方面的优势，只能适应于某些动植物的生长。这样，一定的动植物生长在一定的自然环境条件中，而且具有相对的稳定性，便形成了农业生产的地域性。

第二，农业生产具有强烈的季节性。在农业中，劳动时间和生产时间不相一致。所谓生产时间，是指产品的生产过程所延续的时间，而劳动时间则是指人们为生产这种产品而实际进行操作的时间。例如，冬小麦的生产过程从播种到收获，一般需要延续二百多天，而人们投入整地、施肥、播种、中耕、除草、收获等农事操作的时间，总共不过几十天。正如马克思所言："生产时间和劳动时间的差别在农业上特别显著。"劳动时间只是生产时间的一部分，这就产生了农业生产的季节性问题。比如大田生产具有农忙农闲之分；蔬菜上市具有旺季和淡季之别，鸡的产蛋量、奶牛的泌乳量等，由于气候的周期性变化，也具有季节性。农业生产的季节性特点，一方面，使农业生产资料不能均衡使用，影响农业生产的经济效果；另一方面，使农产品的供应具有季节性，直接影响工业生产和城乡居民的生活，由此便产生了农产品的贮藏、保管，运输等一系列问题。尽管科学技术可以调整农业生产的季节性，如温室可以改变黄瓜、西红柿、茄子、白菜等蔬菜的生产季节，使这些农产品在温室里一年四季都能够生产，但大田作物的生产季节性则是无法改变的。

第三，农业生产具有较长的周期性。在连续不断的农业再生产过程中，从开始生产到获得产品的整个生产过程所经过的全部时间，即为农业生产周期。比如，种植业中，从整地开始到产品收获所经过的全部时间，即为一个种植业生产周期。由于作为农业生产对象的动植物自身的特性，动植物的生命周期比较长，因而农业生产的周期一般比工业长，多则几年，少则几个月。通常情况下，农业生产周期一般按一年来计算。

第四，农业生产对土地具有严格的依赖性。动植物特别是植物的生长发育，不仅要以土地作为立足点和空间，而且更重要的是通过土地来获取生长发育所需要的一切营养物质，这就决定了农业生产与土地有着密不可分的关系，农业生产严格依赖于土地，一点也离不开土地。人们通过自己的劳动，把农作物所需要的营养物质投入土地，农作物通过自己的生理器官，从土壤中吸收这些营养物质，以转化为人们所需要的产品。所以，在人与农作物之间的能量转化过程中，土地就起了一个桥梁作用。土地既可以作为农业生产的劳动对象，又可以作为农业生产的劳动资料，是农业中最基本的不可取代的生产资料。土地的状况对农业生产影响极大，对农业的可持续发展影响极大。有鉴于此，我们要专门讨论土地利用与农业可持续发展问题和水土保持建设与农业可持续发展问题。

第五，农业生产与生态环境的关系极为密切。由于自然再生产是经济再生产的基础和出发点，农业生产过程对自然生产过程、自然环境和自然因素具有强烈的依赖性。在农业生产中，自然因素总是作为生产的要素参与农业生产过程中。马克思在《剩余价值理论》中曾明确指出："在农业方面，大体说，自然就有自然力在协同发生作用。""在农业中自然力的协助，从一开始就具有广大的规模。"因此，在农业生产中，自然因素具有重大作用。但是，自然因素作用的深度和广度，却又在很大程度上取决于社会的经济因素，取决于人的主观能动性。总体上讲，农业与生态环境的关系具有二重性。一方面，生态环境中的基本要素，如光照、降水、气候、土壤、地势、植被等，是农业生产的重要条件。没有这些条件，农业生产无法进行。也就是说，农业生产离不开相应的生态环境。生态环境是农业生产最基本的自然物质基础。另一方面，农业生产活动对生态环境具有重要影响，这种影响表现在两个层面：一是有利层面，即农业生产对生态环境形成有利影响，通过科学合理的农业生产活动，可以使受到破坏的生态环境得到恢复，可以使生态环境更加平衡协调；另一是不利层面，即农业生产活动对生态环境形成不利影响，不合理的农业生产活动，如毁林开荒、毁草种地、超载过牧、乱砍滥伐、乱采滥挖、过量捕捞，以及过量使用化肥、农药、农膜、过量开采地下水等，都会对生态环境造成破坏。农业可持续发展，就是要发挥农业生产活动对生态环境的有利作用，避免农业生产活动对生态环境的不利作用，实现农业生产与生态环境的协调和共同发展。

1.2 农业在国民经济中的地位

农业可持续发展的地位、意义和作用，是由农业的地位、意义和作用决定的。认识农业可持续发展的地位、意义和作用，需要首先认识农业在国民经济和社会发展尤其是国民经济发展中的地位、意义和作用。这是我们讨论农业可持续发展问题的基础和起点。

1.2.1　国民经济的产业构成

国民经济是社会全部经济活动的总和。作为各部门总和的国民经济，由农业、工业、建筑业、商业和运输业等物质生产部门和文化教育、医疗卫生、生产和生活服务、社会管理等非物质生产部门组成。各个部门又包括众多的基本单位，各自在社会再生产过程中发挥着不同的职能和作用。各部门、各单位都以其特定的职能和社会定位，相互依存，相互制约，相互联系，组成一个统一的有机整体，这个整体就是国民经济。

按照现代产业部门划分理论，国民经济被划分为第一（次）产业、第二（次）产业和第三（次）产业。第一产业是指产品直接取自自然界的部门，又称初级生产；第二产业是对产品进行加工的和再加工的部门，又称次级生产；第三产业是为生产和生活提供服务的部门，又称第三级生产，在范围上包括第一和第二产业以外的所有部门。这种产业划分理论，已被世界各国普遍接受和采用。

在实践中，三次产业部门的具体分类标准，各国之间存在一些差异。如采矿业，有的国家将其列为第二产业，作为次级生产与制造业相结合，有的国家则将其列为第一产业；煤气、电力、自来水等公用事业，有的国家列为第二产业，属于制造业部门，有的国家则列为第三产业，作为服务部门。在对国民经济发展进行国际比较时，需要注意这些差别。

我国从1985年起开始逐步采用三次产业分类标准。我国关于国民经济三次产业划分的具体结果是：

第一产业，即农业，包括种植业、林业、畜牧业和渔业。

第二产业，即工业和建筑业，工业包括采掘工业、制造业、自来水、电力、蒸气、热水和煤气等。

第三产业，即除第一、第二产业以外的其他各业，分为两大部门：一是流通部门，二是服务部门。又具体分为以下四个层次：第一层次为流通部门，包括交通运输业、邮电通讯业、商业、饮食业、物资供销和仓储业；第二层次为生产和生活服务的部门，包括金融、保险业、房地产业、公用事业、地质勘查业、居民生活服务业、旅游业、咨询信息服务业和各类综合服务业、农林牧渔及水利服务业和铁路、公路、内河（湖）航道养护业等；第三层次为提高科学文化水平和居民素质服务的部门，包括教育、文化、广播电视、科学研究、卫生体育和社会福利事业等；第四层次为社会公共需要服务的部门，包括国家机关、党政机关、社会团体，以及军队、警察等。

1.2.2 农业是国民经济的基础

农业是一个重要的物质生产部门，在国民经济和社会发展中具有重要的地位和作用。农业是国民经济的基础，这是一个古今中外概莫能外的客观规律。

在人类社会的最初发展阶段，人类的生产活动，主要是从事农业生产，农业是人类社会再生产的起点。随着人类社会的发展，逐渐形成了部门繁多的国民经济。然而，农业的发展，始终处于基础的地位。农业生产所提供的食物等基本生活资料，始终是人类社会存在和发展的基本前提；农业部门所创造的剩余产品，始终是社会其他部门存在和扩大的重要基础。农业的这种产业特性，决定了农业是国民经济的基础，是安天下的战略产业。

农业为什么是国民经济的基础？我们可以从以下几个方面做出认识。

首先，农业是人类社会存在的基础。人类社会的存在和发展，首先要获得最基本的生活资料。马克思指出："人类为了能够创造历史，必须能够生活，但是为了生活，首先就需要衣食住以及其他东西。因此第一个历史活动就是生产满足这些需要的资料，即生产物资生活本身。"在人类赖以生存的生活资料中，食物是最基本和最重要的。没有食物，人就不能生存，人类社会便不能存在和延续下去。而食物又是由农业生产的，农业生产利用植物的光合作用吸取太阳能和自然界的无机物质合成碳水化合物等营养要素的功能，至今是其他产业部门无法替代的。因此，没有农业，就没有食物，人类便无法生存，一切活动将无从谈起，自然也就不存在什么国民经济。所以，马克思讲："食物的生产是直接生产者的生存和一切生产的首要条件。"农业是人类社会赖以存在的基础。

其次，农业是国民经济其他部门赖以独立的基础。在人类社会的早期，生产手段落后，生产水平低下，人们只能从事食物的生产，农业是唯一的生产部门，农业本身就构成了国民经济；随着人类社会的发展，科技水平不断提高，生产手段不断改进，生产水平不断提升，农业劳动所生产的食物，除了满足自身生存需要以外，出现了剩余。农业剩余产品的出现，标志着人类除了生产食物以外，已经有能力从事其他活动了，从而为人类从事其他产业活动提供了可能性。因此，在原始社会末期，人类出现了三次社会大分工。首先是畜牧业和农业的分离，畜牧业从农业中演化出来，形成了一个以动物饲养、放牧为主的食物生产部门；其次是手工业和农业的分离，手工业从农业中演化出来，发展成为与农业平行的工业；第三是随着商品生产和商品交换的出现，产生了独立的专司商品交换的商人和商业。在现代社会，农业外部的分工、分业更为发达，人类社会不仅具有发达的非农业物质生产部门，而且拥有为数众多的发达的非物质生产部门。在众多的产业部门构架中，农业已不再是全部的国民经济，而成为只是国民经济的一个部门。然而，不论是人类社会早期的分工分业，还是现代社会的分工分业，非农业部门的产生和独立，都是以农业的剩余产品为前提的，都是建立在农业劳动生产率提高的基础之上的。正如马克思所说："超越劳动者个人需要的农业劳动生产率，是一切社会的基础。"没有农业劳动生产率的提高，没有农业剩余产品的出现，就不可能有国民经济其他部门的产生。所以，农业是国民经济其他产业部门赖以产生和独立的基础。

最后，农业是国民经济各个部门进一步发展的基础。国民经济其他部门从农业中独立出来以后，能否进一步发展壮大，同样要以农业为基础。农业劳动生产率的高低，农业在满足农业生产者自身消费需要以后还能够提供多少剩余农产品，这不仅为其他产业部门的发展提供了一个出发点，而且为其他一切产业部门的发展规定了一个界限。对此，马克思这样分析道："从事加工业等等而完全脱离农业的工人的数目，取决于农业劳动者所生产的超过自己消费的农产品数量。"国民经济其他部门能够发展多少或者能够以怎样的速度发展，归根到底要受到农业生产力水平的制约。

总之，没有农业，就不可能有国民经济的其他产业，而其他产业对国民经济则不会有如此巨大的影响作用。所以，农业是国民经济的基础，农业是国民经济首要的基础产业。一个国家如果没有稳定的和不断发展的农业，整个国民经济发展就失去了坚实的基础。

农业是国民经济的基础的事实，不论在什么社会制度下，也不论农业在国民经济中占多大份额，都是客观存在，都作为一个基本规律发生作用。在现代社会，农业在国民经济中所占份额甚小，第二产业和第三产业无论在规模上还是在发展速度上，都远远超过农业。但这并不能否认农业是国民经济首要的基础产业的事实，并不能改变农业是国民经济基础的规律。相反，农业以其高度的劳动生产率和在国民经济中较小的份额支撑着数量庞大的非农产业部门高度发展的事实，更加说明了农业作为国民经济基础的重要性。

1.2.3 农业作为国民经济基础的基本要求

农业是国民经济的基础，作为一个客观规律，它在实践中必然要发生作用。不管承认不承认它，不管坚持不坚持它，它都要发生作用。当坚持它、维护它、按照它的要求办事时，国民经济发展就顺利。当不坚持它、不维护它、不按照它的要求办事时，它就会产生强制性作用，即部门比例不协调引起国民经济发展出现问题甚至危机，迫使对产业结构进行调整，以加强农业的基础地位，实现部门间的合理比例，从而恢复国民经济的正常运行和发展。农业兴，百业兴；农业衰，百业衰；农业萎缩，全局动摇，这是一个颠扑不破的真理。所以，在实践中坚持农业是国民经济的基础的规律，绝不是只体现在文字或口头上，而是要体现在实实在在的行动上。尤其对于我们这样一个人口大国而言，国民经济发展不可能建立在外国农业的基础上，因此必须扎扎实实地严格按照农业是国民经济基础这一规律的基本要求办事。

首先，要在经济发展的指导思想上体现和保障农业的基础地位，把发展农业始终放在国民经济工作的首位。在经济发展的指导思想上，要把农业放在优先地位；在确定国民经济发展战略和发展政策时，要首先考虑农业；在制定国民经济发展规划和计划时，要首先安排好农业；在布局国民经济工作时，要首先抓好农业。要在确保农业保持持续稳定发展的前提下，安排整个国民经济的发展规模和速度，使整个国民经济的发展牢固地建立在农业的基础之上。

其次，要在投入上体现和保障农业的基础地位，使对农业的投入和对其他部门的投入在数量上保持一个合理的比例关系。如上所述，农业在国民经济中的基础作用，主要是通过农业的产品剩余规模及增长速度来体现的。农业剩余产品的规模越小，增长速度越慢，农业所能支撑的国民经济规模就越小，增长也就越慢；相反，农业剩余产品的规模越大，增长速度越快，农业所能支撑的国民经济规模就越大，增长也就越快。农业是一个物质生产部门，产品的生产需要一定的投入作保障。要增加农业的产品生产，提高农业产品剩余的增长速度，必须增加对农业的投入，使农业的投入规模与国民经济所要求的农业的基础地位相适应。农业投入按投入主体可划分为两个层次：一个是政府的投入，包括中央政府和各级地方政府的投入；另一个是农业生产经营者的投入。对农业基础地位影响最大是政府的投入，因为政府的投入不仅在宏观上为农业发展创造了条件，如农业基础设施的改进等，而且为农业生产经营者的投入提供了导向。政府对农业投入减少，期望农业生产经营者增加对农业的投入，往往是不可能的。如果政府对农业的投入不能体现和保障农业的基础地位，不能与其他部门的投入保持一个合理的比例关系，农业的基础地位必然会得不到保障。所以，保障农业的基础地位，必须首先保证政府对农业的投入规模及增长幅度，要做到国家财政每年对农业的总投入的增长幅度应当高于国家财政经常性收入的增长幅度。

再次，要在增长速度上体现和保障农业的基础地位，使农业的增长速度与工业保持一个恰当的比例关系。经济发展经验表明，在一个较长的时期内，农业的缓慢增长很难支持工业的快速增长。工业增长过快，农业增长过慢，工农业之间的比例关系必然遭到破坏。即使工业在短时期内上去了，但由于缺乏农业的有效支持，早晚也要掉下来，最后不得不进行大的调整。因此，从农业的基础地位角度讲，工业的增长速度最终是由农业决定的。要根据农业的增长速度来安排工业的增长速度，使工农业增长在速度上保持一个恰当的比例。在实践中，最容易出现的偏向是，脱离农业的增长情况去安排工业的增长速度，或者先确定工业增长速度，再反向安排农业的增长速度，使农业的增长服从于工业的增长。这些偏向都是脱离农业基础地位的不正确做法。工农业增长速度应该保持一个什么样的比例才为恰当，是一个值得研究的理论问题。美国经济学家华尔成对87个国家所做的实证分析结论可资参考。华尔成的结论表明，第一，在经济发展的不同阶段，农业与工业的增长比例是不同的；第二，在经济发展处于人均国内生产总值500美元以下阶段时，工业与农业增长速度的比值大约为2.1，即农业每增长1%，可支撑工业增长2.1%；在经济发展处于人均国内生产总值500～1500美元阶段时，工业与农业增长速度的比值大约为2.4，即农业每增长1%，可支撑工业增长2.4%；当人均国内生产总值达到1万美元时，工业与农业增长速度的比值大约为3.1，即农业每增长1%，可支撑工业增长3.1%。根据"华尔成结论"推算，如果经济发展处于人均国内生产总值500～1500美元阶段，要实现工业10%的年增长速度，必须保证农业有不低于4%的年增长速度。换言之，4%的农业增长率最多只能够有效支撑工业10%的增长率。否则，工业增长目标就难以实现，即使在短期内实现了，也会导致产业结构比例失调。

最后，要在利益分配上体现和保障农业的基础地位，使农民收入与城镇居民收入保持一个合理的差距。农业的产业性质决定了农业具有比其他产业低的比较效益，如果农业的经营规模比较小，农民在收入上就缺乏竞争优势，农民的收入就会低于城镇居民。但是,城乡居民的收入差距不能过大。过大的收入差距,一方面,会使农业资源过量流失于非农产业;另一方面,会挫伤务农劳动者的积极性,从而使农业的基础地位受到冲击。收入分配的调节属于"公平"范畴。在市场经济条件下,调节收入分配是政府管理宏观经济的一项重要职能,市场机制本身并不能解决收入差距问题。因此,政府需要利用经济杠杆,通过农产品价格支持政策,或农民收入支持政策,对农民收入进行必要的保护,以实现在收入上维护农业的基础地位。

1.3 农业对国民经济发展的贡献

农业作为国民经济的基础,对国民经济发展具有多方面的贡献。这些贡献可以概括为五个方面,即产品贡献、要素贡献、市场贡献、外汇贡献、生态贡献。

1.3.1 农业对国民经济发展的产品贡献

所谓产品贡献,是指农业部门所生产的粮食及其他农产品对增加国内生产总值所产生的作用。由于农业生产是构成国内生产总值的重要部分,农业生产的增加就可使国内生产总值增加。若用 P_a 表示农业部门的生产总值,P_n 表示非农业部门的生产总值,P 表示国内生产总值,则由国内生产总值的定义可得:

$$P = P_a + P_n$$

上式中,P_a 的大小直接影响着 P 的大小,P_a 即称为农业对国民经济的静态总量贡献;P_a/P 是农业产值在国内生产总值中所占的比重,故称为农业对国民经济的静态相对贡献。

例如,2004 年我国国内生产总值为 136876 亿元,其中来源于农业的部分为 20768 亿元,这 20768 亿元就代表着 2004 年我国农业对国民经济的总量贡献;农业所创造的增加值占国内生产总值的份额(即 P_a/P)为 15.2%,这个百分比就代表着 2004 年我国农业对国民经济的相对贡献。

动态地看,我国农业对国民经济的总量贡献是呈增大的趋势,若按 1998 年的价格计算,农业对国民经济的总量贡献 1980 年为 3137 亿元,1985 年为

4658 亿元，1990 年为 5713 亿元，1995 年为 7003 亿元，1998 年为 7884 亿元，1998 年与 1980 年相比，农业对国民经济的产品贡献在总量上增加了 1.5 倍；但是，农业对国民经济的相对贡献呈减小态势，农业增加值占国内生产总值的份额 1980 年为 30.1%，1985 年为 28.4%，1990 年为 27.1%，1995 年为 20.5%，2000 年为 16.4%，2004 年为 15.2%，2005 年则降到 13% 以下。2005 年与 1980 年相比，农业对国民经济的产品贡献在相对份额上减少了近 18 个百分点。

这一表现在我国的农业在国民经济中所占份额下降的事实具有普遍性。世界各国在经济发展中都经历了农业份额不断下降的过程，目前发达国家农业在国民经济中的份额已降至 5% 以下。农业份额下降的普遍性被称为"农业份额下降规律"，导致这一规律形成的主要原因是农产品尤其是谷物产品的需求收入弹性小于非农产品。由于需求收入弹性不足，随着收入水平的提高，人们用于食物消费的支出在总消费支出中的比重是不断下降的，这就是著名的"恩格尔定律"。食物消费支出份额的下降，必然导致生产食物的产业在国民经济中的份额下降。

农业对国民经济的产品贡献还表现在国民经济的增长上。若用 G 代表国民经济的增长速度，Ga 代表农业的增长速度，Gn 代表非农产业的增长速度，Wa 和 Wn 分别代表农业和非农产业在国民经济中所占的份额，则国民经济的增长速度可以表达为：

$$G = Ga \cdot Wa + Gn \cdot Wn$$

上式中，Ga·Wa 表示国民经济增长中来源于农业的百分点。若用 Ga·Wa 除以 G，并用 δa 表示，则：

$$\delta a = Ga \cdot Wa / G$$

δa 即为农业对国民经济增长的贡献幅度，即农业对国民经济增长的贡献率。

举例而言，1980 年我国农业占国民经济的比重为 30.1%，即 Wa=0.30，Wn=0.7，1980—1998 年我国国民经济的年平均增长率为 9.94%，农业的年平均增长率为 5.26%，即 Ga=5.26%，Gn=9.94%。将上述数据带入上式，则：

$$\delta a = (5.26\% \times 30.1\%) \div 9.94\% = 0.159，即 15.9\%$$

这说明，1980—1998 年期间，我国农业平均每年对国民经济增长的贡献率为 16%。换句话说，1980—1998 年期间，我国国民经济平均每年增长速度的近 1/6 来源于农业。可见，农业对我国国民经济的快速增长做出了较大贡献。

农业对国民经济增长的贡献率公式 $\delta a = Ga \cdot Wa/G$ 进行进一步推导，可得：

$$\delta a = Ga \cdot Wa/G$$
$$= Ga \cdot Wa/Ga \cdot Wa + Gn \cdot Wn$$
$$= 1/(Ga \cdot Wa + Gn \cdot Wn)/Ga \cdot Wa$$
$$= 1/1 + [(Wn/Wa) \cdot (Gn/Ga)]$$

由上式可以得出以下几个重要推论：

第一，农业对国民经济增长贡献的大小受两个因素的影响：一是农业本身的增长率，即 Ga；二是农业在国民生产总值中所占的份额，即 Wa。Ga 和 Wa 越大，δa 就越大，即农业对国民经济增长的贡献就越大；反之亦然。

第二，随着经济发展水平的提高，农业在国民经济中的份额下降，非农产业在国民经济中的份额上升，即 Wn 增大而 Wa 减小，因而（Wn/Ws）增大，故农业对经济增长的贡献率减小，即 δa 减小。

第三，随着经济发展水平的提高，农业的增长率下降，即 Ga 减小，会引起（Gn/Ga）增大，故农业对经济增长的贡献率减小，即 δa 减小。

第四，综合以上三点，由于农业的增长率下降，即 Ga 减小，一方面引起（Gn/Ga）增大，另一方面又进一步推动（Wn/Wa）增大，从而最终导致农业对经济增长的贡献率减小，即 δa 减小。所以，农业增长率下降是引起农业重要性下降和农业对经济增长贡献率减小的根本原因。

第五，农业增长率下降源于农产品需求的收入弹性不足的特性，由于农业的这一特性是无法改变的，因此，随着经济发展水平的提高，农业在国民经济中的份额就必然会下降，农业对经济增长的贡献率也就必然会减小，这是一个基本规律。但是，如上所述，农业份额和贡献率的下降，并不会改变农业是国民经济的基础的事实和规律。

1.3.2 农业对国民经济发展的要素贡献

农业对国民经济发展的要素贡献，是指农业部门的生产要素转移到非农产业部门，从而推动非农产业部门的发展。农业部门所提供的生产要素有劳动、资本和土地三种。

为国民经济其他部门提供劳动力,是农业对国民经济发展的最重要的要素贡献。如前所述,在人类社会发展的最初阶段,农业是唯一的生产部门。农业剩余产品出现后,农业劳动力和农业人口开始向非农产业部门转移,从而为非农产业的发展提供了最基本的生产要素。可见,没有农业部门的劳动贡献,就很难有其他产业部门的形成和发展。在现代经济发展初期,农业中存在着劳动力严重过剩现象,工业部门急剧扩张所需要的人力资源,可从农业部门源源不断地得到补充,这使工业发展得以顺利进行。所以,农业部门的劳动贡献,是建立在现代工业发展基础上的现代经济发展和成熟的重要条件。

非农产业部门的发展,不仅需要人力资源,而且需要大量的资本投资。在工业化初期,工业部门比重很小,工业是一个弱小产业,依靠工业部门自身的积累不可能筹措到工业化启动和推进所需要的充分资本,而此时的农业在国民经济中处于绝对位置,国民收入的绝大部分来源于农业,劳动人口的绝大部分就业于农业,农业部门必然成为工业化资本积累的一个重要来源。农业为工业化提供资本贡献的基本方式,一是赋税,即通过依法纳税,农业为工业化提供资本积累,这种方式是公开的;二是工农产品价格"剪刀差",即国家通过不合理的价格政策,从农业中获得资本,这种方式具有隐蔽性;三是储蓄,即农民和农业企业把自身的货币资金以存款形式提交给金融部门,金融部门再将其贷给工业企业使用;四是农民直接的非农产业投资活动,如农民直接用从农业生产活动中积累的资本兴办非农产业。

农业部门对国民经济的土地要素贡献,是指农业用地转化为非农业用地,从而为其他产业部门的发展提供空间载体。如果没有建立在土地生产率提高基础上的农用地的非农化流转,城市规模的扩大、新兴城镇的建立、交通运输事业等的发展都将是难以进行的。而没有现代化的交通运输体系,没有现代化的城市经济,也就没有现代化的国民经济。

农业对国民经济发展的劳动、资本和土地要素贡献,虽然是经济发展过程中的必然现象,但生产要素的非农化毕竟是农业资源和农业生产能力的流失,如果流失过度,定会影响农业自身的发展,动摇农业的基础地位。比如,农业劳动力的过量转移,不仅会减少务农劳动力的数量,而且会降低务农劳动力的质量;过多地从农业中抽取资本,会削弱农业的积累能力,削弱农业扩大再生产的能力,影响农民的收入水平;过量地占用耕地从事非农产业开发,会直接减少农产品的生产量,降低农业的生产能力和农产品的供给能力。因此,农业对国民经济所做的要素贡献,必须以不影响农业自身发展为前提。农业能够提供多少要素贡献,要由农业本身的发展状况来决定,而不能由国民经济非农产业发展的需要来决定。只有把农业要素贡献建立在与农业自身能力相适应的基础上,才能通过要素贡献既促进非农产业的发展又保证农业自身的发展。

1.3.3 农业对国民经济发展的市场贡献

农业对国民经济发展的市场贡献包括两个方面的含义。

一方面,农民作为买者,购买服装、家具、日用品及建筑材料等消费品和农药、化肥、种子、农膜、农用机械及其他农业投入品。农民对这些工业品的消费扩大了工业品的市场,市场的扩大又会刺激工业和其他非农产业的扩张。在经济发展初期,人口绝大多数居住在农村,以农业为生,农村必然是国内工业品的主要市场。随着经济发展水平的提高,农业劳动力不断转移到非农产业部门就业,农村人口不断迁移到城市居住,虽然农村人口数量的下降会使农村市场的重要性降低,但农村人口收入的增加和购买能力的提高则会推动农村消费品市场的扩大,农业的现代化建设也会使农业对机械、化肥、农膜等投入品的需求大量增加。这种对工业品及其他非农产品的消费需求,由于扩大了非农产业的市场,故称为农业对国民经济发展的"市场贡献"。

另一方面,农民还是卖者。作为卖者,农民在市场上销售农产品,把粮食以及其他农产品出售给非农产业部门的生产者和消费者。随着农业生产水平和商品化程度的提高,农民对农产品的销售规模越来越大。农民的这种销售活动,不仅提高了农业自身的市场化程度,而且满足了非农产业的生产者和消费者对农产品的需求。由于农村可供销售的产品增加以后,农产品的市场流通量随之增加,农产品的交易活动会日益活跃,这不但可以促进农村运销服务业的兴起,使农产品市场体系日臻完善,还会促进农村金融市场的发展。因此,农民对农产品的销售活动以及因此而推动的农村市场体系的发展,也是农业对国民经济发展的"市场贡献"。

农业对经济发展的市场贡献可用以下关系式测定:

农业对经济发展的市场贡献额=农民对工业性消费品及服务的购买量+农民对生产资料的购买量

如果用 Y 代表农户可支配总收入,C 代表农户总消费,S 代表农户储蓄,则三者之间存在的经济关系是:

$$Y=C+S$$

由于农户总消费可分为支付给农业部门的消费和支付给非农业部门的消费，若用 Ca 代表农户消费中支付给农业部门的部分，Cn 代表农户消费中支付给非农业部门的部分，则上述经济关系式可改写为：

$$Y = Ca + Cn + S$$

变换上式，可得：

$$Cn = Y - (Ca + S)$$

上式就是平均每个农户一年内所消费的来自非农业部门的商品和劳务的总量，若用 T 代表农户总数，则农业对经济发展的市场贡献额（TMC）亦可用下式测定：

$$TMC = Cn \times T$$
$$= [Y - (Ca + S)] \times T$$

在测定农业对经济发展的市场贡献额的基础上，可进一步计算农业对经济发展的市场贡献率，即：

农业对经济发展的市场贡献率＝农业对经济发展的市场贡献额÷全社会商品及服务的总消费额

1.3.4 农业对国民经济发展的外汇贡献

所谓外汇贡献，是指通过出口农产品，农业为国民经济建设赚取外汇。在一个国家经济发展的初期阶段，农业的外汇贡献尤为重要。此时由于工业基础薄弱，科学技术落后，非农业产品不具备国际竞争能力，难以出口创汇，而工业发展又需要用外汇从国外进口先进的技术设备及一些原材料。因此，具有相对优势的农业部门在出口创汇方面必然会扮演一个重要角色。发展中国家经济发展的实践充分说明了这一点。在这些国家，出口农副产品及其加工品赚取了大量外汇，用农业赚取的外汇进口先进的技术和设备武装本国工业，从而促进了本国民族工业的快速发展。所以，如果没有农业的外汇贡献，发展中国家工业的快速成长是难以想象的。从我国的具体情况看，在 20 世纪 50 年代初期，农副产品及其加工品出口额占出口总额的比重高达 80％以上，农业创汇是国家外汇的主要来源。即使在 20 世纪 80 年代，农副产品及其加工品出口额占出口总额的比重也在 20％以上，农业创汇仍然是国家外汇的主要来源。目前，农产品出口占整个出口的比重已经不足 5％，这是非农产业发展和出口能力增强的结果。尽管农产品出口占整个出口的比重已经不大，且不断减小，但农产品出口额仍然是不断增加的。农业为我国国民经济的发展做出了重要的外汇贡献。

随着国民经济发展水平的提高,农业外汇贡献的重要性会降低。这是因为,工业发展壮大后,其出口创汇能力的增强会使其逐渐成为国民经济出口创汇的主力军。然而,农业出口创汇重要性的下降,并不意味着农业对国民经济发展外汇贡献的消失。虽然农业出口创汇占出口创汇总额的比重减小,但农业出口创汇在绝对数量上还是增加的,农业对国民经济的外汇贡献是始终存在的。

1.3.5 农业对国民经济发展的生态贡献

如前所述,农业生产活动对生态环境具有双重影响,即不当的农业生产活动会对生态环境造成破坏,而科学合理的农业生产活动可以使受到破坏的生态环境得到恢复,可以促进生态建设和生态环境协调平衡。所谓农业对国民经济发展的生态贡献,就是通过科学合理的农业生产活动,促进生态环境建设,实现可持续发展。比如,植树造林作为一种农业生产活动,就可以极大地改善生态环境;退耕还林、退牧还草、退耕还鱼等活动,都可以调整和修复生态系统,促进生态系统的协调和平衡;发展生态农业、节水农业、节肥农业等,都会对生态环境形成良性效应。

农业可持续发展,从内在机理上讲,就是利用农业对生态环境的贡献,形成农业与生态环境之间的良性循环,实现农业与自然的和谐发展。在农业及经济社会发展过程中,发挥农业对生态环境的积极作用十分重要。

1.4 农业与二、三产业的相互关系

自给自足的农业,不与外界发生任何经济联系,所以在自给自足状态下,农业与第二、三产业没有任何关联。自给自足的格局一旦被打破,农业一旦进入商品经济,农业就会与其他产业发生千丝万缕的联系,并在这种联系中不断得到发展。

1.4.1 农业的产业联系效应

农业与其他产业的联系程度可以用"联系效应"来衡量。所谓联系效应，是指一个产业与和它具有依存关系的产业发生联系的强度。联系效应分为"后向联系效应"和"前向联系效应"。后向联系是指一个产业与向它提供投入的部门之间的联系，如种植业的后向联系是生产和供应种子、化肥、农药、农业机械等投入的部门；畜牧业的后向联系是提供饲料、饲养设备、防疫等的部门。前向联系是指一个产业与购买或吸收它的产品的部门之间的联系，如农业的前向联系是农产品加工业、农产品运输及储藏业等。后向联系效应和前向联系效应可通过美国经济学家列昂惕夫的投入产出表模式加以具体计算。后向和前向联系效应的总和构成了农业与第二、三产业联系的总效应。农业的产业联系效应越大，表明农业与国民经济其他产业的关系越紧密；反之，则说明农业与第二、三产业联系不紧密。农业的产业联系程度也体现了农业对其他产业产生影响的程度，农业与其他产业的联系越紧密，农业对其他产业的影响自然就越大。

由于产业间的联系会使一个部门生产和收入的扩大带来其他部门生产和收入的增加。如农业生产的扩大，一方面由于需要更多的化肥、种子、农业机械等投入，从而会带动农业产前部门生产的扩大和收入的增加；另一方面又为农产品加工、运销等部门提供了更多的产品，从而促使农业产后部门扩大生产和增加收入。而农业产前和产后部门生产的扩大，又会创造新的就业机会，从而使那些部门的就业增加。因此，农业的产业联系还会派生出收入联系和就业联系，即农业产业联系还具有收入乘数和就业乘数效应。

农业的产业联系程度与农业自身的发展水平和整个国民经济的发展水平密切相关。在传统农业及其以前的农业形态，农业主要依靠内部的人力、畜力以及自制的种子和农家肥等进行生产，农产品大都不经过中间加工（或者在农业内部进行简单加工）而直接用于家庭消费，因此农业的后向联系和前向联系都很弱，农业的扩张不会对其他产业产生明显的收入乘数和就业乘数影响。

在现代农业中，农业极度依赖于其产前和产后部门，城乡居民生活质量的提高要求消费越来越多加工和深加工型农产品，这样，农业的产业联系大大增强，现代农业已经成为具有很强收入乘数效应和就业乘数效应的产业，这也是农业在现代社会不断拓展其基础产业作用的一个重要体现。

1.4.2 农业与二、三产业的相互依存

没有农业，第二、三产业不可能存在和发展，这体现了农业对第二、三产业的决定作用，这个道理在以上部分已经得到阐述。然而，作为整个国民经济系统的不同产业，农业对第二、三产业的影响不是单向的。农业虽然对第二、三产业产生影响，但第二、三产业也同样影响着农业。所以，在国民经济系统内，农业与第二、三产业是互相依存的关系。

第二、三产业绝对地依存于农业所提供的食物，第二产业中的轻工业部分地依存于农业提供的原料，另外，第二、三产业还在一定程度上依存于农村市场以及农业提供的剩余劳动力和资本。因此，第二、三产业的发展不能脱离农业。

农业对第二、三产业的依存表现在：第一，农业需要工业所提供的物资设备来武装。现代农业所需要的一切物资设备，都是由工业提供的。所以，没有工业，就没有农业的机械化、电气化、水利化和化学化；没有工业，就不能实现农业的现代化。第二，农业需要科研和推广部门所提供的技术及推广服务。科学技术是第一生产力。随着人类社会的发展，科学技术在生产中的作用越来越大。农业只有依靠科学技术，才能突破资源有限性的限制，不断提高生产水平。第三，农业需要流通运输部门所提供的产前及产后服务。由于高度分工及专业化生产，现代农业需要及时的产前农业生产资料供应、产前病虫害防治和产后产品营销服务以及各种各样的信息服务，离开这些服务，农业将无法实现社会化，农业生产将受到极大制约。第四，农业需要金融、保险部门提供的融资和保险服务。第五，农业还需要外贸部门提供的国际贸易服务。总之，在现代经济中，农业也深深地依赖于第二、三产业，农业的发展也不能脱离二、三产业。离开二、三产业，虽然农业可以存在，但难以发展。

农业与第二、三产业的相互依存关系，既体现了农业对工业的基础作用，又体现了工业对农业的主导作用。工业对农业的主导作用，其核心就是工业要为农业的技术改造和实现现代化提供物质技术条件。

由于产业间的相互依存关系，国民经济发展必须正确处理好农业和第二、三产业的比例关系问题。恰当的比例关系，可以实现农业与第二、三产业发展的互相促进；而不恰当的比例关系，则可导致农业与第二、三产业发展的相互制约。比例关系始终是国民经济发展中的一个重大问题。

1.4.3 农业与工业关系的动态演化

在经济发展过程中,农业与其他产业的关系并不是固定不变的。由于产业间的相互作用以及整个国民经济条件和环境变化,农业与其他产业的关系则会发生相应变化。所以,认识农业与其他产业之间的关系,不仅要从静态角度把握,更要从动态角度把握。

农业与工业的关系是农业与第二、三产业关系的主体。根据农业剩余积累流转的变化,工业化过程中农业与工业关系的动态演化可以划分为三个基本阶段。

第一阶段:农业支持工业发展阶段,亦即以农养工或以农补工阶段。这一阶段从时间上讲属于工业化的初期。农业与工业的相互关系在这一阶段的基本特征是:农业支持工业,工业受到保护,工业化的推进以农业提供的资本积累为主。农业剩余积累由农业部门流向工业部门,成为工业化发展的资本积累,是这一阶段工农业关系的基本点。

第二阶段:农业与工业平等发展阶段。这一阶段从时间上讲,属于工业化中期的前期。农业与工业相互关系在这一阶段的基本特征是:农业不再从资本积累上支持工业的发展,农业的剩余积累用于自身的发展,工业的进一步发展则依靠工业自身的积累。农业剩余积累不再流向工业部门,而是留在农业部门,是这一阶段工农业关系的基本点。

第三阶段:工业支持农业发展阶段,亦即以工养农或以工补农阶段。这一阶段从时间上讲开始于工业化中期的后期,并一直延续到工业化的高级时期或成熟时期。农业与工业的关系在这一阶段的基本特征是:工业支持农业,农业受到保护,工业化的推进基于工业提供的剩余积累,工业部门的积累流入农业,形成了工业对农业的反哺,农业由依靠自身积累的发展转向依靠工业剩余积累的更大发展。工业反哺农业,是这一阶段工农业关系的基本点。

认识和把握工业化过程中工农业关系的演化规律具有重要的政策意义。首先,经济发展过程中的工农业关系政策,不能保持一成不变。要随着工业化的推进而适时调整工农业关系政策,使其始终与工业化发展阶段相适应。其次,工业对农业的反哺即农业保护政策,是工业化发展达到较高阶段的产物,对农业的过早保护或延迟保护,都不利于工业化的顺利推进。

1.5 我国传统的重农思想和理念

我国是一个古老的农业大国。农业问题一向为人们所重视，历代王朝都十分重视发展农业，"民以食为天"就是这种传统观念的高度概括。从殷周的"井田制"到春秋时期管仲提出的"重本饬末"，战国时期李悝主张"尽地力之教"，西汉董仲舒主张"限民名田"，明代邱濬提出"配丁田法"，宋代王安石推行"青苗法""方田均税法"，历代农民起义中提出的"均贫富"，以至孙中山提出的平均地权和"耕者有其田"，都涉及重要的农业思想。

1.5.1 传统的重农思想

传统经济中，农业是占绝对主体地位的产业部门。农业为整个社会经济的存在和发展提供了先决性条件。发达的农业必然伴之以社会经济的全面繁荣。反之，农业一旦衰落了，社会经济将因此而危机四起。换言之，社会的治理、经济的衰荣，首先是直接系于农业。因此，历代封建统治者和仁人志士，无不把农本思想奉为圭臬，主张"食为政首""农为邦本""农者，天下之大本也"。

《论语·宪问》中讲到："禹稷躬耕而有天下。"《尚书·洪范》中讲到："八政，一曰食，二曰货。"把"食"作为八政的第一政。所谓"食"，按《汉书·食货志》的解释："食谓农殖嘉谷可食之物。"按《唐六典》的解释："肆力耕桑者为'食'。"这两种解释都认为，"食"指农业生产。即农业是首政。《周礼》中讲"以九职任万民"，九种职业中前四类就是有关农业的，即"一曰三农（指平地、山、泽之农），生九谷。二曰园圃，毓草木。三曰虞衡，作山泽之材。四曰薮牧，养殖鸟兽。"管仲是春秋前期齐国大政治家，辅助齐桓公当政40年，使齐国国力大振，成为春秋时第一个称霸中原的大国。管仲认为，农业是与国家富强连在一起的，"桑麻殖于野，五谷宜其地，国之富也；六畜育于家，瓜果荤菜百果备具，国之富也""民事农则田垦，田垦则粟多，粟多则国富""粟者，财之归也""仓廪实则知礼节，衣食足则知荣辱"。商鞅是战国时期伟大的思想家、改革家，在秦国进行政治和经济变革，即历史上著名的"商鞅变法"。他认为："国之所以兴者，农战也。""国待农战而安，主待农战而尊。""国不农，则与诸侯争权，不能自持也，则众力不足也。""国富者强"

"壹之农,然后国家可富也","治国之要"是"令民归心于农"。战国末期杰出的政治思想家韩非认为:"田荒则府仓虚,府仓虚则国贫。"即如果不重视农业,土地荒芜,农业生产减少,仓库空虚,则国家必然贫穷。西汉杰出政治家晁错写道:"贫生于不足,不足生于不农,不农则不地著,不地著则离乡轻家,民如鸟兽,虽有高城深池,严法重刑,犹不能禁也。""饥寒至身,不顾廉耻。人情,一日不再食则饥,终岁不制衣则寒。夫腹饥不得食,肤寒不得衣,虽慈父不能保其子,君安能以有其民哉!""故务民于农桑,薄赋敛,广蓄积,以实仓廪,备水旱,故民可得而有也。""方今之务,莫若使民务农而已矣。欲民务农,在于贵粟;贵粟之道,在于使民以粟为赏罚。""粟者,王者大用,政之本务。"西汉著名政治思想家贾谊提出:"夫积贮者,天下之大命也。苟粟多而财有余,何为而不成?""今驱民而归之农,皆著于本,使天下各食其力,末技游食之民转而缘南亩,则蓄积多而人乐其所矣。"唐太宗李世民把农业作为治国和安民之本,主张"国以民为本,民以食为天","农,政本也;食,人天也","富民之道,莫尚于重农"。清代康熙曾作《农桑论》:"盖农者所以食,桑者所以衣也。农事伤则饥之原,女红废则寒之原","王政之本,在乎农桑。"农学家王祯《农书》序:"农,天下之大本也,一夫不耕或授之饥,一女不织或授之寒。故古先圣者,敬民事也,首重农。"

1.5.2 传统农业对生态的重视

重视农业与生态的关系,是我国传统农业的一个非常有价值的观念。我国传统农业十分强调人和自然的关系,主张人与自然的协调,主张要遵从自然规律、按自然规律办事。《吕氏春秋·义赏》中就明确提到:"涸泽而渔,岂不得鱼,而明年无鱼;焚薮而田,岂不获得,而明年无兽。"这充分说明,我国人们很早就对农业的可持续性有了明确的认识。

在重视与生态环境的关系方面,我国的传统农业十分重视天、地、人相统一,主张农业生产要"顺天时,量地力",主张农业生产要天时、地利、人和相统一,即自然与人相统一。这种天时、地利、人和相统一的思想核心是农业必须遵从自然规律,按照自然规律办事。最早明确提到农业生产中天、地、人三者关系的是《吕氏春秋·审时》,书中认为:"夫稼,为之者人也,生之者地也,养之者天也。"汉代农学家氾胜之强调在农业生产中人的作用是"趋时"(赶上时节)与"和土"(改良土壤),认为"得时之和,适地宜,田虽薄恶,可收亩十石"，其中已经蕴含了对天、地、人关系的认同。后魏大农学家贾思勰在《齐民要术》中概括的经营农业的基本原理是"顺天时，量地力，用力少而成功多"，如果不是这样，则"任情返道，劳而无获"，就像"入泉伐木，登山求鱼，手必空；迎风散水，逆坂走丸，其势难"。元代农学家王祯提出，进行农业生产必须做到"顺天之时，因地之宜，在乎其人"，即要做到天、地、人相结合。明代的马一龙提出，农业生产"合天时、地脉、物性之宜，则无所差失，则事半而功倍"，这里除天时、地利之外，又加上"物性"因素，即农业生产还要掌握农作物和牲畜本身的特性。清代的一些农学家也提出了相同的思想。《浦泖农咨》中说："农之为道，习天时，审土宜，辨物性，而后可以为良农。"《农丹》中说："天有时，地有气，物有情，悉以人事司其柄。"

我国的传统农业在注重适应自然、按自然规律办事的同时，还十分强调农业生产中人的积极能动作用。清代著名学者陆世仪对此作了精辟的总结，他提出："天时、地利、人和，不特用兵为然，凡事皆有之，即农田一事关系尤重。水旱，天时也；肥瘠，地利也；修治垦辟，人和也。三者之中，亦以人和为重，地利次之，天时又次之。假如雨旸时若，此固人之所望也，然天可不必，一有不时，硗埆卑下之地，先受其害，惟良田不然，此天时不如地利也。田虽上产，然或沟洫不修，种植不时，则虽田良，故云买田买佃，此地利不如人和也。三者之中，论其重，莫重于人和，而地利次之，天时又次之；论其要，莫要于天时，而地利次之，人和又次之。故雨旸时若，则下地之所获与上地之所获等；土性肥美，则下农之所获与上农之所获等，劳逸顿殊故也。然使既得天时，既得地利，而又能济之以人和，则所获更与他人不同，所以必贵于人和也。"陆世仪在这里不仅深刻论述了客观规律与主观能动性之间的辩证关系，而且还十分强调人的作用。这种辩证思想对实际生产的影响，具体表现为对土地加工的精细，对栽培技术的改良，对培肥地利的重视等，从而推动了传统农业的完善发展。

我国传统农业还注重农业内部的"相继以生成、相资以利用"的有机联系，主张循环利用和低能消耗，主张用地养地结合和培肥土壤，主张精耕细作。在农区，家畜主要利用农业的副产品，而种植业的肥料又主要来自家畜，二者之间形成了一种互养关系，形成了资源的循环利用。清代的《补农书》中描述的太湖领域的池塘养鱼，塘泥肥桑就是互养的一种形式。在培肥地力方面，我国传统农业创造了用灵活的耕作技术改良土壤的性状、施用有机肥料以提高地力、用轮作及绿肥等生物技术来防止土地养分的过度消耗等方式。《齐民要书》中提出：稻子收获后，不要全部种麦，而抽出三分之一的土地种油菜，一亩能收菜籽二石，榨油八十斤，得油饼一百二十斤，可作三亩地的肥料，能供应两茬地的消耗。这种用养结合的方式，使土地在长期耕作的情况下没有出现大范围的地力衰竭形象，这是我国传统农业经久不衰的重要基础。

我国传统农业在人力之外，提出了"时宜""地宜"和"物宜，"这"三宜"逐步演化成农业生产必须遵循的基本原则，即因时制宜，因地制宜，因物制宜。"三宜"是农业发展的基础，如果违背了"三宜"，农业生产必然受到严重的影响，必然不能顺利发展。传统农业经营中，为了贯彻"三宜"原则，在土壤耕作中总结了因土质，定时宜；因土质，定耕法；因地势，定深浅；因时宜，定耕法；因时宜，定深浅；因作物，定耕法；因作物，定次数等宝贵经验。这种"三宜"原则在施肥技术上更是具体，《知本提纲·修业章》中指出："时宜者，寒热不同，各应其值，春宜人粪，牲畜；夏宜草粪，泥粪苗粪，秋宜火粪；冬宜骨蛤，皮毛粪之类是也。土宜者，气脉不一，善恶不同，随土用粪，如因病下药，即如阴湿之地，宜用火粪，黄壤宜用渣粪，沙土宜用草粪，泥粪，水田宜用皮毛蹄角及骨哈粪，高燥之处田用猪粪之类足也。物宜者，物性不齐，当随其情，即如稻田宜用哈蹄粪，皮毛粪；麦粟宜用黑豆粪，苗粪；菜蔬宜用人粪，油渣之类足也。"因时、因地、因物合作耕作，是我国传统农业的优良传统，是科学利用自然规律和作物生长规律于农业经营，充分利用自然力的具体表现，它可以趋利避害、扬长避短，利用最适宜土地要素和相应的耕作措施进行农业生产，达到事半功倍的效果。这种因时制宜、因地制宜、因物制宜的农业生产和经营原则，对现代农业的发展具有重要作用。

我国历史上形成的这些农本思想和策略，是中华民族宝贵的思想和精神财富，是对人类社会文明发展的重大贡献，对促进我国农业的可持续发展仍然具有十分重要的意义。

1.6 农业可持续发展的重要性

农业是国民经济的基础，农业发展是国民经济和社会发展的基础，农业的可持续发展是经济社会可持续发展的基础。农业可持续发展的重要性即表现于此。

农业与自然生态环境的密切关系，决定了环境因素在农业发展中的重要地位。良好的自然生态环境是农业健康顺利发展的基础，而生态环境的受损必然制约农业的健康顺利发展。然而，农业生产的全部过程又都对自然生态环境造成影响，这种外部影响可以是外部经济，也可以是外部不经济。当农业生产活动不仅不会给自然生态环境注入不良因素，而且使自然生态环境得到不断改善时，农业生产活动而受到损伤，则农业生产活动对自然生态环境就产生了外部不经济。在出现外部经济的情况下，农业生产活动涵养了自然生态环境，而受到涵养的自然生态环境又反过来进一步促进农业生产发展；在出现外部不经济的情况下，农业生产活动破坏了自然生态环境，被破坏的自然生态环境又反过来制约农业生产发展。所以，在外部经济情况下，农业与环境的关系是一种共生共荣、相互促进的关系；而在外部不经济情况下，农业与环境的关系是一种相互制约、相互否定的关系。

　　传统农业改造为现代农业是农业发展的必然趋势。传统农业的物质和能量的投入水平、技术水平及生产率水平等方面都比较低。随着人类社会的发展，人口数量增加是一个不可避免的趋势，且这种增加在速度上是不断的加快的。据统计，世界总人口在公元前1万年时只有500万，公元元年时为2.5亿，公元1650年时为5.4亿，1750年时为7.28亿，1800年时为9.06亿，1850年为11.71亿，1900年时为16.08亿，1950年时为24.86亿，1970年为36.32亿，1985年为48.9亿，1995年为56.73亿。如果用每增加10亿为一个台阶，则世界人口达到第一个10亿用了漫长的数百万年，从第一个10亿增加到第二个10亿用了100多年，从第二个10亿增加到第三个10亿经历了35年时间，从第三个10亿增加到第四个10亿只经过了14年时间，从第四个10亿增加到第五个10亿仅用了13年时间。可以看出，人口增长每上一个10亿台阶，所需要的时间越来越短。如果用人口倍增所用的时间衡量，则在人类社会早期，人口倍增时间大约为3.5万年，随后的倍增时间依次缩短为240年、115年、70年、43年，也就是说，在当代社会，人口总量倍增一次所用的时间还不到40年。人口倍增时间的缩短，充分说明了世界人口增长的加速趋势。如果从每年平均增长速度来看，人类社会早期人口年均增长率为0.002%，1650—1750年为0.3%，1850—1900年为0.6%，1930—1940年为1.0%，1990年为1.5%，人口增长的加速度特征更加具体和明确。人口增加，首先增加的就是对食物的需求，为了维持人类的生存和人类社会的健康发展，农业必须相应发展，以为不断增长的人口规模提供有保障的食物供给。面对增长速度不断加快的人口趋势，以较低生产能力提供农产品的传统农业显然难以胜任。因此，把低生产能力的传统农业改造为高生产能力的现代农业,用现代农业替代传统农业,实现食物供给能力与人口再生产的协调,就成为一个必然的历史趋势,这个趋势是不以人的意志为转移的。因此,传统农业改造为现代农业,现代农业的形成和发展,是人类文明的一个巨大进步。

尽管在现代农业的发展过程中,由于从外部系统投入于农业系统的物质和能量大量增加,这些化学物质使用的增加,一方面使农业对外部系统能量投入的依赖性增大,以农产品形式体现的生物化学能与投入农业生产系统的能源数量在相互比例上出现偏倚,另一方面化学物质中化肥、农药等对环境具有明显外部不经济的投入物的大量使用,使自然界的生物系统受到了影响,造成了明显的环境污染,农业的土壤生物系统也因此而受到了影响,造成了土壤板结、土壤流失及土壤有机质下降进而使土壤生产力受到了影响;由于农业生产尤其是养殖业生产的集约化程度日益提高,牲畜排泄物对水质、空气的污染直接影响到人们的日常生活;由于专业化、机械化对物种使用的单一性,使物种数量减少,物种间的相互作用依赖性减弱,农作物的自然天敌增加,自然界的生物链系统受到影响,如此种种,生态环境问题成为现代农业发展中的一个倍受关注的问题。自然生态环境问题的生成,往往成为人们指责甚至否定现代农业的重要依据。然而,历史地看,农业的生态环境问题尽管与现代农业相伴随,但农业的生态环境问题并不是现代农业所独有的,在现代农业出现之前,农业的生态环境问题早已存在,即在原始农业和传统农业阶段,都存在对农业生态环境的不同程度的破坏问题,只是在不同的农业发展阶段,农业自然生态环境问题的特征及性质有所不同,人们对生态环境问题的关注程度和要求也不尽相同。在现代社会,由于生活水平的提高,人们更多关注的不是如何生存问题,而是如何提高生存质量问题,良好的生态环境已经成为现代人生活质量的一个重要组成部分。收入水平越高,生活水平越高,人们对生态环境问题就越关注,这就是现代农业发展引发自然生态环境问题倍受关注的主要原因。

由此可见,现代农业发展中形成的环境问题,是一个重要问题,但不是一个个性问题,它并非现代农业所独有的,也并非必然要发生的。只要提高环境意识,增强可持续发展观念,采取相应的技术和经济措施,环境问题是可以避免的,已经生成的环境问题也是可以治理的。所以,现代农业发展中出现的生态环境问题并不是对现代农业的否定,我们不能因为现代农业发展中生成了生态环境问题而不对传统农业进行改造。生态环境问题的生成,要求我们正视现实,从现实出发,采取相应对策,解决这些问题。通过这些问题的解决,提高人类驾驭自然、利用自然、改造自然和保护自然的能力，提高农业的发展水平。尽管环境问题的出现并不说明现代农业的方向错了，并不否认现代农业本身，但如果自然生态环境长期受到破坏，且破坏的程度不断加深，则从上述的农业与自然生态环境的依存关系角度讲，农业即使是现代化了的农业，也不可能脱离良好的自然生态环境条件而发展，自然生态环境的受损最终会使农业发展速度降低甚至停滞和倒退。所以，失去了良好的自然生态环境，现代农业最终不能长期存在下去。只有注重环境，改善环境，把现代农业建立在良好的自然生态环境的基础上，才能真正地实现现代农业与环境的共生共荣关系，现代农业才能立于永续繁荣之地。而要实现这个目标，就必须增强生态环境意识观念，大力节约和保护资源，保护生态环境，使农业实现可持续发展。

走农业可持续发展之路，是我国经济社会发展的自身需要和必然选择。我国是发展中国家，要提高社会生产力、增强综合国力和不断提高人民生活水平，就必须毫不动摇地把发展放在第一位，各项工作都要紧紧围绕经济建设这个中心来开展。我国是在人口基数大、人均资源少、经济和科技水平都比较落后的条件下实现经济快速发展的，使本来就已经短缺的资源和脆弱的环境面临更大的压力，在这种形势下，我们必须遵循可持续发展的战略思路，按照科学发展观的要求，在加快发展的同时，大力保护自然资源和改善生态环境，走生产发展、生活富裕、生态良好的文明发展道路，实现可持续发展。

我国农业可持续发展也是对世界大趋势的积极顺应。1992年6月联合国环境与发展大会在巴西里约热内卢召开。会议通过了《里约环境与发展宣言》《21世纪议程》《关于森林问题的原则声明》等重要文件，并开放签署了联合国《气候变化框架公约》、联合国《生物多样性公约》，充分体现了当今人类社会可持续发展的新思想，反映了关于环境与发展领域合作的全球共识和最高级别的政治承诺。《21世纪议程》要求各国制订和组织实施相应的可持续发展战略、计划和政策，迎接人类社会面临的共同挑战。因此，执行《21世纪议程》，不但促使各个国家走上可持续发展的道路，还将是各国加强国际合作，促进经济发展和保护全球环境的新开端。我国高度重视联合国环境与发展大会，承诺要认真履行会议所通过的各项文件。联合国环境与发展大会后不久，我国即提出了促进中国环境与发展的"十大对策"。国务院环境保护委员会在1992年7月2日召开的第23次会议上决定，由国家计划委员会和国家科学技术委员会牵头，组织国务院各部门、机构和社会团体编制《中国21世纪议程——中国21世纪人口、环境与发展白皮书》（简称《中国21世纪议程》）。根据国务院环境保护委员会的部署，同年8月成立了由国家计划委员会副主任和国家科学技术委员会副主任任组长的跨部门领导小组，负责组织和指导议程文本和相应的优先项目计划的编制工作，组成了有52个部门、300余名专家参加的工作小组。国家计划委员会和国家科学技术委员会联合成立了"中国21世纪议程管理中心"，具体承办日常管理工作。经共同努力，完成了《中国21世纪议程》，共设20章、78个方案领域。1994年3月25日，国务院第16次常务会议讨论通过了《中国21世纪议程》。为了支持《中国21世纪议程》的实施，同时还制定了《中国21世纪议程优先项目计划》。《中国21世纪议程》阐明了中国的可持续发展战略和对策。20章内容可分为四大部分。第一部分涉及可持续发展总体战略。第二部分涉及社会可持续发展内容章。第三部分涉及经济可持续发展内容。第四部分涉及资源与环境的合理利用与保护。每章均设导言和方案领域两部分。导言重点阐明该章的目的、意义及其在可持续发展整体战略中的地位、作用；每一个方案领域又分为三部分：首先在行动依据里扼要说明本方案领域所要解决的关键问题，其次是为解决这些问题所制定目标，最后是实现上述目标所要实施的行动。

我国农业可持续发展建立在资源的可持续利用和良好的生态环境基础上。按照《中国21世纪议程》的设计，国家保护整个生命支撑系统和生态系统的完整性，保护生物多样性，解决水土流失和荒漠化等重大生态环境问题，保护自然资源，保持资源的可持续供给能力，避免侵害脆弱的生态系统，发展森林和改善城乡生态环境，预防和控制环境破坏和污染，积极治理和恢复已遭破坏和污染的环境，同时积极参与保护全球环境、生态方面的国际合作活动。

农业可持续发展是我国经济社会可持续发展的重要组成部分。为此，《中国21世纪议程》中专门设置了"农业和农村可持续发展"的内容，并把农业与农村的可持续发展作为我国可持续发展的根本保证和优先领域，从推进农业可持续发展的综合管理、加强食物安全和预警系统、调整农业结构优化资源和生产要素组合、提高农业投入和农业综合生产力、农业自然资源可持续利用和生态环境保护、发展可持续性农业科学技术、发展乡镇企业和建设农村乡镇中心等七个方面设计了农业和农村可持续发展的方案领域。

实现农业可持续发展是一项长期的历史任务，需要做持续的努力和工作。我们要切实把农业可持续发展纳入整个国家可持续发展的体系，采取有效措施，进行长期奋斗，保证我国农业的可持续发展。

本章参考文献：

[1]《马克思恩格斯全集》第 1 卷，人民出版社，1972 年版。

[2]《马克思恩格斯全集》第 25 卷，人民出版社，1972 年版。

[3]《马克思恩格斯全集》第 26 卷，人民出版社，1972 年版。

[4]《中国 21 世纪议程》，中国环境出版社，1994 年版。

[5] 邹德秀：《中国农业文化》，陕西人民出版社，1992 年版。

[6] 联合国《人口统计年鉴》。

[7] 世界银行《世界发展报告》。

第 2 章 农业可持续发展的兴起背景

农业可持续发展作为一种世界性的思潮，首先是在发达国家兴起的。从背景看，农业可持续发展的兴起与现代农业发展所带来的一系列生态环境问题密切相关。总体上讲，农业可持续发展是在现代农业发展到较高水平、农业自然资源被过度利用、农业环境和农业生态遭到破坏、人类同自然环境和农业生态间的关系变得越来越不协调的现实情况下，为寻求一种更适合人类持久生存与发展而提出的农业发展理论。因此，要全面认识农业可持续发展的兴起，就需要全面认识现代农业。本章主要从传统农业的特征及其改造和现代农业的发展历程来分析农业可持续发展的兴起背景。

2.1 农业发展的历史阶段

农业是人类社会最古老的产业。人类农业生产历史，经历了三个不同的发展阶段：原始农业、传统农业、现代农业。这三个阶段的区别是由生产力水平的不同而决定的，这种不同通过生产工具、劳动者的生产技能、生产的知识化程度和生产力要素的组合方式等表现出来。

原始农业是人类农业生产历史的早期阶段。从时间上看，原始农业存在于从新石器时代到铁制工具出现以前。从生产水平讲，原始农业很落后，以石器、棍棒为生产工具；以直接经验为生产技术；只能利用自然而不能改造自然，农业生产活动完全受制于自然，没有物质和能量的人为循环，只是从土地上掠夺物质和能源；刀耕火种，广种薄收，完全自给自足，缺乏社会分工。原始农业的突出成就是对野生动植物的驯化和栽培，其基本特点是对自然的掠夺式经营。当人类社会发展到使用铁制农具的时代时，原始农业阶段随即退出农业发展的历史舞台。

传统农业是人类农业生产历史的一个重要阶段。从时间上看，传统农业存在于从铁器时代到现代化之前，铁制农具的使用，是传统农业阶段的起点。从生产力水平看，传统农业使用铁制生产工具，以人、畜力为主要动力；以传统技术为主，但近代自然科学已开始应用于农业，不仅从农业上获得能源和物质，而且农业生产者已经开始懂得施肥、灌溉、轮作、休闲等技术措施，对农业生产进行物质和能量的偿还，维持人类生存的能量和物质，基本取自农业又返还农业；社会分工有了较大发展，自给自足的经济模式已经打破，商品经济因素已注入农业经济系统，但农业的商品化、社会化程度都还比较低。传统农业的重大成就是精耕细作，用地养地结合，基本上维持了自然的生态平衡，但由于局限于农业内部的"半封闭式循环"，投入的物质和能量较少，因而农业的生产率水平较低。

现代农业是目前人类农业生产实践历史的最高阶段。从时间上看，现代农业是指第二次世界大战后经济发达国家的农业。从生产力水平看，现代农业已经形成了建立在现代自然科学基础上的农业科学技术体系，使农业生产技术由经验转向科学，如在植物学、动物学、遗传学、物理学、化学等科学发展的基础上，育种、栽培、饲养、土壤改良、植物保护等农业科学技术的迅速提高和广泛应用；现代农业机器体系的形成和农业机器的广泛应用，使农业由手工畜力农具生产转变为机器生产，如技术性能优良的拖拉机、耕耘机、联合收割机、农用汽车、农用飞机以及林牧业的各种机器已成为农业生产的主要生产工具，投入农业的能量显著增加；电子、原子能、激光、遥感技术以及人造卫星等信息技术在农业中广泛运用；农业生产的社会化程度极大提高，如农户经营规模的扩大，农业生产地区分工、产品分工以及企业内部分工日益发达，自给半自给的生产被高度专业化、商品化的生产所替代，农业生产过程与农产品加工和销售以及农业生产资料的制造和供应紧密结合，在组织形式上产生了农工商一体化；现代管理方法和农业企业经营管理的运用越来越广，农业管理方法显著改进，农业管理水平极大提高。现代农业的产生和发展，大幅度地提高了农业劳动生产率、土地生产率和农产品商品率，使农业生产和农村经济社会面貌发生了重大变化。

2.2 传统农业及其改造

尽管传统农业改造会引发一系列生态环境问题，但如上一章所述，传统农业是必须要进行改造的，改造传统农业是人类经济发展和文明进步的一个必然选择。

2.2.1 传统农业的形成

如上所述,传统农业是人类农业发展的一个基本阶段。当人类社会进入铁器时代,铁制农具开始在农业中使用时,农业生产即步入了传统农业时代。所以,传统农业脱胎于原始农业,是铁制时代开始发展起来的,是和现代农业相比较相联系而存在的。

尽管从现代的角度看,传统农业是落后的农业,但是,第一,传统农业的出现曾代表着人类社会生产力发展的巨大进步,传统农业是对原始农业否定的结果,因此传统农业就代表着比原始农业有质的提高的生产力水平;第二,传统农业曾以其自我完善的生产系统,数百年来,比较成功的维持了众多民族的生存和发展,为人类社会向现代化迈进奠定了基础;第三,传统农业所积累和发展起来的生产技术体系,如精耕细作,劳动集约,有机循环,间作套种轮作,培植地力,旱作农业,顺天时量地利,以充分发挥自然力的作用等,是人类农业文明的精华,是农业发展的宝贵财富。即使在现代社会,这些传统技术仍然有重要价值;在现代农业发展中,这些传统技术仍然发挥着重要作用;在未来的农业可持续发展中,这些传统技术将发挥出更加重要的作用。

在我国的历史上,从春秋战国到秦汉是铁犁和牛耕的推广时期,因而是我国传统农业的奠基时期。我国在春秋中期已使用铁农具,据《国语·齐语》记载:"美金以铸剑戟,试诸狗马。恶金(铁)以铸钼、夷、斤、属,试诸壤土。"陕西、山西、山东、河北、河南、湖南、四川都发现有战国中晚期的铁制农具,河南辉县固围村、河北易县燕下都都出土有战国铁犁。与铁犁出现相平行,在春秋时期也有牛耕的记载。"犁"字和牛联系起来,说明犁的使用和牛的使用是并行的事件。《农政全书》中记述:"盖牛耕,起于春秋之间,故孔子有犁牛之言,然弟子冉耕字伯牛。"铁犁和耕牛的使用,使土地得以深耕,这不仅能消灭杂草、病虫,改良土壤,保持水分,增加单产,而且可以耕种更多的土地,从而增加总产量。牛耕再加上其他技术如施肥、灌溉、选种,造就了我国封建社会初期高度的农业生产力。战国时期的秦国比较早的使用牛耕,开垦荒地,鼓励生产,从而很快强盛起来,最后统一了中国。以至于赵国的赵豹在分析秦与赵的力量对比时,都感慨地说:"秦以牛田、水通粮,其死士列之于上地,仓严政行,不可与战(《战国策·赵策》)。"

到了汉代,牛耕与铁农具在农业中已广泛使用。西汉官府重视铁的开采,盐铁官营。铁农具包括铁犁，大量制造。《盐铁论·水旱》对此记述到："农天下之大业也。铁器民之大用也。器用便利，则用力少而得作多，农夫乐事劝功。"此期冬麦的推广和夏季作物配合，为北方轮作复种打下基础，并有了大面积增产的"代田法"和小面积增产的"区田法"。"代田法"是沟垄轮换种植，"区田法"是深挖小区集中施肥，这说明当时的农业已经开始走向集约经营。秦汉以后，我国农业在动乱中时盛时衰，但农业技术特别是黄河流域的旱作技术还是有了很大的发展。除了犁耕以外，又加上耙、耱，有利于抗旱、保墒、和土；在普遍推行连种的同时，摸清了作物与作物的关系，产生了轮作倒茬，由原来的粟、豆、麦的轮作到各种作物的轮作，尤其是认识了豆类作物的重要作用。

魏晋以后，我国经济中心开始南移，南方的农业发展很快，到隋唐已出现"南粮北调"现象。在传统农业方面，作为南方主要农具的犁有了强大的改进，由直辕改成曲辕，而且犁有11个部件，深浅可以调节，灵活而坚实耐用；在耕作方面，有了耕、耙、耖等熟化土壤的水田耕作技术。随着水利事业的发展，水稻面积的扩大，北方小麦的引入，形成了稻麦一年两熟制，至此南方的传统农业技术已形成较完备的体系。

明清时期，农业中的多熟制有了大的发展，通过间作、轮作、套作等方式，使农业的集约程度更高了，此间作物交流频繁，不仅有南北方的交流，而且有国际交流，玉米、甘薯、花生、烟草从国外引入，为我国传统农业的发展注入了新的因素。

2.2.2 传统农业的特征

传统农业作为一个完整的农业体系，有着自身独自的特征。这些特征表现在经济、技术、文化等多个方面。

1. 传统农业的经济特征

经济学的大量实证研究结果表明，传统农业的经济特征表现在以下几个方面。

特征一：较低的生产率水平。

传统农业的生产力水平较低。因此，作为农业投入产出关系而表现出的生产率水平就较低。20世纪80年代初期，美国农业部对各国作物的产量的统计分析表明，那些以传统农业为主的发展中国家的农作物单产很低。对一些具有代表性的国家的作物单产进行比较的资料表明，就世界四大作物（玉米、小麦、水稻和大豆）而言，发展中国家的平均单产通常是发达国家的 1/2～1/4。因此，传统农业地区收入低的部分原因是单产低，即土地生产率低。

传统农业的单产不但低，而且基本上增长缓慢。在英国英格兰，从 1250 年到 1750 年的 500 年间，小麦单产的年均增长速度仅为 0.2%；在日本，从 750 年到 1885 年的千余年间，水稻单产每年仅以 0.05%%的速度增长，按照这样的速度，单产翻一翻则需长达 1400 年。看来，用蜗牛爬行来形容传统农业的单产增长速度是不过分的。

在传统农业中，家畜生产率也很低。典型研究表明，发展中国家不同育龄期的家畜平均体重普遍明显低于发达国家。通常情况下，传统农业中的家畜，体重增长速度只有现代农业中的 1/3；牛奶、鸡蛋和役用畜力的生产率也同样很低。

劳动生产率低是传统农业的一个明显特征。由于使用手工和畜力工具，每个农业劳动力能够负担的耕种面积少，加上其他资源利用方面的限制以及作物与家畜的生产率水平低下，传统农业中每个农民每年生产的农产品数量很少，通常比现代农业要低数十倍，对此，美国著名经济学家舒尔茨深刻地指出："一个像其祖辈选择耕作的人，无论土地多么肥沃或他如何辛勤劳动，也无法生产出丰富的食物。"

特征二：长期停滞的均衡状态。

在漫长的时代里，传统农业在关键性的技术、制度、经济和文化交流上几乎没有什么变化，处于一种超稳定的均衡状态。在美国经济学家舒尔茨看来，这种状态可以看作一个特殊类型的经济均衡。无论从历史还是从未来的角度看，这种类型的均衡表现为：科学技术水平保持不变，拥有或获得收入来源的动机和偏好保持不变，上述两种状况保持不变的时期之长足以达到均衡。

传统农业的技术以农民世代使用的生产要素为基础。传统农业知识和农业技术通过口头传授和示范而得以代代相传，这些知识和劳动相结合，便创造了一个社会的再生性资本，如传统农具、灌溉设施、房屋、食品以及制作加工的设备等。这样知识就融于农业技术之中。而知识一旦与劳动和其他资源相结合，便能决定使社会可以获得农产品供给曲线的位置。如果一个农业区内没有出现任何意义重大的新发明，或者未能从其他社区引进具有较高生产效率的农业技术，那么这个社区的技术水平就得不到任何发展，这一情形往往会延续好几代。在当今一些传统农业地区，公元前一千多年所使用的耕牛犁田的方法仍然在使用着。

按照舒尔茨的观点，传统农业中农民对拥有或获取经济物品和服务的偏好及动机长期保持不变。在传统农业中，占统治地位的观念往往只重视生存和现状的维持，而不重视发展和对现状的改善。传统农业的两大特点助长了这种观念，一是由于缺乏系统的研究和试验，使调整和改变现状具有巨大的风险性；另一是因为农民收入过低。他们在经济上承受不了收入在短时间内降至最低生存水平以下的危险。经过一段时间以后，保守主义具有的优势往往便以多数裁决和其他文化特征的形式而固定下来。这种情形一旦形成，即使当失败的风险通过研究试验而减少时，人们对改革的反对态度也难以改变。在传统农业中，一系列文化因素如信仰、爱好、传统和风险等在不同区域内是独一无二的，它们决定了影响人们对事物的评价和期待的文化模式。如果对物品和服务的偏好没有变化，如果人口增长不多，那么无论是人均还是整个社会而言，需求曲线的位置都是稳定的。传统社会文化方面重要的新生事物并不多见，历史上传统社会也从不会从其他民族引进意义重大的外部文化。所以，在传统农业中，人们对物品和服务的需求偏好和动机逐渐趋于稳定。由于需要消费者留意的新产品较小，任何信息对需求曲线都影响甚微。

特征三：有效的资源配置。

根据经济学理论，当边际成本等于边际收益时，资源配置才是有效的。例如，当一种可变要素投入如肥料与固定数量的其他投入如土地和劳动相结合时，在边际成本等于边际收益时的肥料投入水平（以 A 示之）农民便处于均衡位置。在此位置上增加或减少肥料使用量，都会使资源配置偏离有效状态。如果农民少用一个单位的肥料，肥料用量为 B，则在此点生产的边际收益会大于边际成本，因而农民在 B 点基础上增加肥料使用量对增加利润是有利的；相反，如果农民在 A 点再多用一个单位肥料，使肥料使用量达到 C，则在 C 点生产的边际收益小于边际成本，因而农民在 C 点基础上减少肥料使用量则有利于利润的增加。所以，农民使用量多于 A 或小于 A，都是不合理之举；只要不在 A 点上，都是不合理之举；只有在 A 点上，农民对肥料的配置才是最有效率的。

在传统农业中，农民的资源配置行为能否达到最优点，是一个最有争议的话题。传统理论认为，传统农业中的农民愚昧、落后，对经济刺激不能做出正常反应，经济行为缺乏理性，所以生产要素的配置必然低下。美国经济学家舒尔茨在20世纪60年代出版的《改造传统农业》一书，一举打破了这种传统观点。舒尔茨根据社会学家对危地马拉的帕那撒尔和印度的塞纳普尔这两个传统农业社会所做的详细调查的资料说明，"在传统农业中生产要素配置的效率低下的情况是比较少见的"。这就是说，传统农业中的农民并不愚昧，他们对市场机会能够做出迅速而正确的反应，经常为了多赚一分钱而斤斤计较，他们多年的努力使现有的生产要素并不会使生产再增长，外来的专家也找不出这里的生产要素配置有什么低效率之处。舒尔茨的这一观点，构成了传统农业"贫困且有效率"之说，被现代经济学界广泛接受。

特征四：高的收入流来源价格。

传统农业中生产要素的配置现状是合理的，那么为什么传统农业停滞、落后，不能成为经济增长的源泉呢？一般的观点总是认为，传统农业中储蓄率和投资率低下的原因是农民没有节约和储蓄习惯，或者缺乏能抓住投资机会的企业家。现代经济发展理论认为，传统农业中固然存在着储蓄率和投资率低下、资本缺乏的现象，但其根源并非农民储蓄少或缺乏企业家，而在于传统农业中对原有生产要素增加投资的收益率低，对储蓄和投资缺乏足够的经济刺激。

解释传统农业投资收益率低的著名理论是舒尔茨的"收入流价格理论"。该理论认为，收入是一个流量概念，它由每单位时间既定量的收入流所组成。因此，收入流的增加就等于经济增长。要得到收入流，就必须得到收入流的来源；要增加收入流，就要增加收入流的来源。收入是由生产要素生产出来的，所以收入流的来源就是生产要素。而生产要素是有价值的，在这一意义上说，收入流是有价格的。在传统农业中，由于生产要素和技术状况不变，持久收入流来源的供给就是不变的，所以对持久收入流来源的需求也不变，即持久收入流的供给曲线是一条垂直线；另一方面，农民持有和获得收入流的偏好和动机是不变的，所以对持久收入流的来源需求也不变，即持久收入流的需求曲线是一条水平线。这样，持久收入流的均衡价格就长期在高水平固定不变，这说明了来自农业生产的收入流来源的价格是比较高的，也就是说传统农业中的资本收益率低下。所以，传统农业的贫困落后及其不能成为经济增长的源泉的根本原因在于资本收益率低下，在这种情况下，就不可能增加储蓄和投资，也就无法打破传统农业长期停滞的均衡状态。

特征五：负的规模效应。

传统农业存在着规模负效应，即随着规模的扩大，土地生产率和总要素生产率通常下降。这一实证结论与亚当·斯密时期的经济学说恰好相反。那时的经济学家认为,生产率可以通过劳动分工引起的规模经济而增加。所谓规模经济,是指随着经营规模的扩大,每单位投入的产出即生产率会不断增加。许多经济活动都存在着规模经济,这已被现代经济发展的经验所证实。在现代社会,大公司的生产率通常高于小公司。这种经验法使许多人设想在传统农业中规模较大的农场可能也会有较高的产量,因此,如果扩大农场规模,农业生产率将会提高。然而,美国经济学家斯坦文用大量的实证研究表明,在传统农业地区,农场规模与单位土地面积的产量之间,农场规模与总要素生产率,存在着普遍的负相关关系。负的规模效应的生成,主要是由于传统农业企业家精神的缺乏和劳动管理水平低所致,传统农业的经济规模都是很小的。

2. 传统农业的技术特征

如上所述,传统农业的技术以农民世代使用的生产要素为基础。这些生产要素被世世代代的农民所使用,当代农民从其父代接过这些生产要素,又将其传给下一代。生产要素本身的更新和变化很小。所以,传统农业在技术上基本是停滞不前的。当然,说传统农业在技术上停滞不前,并不意味着传统农业的技术是凝固的,没有任何进步,而是与漫长的发展过程相比,变化是微小的,进步是缓慢的。传统农业技术进步的缓慢,是导致传统农业发展缓慢的基本原因。

传统农业的知识和技术,缺乏科学的实验和研究基础,农民是从实践中通过感性认识总结知识和技术,并将这些知识和技术不断积累起来,再以口头传授或示范的形式相传下去。尽管通过长时间的积累和摸索,生产的知识和技术也会不断增长和丰富,但由于不能很好地上升为理性知识,缺乏科学的总结和归纳,这使传统农业的知识和技术具有很大的局限性。因此,传统农业对自然的驾驭能力、利用能力和改造能力都是有限的。以经验为基础的技术,不能对自然形成有效的驾驭,农业只能完全受制于自然,听天由命,这是传统农业的另一个技术特征。

传统农业的知识和技术,由于来源于对过去经验的总结和积累,过去的经验或做法对现时的操作具有非常重要的作用,因此,农民就养成崇尚过去的观念和习惯,农民总是向后看,即向过去看,而不是向前看,这在很大程度上决定了传统农业和传统农民的保守性质的特征。

传统农业技术以经验为基础,这并不意味着传统农业的技术就一定是不科学的。长期的实践经验,尤其是经过无数代的实践证明是正确的经验,也会成为自然规律，在此基础上形成的农业技术，本身就是科学的技术。事实上，传统农业技术存在着许多科学的闪光点，即使在现代社会，这些技术仍然是很重要的。比如，我国传统农业所积累起来的精耕细作技术，有机农业技术，旱作农业技术，土地利用技术，物质循环技术，用地养地技术，生态农业技术等，在现代农业实现可持续发展中仍具有十分重要的作用。这些传统农业精华技术与现代农业的技术相结合起来，既可以发挥现代农业高效率的优势，又可弥补现代农业对自然生态环境的外部不经济，是实现现代农业持续发展的重要措施。因此，对传统农业全盘否定的做法是错误的，甚至是有害的。充分挖掘传统农业的技术精华，使其在现代农业发展中发挥出更大的作用，是现代社会的一个不可忽视的任务。

3. 传统农业的哲学特征

传统农业虽然水平低，发展慢，但其包含着十分丰富的哲学内容，也包含着非常宝贵的辩证思想。这些哲学思想集中体现在人和自然的关系方面。总结我国传统农业的辩证思想，我们认为，以下几个方面是十分宝贵的。第一，天时、地利、人和相统一。天时、地利、人和相统一的思想核心是，农业必须遵从自然规律，按自然规律办事。第二，时宜、地宜、物宜为基础。即因时制宜，因地制宜，因物制宜。"三宜"是农业发展的基础，如果违背了"三宜"，农业生产必然受到严重的影响，必然不能顺利发展。这些方面我们在上一章中已经做了讨论，不再赘述。

2.2.3 传统农业改造的依据

传统农业在漫长的发展过程中，取得了辉煌的成就，创造了传统文明，推动了人类文明的进步。尤其是传统农业注意在充分用地的同时，通过增强有机肥料、栽培保肥，实行同作物之间的合理轮作，以及耕作改土等一系列措施，松土养地，保持地力经久不衰，维持其系统内部物质能量的平衡，这种做法具有永久的意义和价值，在人类未来农业生产中仍将继续发挥作用。

但是，传统农业对自然力的开发和利用，仅仅局限于农户自身的物质条件和技术范围，以人畜力为动力，以手工工具为手段，以土地和劳动力为基本生产资料，以封闭的方式进行生产，其生产水平低无法满足社会发展的需要，具有很大的局限性。

首先,传统农业对资源的宏观利用不足。传统农业是通过农户内部的自给自足实现社会总供给与总需求平衡的。农户在安排生产活动时,首先从自身的消费需要出发,即"小而全"的自给自足的目标。尽管从微观角度分析,正如上面所述,传统农业生产要素在每个生产单位都表现出最优配置,甚至对资源达到尽可能利用的程度。如劳动中使主要劳动力从事关键技术和重体力活动,妇孺老少等辅助劳动力从事劳动强度较低的活动,真正做到了劳动力充分利用。精耕细作所形成的劳动集约,使农业具有较大的劳动需求,从而能容纳劳动力的充分使用。再如,对耕地的利用则通过间作套种、复种指数提高等,庭院、房前屋后等也都得到充分利用。然而,如果从宏观角度考察,由于自给自足的目标模式,使传统农业不可能把既定的生产项目安排在其最适宜的区域之内,这样就限制了农业资源的宏观利用率。自给自足的安排也降低了社会对消费的需求,限制了商品经济的发展。所以,传统农业的生产是低效的,微观上对资源配置的有效率在宏观上则导致了资源配置的缺乏效率,导致了资源利用的浪费。

其次,传统农业的低生产率不能有效地扩大再生产。传统农业的劳动集约特征,使得单位土地面积上的劳动投入很多。由于没有工业性投入的装备,因而增加农业生产集约的措施无一不表现为对劳动投入的增加,所不同的只是劳动投入的形式不同而已。另一方面,传统农业技术又是以生物措施为主要内容的,主要包括以"轮作多种"和"间作套种"为主要内容的种植制度,以精耕细作、防旱保墒、"三宜耕作"整地排水为主要内容的耕作技术,以中耕除草、加强田间管理为中心内容的栽培技术,以充分用地、积极养地、用养结合为主要内容的土地培植技术,以农牧结合、多种经营为主要内容的生态措施,但由于缺乏外部能量和物质的大量注入,使得这些措施在增加产量方面的作用有限,而且增产的速度是十分缓慢的。一方面是以劳动为主要形式的集约投入,另一方面是产出增加的缓慢,因此传统农业的生产率尤其是劳动生产率是很低的。低的劳动生产率,导致了传统农业生产出来的农产品在满足了其内部消费需求后,所剩甚少,不能进行大规模的积累,因而无法实现有效地扩大再生产。

再次,传统农业封闭的循环系统不利于对新技术新投入的使用。传统农业经济系统循环的特征是封闭型循环,自我循环。在这个系统中,生产和生活所需要的一切物质能量均由自身提供,生产的粮食够一家人生活用口粮、牲畜用饲料和生产用种子,人畜粪便和一定比例的养地作物可以满足培肥地力的需要,人力和畜力可在技术保证的条件下完成生产作业的所有项目。传统农业正是依靠自身的条件在经营单位内部实现了物质能量的循环,并且逐渐使这种循环达到最高水平,成为较稳定结构。传统农业的这种封闭性及无序性,既形成了其稳定性,又形成了对新要素引入的排斥力。由于完全以自身所提供的条件运行,传统农业受外界条件的影响较小,一旦内部的运行达到优化水平,其格局就会长期保持。在一个封闭系统内,每个因素的变化都会引起整个系统的变化,单因素一般很难进入这个系统。所以,传统农业不仅对新要素引入的吸引力不强,而且对新要素还具有一定的排斥力,这就决定了传统农业多年来一直沿用相同的生产要素,农业生产技术几乎处于停滞状态。对新要素引入的排斥,是传统农业落后性的一个主要表现。

最后,传统农业的低投入、低产出、低积累模式不能适应经济社会大规模发展的需要。传统农业的投入主要是土地、劳动和畜力,尽管劳动投入的集约度较高,但劳动的机会成本很小,近乎零。所以,传统农业的总投入水平是很低的。低产出又决定了低的剩余水平,大规模积累便是不可能的。传统农业的资金积累速度更慢,由于传统农业的生产方式是为了直接满足经营单位自身成员的生活需要而建立起来的,加之生产规模小,对资金的需求很小,另一方面能够提供用来换取资金的产品也少,货币持有或为适应农家买卖之需,或作为储蓄手段。有限的资金积累并不主要用于增加生产投入,而是用于购买土地,因此,传统农业的积累不能有效地推动农业生产的扩大和水平的提高,不能满足社会经济不断发展对农产品不断增长的需求。

总之,传统农业存在着落后性、封闭性、保守性,不能适应社会经济发展的需要,应该对其进行改造。

2.2.4 传统农业改造的重点

对传统农业进行改造是必要的。不改造,农业就不能有效发展,整个人类社会也不能得到有效发展。但是,对传统农业的改变并不是全盘否定传统农业。如上所析,传统农业总体上讲是落后的,但传统农业本身也存在一些闪光点,尤其是传统农业的有机技术体系,是人类社会的主要财富,这些闪光点应该得到继承并发扬光大。所以,对传统农业进行改造必须坚持辩证的观点,在改造的同时,吸取其精华。改造的重点是改变落后的物质技术基础条件和对社会化生产不能适应的方面。

现代经济理论分析表明，改造传统农业的关键是打破其封闭的内部循环系统，引进现代的生产要素。这些新的现代要素的引入，可以使农业收入流价格下降，从而使农业成为经济增长的源泉。然而，如何才能通过引入现代生产要素来改造传统农业呢？按照美国经济学家舒尔茨的观点，向传统农业引入现代生产要素，需要做好三方面的工作：

首先，要建立一套适于传统农业改造的制度体系，以实现对农民最大限度的经济刺激。这些刺激实际上是打破了传统农业经营者的心理平衡，使得他们把追求更大的生产和收入作为重要的价值取向，并把这种取向转化为实际的经济活动。

其次，要从供给和需求两个方面为引入现代生产要素创造条件。在引入新的生产要素时，供给方面的作用往往是重要的。如果生产要素供给方面不能提供适合市场条件和农民需要的生产要素，则即使是现代水平的要素也无法顺利引入传统农业，这就要求科学研究都要研究出适于本地条件的生产要素，并通过推广机构把这些生产要素传播到农民手中，使他们真正成为农民自己的生产要素。从需求方面看，要使农民乐于接受新的生产要素，就必须使这些要素对农民是真正有利可图，农民对新生产要素的需求与新生产要素所能给农民带来的经济利益成正比，即一种新的生产要素越能增加农民的收益，农民就越需求这种要素。生产要素的获利状况既取决于生产要素的价格，也取决于农产品的价格。因此，还要建立有利于农民采用新生产要素的价格体系。

最后，要对农民进行人力资本投入，这是传统农业改造成败的关键。现代生产要素的充分发挥作用，要依赖于会采用现代生产要素的农民。如果农民的知识水平和技术能力都很低，不知道如何使用现代生产要素，则不仅现代生产要素的生产能力要大打折扣，甚至在一些情况下现代生产要素的使用还会给生产带来更大的损失，如不知兑水比例的农民如果使用高浓度农药防治病虫害，就有可能造成把农作物也毒死的结果。所以，通过教育、培训以及提高健康水平等途径，尤其是通过教育途径，向农民进行人力资本投资，提高农民的知识和技能水平，就成为传统农业改造的最重要之处。

2.3 现代农业及其外部性

传统农业改造的结果是建立现代农业。农业生态环境问题的出现主要是现代农业中的一些不合理行为造成的。只有从理论上全面认识了现代农业，才能为认识农业的可持续发展提供全面的基础。

2.3.1 现代农业的出现

与传统农业相反，现代农业是广泛应用现代科学技术、现代工业提供的生产要素和科学管理方法的社会化发达农业。在按农业生产力的性质和状况划分的农业发展史上，现代农业属于农业的最新最高阶段。

从基本内涵上讲，现代农业大体是指 20 世纪 50 年代以来经济发达地区的农业。也就是说，从 20 世纪 50 年代开始，作为一个特定的科学范畴和农业发展的具体形态，现代农业就真正出现并正式形成了。但是现代农业的形成和出现，同样经历了一个较长的过程，这个过程大致可追溯到 20 世纪初。美国是现代农业的典型代表。以美国为例，20 世纪初形成的有关农业教学、科研与推广"三位一体"体制的法律制度和与农业有关的科研成果，对推动农业的现代化起到了决定性的保证作用。从 20 世纪 20 年代开始，美国就全面启动了农业现代化过程，先后经历了四次大的发展阶段。第一次是 20 世纪 20 年代，机械大量用于农业生产，使农业生产在手段上实现了革命，手工工具让位于机械类工具，人畜力让位于机械动力。机械化的大发展，推动了产量的提高，尤其是推动了农业劳动生产率的极大提高。因此，农业现代化从一开始就表现为生产手段的现代化。第二次是 20 世纪 30 年代，杂交玉米商品化开发成功并投入生产，使玉米产量大幅度提高，良种技术又进一步诱导出了化肥技术和农药技术，所以从 20 世纪 40 年代中期开始（亦即第三次大发展），化肥和农药在农业中大量使用，化肥技术极大地扩展了良种技术的生产边界，使农产品总产量进一步大幅度提高；20 世纪 50 年代以来，各种现代化技术进一步配套，农业全面实现了现代化，现代农业随即形成。因此，从现代农业形成的过程看，现代农业就是现代化了的农业。

现代农业出现以后，随着科学技术的不断进步以及管理水平的不断提高，现代农业也在经历一个动态变化过程，其水平也在不断提高。比如电子计算机自动控制技术出现并成功地应用于农业后，现代农业在生产手段上就由开始时的机械化逐渐演进成自动化，即在电脑自动控制技术下的机械化。可以预计，随着科学技术水平的进一步提高，现代农业的内涵会进一步丰富。当一个新的质变发生后，现代农业会迈向另一个阶段，如后现代农业。

2.3.2 现代农业的特征

现代农业的特征非常明显，可以概括为以下几个方面：

第一，生产手段的机械化和自动化。即机械化、电气化的农业生产工具和设备，代替了人畜力的工具和设备。凡是能使用机器操作的部门和工序，都完全使用了机器操作。电力在农业中得到了广泛的应用，电子计算机等自动化设备在农业中广泛普及，使农业生产逐步走向工厂化、自动化。在畜牧业和蔬菜、花卉温室等生产部门，已形成了高度的自动化和工厂化生产。农业生产除其对象是生命有机体外，在生产工序的自动化流程上，与工业生产已无明显区别。生产手段的变革，为农业生产引入了一场深刻革命。

第二，生产技术的科学化。即建立在现代科学基础上的农业生产技术，代替了单纯依赖经验的传统技术。在农业生产的各个领域，如种子、肥料、农药、栽培、饲养、土壤改良、水利建设等，现代科学技术得到了广泛应用，农业生产已经越来越需要依靠深入揭示客观规律的科学。农业生产由经验转到了科学，极大地提高了农业生产力水平。

第三，生产过程的社会化。即农业生产的社会分工越来越细，协作范围越来越广泛而密切。一方面，农业生产的地域分工、企业分工日益发展，形成了农业生产的区域化、专业化；另一方面，原来在农业生产中的许多生产过程，如繁育良种、肥料制作、饲料加工、农机具修理、农产品加工销售等，不断地从农业中分离出来，形成一系列为农业生产服务的产前和产后部门。产中与产前和产后部门的广泛联系，又形成了农工商一体化经营，即农业综合经营（Agribusiness）。生产过程的社会化，极大地提高了农业的商品化水平，农业已经成为一个几乎完全商品化的产业。

2.3.3 现代农业的成就

现代农业的形成，是人类农业生产力发展的一个质的飞跃。现代农业所展现出来的成就，是迄今为止人类农业发展的历史画卷中最为辉煌的一页。

首先，现代农业的成就主要表现在它完全改变了农业生产的面貌。这种改变表现在：

第一，实现了农业技术的现代化，使农业不再是依靠经验的摸索，而是立足于现代科学的直接指导。农业生产技术现代化的主要内容，一是培养良种，实现良种化。良种的使用，是现代农业生产量大幅度增加的重要推动因素。可以说，没有良种的推广，就不会实现现代农业在农产品产量上的显著增加。二是增施肥料。无机肥的施用，是现代农业开放式循环以及从外部向农业系统注入能源的主要表现。化肥技术与良种技术存在着很强的互补性，良种技术诱导出了化肥技术，因为在低投入的情况下良种技术无法发挥其充分的生产力；化肥技术又进一步诱导出了新的良种技术，因为只有对化肥反应能力更强的品种，才能完全实现化肥技术的生产边界，才能使化肥所体现出的高投入在经济上变得合理。良种技术和化肥技术，是现代农业技术的两个重要支柱。三是病虫害防治，使用了高效的农药，大面积地防治农作物病虫害和杂草的危害，使农作物摆脱了病虫害及草害的威胁。四是利用土壤科学的成就，对各种不同性状的土壤，通过耕作制度的调整和肥料投入结构的优化等，改善土壤的物理、化学性能，提高土壤的团粒结构，提高土壤的生产力。

第二，实现了农业生产手段的现代化，使农业不再是落后的手工操作，而是立足于生产工具的机械操作。机械化操作以及在机械化基础上自动化操作的实现，极大地缩短了农业与工业的距离，使农业生产不再是"脏、累、苦"的过程，农业劳动力也不再是简单式的"苦力"。在温室中实现的现代园艺业集约化生产，在荫棚中实现的现代畜牧业的集约化生产，都极大地改善了农业劳动者的工作环境，使农民变成了农业工人。

第三，实现了农业生产管理的现代化，使农业不再是缺乏社会分工、不进行经济核算的小农经济，而是立足于社会化分工和严格经济核算的商品经济。

其次，现代农业的成就表现在它极大地增加了农产品产出量，为社会供应了数量极为丰富的农产品。

现代农业在生产技术和生产手段方面现代化的直接结果，就是提高了农业的生产能力，使农产品产量显著增加，满足了社会对农产品不断增加的需求。以美国为例，从1940年到1970年的30年间，全部农产品生产量增加了近70%，其中畜禽生产增加了71%，谷物生产增加了72%，水果生产增加了25%，人均谷物占有量超过1000公斤。急剧膨胀的农业生产力，导致了农产品的严重过剩，美国政府不得不采取限制生产的政策，以限制生产为核心的农业政策所产生的一系列支出随即演变成美国政府一项沉重的财政负担。现代农业使农产品生产能力大幅度提高的效应在西欧表现得尤为明显。第二次世界大战后，西欧各国的农业比较落后，农业所生产的农产品不能满足社会的需求，农产品短缺现象十分严重。从20世纪50年代开始，西方各国开始着手其农业现代化的建设，在机械化、科学化和社会化等方面大力推进农业的发展，到60年代就基本实现了农业现代化。现代农业的出现，极大地改变了西欧国家农产品供给短缺的状况，使农产品供给由短缺转为过剩。以法国为例，1970年与1950年相比，谷物产量增加了1.3倍，肉类产量增加了60%，奶类产量增加了80%，到1968年法国就成为农产品净出口国，到1973年法国就跃为世界上第二大农产品出口国，当年就出口农产品值71亿美元。农产品生产过剩，同样成为西欧各国农业实现现代化后的一个基本现象。所以，农产品供给的极大丰富化，是现代农业最为辉煌的成就。

再次，现代农业的成就表现在它极大地提高了农业生产效率。

生产手段的现代化使农业劳动者所能承担的农活数量大大增加，生产技术的现代化使动植物所能提供的农产品数量大大增加，因此，现代农业就表现出了高生产效率的特征。农业劳动生产率高是这种高效率的最典型表现。以美国为例，从1950年到1985年，平均每个农业劳动力生产的粮食由1.5万公斤增加到10.5万公斤，增加了6倍；平均每个农业劳动力生产的肉类由1000公斤增加到7800公斤，增加了7倍多；平均每个农业劳动力负担的耕地面积由250亩增加到850亩，增加了2.4倍；平均每个农业劳动力负担的人口由15人增加到70人，增加了4倍多。这种高农业劳动生产率的现象在其他发达国家同样存在。在加拿大，1985年平均每个农业劳动力生产的粮食达到9.3万公斤、肉类达到4650公斤、负担的耕地达到1310亩，澳大利亚这几个指标的数值分别为5.4万公斤、5050公斤和1550亩，英国分别为3.3万公斤、4700公斤和152亩，法国分别为3.3万公斤、3275公斤和157亩，丹麦分别为4.9万公斤、8865公斤和240亩。如果与同期发展中国家相比，发达国家现代农业的劳动生产率则比发展中国家要高出100多倍。

土地生产率提高是现代农业高生产效率的另一个表现。高土地生产率在人地比率较为紧张的现代农业中表现得更加明显。表2-1列示出了1950—1970年发达国家农业土地生产率的水平及其增长，同时列示出了发展中国家农业土地生产率的水平及其增长。可以看出，以发达国家为代表的现代农业的土地生产率大大高于发展中国家的农业，且二者之间的差距在拉大。以美国和印度比较为例，1950年美国的土地生产率比印度高66公斤，幅度为147%，到1970年，美国土地生产率高于印度的水平达136公斤，幅度扩大到181%，印度单位面积谷物产量相当于美国的比例由1950年的41%下降到1970年的35%。

农业生产效率提高,说明了现代对自然的利用程度大大提高。农业效率的提高,为国民对农产品消费水平的提高奠定了坚实的基础,为农业劳动者收入水平的提高奠定了坚实的基础。

表 2-1　现代农业的土地生产率水平　　（每亩谷物产量：公斤）

国　家	1950 年	1970 年	1970 年比 1950 年增长（%）
美　国	111	211	90.1
法　国	106	225	112.3
加拿大	85	141	65.9
德　国	154	223	44.8
日　本	167	342	104.8
英　国	167	238	42.5
印　度	45	75	66.7
巴　西	89	94	5.6
阿根廷	78	116	48.7
印度尼西亚	82	133	62.2
墨西哥	48	101	110.4
巴基斯坦	76	97	27.6

资料来源：根据《国外农业统计资料选编》计算。

现代农业取得辉煌成就的实质,就是成功地用知识代替了资源,这种知识体现在促进生产率大幅度提高的生物技术、化学技术、机械技术和管理技术上。

2.3.4　现代农业的外部性

现代农业尽管取得了相当辉煌的成就,但是,经过半个世纪左右的实际运行,现代农业逐渐暴露出了自身存在的问题和危机,尤其是资源和环境付出了巨大的代价,即现代农业具有明显的负外部性。

我们先从理论上认识一下外部性。外部性是一个专门的经济学名词。按照经济学的解释,所谓外部性,又称外部经济或外部效果,是指单个经济活动主体（生产者或消费者）的经济行为对社会其他人的福利造成的影响。如果某个人的一项经济活动会给社会上其他成员带来好处,他自己却不能由此而带来补偿,此时,这个人从其活动中得到的私人利益就小于该活动所带来的社会利益,这种性质的外部影响被称为"外部经济""正外部性"或"外部正效果"。显然农业生产活动的外部经济不会对自然生态环境造成损伤;如果某个人的一项经济活动给社会其他成员带来危害,但他自己却并不为此而支付足够抵偿这种危害的成本,此时,这个人为其活动所付出的私人成本就小于该活动所造成的社会成本,这种性质的外部影响被称为"外部不经济""负外部性"或"外部负效应"。农业生产活动的外部不经济是导致现代农业损伤自然生态环境的重要经济学原因。

在存在外部不经济的情形下,如果假定某个人采取某项活动的私人成本为 C_p,社会成本为 C_s,则私人成本小于社会成本,即 $C_p<C_s$,若这个人采取该行动所得到的私人利益 V_p 大于私人成本而小于社会成本,即 $C_p<V_p<C_s$,则从社会观点看,该行动是不利的。显而易见,在这种情况下,资源配置的帕累托最优状态没有得到实现,也存在着帕累托改进的余地。假定如果这个人不采取这项行动,则他放弃的好处即损失为($V_p<C_p$),但社会上其他人由此而避免的损失为(C_s-C_p),由于(C_s-C_p)大于(V_p-C_p),因此,如果以某种方式重新配置损失的话,就可以使每个人的损失都减小,亦即使每个人的"福利"增大,这就是存在着帕累托改进的表现。

我们可以用图 2-1 具体说明生产的负外部性是如何造成社会资源配置失当的。图中,横轴代表生产的数量,纵轴代表货币单位的成本、收益和价格等,水平直线 D=MR 是某生产者在完全竞争市场的需求曲线和边际收益曲线,MC 为生产者的边际成本曲线。由于存在着生产上的外部不经济,故社会的边际成本高于私人的边际成本,在图中显示出来的是社会边际成本曲线 MC+ME 位于生产者的边际成本曲线 MC 上方。MC+ME 位于生产者的边际曲线 MC 的上方,MC+ME 位于生产者的边际成本曲线 MC 的上方,MC+ME 与 MC 的垂直距离即社会边际成本与私人边际成本的差额为 ME,ME 就是边际外部不经济,它反映了由于生产者增加一单位生产所引起的社会其他人所增加的成本。由于市场机制不能把生产的外部不经济所形成的社会成本在生产者的私人成本核算中体现出来,因此,生产者获得最大利润的均衡点就是由边际收益 MR 与边际成本 MC 相等的 E_1 点所确定的,E_1 点所对应的生产者最佳生产量为 Q_1。然而,如果按照社会成本与边际收益相等的原则确定生产活动的最佳水平,则均衡点为 E_2 点,相应的最佳生产量为 Q_2,这就是说,生产的外部不经济导致了产品生产过多,超过了帕累托最优状态所要求的水平 Q_2。

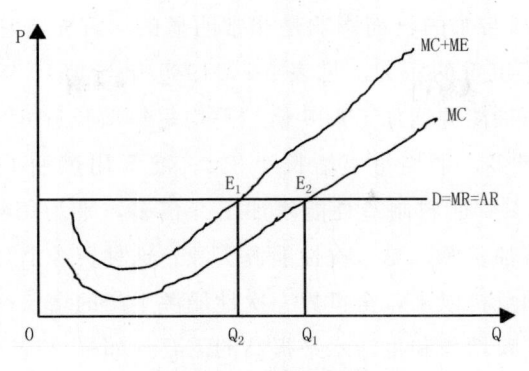

图 2-1　生产的负外部性

现代农业对自然生态环境的负面影响，就是典型的外部不经济。比如，集约型畜牧业的发展，对地下水和空气造成了污染。但是，市场机制的自发作用却不能把这种污染所造成的代价注入生产者的成本结构，生产者因而不对由其造成对他人的负面影响支付费用，由于生产者实际付出的成本小于他应该付出的成本，生产者得到了事实上的额外利润，生产规模就会不断扩大，所造成的环境污染也就越严重，社会所承负的代价也就相应越大。同样，使用化学投入对环境的影响、专业化单一耕作对保持水土的影响等，都是现代农业所表现出来的外部不经济。因此，从经济理论上分析，外部不经济是现代农业生成环境问题的重要原因。

归纳起来，现代农业发展的代价即外部不经济集中表现在以下几个方面：

第一，对能源过分依赖，使现代农业演化成了"石油农业"。现代农业主要立足于的现代工业性投入如机械、化肥、农药以及现代化的加工、储藏、运输等，也需要消耗大量的能源。所以，现代农业实际上是以能源的大量投入和消耗为基础的。现代能源资源又以石油为主体，因此，现代农业对能源的依赖实际上就是对石油的依赖。石油投入维系着现代农业水平的不断提高，农业所消耗的石油资源越来越多，农业对石油投入的依赖性越来越大。以美国为例，据计算，每种植 1 英亩玉米所消耗的热能，1945 年年初为 92.6 万千卡，到 1970 年以增至 290 万千卡，这相当于近 40 公斤汽油，农业生产及与农业有关的工业能源消耗占全美能源总消耗量的 10% 左右，这使农业成为美国能源消耗最大的部门之一。在当今社会，美国每人一年消耗的食物，是用一吨汽油生产的。如果世界各国都采用这种能源集约的农业生产方式，那么占全球目前消耗量 50% 的汽油都将用来生产食物，全球的石油储备会在 30 年内耗竭。所以，现代农业对石油能源的过分依赖，使现代农业在一定程度上变成了"石油农业"。

"石油农业"所带来的负面影响是非常明显的。首先，它给人类社会的资源持续利用施加了沉重的压力。见表 2-2，1985 年与 1950 年相比，全世界农业生产所消耗的石油能源增加了近 6 倍，平均每年增长近 6%，其中拖拉机燃油消耗增加了 5 倍多，平均每年增长 4.8%；灌溉用燃油消耗增加了 11 倍，平均每年增长 7.3%；肥料制造耗能增加了 9 倍多，平均每年增长 6.6%。农业生产所消耗的石油资源，是一次性能源资源。这种资源消耗后，是无法再恢复的。第一次石油危机以来，全世界一次性能源生产的增长率已显著下降。据估计，为了满足人口增长和生活水平提高的需要，如果仍按现代农业对工业能耗的利用率计算，则一次性能源的生产及用于农业的份额的增长速度应超过 6%。从目前情况看，一次性能源生产的增长绝对满足不了这种需要。况且，现在世界上可供开采的石化能源，除煤以外都很有限。如上所述，如果世界各国都用美国的方法搞农业，则世界所储存的全部石油资源在 30 年内就会耗完。因此，现代农业能源耗用水平，与世界的资源供给能力不相适应，世界的能源供给潜力无法承受现代农业的高能耗。

表 2-2　世界农业生产消耗能源情况

（单位：石油当量·百万吨）

年　份	拖拉机燃油	灌溉用燃油	肥料制造耗能	其他耗能	合　计
1950	143	17	70	46	276
1960	288	33	133	91	545
1970	429	69	310	162	970
1980	650	139	552	268	1609
1985	734	201	646	317	1903
1950—1985 年年均增长（%）	4.8	7.3	6.6	5.7	5.7

资料来源：L. Brown, State of the World, 1987。

"石油农业"所带来的第二个负效应是从能源利用角度看农业生产效率降低。虽然从劳动、土地等投入要素衡量，现代农业极大地提高了生产效率，但从能源投入衡量，现代农业的生产效率却大幅度下降了。以美国为例，1945 年生产每公斤玉米消耗能量为 536 千卡，到 1970 年已上升为 704 千卡，上升了近 1/3。表 2-3 列示了 1700—1983 年美国玉米生产各项能量投入的变化及玉米产量折合成能产出的变化。可以看出，近 300 年来，美国玉米生产的能量产出增长了 2.5 倍，平均每年增长 0.4%；而玉米生产的能量投入却增长了近 14 倍，平均每年增长 1%，是产出增长的 2.5 倍；单位能量投入所产生的玉米能量由 10.5 下降到 2.55，下降了 76%，平均每年降低 0.5%。1993 年与 1945 年相比，能量投入生产率下降了近 30%。在当今时代，美国人吃 1 罐只有 270 卡热量的罐头玉米，是用 2800 卡热量生产的，由此可见其能源利用率之低。与传统农业相比，现代农业的能源生产率相形见绌。据计算，现今传统农业生产方式下用 0.05 至 0.1 卡的能量可以生产出 1 卡热量的食物，而在现代农业生产方式下则需 0.2~0.5 卡的热量才能生产 1 卡热量的玉米、大豆、花生等。

表 2-3　1700—1983 年美国玉米生产各项能量投入的变化

（单位：10^6 jjhm^2）

年份 项目	1700 年	1945 年	1964 年	1983 年
劳　力	2376	130	63	25
农　机	90	1709	3809	4276
畜　力	—	0	0	0
燃　油	0	8400	8362	5271
氮　肥	0	790	4011	13409
磷　肥	0	101	252	1987
钾　肥	0	55	214	1008
石　灰	0	193	269	563
种　子	44	676	2184	2184
杀虫剂	0	0	311	840
除草剂	0	0	168	1680
灌　溉	0	525	2625	9450
干　燥	0	38	609	2772
电	0	34	252	420
国内运输	—	185	374	374
合　计	3007	10139	23503	44256
玉米产量的能产出	31584	35818	71652	109200
单位能量投入的产出	10.5	3.5	3.0	2.5

资料来源：D. Pimental 及据此计算。

"石油农业"还可直接造成对环境的污染。农业动力机器作业时所排放出来的大量废气,是环境空气污染的一个主要来源。为农业生产提供现代投入要素的工业的大量生产,也造成了对环境的污染。

第二,化学物品的大量投入,使现代农业严重地污染了环境。如前所述,化肥和农药的大量投入,是现代农业产出量显著增长的一个重要支撑。但是,化肥和农药的使用,也造成了严重的环境污染问题。

首先,化学物品的使用污染了地下水资源。据相关统计,1950—1990年,美国农业中的化肥施用量(按有效成分计算)增加了3倍多,农药(包括除草剂)使用量增加了近3倍。这些化学物品的残留物渗透到地下,进入地下水系统,对水资源造成了严重污染。据测算,美国衣阿化州大泉盆地从1958年到1983年25年中,地下水中的硝酸盐浓度增加了3倍,其他各州也都存在着化肥污染地下水的问题。根据美国环境部门的调查,20世纪80年代末期,至少有46种化学杀虫剂,造成了26个州的地下水污染。有的专家估计,美国农村的饮用水,63%被农药污染。加利福尼亚州农村地区有1万个水井被杀虫剂污染。地下水污染对居民生活和健康造成了威胁,专家认为这是食道癌、胃癌等疾病发病率提高的原因之一。

其次,化学物品的使用还破坏土壤本身的生物系统。由于大量残留化学物质存留在土壤中,抑制甚至损害了土壤中的微生物的活动,影响了土壤中物质养分的正常循环,使土壤板结,土壤自身的生物系统受到损害,这进一步影响到植物的抗病能力和土壤的生产能力。

再者,化学物品的使用也使农业从业者和农产品受到一定程度的污染。在美国,由于化学农药的大量使用,农业工人的健康受到了直接的危害。农业工人的伤亡率仅次于建筑业和采矿业,农业被列为三大危险行业之一。化学物质在作物及产品表面的存留,也使农产品受到污染,污染了的农产品又进一步威胁居民的生活和健康。

第三,现代耕作方式造成了水土流失。由于现代农业大面积的连年种植,大量使用化肥、除草剂加上长期的机械的耕作,造成了严重的土壤流失现象。据估计,美国每年流失的土壤高达31亿吨。目前,全美作物耕地中有44%土地侵蚀规模超过了容许范围,28%的土地又被列为高度侵蚀土地。美国依阿化州的土壤,原来十分肥沃,经过长时期的现代农业运作,现已损失了一半的表土。平均而言,依阿化州农民每生产1蒲式耳的玉米,就要损失1蒲式耳的表土,种植大豆损失表土更多。美国中部一带农田的表土,早年深达1.8米,是世界上罕见的肥沃土壤，目前表土只剩下 15 厘米，其余部分都在冲刷过程中流出。专家估计，美国由于土壤流失造成的直接和间接经济损失，每年要超过 400 亿美元，政府每年用于这方面的治理费用高达 10 亿美元以上。

第四，专业化生产导致农业上集中采用作物和畜禽品种，减少了农业生物遗传的多样性。为了便于专业化大面积和大规模生产，不论在作物方面还是在家畜方面，现代农业往往都只使用少数的几个品种，这与过去的传统农业使用众多的本地品种截然不同。遗传多样化的减少，对农业生产是很危险的。首先，一些生物遗传资源会因此而完全丧失，一旦丧失则无法得到恢复，这将是无法估量的损失；其次，由于品种单一，如果一旦病虫害爆发，损失将相当惨重，甚至会全军覆没。例如，1970 年美国玉米发生叶枯病，使全美 15％的玉米产区颗粒无收，就是因为所有的玉米种子都来自于一个易感叶枯病的品种所致。

第五，高度的畜牧业集约经营，对生态环境造成很大的破坏。集约型的畜禽饲养，是现代农业的一个基本表现。据统计，美国的肉牛饲养主要集中在 13 个州，共有 4.2 万处肉牛育肥场，其中 200 处最大的肉牛育肥场就集中了肉牛总数的 50％。集约化饲养首先生成的问题是厩肥的处理非常困难。大量的畜禽粪便集中在一个地方，不仅造成了空气污染，而且造成了地下水污染。如何解决集约型畜牧业带来的空气和地下水污染问题，成为农业发达国家的一个十分头痛的问题。此外，高度集中饲养，用水量也十分集中，必然造成地下水采取过量，水源枯竭。如美国育肥肉牛场集中的中西部和西部各州，主要依靠横跨 8 个州的世界上最大的 Ogallala 地下蓄水层供水，目前其中 3 个州的地下水已开采了一半，如此长期不断的采水，蓄水层早晚会枯竭；加利福尼亚州 42％的灌溉用水用于生产肉牛和其他家畜饲料，大量采水的结果，造成水位下降，地面下陷。畜禽的集中饲养，不得不用多种化学药物防治疾病和刺激生长。如合成代谢类固醇可以使肉牛增重 5％～20％，提高饲料利用率 5％～12％，增加瘦肉率 15％～25％，因此被广泛使用。美国全部肉牛育肥场中 95％以上使用各种生长激素，仅 1988 年全美的肉牛饲养场就用了 560 万公斤抗生素作为饲料添加剂。消费沉淀有化学药物的肉类，显然对人体健康是有害的。

第六，机械化造成了机械对人力的排斥，农村人口尤其是青年人大量流往城市，这在农村和城市两个社区都生成了问题。现代农业机械动力替代了人力，农业生产所需的劳动力大量减少，农业就业人数因而大量减少。如美国农业中的就业人数 1910 年为 1239 万人，1940 年减为 845 万人，1970 年进一步减为 275 万人。1970年与1940年相比，农业就业人数减少了2/3，平均每年减少近4%；农业就业人数占社会总就业人数的比重也由1910年的32.5%，减少到1940年的18.8%，再进一步减少到1970年的3.65%，到20世纪80年代，农业就业人数份额只有2%，即每100个社会劳动力中，只有两个是从事农业生产的。农业就业份额的下降，是农业劳动生产率提高的一个重要表现，低农业就业份额背后的支撑是高农业劳动生产率。又比如日本，1950年农业就业人数达1721万人，1980年减至606万人，减少了近2/3，平均每年减少3.4%，农业劳动力占社会总劳动力的份额也由1950年的50.7%下降到1980年的10.45%，下降了40多个百分点，目前日本的农业就业份额已降至3%以下。

农业劳动力大量转移到非农业部门就业，就既是农业不断发展的表现，又是整个经济不断进步的表现，是经济发展的一个必然规律。但是，现代农业所推动的农村人口尤其是农村青年往城市转移的结果，在农村和城市两个方面都产生了一定的负效应。从农村方面讲，首先，农村青年大量脱离的结果，直接导致了农业劳动力的老龄化，这在日本表现得非常明显。日本基本农业从业者中，年龄在60岁以上的比例1965年为18.9%，1975年为24.3%，1985年为36.5%，1995年为52.5%，即目前日本的基本农业从业者中，已有多余一半的人年龄超过了60岁。后继乏人成了日本现代农业发展的一个严重问题。其次，农村人口大量脱离农村，使农村地区人口过疏化，一些地区甚至出现了农村凋敝和"废村"现象。以日本为例，1970年日本农村地区共有村庄143409个，1980年减少到142377个，1990年又进一步减少到140122个。20年间农村村庄数减少了3287个，减少率达2.3%，这种"废庄"现象在边远地区更为严重。从城市方面讲，农村人口大量涌入城市，加重了城市的失业现象，对城市的住房、交通、治安、环境等带来了压力。

总之，现代农业在制造辉煌的同时，也制造了一些问题，这些问题的核心，就是现代农业为环境注入了负的影响，使现代农业的可持续发展受到了挑战。因此，现代农业与自然生态环境的矛盾，或者说是现代农业与可持续发展的矛盾，是现代农业发展的一个根本矛盾。

2.3.5 现代农业的调整

现代农业暴露出来的种种问题，早在20世纪60年代初就引起人们的警觉。1962年美国生物学家、女作家卡逊（Rachel Carson）在经过了长达3年的详尽的调查研究的基础上，撰写了《寂静的春天》(Silent Spring) 一书，率先对现代农业挑战。卡逊以大量的事实，说明现代农业中大量施用的 DDT 和六六六等被称作"神奇特效"的杀虫剂，严重污染水源，杀死虫害天敌以及自然界大量生物，对自然生态环境造成了严重影响。并指出，这些长效农药可以进入食物链并浓缩，最终会对人类造成致命后果。卡逊写道："我不是主张化学杀虫剂根本不能用，我要说得是，受我们委托来支配决定（是否）使用那些有毒的，对生物有剧烈作用的化学药剂的人，没有经过认真挑选。他们对这些制剂的害处不是全然无知，就是知之甚少"，"在允许使用（DDT、六六六等）这些化学制剂之前，对它们对土壤、水、野生动物和人类自身究竟有什么影响，并没有作过多少研究。对一切生物赖以生存的自然界的统一性如此漫不经心，后代子孙是不会宽恕的"，"我们必须与其他生物共同分享我们的地球"。卡逊警示道："在掠夺大自然方面，我们已经走的够远的了。"

卡逊的论点在美国引起了广泛的争论，争论推动了社会对自然社会生态环境的关注。美国国会和政府也注意到了包括农药等现代农业投入对环境污染的严重性，遂于 1969 年在世界上第一个成立了国家环境保护机构（环境保护署，Environment Protecting Agency，EPA）以及总统"改善环境质量委员会"。1972 年美国率先完全禁止使用 DDT，其后各国亦陆续禁止使用 DDT。

对现代农业引发出来的生态环境问题的广泛关注和批评，同时也推动了人们对现代农业发展调整的思考和研究，许多学者在理论上研究现代农业的替代模式，从而形成了现代农业发展的一个新的对策和模式，即农业可持续发展模式，使现代农业在提高农业生产效率和增加农产品供给的同时，能与生态环境共生共荣，实现可持续发展。

2.4 我国农业发展中出现的生态环境问题

从 1949 年新中国成立算起，我国传统农业改造已经走过了 50 多年的历程。农业生产水平显著提高，但农业发展过程中也出现了不少生态环境问题。

2.4.1 我国传统农业改造的成就

经过几十年来的努力，我国传统农业改造取得了很大的成就。主要表现在：

第一，农产品有效供给幅度增加。传统农业改造显著地提高了我国农业的综合生产能力，农产品有效供给大幅度增加，基本保证了人口增长和经济发展对基本农产品的需要。按人均农产品占有量计算，2004年我国人均粮食占有量达到362公斤，棉花人均占有量达到4.9公斤，油料人均占有量达到23.7公斤，肉类人均占有量57公斤，蛋类人均占有量21公斤，都已明显超过了世界平均水平。人均农产品占有量的增加，为城乡居民物质生活的改善提供了重要的基础。我国农业发展对世界农业做出了很大贡献。在世界主要农产品增量中，我国约占1/3左右。1980年以来，世界每增产100公斤粮食，我国占31公斤；每增产100公斤棉花，我国占40公斤；每增产100公斤油料，我国占34公斤；每增产100公斤糖料，我国占15公斤；目前世界主要农产品每100公斤产量中，有20公斤粮食、22公斤棉花、24公斤油料、45公斤烤烟、53公斤菠菜、11公斤水果、27公斤肉类、41公斤蛋类是由我国生产的。1949年，我国农产品没有一项产量在世界处于第一位，1979年以前居第一位的也只有烤烟一项，现在粮食、棉花、油菜籽、花生、水果、蔬菜、肉类、蛋类、水产品的产量都已跃居世界首位，大豆、茶叶、甘蔗、黄红麻等的产量也均位于世界前列。我国农业的快速增长，已成为推动世界农业增长的重要力量。

第二，生产效率明显改善。生产效率提高是我国传统农业改造成就的一个主要体现，其中土地生产率提高程度尤为明显。1997年与1949年相比，每公顷产量粮食增加了3342公斤，棉花增加了3342公斤，油料增加了1137公斤，糖料增加了25976公斤。粮食等主要农产品单位面积产量呈不断加快的趋势，粮食每公顷产量实现第一个1000公斤增量用了20年的时间，实现第二个1000公斤增量用了12年的时间，实现第三个1000公斤增量用了10年的时间；棉花产量实现第一个300公斤增量用了28年的时间，实现第二个300公斤增量用了16年的时间。农业劳动生产率也有了一定的提高，平均每个劳动力生产的农产品数量1996年与1952年相比，粮食增加了572公斤，棉花增加了5.5公斤，油料增加了44公斤。肉类增加了128公斤，水产品增加了77公斤。生产效率水平的提高，为总产量的增加做出了重大成就。1949—1996年，我国粮食产量的增量中。来自于单位水平提高的贡献份额为74%，播种面积扩大的贡献份额只有26%；油料含量的增量中，来源于单产水平提高的贡献份额也在50%以上。我国主要农作物的单位面积产量已经明显高于世界平均水平。目前，谷物单产比世界平均水平高50%以上，其中稻谷高60%以上，玉米和小麦高25%以上；棉花单产比世界平均水平高50%以上，花生单产比世界平均水平高60%以上，烤烟单产比世界平均水平高30%以上。

第三，技术装备程度显著提高。技术改造是传统农业改造的一项基本内容。通过增加投入现代生产要素，我国农业耕地技术装备程度和劳动力技术装备程度提高很快。平均每万亩耕地拥有农业机械总动力3492千瓦，大中型拖拉机201千瓦，小型拖拉机759千瓦；平均每千个农业劳动力拥有农业机械总动力2096千瓦，大中小型拖拉机576千瓦；耕地机耕化程度达60%以上，机播化程度达20%以上，机收化程度达15%；农业机械承担了农村社会运输量的60%以上，粮棉油等农副产品加工已基本实现了机械化，农业生产总劳动量的40%以上已由农业机械承担；农产品中的科技含量不断提高，科技进步对农业增长的贡献份额已经达到40%左右。我国杂交水稻技术还成功地转让给美国、墨西哥、巴西、意大利、西班牙、葡萄牙、尼日利亚、埃及、日本、泰国、印度尼西亚、阿根廷等10多个国家，为我国在国际农业科技界赢得了声誉。伴随着机械化水平的提高，农业水利化和化学化水平也不断提高。我国农田有效灌溉面积已超过8亿亩，已成为世界上农业灌溉最发达的国家之一。化肥的使用，为我国粮食增产做出了巨大贡献。农用塑料薄膜在我国农业生产中已大面积使用，并对促进农业生产能力的提高发挥了重要作用，被称为我国农业的一场革命，目前地膜覆盖栽培面积也达1亿多亩，我国已成为世界上推广地膜覆盖栽培面积最大的国家。良种化程度的提高，是我国农业技术水平提高的另一个重要表现。20世纪50年代以来，我国共培育出41种农作物新品种5000多个，使各种主要作物都实现了3~5次品种更换，都使农作物单产明显提高。良种的推广使用，同样为我国农业增产发挥了重要作用。

第四，产业结果得到了明显调整。随着传统农业改造的不断推进，传统的单一的生产结构被打破，种植业结构由以粮食作物向饲料作物、蔬菜瓜果全面发展；农业内部结构由以种植业为主转变为种植与畜牧业、林业、渔业共同发展；农村结构由以农业为主转变为农业与非农产业协调发展。目前，我国粮食作物种植面积中所占的比重已降至65%以下，比1952年下降了12个多百分点；种植业产值在农业总产值中所占的份额已降至62.5%，比1952年下降了25个百分点，畜牧业在农业中的比重已接近30%，比1952年增加16个百分点；农业生产已呈现出种植、养殖、蔬菜瓜果、经济作物等多样化发展的态势。

第五，商品化程度有了较大的提高。商品化程度低是传统农业的一个基本特征，农业不走向商品化也就不可能实现现代化。尽管我国农业商品化程度从总体讲依然较低，但商品化程度已经有了较大的提高。主要农产品的商品量在 20 世纪 90 年代中期比 50 年代初期有了成倍的增加，其中粮食增加 1.3 倍，棉花增加 2 倍，食用植物油增加 2.8 倍；城乡农产品集贸市场发展很快，集市贸易成交额成数倍增加，如 20 世纪 90 年代中期与 70 年代末期相比，农村集市贸易的粮食成交额增加了 105 倍，油脂油料成交额增加了 28 倍，水产品成交额增加了 105 倍，蔬菜成交额增加了 28 倍；目前我国农业总商品率已超过 50%。更为重要的是，商品经济观念已初步在农民思想中形成和确立，这是我国传统农业改造的重大进步，也是我国传统农业进一步改造为现代农业的重要基础。

第六，农民收入有了很大的提高，农民生活得到了很大的改善。传统农业改造极大地推动了我国农民收入水平的提高和生活质量的改善。目前，我国农民人均纯收入已超过 3000 元，扣除价格因素，比 1978 年增加 5 倍多。农民收入来源于农业的份额已下降至 60% 以下，来源于非农产业的份额已超过 40%。随着收入的增加，农民消费水平在提高，生活质量在改善。目前，我国农民消费的恩格尔系数已降至 45.5%，农民的消费的货币化程度已升至 65% 以上。

尽管我国传统农业改造取得了巨大成就，一些地方的农业已经越过了传统农业阶段，但从总体上讲，我国仍处于传统农业阶段，或传统农业向现代农业转变阶段，现代农业作为一个整体系统尚未在我国形成。

2.4.2 我国传统农业改造引发的环境问题

我国传统农业改造在取得重大成就的同时，也对农业生态环境造成了明显的伤害。传统农业改造过程中所表现出来的外部不经济在我国同样是明显和严重的。

首先，增加粮食等主要农产品供给能力的需求压力，使得许多不宜于耕种的土地都被不同程度的盲目围垦和开发，导致了农业用地系统的不协调，直接降低了农业抵抗自然灾害的能力。农产品供给能力增强，是我国传统农业改造的重要成就，但由于我国是一个人多地少的国家，人均耕地面积远低于世界平均水平，增加农产品尤其是粮食生产，给土地带来很大的压力。为了解决吃饭问题，粮食生产成为重中之重，一些不宜或根本不能围垦的土地被盲目围垦于粮食生产，毁林开荒、围湖造田等酿成一系列严重的生态问题，诸如植被减少、水土流失、土地荒漠化、湖群消失等，直接影响着我国农业的持续发展。

其次，增加化肥等无机投入和农村乡镇企业的发展，给生态环境系统从外部注入了许多不利因素。我国农业虽然从总体上讲尚未进入现代农业阶段，但化肥、农药等无机物投入已达到较高水平。如化肥用量高于世界平均水平1倍多。由于化肥结构不甚合理，重氮肥轻磷肥，使用方法也不科学，化肥利用率较低，平均只有40%左右，其余大量流入江河湖泊，使水质受到污染；农药的使用已普及所有的农作物，然而能真正击中防治对象的仅是极少部分，大部分污染到田间地头，造成土壤和水质污染。化肥的大量投入，不仅带来了环境问题，而且形成了经济问题。化肥的边际报酬递减趋势十分明显，据计算，我国增施1公斤化肥增产的粮食数量，1980—1985年5年平均为11.56公斤，1986—1990年5年平均为8.24公斤，1991—1995年5年平均为2.03公斤，1986—1990年时期比1981—1985年时期减少28.7%，1991—1995年时期比1986—1990年时期又减少75.4%，1981—1985年时期增施1公斤化肥所实现的粮食产量，在1991—1995年时期增施5.7公斤化肥才能达到。照此趋势，农业生产不仅在生态上持续不下去，而且在经济上也持续不下去。

2.5　农业可持续发展的兴起

现代农业导致的一系列生态环境问题的现实，使得人们开始重新审视现代农业发展模式，并引发了全球对农业可持续性问题的思考。

1972年6月在瑞典斯德哥尔摩召开的人类环境会议，是人类关注全球环境问题的一座里程碑，强调人类任何活动应该有完善的生态程序，要重视资源环境和自然和谐。在农业领域随之兴起了替代农业思潮，出现了自然农业、有机农业、生物农业、生态农业等多种替代型农业模式。

1981年，美国科学家莱斯特·布朗在其《Building a Sustainable Society》一书中系统阐述了"可持续发展观"，是对农业可持续性的较早思考；1984年，哥尔丹·道格拉斯编辑出版了《Agricultural Sustainability in Changing World Order》，明确提出了"农业可持续性"问题。同时期，美国加利福尼亚州的"可持续农业研究教育法"中，也提出了可持续农业这一概念。

农业可持续发展一经提出就得到国际社会的响应。1987年7月，世界环境与发展委员会（WCED）等国际组织云集挪威奥斯陆，提出了"2000年：

转向可持续农业的全球政策"；1988年，联合国粮农组织（FAO）制订了"持续农业生产：对国际农业研究的要求"的文件；1988年，美国成立了"国际可持续农业协会"。1989年11月，联合国粮农组织通过了有关可持续农业发展活动的第3/39号决议；1991年4月，联合国粮农组织在荷兰召开农业与环境国际会议，形成了可持续农业和农村发展（SARD）的丹波斯（DEN-BOSCH）宣言，向全球发出了"关于可持续农业和农村发展的丹波斯宣言和行动纲领"的倡议；1992年，世界环境与发展委员会在巴西召开的环境与发展会议上通过了著名的《21世纪议程》，将农业与农村的可持续发展作为可持续发展的根本保证和优先领域，写入第14章。自此，农业可持续发展不仅成为一种农业发展的新思潮达成全球的共识，而且也得到了最高级别的政治承诺，这使农业可持续发展在世界范围内开展成为可能。从此，农业可持续发展思潮在全球范围内基本形成，并逐步转化为具体行动。

本章参考文献：

[1] 联合国环境与发展委员会：《我们共同的未来》，吉林人民出版社，1997年版。

[2] 赵冬缓主编：《新发展经济学》，中国农业大学出版社，2000年版。

[3] 2005年12月3日《中国经济导报》。

[4] 1994年3月25日国务院第16次常务会议讨论通过：《中国21世纪议程——中国21世纪人口、环境与发展白皮书》，中国环境科学出版社，1994年版。

[5] 张法瑞、靳乐山、郝晋珉：《关于可持续农业及中国农业可持续发展的理论思考》，《自然辩证法研究》，1997年第7期。

[6] 曾尊固、罗守贵：《可持续农业与农村发展研究述评》，《世界地理研究》，2001年第4期。

[7] Robert D. Stevens, The Princeple of Agricultural Development, The John Hopkins University Press, 1988.

[8] Theodche W. Schultz, Transforming Tranditional Agriculture, Yale University Press, 1964.

[9] Year Book of Agriculture and Farm Management, 1989, USDA.

[10] 冯海发：《农业环境经济管理研究》，国家自然科学基金课题研究报告，1997年。

第3章 农业可持续发展的理论内涵

农业可持续发展作为一个科学范畴,有着自身的理论内涵。准确把握农业可持续发展的理论内涵,对于在实践中增强推进农业可持续发展的自觉性,更好地推进农业可持续发展具有重要意义。本章主要讨论农业可持续发展的内在含义及其实质。

3.1 农业系统中环境系统与经济系统的运行规律

在系统讨论农业可持续发展的内在含义之前,作为一个理论铺垫,我们先在理论上认识一下农业系统中环境系统与经济系统的相互关系及其运行规律,这一关系和运行规律有助于更好地理解和把握农业可持续发展的内涵,也有助于推动农业可持续发展的实践。

3.1.1 农业系统是环境系统与经济系统的统一

在第一章中我们已经提到:农业生产的一个显著特点就是直接参与自然界生态环境平衡的运转。马克思在《资本论》中对此深刻指出:"在农业中,问题不只是劳动的社会生产率","经济的再生产过程,不管它的特殊的社会性质如何,在这个部门(农业)内,总是同一个自然再生产过程交织在一起。"在《剩余价值理论》中,马克思指出:"在农业中自然力的协助——通过运用和开发自动发生作用的自然力来提高人们的劳动力,从一开始就具有广大的规模。"恩格斯也曾指出:"对自然界的统治的规模,在工业中比在农业中大得多,直到今天,农业不但不能控制气候,还不得不受气候的控制。"因此,自然再生产与经济再生产的结合,是农业再生产的根本特点。自然再生产与经济再生产的有效结合,是农业顺利发展的基础条件。

这里所说的经济再生产过程,是指动植物有机体在自然力的作用下,凭借自身的新陈代谢机能,通过生长、发育和繁殖等一系列生命活动,实现有机体与外界环境之间的能量转化和物质循环,不断更新其后代的过程。而经济再生产过程,则是指人们通过自己的劳动参与动植物的自然再生产过程,根据人们的目标有目的地调节和控制动植物的自然再生产过程,同时实现产品、劳动力和生产关系生产的不断反复和不断更新,所以,经济再生产过程是人们利用、控制、改造动植物生理机能和外界自然条件所反复进行的社会生产过程。只有把自然再生产和经济再生产结合起来,从动植物取得的产品活动才构成为农业。如果没有经济再生产过程,动植物的自然再生产过程只能仅仅停留于野生状态;而如果没有自然再生产过程,人类的经济再生产过程则无法获得农产品。自然再生产过程是农业的基础,它在经济再生产过程中起着基础的作用;经济再生产过程是农业的社会主体,它在自然再生产过程中起着统率的作用。农业生产是自然再生产和经济再生产的有机统一。

农业自然再生产过程体现的是动植物本身的一个自然生命过程,它从属于自然生态环境系统。这个过程需要阳光、空气、温度等一系列环境因素,环境因素之间互相依赖、互相制约,并不断运动着。运动着的各种物质元素,在环境系统中和生物体内构成一个大致稳定的比例关系,如果这个比例关系受到破坏,系统的功能就不能维持和正常进行。农业的经济再生产过程体现的是人类本身的一个社会活动过程,它从属于社会经济系统。农业生产过程遵循着特有的规律即自然规律与经济规律的有机结合,这就是农业系统的二重性。这种二重性反映在农业生产的各个环节、各个层次和各种因素上。环境系统通过动植物有机体与环境的相互作用,保持着自身的平衡,才能获得最佳的经济效果,否则,就会使农业失去自然和物质基础。环境系统是全部农业系统的基础,经济系统是建立在环境系统之上并通过环境系统的内部功能实现运转的。

3.1.2 农业环境系统的运行规律

如上所述,农业环境系统在农业生产和发展中占有十分重要的位置,它是农业系统总体的基础。保持环境系统的稳定和平衡,是实现农业可持续发展的必要条件。而要保持环境系统的平衡,就不能违背环境系统的运行规律。一般讲来,农业环境系统的运行规律表现在以下几个基本方面。

第一,农业生态环境是一个有机整体。农业环境系统功能的发挥依赖于整体性的存在,整体性受损,则农业环境系统必然出现功能障碍。

农业环境系统,更完整地讲,农业生态环境系统是自然界一定空间的生物与环境之间的相互作用、相互制约、不断演变、实现动态平衡和相对稳定的统一体。这一整体由四个成分组成：

（1）生产者。即一切能进行光合作用的制造有机物质的植物种类，是最初的生物能源生产者，故又称为初级生产者。生产者的功能是利用太阳能，通过光合作用把无机物转化为有机物，把太阳能转化为化学能，不仅供自身生长发育需要，而且也是其他生物群类以及人类食物和能量的来源。

（2）消费者。即直接或间接地从植物中摄取能量和营养的动物。其中又分为一级消费者，即以植物为直接食物的草食性动物，如牛、马、羊、骆驼等；二级消费者，即以草食性动物为食物的肉食性动物，如狼、狐狸等；三级消费者，即以二级消费者为食物的肉食性动物，等等。

（3）分解者。即各种具有分解能力的微生物。分解者的功能是把动植物残体及排泄物之类复杂的有机物分解为简单的无机物，返回到环境中，再供初级生产者利用。

（4）无机环境。包括土壤、水、空气、光照、气候等。这四个部分中的任何一部分受损，整个系统的功能都会出现障碍。

农业环境系统整体性的主要内容是：

（1）各个构成部分普遍联系和相互作用，使环境系统成为一个和谐的有机整体。

（2）系统内部层次结构的等级性以及系统的组织性和动态性，表现为系统结构功能的整体性。

（3）系统发展的动态性，表现为它的时间有序性、空间有序性和时空结构的整体性。因此，要保持一个健康的农业生态环境系统，就必须首先保持农业生态环境系统的整体性。

第二，农业生态环境系统有着自身的能量流动过程。农业环境系统功能的发挥，有赖于能量流动过程。能量流动过程受阻，则农业环境系统的功能就会出现障碍。

概括讲来，农业环境系统的能量流动联结具有三个方面的基本内容：

（1）能量流动的渠道是系统中客观存在着的食物链。如上所述，农业生态环境系统中的生命系统，经过长期的进化过程，形成了生产者（植物）、消费者（动物）和分解者（微生物）三个层次级别，三者之间存在着内在的联系，它们在一定的空间和时间中要结成某种特殊的、复杂的营养结构关系，并通过这种营养关系来进行能量流动和物质循环。从能量流动角度讲，绿色植物从大气中吸收二氧化碳，从土壤中吸收水分和营养物质，经过太阳光照射和光合作用生成有机物质，把太阳能转化为有机物的化学能储存起来，同时释放氧气进入大气层。系统中能量流动就从这里开始，其他的生命体直接或间接地依靠绿色植物来维持生存。动物通过营养关系形成的食物链，一端与绿色植物连接，另一端依消费级别延伸，能量就沿着这条食物链不断的逐级向前流动。如能量从初级营养级起，通过食物链，就逐次流向初级消费者营养级（一级食肉动物）→次级消费者营养级（一级食肉动物）→三级消费者营养级（二级食肉动物）等。最后，各种微生物又把各个营养级上的动植物遗体的复杂的有机分子还原为简单的化合物和元素，回归生态环境系统。至此，系统的一个能量流动过程即告完成。这种能量沿着食物链逐级流动的过程，也就是生态环境系统中的生产、消费和分解的过程，这个过程维持着生态环境系统的稳定和平衡。

（2）能量流动在数量关系上遵循"十分之一规律"。这个规律表明，植物体内贮存的能量在沿着食物链向上逐级传递时，逐级消耗，每传递一级就有大部分能量用于一系列生命活动，转化为热能散发出去，或随排泄物排出体外，只有少部分蓄存在体内构成自身物质。所以，能量沿着食物链的营养级逐级流动，必然逐级变少，能量流越来越小，使得系统中消费者最多只能把能量的4.5%~20%转变成自身物质。营养级之间能量的转化率平均起来大约在10%左右，此即美国学者林德曼在20世纪40年代初提出的"十分之一定理"或"十分之一规律"，也称"林德曼效应"。

（3）能量流动在方向上是单向的。生态环境系统的能量，是由太阳能来维持的。太阳能在地表产生两种能量形式，一种是热能，另一种是植物通过光合作用产生的化学能。热能产生了空气和水的循环流动，化学能被植物光合作用利用、固定，固定后形成碳水化合物，成为生命活动的能源。这些被生产者有机体固定转化的太阳能，通过食物链营养级的消费者，而被生物所利用的能量多数转化为热量，在系统中消失，剩余部分由各级分解者分解、转化。所以，能量在系统中总是朝着一个方向流动的。

第三，农业生态环境系统有着自身的物质循环过程。农业生态环境系统的功能同样有赖于顺利的物质循环过程，物质循环过程中断，系统的功能将受到破坏。

农业生态环境系统的物质循环过程，是由三个方面的内容构成的。

（1）物质循环与能量流动紧密结合，相辅相成，共同进行。生态环境系统中除了有能量的流动外，还必须有物质的循环，因为仅仅有能量并不能维持各种生物的生命，还必须有一定的物质即营养元素作为基础。物质循环在生态环境系统中具有双重使命，物质既是贮载化学能的运输工具，又是维持生命进行生物化学活动的结构基础。所以，如果没有正常的物质循环，农业生态环境系统就会完全瘫痪。

（2）物质循环过程是往复进行的。这与能量流动的单向性不同。系统内的各种无机营养元素，通过绿色植物的吸收进入食物链的第一个营养级，然后这些物质又转移给食草动物，进而转移给食肉动物，最后由微生物分解并转回到生态环境系统。这些释放到环境系统的物质，又可再一次被生命体利用，重新进入食物链，参加系统的物质再循环。

（3）物质循环过程包含了所有物质。虽然一些物质，如碳、氢、氧、氮等，是组合生命物质的主要元素，它们分别占生命物质所必要的15种元素总量的24.90%、49.74%、24.83%和0.27%，但一些微量元素如铜、碘、钡、铁、锰、铝等，尽管在生命物质总量中含量甚微，却都是生物体所不可缺少的。一旦不足，生命体便不能进行正常的生命活动。因此，物质循环不仅包括大量元素的循环，而且包括微量元素的循环。任何一种物质循环受阻，整个系统的功能都会出现障碍。

第四，农业生态环境系统有着自身的信息传递过程。农业生态环境系统的功能，同样依赖于完整的信息传递过程。信息传递过程受阻，系统的功能也会受阻。农业生态环境系统的各种组成部分的内部，存在着各种形式的信息，这些信息通过交流，把系统联系成一个统一的整体。系统中的信息形式主要有营养信息、化学信息、物理信息和行为信息。营养信息是通过营养交换的形式，把信息从一个个体传递给另一个个体。生物在某些特定的条件下，或某个生长发育阶段，分泌出某些特殊的化学物质，这些分泌物对生物不是提供营养，而是在生物的个体与群体之间起着某种信息传递的作用，即构成化学信息的传递系统。生物通过声音、颜色和光等，传递物理信息。有些动物可以通过自己的各种行为格式，发出代表着各种不同需要和目的的信息。这些信息传递，对生态环境系统的调节具有重要意义。

3.1.3 农业经济系统的运行规律

农业经济系统是以人的农业经济活动为核心的社会系统，它包括了横向的生产力与生产关系的经济结构系统和纵向的生产、分配、交换和消费的经济流程系统。作为人为的经济活动，农业经济系统的运行同样具有自身的规律性。

第一，农业经济系统是一个有机整体。农业经济系统是一个有机整体，整体性的存在是农业经济系统健康运行的基础。

从纵向讲，农业经济系统由生产、分配、交换、消费四部分组成。生产是农业经济活动的起点，也是农业经济系统的起点。生产是劳动者运用劳动资料作用于劳动对象生产出人们所需要的产品的活动。只有生产出产品，才能围绕着产品进行产品的分配、交换和消费；只有生产出丰富的产品，才能提高社会成员的消费水平。所以，生产是农业经济系统存在的基础，是人们经济活动存在和持续的基础。在农业经济系统中，生产起着主导作用。生产的水平决定着经济活动的水平，生产的性质决定着经济活动的性质，生产的规模决定经济活动的规模。

分配是将农产品分归社会不同主体以供不同主体消费的活动，是联结生产和消费的一个中间环节，是产品由生产领域进入消费领域的桥梁。分配的功能是依照一定的分配原则，把农产品分归各个社会主体，从而使产品的社会消费成为可能。分配尽管由生产决定，但分配又反作用于生产。分配是否合理，将直接关系到生产的发展。不合理的分配，由于挫伤了劳动者的积极性，生产就会受到抑制；而合理的分配，可以调动劳动者的积极性，激发劳动者的生产热情，生产就会受到促进。

交换是人们互换农产品的活动。农业劳动者将以劳动成果形式分配得到的农产品在市场上出售，通过交换以供非农业人口消费，交换获得的货币一部分用于生产的投入，另一部用于非农产品消费。所以，通过交换，不仅非农业人口得到了农产品，而且农业劳动者也得到了用于扩大生产和购买非农产品的货币收入，从而使整个经济活动能够不断地进行。在农业经济系统中，交换也是联系生产和消费的中间环节。交换过程受阻，不仅会直接制约生产的发展，而且会通过影响消费而间接制约生产的发展。

消费是农业经济系统的终点。通过消费，维持了劳动力的再生产，同时又再造出了对农产品的需求，这些都推动农业经济活动进入以生产为起点的新的循环。没有消费，劳动力无法得到恢复，生产也无法得到实现，农业经济系统运行就会中断。

总之，农业经济系统中生产、分配、交换、消费四个环节是一个相互依存的整体，任何一个环节出现障碍，整个系统就会出现障碍。为了保证农业经济系统功能的有效性，就必须首先保证农业经济系统的整体性。

第二,农业经济系统是一个投入产出系统。农业经济系统是一个投入产出系统,产出与投入之间保持着一定程度的依存关系。要增加产出数量,必须提高投入水平。

与农业生态环境系统不同,农业经济系统的目标是为了获得尽可能丰富的农产品,以满足社会成员生活和经济发展对农产品的需求。需要获得较多的农产品,就必须对系统注入投入和不断提高投入水平,因为投入水平决定着产出水平,投入数量决定着产出质量。所以,农业经济系统的运转,要求对系统注入投入,要求根据产量目标不断调整投入,使投入在数量和结构上都与产出相适应。

农业经济系统的投入产出关系,存在着一个效率问题。产出与投入的比例关系,就是农业经济系统的效率。高的效率,意味着较小的投入能获得较多的产出,单位投入的产出水平高;低的效率,则意味着单位投入只能得到较少的产品。为了提高效率,就需要对生态环境系统中的因素进行人工调整,如培育优良品种以提高动植物的生产能力,改善灌溉条件以为作物生长提供有利的环境,等等。对生态环境因素改造的结果,提高了农业经济系统的有效性,但同时也为环境问题的生成提供了成因。

3.1.4 生态环境系统与经济系统的互作规律

尽管农业生态环境系统和农业经济系统都有着自身的运行规律,但是,由于农业系统是经济系统和环境系统的交织与统一,环境系统不能离开经济系统而独自运行,经济系统也不能离开环境系统独自运行。农业的健康发展,既要遵循环境系统的运行规律,又要遵循经济系统的运行规律,还要遵循环境系统与经济系统的交互作用规律。

经济系统与环境系统的交互作用,首先表现在两个系统之间的物质循环和能量转化上。环境系统与经济系统之间的物质循环和能量转化是通过两个渠道进行的,一个是农业经济活动将植物的光合作用产物及其转化物摄取到经济系统,大部分供直接生活消费,一部分提供给轻工业制造其他消费品,少量的提供给重工业。这一渠道表现为农业系统的能量与物质的"漏出"。由于存在着"漏出",为了保证系统的正常连续运行,就必须从系统外部投入能量和物质,这就是农业环境系统与经济系统互作的第二个渠道,即农业经济活动将工业生产物如化肥等投入到环境系统,以补充系统的物质"漏出",这个作用表现为农业系统的"注入"。为了实现农业系统正常连续运转,"注入"量必须与"漏出"相等；为了不断增加农业系统的产出物数量，"注入"的量必须不断增加。

经济系统与环境系统的交互作用，还表现在经济系统对环境系统的反馈上。反馈作用分为能提高系统生产能力的正向反馈和不能提高系统生产能力的负向反馈。反馈的负向作用又表现为两种情况：系统生产能力的绝对下降值和相对下降值。直接引起系统生产能力的下降，属于绝对下降值；有些现象虽然不表现为系统生产力数量的减少，甚至还有数量的增加，但实质上生产力的增加数比消费掉的劳动量要小，这就是生产力的相对下降值。一般而言，正向反馈效益明显，容易引起人们的重视，而负向反馈的结果有时不能很快地反映出来，不易引起人们的重视。然而，负向反馈在实践中造成的危害是很大的。以经济系统中的政策因素对生态环境影响而言，独特的使用价值使生态环境中的某些动植物在价格政策上获得了几倍、几十倍背离其价值的价格，结果，高的价格极大地刺激了对这些动植物的捕杀或采伐活动，生态环境系统被破坏的程度就不断加深。另外，把丰富多彩的农业系统用单一的粮食生产来代替，这种产业政策（经济活动）对环境系统也会带来十分不利的影响。

经济系统与环境系统的交互作用，在数量上也具有规律性。由于农业系统是自然再生产与经济再生产的统一，生态环境系统的物质能量输出就不能完全都直接返还于自然界，而是作为农产品从中"取出"，几经加工生产、分配、流通、消费等环节后才能再返回于自然界。由于人口居住的集中趋势，这种返还在区位上已经离开了产生它的农作物的生态环境系统而参加到自然界其他系统的物质能量循环。所以，要让农业再生产顺利进行，从外界取得的物质能量必须不少于它再增值能力的需要，否则将会导致农业资源的枯竭；而投入到农业生态环境中去的物质能量若大于它再增殖能力的所需，即超过农业生态环境系统的容许量，也会引起环境系统的损失。因此，农业经济系统与农业生态环境系统在物质能量的"汲取"与"注入"数量上必须保持平衡。

3.2 农业可持续发展的内涵和实质

从大的范围讲，农业可持续发展是整个可持续发展的一个组成部分，农业可持续发展理念是整个可持续发展理念的组成部分。因此，我们需要在理解可持续发展内涵的基础上去理解农业可持续发展的内涵。这样，我们对农业可持续发展的理解就会更深，把握就会更全面。

3.2.1 可持续发展的内在含义

可持续发展的思想,是人类关于发展的新的战略思想。作为一种新的发展思想和发展战略,可持续发展主要包括资源和生态环境可持续发展、经济可持续发展和社会可持续发展三个方面。可持续发展不是一个封闭的概念,随着时间的推移,它将会有越来越丰富的内涵。可持续发展观作为全人类共同的选择和一面时代的旗帜,是一个包含内容丰富的概念。按照赵冬缓等的解释,可持续发展的内容包括以下方面:

(1) 可持续发展所包含的发展空间,是指谋求全球性经济和全人类的可持续发展。在此之前不论是停留在单纯的经济增长观基础上的经济学,还是建立在协调发展观上的经济学,在空间定位上都是以一国或某一区域的增长或发展为空间单元,而可持续发展始终以全人类的发展为前提。在世界环境与发展委员会发表的报告中明确提出:世界各国——发达国家或发展中国家、市场经济或计划经济国家,其经济和社会发展的目标必须根据可持续性原则加以确定。解释可以不一,但必须从可持续发展的基本概念上和实现可持续发展的大战略上的共同认识出发。在可持续发展中包含着这样的深层次的内容:可持续发展是全人类发展的问题,任何国家和区域的经济发展都必须以全球性的可持续发展为前提,以可持续发展为基本方针,实现某一国或某一区域的发展。1992年6月,在联合国第二次环境与发展会议上通过关于全球性可持续发展的《21世纪议程》之后,要求各国根据《21世纪议程》的指导思想制定出本国的《21世纪议程》。联合国环境与发展大会提出的这种要求,充分说明可持续发展的全球性内涵所在。在实现全人类可持续发展上,当代人类遇到的最大的问题,是如何解决发展中国家与发达国家之间巨大差别的问题。在一端是10亿人食不果腹,一端是资源的过度消耗,这样世界上无论如何也实现不了全球性的可持续发展。由此可见,未来的世界经济一体化,不仅仅是生产、贸易、技术的一体化,而且还有经济发展观的一体化。进一步讲,应当是在可持续发展观引导下的一体化。

(2) 可持续发展所包含的发展时间,按照联合国环境与发展委员会《我们共同的未来》的表述,是指"既满足当代人的需要,又不对后代满足其需要的能力构成危害的发展"。

(3) 可持续发展所包含的发展内容,是指经济、自然、社会三大系统之间的协调发展。以系统观点来看时，可持续发展应包括两个主要方面：系统内部的持续能力和环境的持续能力。系统内部的可持续发展能力，主要是如何构建一个既有利于经济有效增长，又有利于整个社会公平，健康地分享经济增长好处的社会体制问题。环境的可持续能力，是指资源可持续利用的能力，要求在开发利用环境资源时，不仅要从当代人和未来人的需要出发，更要从环境资源的供给能力出发，在环境资源动态承载能力容许的范围内合理利用。

（4）可持续发展所包含的一个全新的价值追求，是实现社会公平的发展。这种公平包含了两方面的含义：一是人际公平。人际公平又包含：①要实现在满足全人类基本需要上的公平性。基本需要上的公平性也就是生存权利上的公平性。这一公平性的要求具体表现是世界上贫困人口的基本需求，并将此放在特别优先的地位来考虑；②世界各民族之间在谋求发展上的公平性。这一种公平性具体表现为发展中国家在分享世界科技进步、世界贸易发展、资源份额分配上的公平性；③不论在发达国家，还是在发展中国家，都要解决在社会财富分配上或以社会财富为基础的社会福利事业，社会文化发展分享上的公平性。二是代际公平，代际公平是指当代人的发展与后代人的可持续发展的公平性。

（5）可持续发展要遵循生态自然演化规律。可持续发展迫使当代人类在未来的经济发展中，不仅要遵循人类已经发现的经济发展的规律，更要遵循生态自然演化规律，按照物质循环、再生、生物多样性共存互生等规律，重建人类与自然之间循环制衡、生态经济和经济与社会协调发展的生态文明。长期以来支配社会经济发展的规律，主要是古典经济学家发现的市场竞争规律。要实现经济的可持续发展，仅有这一规律还不够，还必须探求生态自然演化的规律，并将这一规律自觉地运用到可持续发展上来。只有这样，才能找到解决经济、社会、环境、人口等诸因素之间的制衡协调发展规律。

3.2.2 农业可持续发展的内在含义

自农业可持续发展概念出现以来，人们从不同角度对农业可持续发展做出理解，于是就产生了许许多多的定义。在这些定义中，农业可持续发展、可持续农业、农业可持续性等概念是通用的。在所有定义中，最具有代表性的有20多个，可以归并为单一属性定义和综合属性定义两类：

从单一属性定义角度，国际上流行的定义主要有三个：

（1）侧重于从自然属性角度，代表性的定义是1988年发展中国家农业持续委员会提出的。该委员会认为:"持续农业是一种能够增进人类需要而不破坏环境甚至改善自然资源的农业系统的能力。"落脚点是改善资源与环境系统。

(2) 侧重于从社会角度,代表性的定义是社会学家提出的,把持续农业视为是:"在不超出维持生态系统的承载能力的情况下,改善人类的生活质量的农业。"落脚点是改善人类的生活质量。

(3) 侧重于从经济属性角度,代表性的定义是经济学家提出的,认为持续农业是"保护自然资源的质量及其所提供服务的前提下,使农业经济的净收益增加到最大限度"。或者定义为"在不降低环境质量和不破坏自然环境的基础上的农业经济发展"。落脚点是农业经济发展。

从综合属性定义角度,有影响的定义主要有三个:

(1) 1984年道格拉斯(Douglass)提出的三重定义,认为持续农业的内涵应包括环境重要性、食物充足性和社会公平性。即农业可持续性的三个不同层面:第一个层面是满足食物充足的可持续性,它寻求利益范围内的最大食物产量;第二个层面是管理上的可持续性,它是按照控制环境损害来定义的;第三个层面是社会的可持续性,它按照保持或重建生态经济和社会可行的农村系统来定义。1987年布朗(L. Brown)将这个三重定义进一步完善为生态、经济、社会三个持续性。史密特(Smit)等也区分了农业可持续性的三种概念:第一个是可持续性的生态定义,它强调生物自然过程和生态经济系统的生产能力;第二个是可持续性的经济定义,它主要着眼于长期保持从事农业生产者的收益;第三个是可持续性的社会定义,它强调对人类食物和居住基本需求的满足,以及安全、平等、自由、教育、就业和娱乐的满足。

(2) 1989年美国农学会、作物学会、土壤学会讨论形成的一致看法是:持续农业是"在一个长时期内有利于改善农业所依存的环境和资源,提供人类对食品和纤维的基本需要,经济可行并提高农民以及整个社会生活的一种做法"。

(3) 1991年联合国粮农组织在荷兰召开的"农业与环境"国际会议发表的《可持续农业和农村发展的丹波斯宣言和行动纲领》中,将持续农业定义为:"可持续农业是采取某种方式,管理和保护自然资源基础,并调整技术和机构改革方向,以便确保获得和持续满足目前几代人和今后世世代代人对农产品的需求。这种可持续发展(包括农业、林业和渔业),能保护土地、水资源、植物和动物遗传资源,而且不会造成环境退化,是一种技术上适当、经济上可行,能被社会接受的农业。"

根据《丹波斯宣言》的论述，可以把可持续农业的内涵概括为以下四个要点：

第一，可持续农业最本质的含义是要正确处理农业发展与资源环境的关系，实现既不损害当代人的生存与发展，又不损害或妨害后代人生存与发展的能力。

第二，可持续农业的战略要求维持三个持续性，即生态持续性、经济持续性和社会持续性。

第三，可持续农业要通过农业技术使用和制度性改革（包括产权制度、人事制度、领导决策制度和经营管理体制等）来实现。

第四，可持续农业要把农业发展与农村发展合为一个整体来考虑，或者作为一个大的系统来规划和管理。

除上述定义外，在学术界有影响的定义还有以下几个：

美国内布拉斯加州合作推广系统的定义，它们认为："可持续农业是一种经营战略的体现结果，它帮助生产者选择品种、确定土壤肥力对策、种植制度、耕作方式、轮作方法及病虫害防治策略，其目的在于降低成本，减少对环境的压力，保证生产与盈利的可持续发展。"

发展中国家农业可持续发展委员会认为，可持续农业是"在不破坏或甚至提高农业所依赖的资源基础的同时，满足人类不断增长的需求的农业系统。"

1990年美国农业法案给出的定义是：可持续农业是一个在特定地点的动植物生产活动的综合系统。这种生产从长期来看：①能满足人类食物和纤维需求；②能改善环境质量和农业经济所依赖的自然资源基础；③能最大效率地利用不可更新资源和农场内部资源，在尽可能情况下，将自然生态循环及其控制结合起来；④能保持农场运转的经济可行性；⑤能提高农民作为一个整体的社会生活质量。

罗代尔（Rodale）从生态学角度定义了可持续农业，认为可持续农业是一种再生农业，是一系列使环境良性循环的农业生产过程。

斯密思（Smith）等认为，农业可持续性的解释应着眼于四个领域，它们是代际和代内公平、食物充足、环境管理和社会经济可行。

我国学者也对农业可持续发展进行了定义。王宏广认为，可持续农业是"一种把产量、质量、效益与环境综合起来安排农业生产的农业模式，是在不破坏资源与环境，不损害后代利益的条件下，实现当代人对农产品供求平衡的持续发展的农业"。刘巽浩认为，可持续农业强调的是生产持续性、经济持续性与生态持续性三者的统一。刘月珍认为，可持续农业是在高产、优质、高效的前提下，以科技为基础，以持续增长的生产率，持续提高的土壤肥力，持续协调的农业生态环境，以及持续利用和保护农业资源为目标，实现经济、社会、人口与资源环境的协调发展。曾尊固、罗守贵认为，农业可持续发展包括以下几个方面：①资源利用无论在数量还是在质量上都应该能够持续；②由于农业持续性反映了人口对土地需求的变化性和经济波动性，所以它应是动态的和可调节的；③农业持续性反映了受社会行为、知识和技术影响的人类活动和食物生产之间的平衡状态；④农业可持续性并不仅仅意味着能养活当代和未来人口，而且需要建立一个不断改善的社会基础结构和稳定的经济；⑤可持续农业应保证食物生产资源（水、土等）被妥善地管理，以使农业活动不至于导致环境退化或污染。

在众多的定义中，毋庸置疑，联合国粮农组织在荷兰召开的国际农业和环境会议上通过的《关于可持续农业和农村发展的丹波斯（DENBOSCH）宣言和行动纲领》中提出的"可持续农业和农村发展"（Sustainable Agriculture and Rural Development，简称 SARD）的定义最具权威性。从《丹波斯宣言》的定义可以看出：可持续农业和农村发展是指在合理利用和维护资源与保护环境的同时，实行农村体制改革和技术变革，以生产足够的食物与纤维，来满足当代人及后代人对农产品的需求，促进农业和农村的全面发展。"不造成环境退化"，是指人类与自然之间、社会与自然之间达到和谐相处，建立一种非对抗性的关系；"技术上适当"，是指生态经济系统的合理化并不主要依靠高新技术，而以最为适用、合理的技术为导向；"经济上可行"是要控制投入成本，提高经济效益，避免国家财政难以维持和农民难以承受的局面；"能够被社会接受"则指生态环境变化、技术革新所引起的社会问题，应当控制在可承受的范围内。

《丹波斯宣言》对 SARD 提出必须努力达到的三个目标：①积极增加粮食生产。既要考虑自力更生和自给自足的基本原则，又要考虑适当调剂与储备，稳定粮食供应和使贫困者获得粮食的机会，妥善解决粮食供应的安全；②促进农村综合发展，扩大农村劳动力就业机会，增加农民收入，特别要努力清除农村贫困状况；③合理利用和保护农业资源，创造良好的生态环境，以利子孙后代的生存与发展。总而言之，就是粮食持续增产目标、农村综合发展脱贫致富目标与保护资源和实现环境良性循环目标。这三大目标是一个整体，要全面理解，要全面实现。

《丹波斯宣言》对 SARD 提出三个基本要点：①千方百计地提高整个农业生产和资源利用的效率，尽可能减少污染；②在利用自然资源和物质投入过程中，要力求综合利用、增加后劲、减少风险、稳定收成；③努力开展多种经营，实行综合经营，从多方面增加农村的经济收入。

综合分析《丹波斯宣言》，公平性、持续性、共同性是 SARD 的主张。公平性一方面主张当代人的公平，解决贫富差距悬殊、两极分化问题，另一方面公平性又主张代际间的公平，当代人不要为自己的需求和发展而损害人类世世代代满足需要的自然资源和环境条件。公平性还主张公平分配有限资源。持续性就是人类的经济和社会发展不能超过资源与环境的承载能力，必须实行经济、社会发展与资源、环境相协调的原则。制止滥用自然资源、狠抓资源节约、提高资源利用率，是实施可持续发展的重要支撑条件。共同性是指由于各国历史、文化和发展水平不同，可持续发展的具体目标、政策和步骤不能共同划一，但可持续发展作为全球发展的总目标所体现的公平性和持续性原则，则是共同的。并且实现这一总的目标，必须采取全球共同的联合行动。

经济效益、社会效益、生态效益相统一是 SARD 的综合目的。SARD 带来的效益，是经济效益、社会效益、生态效益相统一的综合整体效益。经济效益是投入与产出的比率。社会效益是指在生态系统中投入一定的劳动后，生产的各类产品能够满足人们物质、文化生活方面的需要。生态效益的实质，是在合理的劳动投入下，换取的生态系统内部的物质循环及能量转化的最高效率，维持生态环境的稳定性。

生态可持续性、经济可持续性、生产可持续性、社会可持续性是 SARD 的目标特征。

(1) 生态可持续性。生态可持续性指农业自然资源的永续利用和农业生态环境的良好维护。其主要特征是：维护可再生资源的质量，维持和改善其生产能力，尤其要保护耕地资源；合理利用非再生资源，减少浪费和防止环境污染；加强水利和农田基本建设，提高防灾抗灾能力。

(2) 经济可持续性。经济可持续性指在经济上可以自我维持和自我发展。农业经营的经济效益和获利状况，直接影响到农业生产是否能够维持和发展下去。农业作为一种产业，要求提高生产效率，生产出在市场上具有良好竞争力的农产品。缺乏经济可持续性的农业系统最终是不可持续的。

(3) 生产可持续性。农业生产可持续性指高产出水平的长期维持，着眼于未来生产率和产量。生产可持续性特征适应社会食物安全的要求。农、林、牧、渔各业的产出水平都应保持稳定发展。如果农产品总量下降，即使农村经济和农民收入在增长，农业也不是可持续发展的。

（4）社会可持续性。社会可持续性指能满足人类食、衣、住等基本需求和农村社会环境的良性发展。持续不断地提供充足而优质的粮食等农产品，是可持续农业一个主要目标。农村社会环境改善主要包括人口数量的控制和素质提高、社会公平不断增加、资源利用逐渐良化、农村剩余劳动力就业机会不断增加和落后农村逐渐脱贫，等等。社会可持续性直接影响着农村社会的稳定和农业的可持续发展。

农业可持续性四个目标特征具有相对独立性，不同目标特征之间具有复杂的相互关系。四个可持续性特征在某些意义上很难划定明确的界线。例如，经济包括生产，社会包括经济，资源利用的收益及分配既是经济问题，也是生态问题和社会问题。四者之间相对区分，主要是出于认识上的方便。四个方面的可持续性之间可以相互影响，具有相关性。然而，这种相互作用并不具有必然性，特别是相互促进的实现需要一系列的条件。因此，仅强调某一可持续性目标特征，是难以实现农业的可持续发展的。另外，四个方面可持续性的重要性和紧迫性不是等齐的，其轻重缓急在不同地区和不同发展水平之间常不相同，某一可持续性在不危及其他目标特征的前提下允许重点强调。

3.2.3 农业可持续发展的实质

我们认为，农业可持续发展的出发点和落脚点是发展，失去了发展的可持续是没有任何意义的。但发展必须合理利用自然资源，保持生态环境的良好状态，实现发展的可持续性。这就是农业可持续发展的实质。

农业可持续发展思想虽在世界范围内得到广泛传播，但由于各国国情不同，对其理解有异。发达国家由于生产力水平相对较高，其农业功能已扩展到环境美化，食物生产以质量目标为主，并重视食品安全与营养，因而更多地强调资源环境保护，这是一种农业现代化后的思路。而对于大多数发展中国家而言，农业投入水平低，经营粗放，农产品从数量上还满足不了消费需求，因而注意力更多地集中于数量增长，希望通过发展，以求解决温饱，所追求的是以发展为主要目标，同时兼顾环境保护的策略。发达国家和发展中国家所追求的共同点是合理开发资源和保护环境，促使农业可持续发展。因此，各国在实施可持续农业发展模式上也有很大的差别。

对农业可持续发展的理解，还要处理好农业可持续发展与农业现代化的关系和农业可持续发展技术与传统农业技术和现代常规农业技术的关系。农业可持续发展不是对现代常规农业的全盘否定，更不是向传统农业的回归，现代化是可持续农业的必然方向。另一方面，农业现代化如果缺乏可持续性，也不是一个可供选择的现代化，可持续性是农业现代化的一个重要特性。农业现代化的基本内涵既包括装备现代化、技术现代化和管理现代化，还包括资源环境优良化。可见，可持续农业不是对现代常规农业的否定性替代，而是扬弃式发展。农业现代化与可持续发展并非对立，而是相辅相成的。

农业可持续发展技术与传统农业技术和现代常规农业技术是不可分割的。传统农业创造了丰富的具有生态合理性的技术措施，大量传统技术在现代农业中仍闪闪发光。但是，传统农艺体系是在低生产力生态平衡的基础上实现的，继承传统农业技术，必须对其进行科学改造。继承传统农业技术的精华，必须与现代科学技术相结合，决不能以前者排斥后者。可持续性农业技术与现代常规农业技术之间也不存在一条不可逾越的鸿沟。一方面要对现代常规农业技术进行科学筛选，淘汰不利于可持续性的技术。但农业技术的生态化，必然会有一个从量变到质变的过程。对适用性现代农业技术，有些（如化肥、灌溉）虽带来环境的破坏作用，但其本身无害，只是过量不利，关键是解决合理使用的问题；有些（如化学农药）虽本身有害，但在可行替代技术不力的情况下，也不能因噎废食，只能在技术进步中寻找出路。

3.3 农业可持续发展的指标体系

对农业可持续发展内在含义和基本要求的量化，就形成了农业可持续发展的指标体系。建立农业可持续发展的指标体系，是一项复杂的工作。根据柴彭颐、周洁红的研究，农业可持续发展的指标体系，按内容划分，可由以下四部分共47个指标组成。

3.3.1 农业可持续发展的社会指标

社会指标主要反映农村人口的规模、变化趋势、素质及生活质量等，主要指标有：

(1) 人口自然增长率。
(2) 人口平均寿命。
(3) 成人识字率。
(4) 农业人口每百人受过中技以上教育人数、每万农业人口农技人口数。
(5) 农业科研经费占 GDP 之比重（‰）。
(6) 农业科技进步贡献率。
(7) 农业人口比重。
(8) 农村劳动力就业率。
(9) 农村劳动力剩余率。
(10) 农村第一、二、三产业劳动力比重。
(11) 农村电话普及率。
(12) 农村恩格尔系数和基尼系数（人均和地区）。
(13) 农村绝对贫困人口及比率。
(14) 每平方公里运输线长度。

3.3.2　农业可持续发展的经济指标

农业经济指标主要反映农村产业结构状况、农业经营效果、农业经营方式、农业现代化程度等，主要指标有：
(1) 农业投入产出率。
(2) 农业劳动生产率。
(3) 主要农产品单产。
(4) 农产品商品率。
(5) 农林牧副渔产值比重。
(6) 农村一、二、三产业产值比重。
(7) 农业机械总动力。
(8) 农产品在国内外市场占有率。
(9) 农产品出口换汇成本。

3.3.3　农业可持续发展的资源指标

这里仅指农业生产中所涉及的自然资源。它是农业发展的基础，其数量和质量是衡量农业持续发展的重要指数。主要指标有：

(1) 人均耕地面积及变化率。

(2) 人均森林面积及变化率。

(3) 农业自然资源开发利用程度。

(4) 森林覆盖率。

(5) 绿地面积率。

(6) 复种指数。

(7) 自然土壤有机质含量。

(8) 自然保护区面积。

(9) 物种多样性。

(10) 治理水土流失面积。

(11) 有效浇灌面积。

(12) 旱涝保收面积。

(13) 耕地灌溉面积百分比。

(14) 机耕面积。

3.3.4 农业可持续发展的环境指标

生态环境的好坏不仅是衡量可持续发展的重要标志，也是反映社会、经济、资源与环境协调程度的重要指标。主要指标有：

(1) 污染治理费占 GDP 的比重（％）。

(2) 污水排放处理率。

(3) 农村饮用水卫生程度。

(4) 大气 SO_2 指数值。

(5) 土壤 pH 指数值。

(6) 农药施用量及施用强度。

(7) 地膜使用量及覆盖率。

(8) 水土流失面积及变化率。

(9) 沙化土地面积及变化率。

(10) 草原退化面积及变化率。

本章参考文献：

［1］《马克思恩格斯全集》第 25 卷，人民出版社，1972 年版。

［2］《马克思恩格斯全集》第 24 卷，人民出版社，1972 年版。

［3］《马克思恩格斯全集》第 26 卷，人民出版社，1972 年版。

［4］《马克思恩格斯全集》第 3 卷，人民出版社，1972 年版。

［5］张法瑞、靳乐山、郝晋珉：《关于可持续农业及中国农业可持续发展的理论思考》，《自然辩证法研究》，1997 年第 7 期。

［6］王宏广：《论我国农业持续发展的障碍、规律、对策》，《生态农业研究》，1993 年第 1 期。

［7］刘巽浩：《论 21 世纪中国农业可持续发展——有关理论与实践的讨论》，《自然资源学报》，1995 年第 3 期。

［8］刘月珍：《可持续农业及其评价指标体系》，《农业经济》，1998 年第 12 期。

［9］韦明华、张云天、管云涛：《农业可持续发展研究》，《江苏财政研究》，1998 年第 6 期。

［10］柴彭颐、周洁红：《农业可持续发展特征及指标结构》，《浙江社会科学》，1999 年第 2 期。

［11］程序等：《可持续农业导论》，中国农业出版社，1997 年版。

［12］赵冬缓主编：《新发展经济学》，中国农业大学出版社，2000 年版。

［13］Cai Y. L. , Smit B. , 1994. Sustainability in agriculture: a general review. Agriculture, Ecosystems and Environment, 49: 299.

［14］Douglass G. , 1984. The meaning of agricultural sustainability, In: G. Douglass (editor), Agricultural Sustainability in a Changing World Order. Boulder: Westview Press.

［15］U. S. Congress, 1990. Food, Agriculture, Conservation and Trade Act of 1990, Title XVI, Research Subtitle Section 1602.

［16］Smith C. S. McDonald, G. T. 1998. Assessing the sustainability of agriculture at the planning stage. Journal of Environmental Management, 52: (15).

［17］冯海发：《农业环境经济管理研究》，国家自然科学基金课题研究报告，1997 年。

第4章 农业可持续发展的实践探索

农业可持续发展不只是一种纯理论性的理念，更重要的是一种实践。如果把农业可持续发展只是作为一种理念来看待，不付诸实践，束之高阁，那是没有任何意义的。必须把农业可持续发展由理念转化为实践，在实践中推动农业可持续发展，这才是农业可持续发展的要义所在。农业可持续发展理念形成后，世界各国都从各自的实际出发，从不同层面探索农业可持续发展的模式。需要指出的是，有些模式如自然农业、再生农业、生物农业、有机农业等，是出现在农业可持续发展理念正式形成以前，是针对现代农业在生态环境方面的弊端而进行的，是作为现代农业的替代模式而出现的，这些模式本身也推动了农业可持续发展理念的系统形成。在本章，我们主要概述发达国家对农业可持续发展的实践探索和实践中形成的农业可持续发展的几种有代表性的模式。

4.1 发达国家对农业可持续发展的探索

由于现代农业首先在发达国家形成，现代农业对生态环境的不利影响也首先在发达国家出现，因此，发达国家较早地对农业可持续发展进行了实践探索。

4.1.1 美国的探索

美国是世界上最早实现农业现代化的国家，因而也是现代农业外部不经济显露最早的和最明显的国家。如前所述，从20世纪60年代开始，现代农业的外部不经济所导致的生态环境问题就已开始在美国出现，且其影响程度不断加深。针对现代农业所引发的生态环境以及这些问题的日益严重化的趋势，美国逐渐采取了一系列措施，以校正现代农业在生态环境方面的偏斜，实现现代农业与生态环境的协调发展。这些措施可以归纳为三个方面：科学家的积极探索、农业部门的大力推动、联邦政府的大力支持。

第一，科学家的积极探索。最早发现现代农业的弊端并对这些弊端进行鞭挞的是一些科学家。在此方面，如前所述，具有划时代意义的是生物学家卡逊的观察以及他的专著《寂静的春天》的发表。

卡逊在《寂静的春天》中，根据观察到的以滥用DDT为代表的化学农药对生态环境造成多方面危害的事实，对现代农业中的"化学化"的弊端提出了有力的批评，首次唤起了全社会对现代农业所引发的生态环境问题的关注。卡逊的观点一石激起千层浪，在美国社会引起广泛关注和争论。由于卡逊的观点，在当时直接触犯了化学集团的利益，年销售额高达100亿美元的美国农药工业界首先对卡逊发难。即使在农业科技界，不少农业科学家也因沉醉于现代科技给提高农业生产率带来的巨大好处之中，而不愿接受和承认卡逊揭示的现实。就连被誉为"绿色革命之父"的诺贝尔奖获得者美国著名育种学家布劳格，也曾质疑卡逊。广大公众尤其是农场主，更是感动于化学农药在灭杀田间害虫方面的神奇功效，而难以理解卡逊的忠告。因为在当时，DDT被誉为"根绝由害虫传染的疾病并帮助农民能在一夜间就战胜田间害虫的神奇手段"，特别是当"绿色革命"的品种引进后，由于这类水稻和小麦品种需要在多肥水条件下密植，品种本身抗病虫性很差，DDT和六六六等农药大显神威，高效率的灭杀害虫。

然而，生态环境出现的问题是明摆着的，是大家有目共睹的。事实胜于雄辩。尽管在起初，卡逊的观点和忠告不能被广泛理解和接受，但卡逊的工作对推动社会对现代农业的全面认识发挥了重大作用。随后的科学研究证明，DDT含有雌激素和类似雌激素的化学成分，能导致动物和人生殖力下降，诱发睾丸癌和乳腺癌等癌症，DDT残留在饮水和农作物中的超标会抑制免疫T细胞而造成动物和人的免疫能力减退，DDT还会造成动物性别紊乱和器官畸变，如当年在美国多处发现一条腿、三条腿的青蛙等，这是这种器官畸变的典型反映。这些都证明了卡逊在20世纪60年代初提出的现代农业有害于环境的观点的远见性。

科学家对现代农业的校正工作不仅表现在口头上的忠告和警示，而且体现在具体的实践探索中。针对现代农业在生态环境方面的明显外部不经济，许多科学家及其研究机构展开了对现代农业替代模式的研究，在此方面特别值得一提的是美国的罗代尔再生农业研究活动。

罗代尔再生农业研究中心是由罗伯特·罗代尔（Robert Rodale）于1972年创建的一个私人农业研究机构，重点研究农业与生态环境的协调发展，其标志是"3H",即健康的土地、健康的作物和健康的人(Health land, Health plant, Health person)。该中心研究工作的具体进程大体是,20世纪70年代重点放在免耕、少耕和水土保持耕作方面,并取得了一定的进展。但后来发现,单纯依靠耕作技术治理土壤流失等具有相当的局限性。因此,从70年代末起,研究方向开始转向以降低投入,使土壤肥力再生、保持环境和生产健康高产食品为中心的新项目。该中心的研究成果发表在由罗代尔出版公司出版发行、在美国有很大影响的《新农场》杂志上,这使其研究不仅在美国而且在世界上都产生了很广泛的影响,使得"再生农业"(Regenerative Agriculture)成为70年代到80年代美国寻求现代农业替代模式实践中的一个重要流派和模式。

除"再生农业"外,20世纪70年代在美国形成的现代农业替代模式的科学研究探索还有两个重要流派,并且也有各自的全国性组织。一个是总部设在马里兰州格林贝尔特的替代农业,出版有定期刊物《替代农业》(Alternative Agriculture);另一个是加州大学领导的"持续农业"(Sustainable Agriculture)运动。

毫无疑问,科学家对现代农业弊端的警示以及对现代农业替代模式的探索,在推动农业可持续发展理念的形成以及农业可持续发展理念向实践的转化发挥了十分重要的作用。

第二,农业部门的大力推动。针对现代农业的外部不经济表现以及科学工作者的警示推动,美国农业部从20世纪80年代初开始,就着手进行现代农业替代模式的调研、评价和推动工作。1980年,美国农业部组织有关专家,专门对作为当时校正现代农业环境不经济最有影响的替代模式的有机农业进行了详细调查,并形成了很有影响的《关于有机农业的报告和建议》文献。该报告认为,有机农业避免大量使用合成化肥、农药、生长调节剂和家畜饲料添加剂,最大限度的依靠轮作、作物残体、厩肥、豆科植物、绿肥以及其他有机废物、机械耕作、矿石及各种生物防治,维持土壤肥力和耕层,补充植物养分并防治杂草和病虫害等。该报告还认为,如果化学集约农业不同程度地向有机农业转移,就可以缓解各种生态环境问题,从长远来说,有机农业可以保证一个更为稳定、有支持能力、有赢利的农业制度。在该报告的序言中,农业部部长明确强调,美国农业今后面临着如何既保持足够的生产力而同时又不较多的损害土地及环境的强大挑战。

1987年,美国农业部明确宣布,将"低投入可持续农业"(Low-Input

Sustainable Agriculture，简称"LISA"——"丽莎"）列为农业部正式研究计划，国会授权拨出专款支持研究。"丽莎"的具体内容有五个方面：一是充分将固氮技术和生物防治技术方法运用到农业生产过程中；二是减少使用化学肥料和化学农药；三是有效地利用植物和动物内部的生物学和遗传学的潜力；四是最优化地将种植业和畜牧业结合起来；五是注意节约和保存土壤、水、能源和生物资源。"丽莎"的生产方式提出后，不但美国各级政府有关部门十分重视，拨出专款作为研究和试验费用，并且在国家农业图书馆中设立"丽莎情报中心"以传播研究成果，而且不少大学和研究机构对"丽莎计划"进行了进一步扩充，并将其更名为"持续农业研究与服务"计划（Sustainable Agriculture Research and Education，简称 SARE），经费支持强度不断增加。农业部的这些工作，大大推动了农业替代模式的发展，推动了农业可持续发展实践的开展。

第三，联邦政府的大力支持。美国联邦政府及地方政府对现代农业引发的生态环境问题都十分关注，除了政府的农业行政管理部门的工作外，政府对推动农业可持续发展还采取了三项有力措施：

一是组织措施，即成立专门的环保机构，专司环境保护的管理工作。针对包括农药在内造成的污染问题的严重性，美国政府于 1969 年在世界上第一个成立了国家环境保护署（EPA）以及总统"改善环境质量委员会"。

二是经济手段，即通过拨款和增加拨款，支持农业可持续发展研究和实践工作。如 1990 年的农业法案就把 SARE 计划的预算拨款由以往每年的 410 万美元增加到 770 万美元，增加了近 1 倍；出台"限耕"和"休耕"政策，对纳入"限耕"和"休耕"计划的农民实行补贴，限耕政策不仅达到了控制农产品供给的目的，也促进了农业土壤的保持工作；把农产品价格补贴计划与环境保护结合起来，对应用水土保持耕地技术的农场进行水土保持建设费用补贴，并规定如果到 1990 年在被划定为易侵蚀的土地上耕种而未采取水土保持措施的农场主，将被取消享受政府农产品价格补贴资格，这一政策使众多的农场主参与水土保持计划，据统计，1987 年时参加此项计划的农场主就达 200 万个，预计到 2010 年将会有占土地面积 70% 的耕地实施水土保持措施；增加对有机农业的投资，1988 年用于有机农业的投资为 450 万美元，1989 年增加到近千万美元。

三是法律手段，即用法律的强制性推动农业可持续发展工作。如制定法律，禁止 DDT 等农药的使用；规定一些化学药品的使用量标准，如规定地上水硝酸盐含量的容许值上限为40ppm。一些州还制定法规，严格限制氮化肥施用量；一些州制定地方法律，征收农业化学品购买税等。由于法律手段具有刚性约束，在保护农业生态环境方面的作用越来越重要。

4.1.2 日本的探索

日本是一个自然资源贫乏的国家，尤其是农业资源更为贫乏，仅仅依靠国内的自然资源，无法生产出充分满足国内需求的农产品，这一特殊国情决定了日本对农业生态环境问题尤为重视。

日本农业现代化发展可以分为两个大的阶段。1961年以前是第一阶段，这一阶段是以增加粮食产量为主要目的。因此，良种化、化学化、栽培技术科学化是这一阶段农业技术变革的中心。从1961年起进入第二阶段，这一阶段是以农业机械化为中心，主要目的是节约劳动时间，提高劳动生产率，以便从农业中抽出劳动力为发展非农产业服务。因此，现代农业在日本的完全确立，是20世纪60年代中期以后的事情。

现代农业的发展在日本同样形成了许多农业生态环境问题，这些问题伴随着现代农业水平的不断提高而日益加剧。为了校正现代农业的生态环境偏差，日本对农业可持续发展进行了积极探索。

首先，政府鼓励和支持对现代农业替代模式的研究实验活动。在现代农业替代模式的研究方面，"自然农业"是深负盛名的。自然农业，又称自然农法，于20世纪30年代末期最早出现在日本，其创始人是世界救世教祖冈田茂吉。起初以旱田为对象研究和实践自然农法，后又着手研究稻作。50年代在全国设置了53个自然农法试验场，并召开"自然食品"展销会。60年代中期在农业机械化、化学化和工业化浪潮的冲击下，日本自然农法普及会被迫解散。70年代后，自然农法活动重新恢复，并相继在世界其他国家如巴西、泰国和美国设立了自然农法试验点。80年代又创立了全国自然农法国际综合开发中心等。

自然农法主张顺应自然法则，重视土壤应有的自然力，维护生态平衡，促使人类与所有各种生命的协调和繁荣；提倡轮作、绿肥、间套作、堆肥、地表覆盖、共生、天敌治虫、自然饲料、低密度养畜、平面养鸡等，禁止使用化学合成的肥料、农药、生长调节剂、饲料添加剂以及未腐熟的粪尿，以确保食物安全，保护自然环境，有效利用土地和资源，实现低能耗、低成本的农业。

经过多年的研究、试验、宣传和推广。20世纪80年代日本已有15000多个农户实施自然农法,在城市里有 10 万人参加自然农法及自然食物的研究等消费者团体的活动。农林水产省对全国 4095 个农协在 1987 年 4 月至 1988 年 3 月一年间的自然农法问卷调查表明,执行自然农法标准实施经营者占 26.5%;实施自然农法的法人集团的农协占总数的 30.4%;实施农户 1022 户,其中以集团方式实施的占 42.5%,以法人方式实施的占 2.5%;自然栽培作物共有 131 个种类,最多的为水稻,558 例,其次胡瓜 314 例,萝卜 244 例,菠菜 290 例,以后依次是马铃薯、茄子、甘蓝、白菜、红萝卜、南瓜、洋葱、芋头、甜椒及玉米;实施自然农法的动机,以生产好吃的产品为目的的占 23.1%,应消费者要求实施的占 11.9%,因宗教信仰实施的占 10.5%,追求高价格的占 6.3%;在自然农法实施中,完全不施用农药的占 38.6%,少量施用的占 33.9%,有时施用少量的占 13.5%,与平常一样使用的占 7.4%;完全不施用化肥的占 41.8%,施用少量的占 25.9%,必要时施用少量的占 15.9%,与平常一样施用的占 7.4%;能够掌握自然农法技术的培养土制作、堆肥的施用、使用微生物及中草药控制病虫害的技术者占 40.9%。从收入状况看,从事自然农法农户的经济收入处于一般水平,为了增加收入,这些农户的劳动力农闲期间经常从事农外兼业活动。尽管收入不丰,但自然农法的实践者认为,生活幸福与否,不能仅用金钱来衡量,保证健康才是第一位的,正如京都郊区农民樱井昭人所言:"农民是生产食物还是生产商品,这是首先应该考虑的问题。"

其次,政府采用经济手段,限制现代农业的外部不经济,促进农业与环境的协调发展。为了推动自然农法的实施,日本政府设立自然农法奖励金,对实施自然农法的农户给予补贴奖励,如每公斤大米奖励 100 日元,每公斤小麦奖励 50 日元,以保证实施自然农法的农户在经济上不因产量的降低而受损失。为了解决畜牧业所造成的环境污染问题,由政府拨出资金,推行"环境保护事业",对牲畜粪便进行处理。处理方式有两种,一是日光干燥,即用塑料大棚,在太阳暴晒造成的高温中,使粪便迅速干燥,去掉臭味,再卖给附近的农民投入田中。利用塑料大棚自然干燥,首先要把尿分出来,另作发酵处理,去掉臭味,随即成为价值很高的液体肥料。另一处理方法是发酵,把粪尿放入专门设计的发酵槽中,经过高温发酵处理,成为干燥无臭味的有机肥,然后包装成袋,售给经营种植业的农户。另外,政府还积极倡导和全面推行"地域农业计划",促进农业经济活动与自然地域条件的联系和协调。

再次,政府采用法律手段,推动农业可持续发展。在此方面的突出表现,就是通过法令禁止生产和使用 DDT、DDV、六六六及土壤熏蒸剂等对人畜危害严重的农药，并建立严格的农药登记制度。农药登记制度的内容包括药效、药害、毒性及残留等指标。1984 年，为确保农药毒性试验结果的可靠性，还制定了《农药毒性实验实施准则》。目前日本农药生产和使用的方向是高效低毒化，农药对生态环境的外部不经济大大减小。

4.1.3 西欧国家的探索

针对现代农业产生的生态环境问题，西欧诸国较早地采取行动，探索农业可持续发展模式。

在现代农业替代模式的探索方面，西欧诸国的有机农业运动在世界上较为著名。最早提出有机农业这一概念的是奥地利学者拉道夫·思腾特（Rudolf Steinet），德国也早在 1924 年就成立了有机农业组织。第二次世界大战后，面对现代农业日益暴露出来的弊端，有机农业在西欧各国逐渐受到重视并发展起来，并向其他国家扩展。1972 年 11 月 5 日在法国成立了国际有机农业运动联盟（International Federations of Organic Agriculture Movements，简称 IFOAM），其宗旨是主张在世界范围内开展有机农业运动，发展有机农业，为世界提供一个包括保持环境持续发展和满足人类需求在内的发展有机农业系统的综合途径，提供全球范围内的学术交流与合作的舞台，在世界范围内倡导开展有机农业，为世界提供一个有机农业和食品加工的基本标准。成立当时只有 5 个团体，至 1982 年已发展到了 30 个国家的 80 个团体。目前，国际有机农业运动联盟已经拥有来自全球 100 多个国家的 500 多个集体会员，并在全球范围内形成了从生产者到消费者的有机食品网络，成为当今世界上最广泛、最庞大、最权威的国际有机农业组织。

欧洲的有机农业发展很快。到 20 世纪 90 年代初，欧盟成员国共有 1 万多个有机农业企业，其中法国有 4000 多个，是世界上有机农业企业数量最多的国家，也是世界上最大的有机农产品出口国（见表 4-1）。在英国，根据农业部门的调查，1990 年全英国已有 610 个有机农场，有 1.6 万公顷的农作物采用有机耕作，另外还有 0.5 万公顷的农田向有机耕作转化。其中苏格兰地区的有机农场拥有的机耕地规模较大，平均为 106 公顷，英格兰地区和威尔士地区的有机农场规模平均分别为 89 公顷和 24 公顷，苏格兰和威尔士 70% 的有机农场耕作已超过 15 年。调查还表明，在过去 5 年中，英国的有机农场平均每年增加 18% 以上。20 世纪 70 年代以前，德国的有机农场很少，70 年代以后，有机农场在德国迅速发展，到 1990 年全德国有机农业的种植面积已达 5.4 万公顷，占农业用地的 0.5% 左右，实行有机耕作的农场 2608 个，约占农场总数的 0.4%，1991 年有机农业经营面积增至 7.6 万公顷，有机农场数目又比 1990 年增加了 14%。有机农业的产出水平虽较低，但由于产品的价格较高，使得有机农业企业按经营面积和劳动力分别计算的收入水平都较高。1985 年以来，西欧各国实行轮作制和使用有机肥的耕地面积已增加了 3 倍，有机农业的发展表现出了强劲的势头。

表 4-1 西欧各国有机农业企业数量

国　家	有机农业企业数量（个）
法　国	4000
德　国	2685
意大利	1200
英　国	700
西班牙	700
丹　麦	520
荷　兰	400
比利时	150
爱尔兰	150
葡萄牙	61
卢森堡	14
希　腊	10
瑞　士	1900
奥地利	1200
瑞　典	950
芬　兰	950
挪　威	30

资料来源：《世界农业信息》，1992 年第 14 期。

除了对有机农业活动给予必要的扶持外，采取经济和法律手段调整农业与生态环境的关系，也是西欧各国政府推动农业可持续发展的基本做法。在法国，1980年农业指导法中首次出现有机农业的条款。1991年6月24日欧盟通过了2092/91条例，其中有关"有机农业"的条款首次确认了有机农业这种经营方式，对有机农业植物生产做出了许多法律规定。1999年7月欧盟各国农业部长通过了1804/99条例，对有机农法动物生产又做出了法律规定，该条例于2000年4月正式实行，使2092/91条例更加完善。在欧盟有机农业有关条例的框架下，法国等欧盟国家又根据本国的实际情况制定了更加严格的有机农业法律，一方面使有机农业发展有法可依，使有机农业发展走上法制的轨道，另一方面也使有机农业得到法律的保障，促进了有机农业的发展。1992年欧盟进行了共同农业政策的改革，欧盟2078/92农业与环境条例在政策与资金上都鼓励向有机农业的转变，从此欧盟有机农业走上快速发展的轨道。另外，政府还通过扶持改善环境的各种科学研究和技术创新活动，从而使农业可持续发展的技术水平不断提高。

近年来，面对日益严重的食品安全问题，有机农业发展更引起欧盟各成员国的重视，有机农业生产者和有机农业的规模在欧盟各个成员国都有连续的快速增长。由于奥地利政府对有机农业的支持和推广，近十年来该国的有机农业得到了快速的发展，其有机农业耕种面积达到28.8万公顷，占农业用地总面积的8.4%。这一比例是欧盟范围内最高的，其次是瑞士等国。对于奥地利来说，有机农业的发展还有一个比较有利的条件，这就是该国的农业经营者的平均经营面积一般比欧盟其他国家要小一些，在向有机农业转变时比较容易一些。在欧盟成员国中瑞士有机农业占7.8%，德国占2.4%，法国占1.2%，而欧盟平均有机农业所占比例为3%左右。从有机农业的面积来讲，欧盟现有有机农业面积350万公顷左右。排名是意大利、德国、奥地利、西班牙、法国等。统计显示，欧盟有机农业经营面积年增长率保持在25%以上。从有机农业生产者的数量来看，1995年欧盟有机农业生产者的数量还不到农业生产者总数的1%，1997年达到1.3%。在瑞典、奥地利和芬兰，有机农业生产者的数量占农业生产者总数的比例要高一些，分别为12%、9%和4%。到1998年，欧盟有机农业生产者总数达到10万个，这一数字显示欧盟有机农业生产者数量增长率连年保持在25%以上。其中希腊、西班牙、意大利、奥地利、芬兰和瑞典等国，有机农业生产者的数量增长率达到或超过50%，并且这一增长率已经保持了10年。

4.2 农业可持续发展的几种实践模式

对现代农业替代模式及农业可持续发展的探索，形成了许多重要的实践模式。

4.2.1 有机农业

有机农业，英语的表达形式为 Organic Agriculture 或 Organic Farming，是兴起较早、影响较大的一种农业模式。

如前所述，有机农业首先是由一些学者提出来的。早在 1924 年，奥地利学者拉道夫·思腾特就在其学术活动中涉及有机农业。在思腾特之后的 20 世纪 30 年代，英国植物育种学家奥波特·哈罗德（Albert Howard）发表了《农业圣典》一书。在该书中，哈罗德比较系统地提出了有机农业的思想。

而最先将有机农业思想应用于农业实践的先驱者是美国人 J. 罗代尔（J. I. Rodale）。1940 年，罗代尔买下了宾夕法尼亚州库兹镇的一个拥有 63 英亩土地的农场，在这个农场开始了有机园艺的研究和耕作，并于 1942 年出版《有机园艺和农作》杂志。但是，在 20 世纪 70 年代以前，尽管有机农业耕作在美国、日本及西欧许多国家存在着，但规模较小，发展水平较低，影响也不很大。

20 世纪 70 年代以来，随着现代常规农业引发的生态环境问题日益显现和严重，发达国家学术界和政府机构对现代常规农业替代模式的倡导和追求，极大地推动了有机农业的发展。由于有机农业不主张使用或少用化学合成肥料和农药，倡导通过有机肥、轮作或间作套种、种植绿肥等措施实现农业再生产的物质能量平衡循环，这种农作方式不会对自然生态环境造成危害，不会像现代常规农业那样引发一系列的外部不经济，从而更好地迎合了人们由于现代农业外部不经济而对改善生态环境、保护生态环境、保护人类安全的强大需求。所以，有机农业的农作方式在欧洲和美国等国家广泛扩展，影响日益增大。如前所述，西欧各国有机农业在企业数量和经营面积上都增长较快。在美国，20 世纪 80 年代末已有 5000 多个农场实施有机农业，越来越多的农场自行模仿有机农业的做法，政府对有机农业的投资也不断增加。

关于有机农业的内涵，美国农业部《关于有机农业的报告和建议》中指出：" 有机农业是一种完全不用人工合成的化肥、农药、生长调节剂和牲畜饲料添加剂的生产制度。有机农业在可行范围内尽量依靠作物轮作、作物秸秆、牲畜厩肥、豆科作物、绿肥作物、农场外的有机废料、机械耕作、含有矿物养分的岩石和生物防治病虫害的方法保持土壤肥力和可耕性，来供应植物养分并防治杂草和病虫害。"该报告还认为，从目前来看，如果化学集约农业不同程度的向有机农业转移，就可以缓解已经出现的生态环境问题；从长远来说，实行有机农业，可以保证一个更为稳定、有支持能力、有赢利的农业制度。该报告还概括出了有机农业的如下几个基本点：

第一，有机农业是代表一定范围内的一种农业生产的广泛概念。一些农民出于某种信念而坚持绝对不施用任何化学肥料、农药及其他合成的化学制品，而另一些农民则比较灵活，在必要时仍施用一定限量的化肥和农药作为应急手段，这些农民都自称是有机农业农场。

第二，实行有机农业的农场规模大多是 10~50 英亩的小型农场，也有 100 英亩甚至 1500 英亩的大型农场，这些农场都是生产水平较高、经营管理较好的农场。

第三，向有机农场转变的动力，主要是出于对土壤和人类及牲畜健康的保护，防止农药的潜在性灾害，期望减少能量与物质的投入，以及对环境资源的担心。

第四，有机农业并不是所谓倒退到 20 世纪 30 年代的农业技术，有机农民在限制化肥或农药使用的同时仍采用新式农机具、优良品种和注册过的种子，以及科学的有机残余物管理方法和水土保持措施。

第五，大部分有机农场采用轮作，包括豆科类作物，以保证提供土壤足够的氮素。

第六，牲畜饲养是有机农业中的一个重要组成部分，采取种植业与畜牧业的复合经营，可以合理利用饲料和厩肥等。

第七，有机农业在种植玉米、大豆及其他谷物时，不使用或最低限度地使用除草剂。

第八，有机农业中的磷、钾两种元素，当前是从土壤矿物质风化中取得或依靠土壤中的残留化肥获得，将来这两种元素可能要进行增施补充。

第九，有机农业的农活操作几乎是劳动密集性质，需要较多的劳动力和畜力，但投入能源较少。

第十，有机农业的经济效益在玉米、大豆等生产方面比化学集约农业低，这是由于实行有机耕作需要种植多种多样的作物特别是产量较低的豆科作物。

有机农业虽然作为常规现代农业的一种替代模式在一定程度上显示出生命力，因为它可以有效地克服常规现代农业所导致的一系列生态环境问题，但有机农业的发展也面临着许多挑战。首先，由于不使用化肥、农药等具有高产出效率的现代农业投入，有机农业的效率较低，产出量比常规现代农业明显减少，因此，其生产能力无法满足国民生活和经济发展不断增长着的对农产品的需求；其次，由于具有劳动密集性质，有机农业需要占用较多的劳动力和畜力，这与发达国家劳动力普遍短缺的现实不相吻合，因此，实施有机农业，会引起劳动力和畜力的短缺；再次，生产效率的降低以及劳动力使用数量的增加，都会使有机农业所生产出来的农产品价格上升，这会给消费者增加支出负担；最后，有机农业对化肥及农药的全盘否定，使有机农业与常规农业之间形成一条鸿沟。

正是由于面临这些挑战，对有机农业的学术操作和政策制定都出现了激烈的争论。美国农业科学技术委员会发表的有机农业实施评价报告中，虽承认有机农业有很小部分的效果，比如对害虫的生物控制是有效的，但认为搞有机农业没有能充分提供含氮植物用来堆肥，而且转向再生农业需要更多的土地，追加的土地基本上是废地。因此，有机农业是难以实行的。一些学者也认为，少用化肥和杀虫剂，对于环境当然是好的，但不必要实行有机农法。1982 年美国国会众议院的部分议员曾提出"1982 年有机农业法案"（The Organic Farming Act of 1982），试图从法律上为实施有机农业提供支持，但该法案终以 189 票对 198 票被否决，反对者认为该法案所提出的有机农业技术措施，如种植绿肥作物和牧草、轮作和间作套种、施用厩肥和堆肥等，是 20 世纪 30 年代已详细研究过的农业技术，采取有机农业会引起人力、畜力的短缺和农产品成本增加等问题。这些争论以及不同意见，在一定程度上制约了有机农业的发展。

我们认为，从有机农业的内涵来看，尽管它在校正现代常规农业外部比经济方面具有实际效应，但作为一种农业生产制度，如上所述的几个挑战所致，有机农业不可能完全替代现代常规农业。适应人们对安全食品和健康环境的需求，有机农业会以一定的规模存在和发展下去。重要的是，现代常规农业会吸收有机农业的精华，使自身的偏差得以纠正并不断完善。

4.2.2 再生农业

再生农业，英文的表达形式是 Regenerative Agriculture，从渊源上讲，是在有机农业思想的基础上进一步形成的。再生农业的开拓性实践者是美国人 R. 罗代尔（Robert Rodale）。R. 罗代尔是 J. 罗代尔（J. I. Rodale）的儿子，在其父的影响下受到了早期的农业思想教育。据记载，一本由著名土壤学家 F. H. 金（F. H. King）撰写的专门研究中国千百年来进行无废弃物农业的专著使他受益很深。之后，他又结识了有机农业思想的创始人奥波特·哈罗德，哈罗德给了罗代尔父子两代人以深刻的影响。在长期经营其试验农场的过程中，R. 罗代尔亲身体会到现代农业是建立在大量化学肥料、农药和除草剂基础上的能源和化学集约农业，虽然取得了历史上从未有过的高产，但是这种高产的代价是巨大的：地下水及土壤遭受污染，成千上万吨的土壤流失，物种日趋单一化，小农场主面临无法承受的高额生产成本。R. 罗代尔认为，人类社会已有上千年的农耕历史，而真正依靠大量投入并成为特点的现代农业迄今不过百年，在以往的几千年里，农民之所以可以仅仅依靠极其廉价的系统内部投入而得以生存下来，也正说明自然界有一种迄今尚未被完全认识的再生能力，这种能力来自于某种"自我治疗恢复力"，只有找到这种恢复力并将其"释放"出来，就能够使农业得到再生，就能够避免现代农业所产生的一系列环境不经济问题。本着这种信念，R. 罗代尔于 1972 年创建了拥有 304 英亩试验地的"罗代尔再生农业研究中心"，在其父进行的有机农业研究的基础上，开始再生农业的研究工作。

关于再生农业的定义，R. 罗代尔在 1983 年这样解释到：再生农业就是在不断提高的生产力水平上，增加土地和土壤的生物生产基础，它具有高度的内在经济和生物稳定性，对农场或耕地以外的环境的影响最小，甚至无影响，不使用杀虫剂生产粮食，力图转向最小依赖不可更新资源的过程中，为日益增长的大量人口提供粮食。再生农业进展的评估标准有 5 条：①不再继续增加外界资源（化学的、财政的）投入；②当地农民感兴趣和接受程度不低于 35%；③在当地民间自动传播的程度；④可以度量的劳动生产率的增长；⑤生态方面健康状况的改善。

罗代尔再生农业研究中心在创建之初，研究重点是免耕、少耕和水土保持的耕作。从 20 世纪 70 年代末起，研究方向开始转移到以降低投入、使土壤再

生、保护环境、生产健康和高产食品为中心,其工作主要分为三个方面:

第一,传统性的园艺研究。进行旨在帮助家庭园艺者得到最大限度的高产,并着眼于长期的土壤"健康性"的改善。主要作物是蔬菜、草本植物、花卉和果树。主要内容包括通过豆科覆盖作物和堆肥等改善土壤肥力、集约化园艺技术和害虫的有机防治等。

第二,农艺及农作制度研究。这是该研究中心最主要的研究项目,重点是如何变常规现代农业为"再生农业",以最大限度地增加农民收入和尽可能减少外界投入。主要内容包括禾谷与豆科作物的间作套种及豆科混作、覆盖栽培、控制杂草生态、氮素再循环及耕作方式等。这些实验都已进入大田农作制度的试验,即不仅仅考虑一种作物、一年的收益,而是按照生产中的实际状况进行通盘设计和综合效益分析,并考虑包括畜牧业进入农作制度的试验内容,即研究农作物与牧草的结合。上述研究中的机械化操作条件下的大(小)麦套种大豆和玉米地内进行豆科作物或牧草的适量播种混作两项试验成果,已开始推广应用于生产。

第三,农作物的开发研究。R. 罗代尔对多年生谷类作物寄予厚望,认为将来成功的"再生农业"主要应建立在多年生作物(包括果树、园艺作物)之上,因为它们能够大幅度的减少水土流失,还可以减少劳动力、种子和其他投入。到 20 世纪 90 年代初,该中心已经筛选出了 200 多种作物,最重要的选择标准是营养能力和适于机械化收获。关于籽粒苋的研究推广工作已经进行了 10 余年。这种原产于中、南美洲的高营养耐旱作物,现已在很多国家进入大面积生产应用。该中心仅籽粒苋的品种资源就收集了 1400 多份。

罗代尔再生农业研究中心还十分重视宣传和推广工作,为此制定了两项有特色的工作制度。一是建立全国性的协作试验网,除了在中心所在地(库兹镇、马克撒托尼镇)和兰开斯特县各有两个试验场外,还把研究人员介绍到中西部和东海岸地区的农场,以指导进行同类性质的现场试验研究,并在主要农业州的不同生态类型区建立了长年密切联系的示范试验农场 13 个。二是重视向社会不断宣传"再生农业"的宗旨和展示研究工作的进度,主要方式是在试验中心和试验网点所在地,每年在作物生产期间举办"田间日"(Field Day)活动,邀请农民和各方面人士来观摩和讨论,平时亦向社会公众开放。此外。该中心还接受外国研究生和实习生,这项计划得到了美国农业部的资助。中心还与著名院校如康乃尔大学、加州大学伯克里分校等保持密切的协作研究关系。

罗代尔再生农业研究中心的研究工作得到了美国农业部的重视。农业部向该中心派驻了常年研究人员，从事"氮素—耕作—作物残余物—管理"综合计划模拟程序的共同研究。

罗代尔再生农业研究中心还有计划地向发展中国家推广其思想和成果，使其在国际上影响日益增大。1985年由美国国际开发署发起，举行了有75个国家和非政府组织代表参加的首届再生农业会议。中心的国际部在非洲、拉丁美洲和亚洲的几个国家选择了若干农户，进行现场试验研究并建立了相应的服务机构。

再生农业虽然取得了很大的进展和成果，已形成一定的影响，其一些思想已被常规现代农业吸收和利用，但这种农业模式仍在进行之中。

4.2.3 生物农业

生物农业，英文的表达形式是 Biological Agriculture。生物农业作为一个术语在欧洲比较常用，其内涵与美国的有机农业、再生农业很相近。但欧洲学者认为，美国的有机农业含义不够清楚，因而提出了"生物农业"这一概念。

根据欧洲学者豪智（Hodges）在1982年的定义，生物农业是这样一种农业：它试图提供一个平衡的环境，在这个环境中通过提高自然过程和生物循环来控制病虫害；通过适度的投入能源和资源，维持该系统最佳的生产力。也就是说，生物农业是通过自然过程和生物循环来保持土地的生产力，用生物学方法防治病虫害，实现农业系统生态平衡的环境。生物农业的倡导者认为，向生物系统中引入化肥会使自然过程发生"短路"。因此，生物农业亦要求在农业生产系统中不使用化肥和化学合成杀虫剂。

生物农业所要达到的目的是：

（1）持续发展的农业，即通过维持和提高土壤的生物肥力来保证未来的食物生产；

（2）自我维持的农业，即系统应尽量能够依赖自身范围内资源，而不依赖大量外部资源的输入；

（3）实现自然系统中的生物过程的农业，即只有遵循生物学原理，农业才能获得成功。上述三个目的中，第三个是最重要的，它是生物农业的基本原理所在，即生物农业是基于生物学原理而不是忽视或与之相背的农业生产体制。

生物农业的基本原理的要点为：

（1）土壤、植物、动物和人类的健康是通过养分循环连接着的；

（2）土壤肥力下降或由于不适宜的耕作措施造成的土壤平衡失调都会削弱循环；

（3）为了维持和提高土壤肥力，所有生活物质及废弃物都必须归还土壤，强调以有机肥料替代化学肥料，并尽可能地使土壤覆盖植物或腐烂物；

（4）这种归还为再循环提供基本元素，并净化那些可能会造成污染的废弃物；

（5）土壤必须保持有序的结构，物质在地表分解，腐殖物能够使地表下的土壤肥沃，这就需要尽可能少地搅动土壤，强调蚯蚓对形成土壤团粒结构的作用，因此，在土壤耕作措施上要注意减少对蚯蚓的危害，提倡采用少耕或免耕法；

（6）要像自然生态系统那样使多种动植物共存，并各自形成混合的群落，这就要求在耕作上提倡作物轮作、间作和混合放牧；

（7）一个地区的资源通常能够维持区域内生物的生长；

（8）通过系统内生态平衡和各种栽培措施，如轮作、间作混种等方法防治病虫害，可不用或少用化学农药。

由于生物农业更强调生物学过程，思想基础比有机农业雄厚，思路比较宽广，因而更容易被人们接受，它的基本原理对校正常规现代农业的生态环境偏差有重要作用。

4.2.4 自然农业

自然农业，英文的表达形式是 Natural Agriculture，最早出现在日本，世界救世教主冈田茂吉是其创始人。从 20 世纪 30 年代末起，冈田茂吉以旱地为对象，开始了自然农法的实践与研究；1942 年又着手研究稻作；1948 年开始编辑出版杂志《地上天国》，宣传和普及自然农法；从 1950 年起，陆续在全日本设立 53 个自然农法试验场，并召开了"自然食品"展销会；60 年代中期，自然农法活动因受工业化、农业机械化和化学化的冲击而中断；70 年代后又开始恢复，并不断扩展到海外；80 年代又创立了自然农法国际综合开发中心，使自然农法活动进入新的时期。该中心是日本全国性组织，每个县都设有分会，负责组织、研究、宣传和推广。

关于自然农法的实质，日本另一位倡导自然农法的学者福冈正信在其

1972年出版的《绿色哲学》中指出:"自然农法是自然之道,是宏观的省力之道。'什么也不干',这是自然农法的出发点和归宿,是手段,是通向幸福之路的富民之道。'什么也不干',是稳操胜券的不败农法。不耕种,不施肥,不用农药,不除草,是自然农法的四大法则。自然农法具有节约、省本、高产、无公害、土地越种越肥等优点,这一切都是科学农法无可比拟的。其经验归结到一点就是'无'字,'一切无用'论。"从实践看,自然农法的生产者有两大共同点:一是都把维护地力作为经营农业的根本,尊重土地为基础的物质循环规律,并提出"农医同源""身土不二"的口号;二是都十分重视化学农法所带来的弊端,关注化肥、农药对人类健康造成的影响,拒绝使用化肥和农药。20世纪90年代以来,日本自然农法国际综合研究中心在以下五个方面加强了自然农法的活动:一是围绕人们的身心健康,生产并供给无公害、清洁、有益健康的作物;二是恢复有生命的土壤,以提高作物品质,确保安全生产;三是开发和确立省工、节能的生产技术;四是创造人们心境愉快的农业工作环境;五是开发自然食品运动。

　　自然农业在日本尽管有了较大的发展,其对常规现代农业的生态环境偏差也发挥了重要的校正作用,获得了许多研究者、生产者和消费者的接受及政府的认可。但自然农业仍然不能成为日本农业今后发展的主要模式和方向。其主要原因有两个方面:一是自然农业的产品生产量比常规现代农业要低得多,无法满足社会不断增长着的对农产品的需求,尤其在日本,人多地少,农产品难以实现自给,一些主要农产品尚需进口,因此全面实现自然农业,会使日本农产品的供求缺口增大,对国际农产品市场的依赖程度加大,这就决定了在全国范围内推行自然农业是不可能的;二是自然农业会提高单位农产品成本,不利于日本农产品参与国际竞争。这两个方面决定了自然农业作为一种生产制度,尚无法取代常规现代农业,只能在部分地域内推广。

4.2.5　生态农业

　　生态农业,英文的表达形式是 Ecological Agriculture,首由美国土壤学家威廉姆·阿波利奇(Willianm Albrecht)于1971年提出。阿波利奇认为,通过增加土壤腐殖质,建立良好的土壤条件,就会有良好健康的植株,可用铜制剂波而多液和轻油防病,少量使用化学肥料,禁止使用化学农药,避免环境污染。1976年,英国学者沃森顿(M. K. Worthington)根据其对欧洲有机农业的调查和亲自试验,对生态农业提出了新的认识。之后,其他一些西方学者相继对农业生态问题进行了研究,使生态农业在内涵上不断完善。从实践看,西欧各国在推行生态农业方面起步较早。根据荷兰的统计,20世纪70年代西欧各国各种生态农业加在一起的面积占整个农业用地面积的0.03%~0.06%。到80年代中后期,德国各种生态农业的面积比例已增加到0.3%;英国生态农场约占农场总数的1%,但其中86%为小于100英亩的小农场,主要集中在东北部沿海、新英格兰等适于牧草生成的温凉湿润地区;荷兰生态农业的面积约占农地面积的0.15%,在高等农业院校还开设了生态农业技术课程。

关于生态农业的内涵,英国学者沃森顿的定义为:生态农业是生态上能自我维持的、低投入的、经济上有生命力的,目标在于不产生大的和长远的环境方面或伦理方面和审美方面不可接受的变化的小型农业。杰可逊(Jackson)和本登(Benden)1984年给出的定义为:生态农业在尽量减少人工管理的条件下进行农业生产,保护土壤肥力和生物种群的多样化,控制土壤侵蚀,少用或不用化肥农药,减少环境压力,实现持久性的发展。

一般认为,作为生态农业,必须具备以下几个基本条件:

第一,它必须是一个自我维持的系统。在运作过程中,设法使能量减少到最低限度,并且一切副产品和废弃物都要通过再循环,提倡使用降解生物及固氮植物,通过实施腐殖、作物轮作以及正确处理和施用农家肥料等技术来维持土壤肥力。

第二,它必须是多种经营的。动物(包括人)与植物的构成比例要适当,通过多种经营,增加农业生态环境的稳定性和最大生物产出量。

第三,它在农场规模上应该是小的。应控制投入和增加雇佣人员,提供更多的就业机会,减少农村人口向城市的流动。

第四,它在经济上必须是可行的。其标准是以类似于社会上其他成员的生活方式为农民提供足够的收入,以便维持农民的生活,并保证农场的正常开支。不能把利润增加到最大而破坏各种各样的环境因素的程度。

第五,它的产品应当在农场内部加工,增加农村的就业机会,并以较低的价格提供给消费者。

第六,它在美学和道德上必须能够被人们接受。尽可能保持农村的各种景观,使农业生态体系变得更加稳定,并使乡村特有的美丽景观给人以赏心悦目之感。

生态农业的倡导者认为,正确推行生态农业,首要的是调整好耕地与畜牧占地的比例，畜牧业除生产畜产品外，还应为农业耕地提供足够的有机肥料，以保持和改良耕地的土壤肥力。英国大草原及其他地方生态农场在此方面的具体实践为，很少或根本就不用投入物，不用谷物或进口饲料喂养牲畜，农场中的耕地面积占农场全部土地面积的30%左右，这是保持生态农业自我维持特征的一个标准。

生态农业的实际运行表明，产量低是生态农业面临着的一个最大挑战。据观察，在德国，生态农场一般比常规现代农场减产20%～30%；在美国，生态农业的减产幅度更大，小麦减产53%，玉米减产50%，棉花减产56%。生态农业产品在品质上与常规现代农业并无明显差别。由于产量低，生态农场的收入普遍减少，正是由于面临着诸多挑战，生态农业的发展受到了制约。

4.2.6 持续农业

持续农业，英文的表达形式是 Sustainable Agriculture，其内涵从广义上讲，就是我们在上一章中所介绍的农业可持续发展的内涵。但从狭义上理解，持续农业与有机农业等一样，也可以是农业可持续发展大理念下的一种模式，是现代常规农业的一种替代模式。与其他替代模式相比，持续农业是在探讨现代常规农业替代模式中提出最晚但发展前景最好的一种模式。

持续农业的内在含义即上一章中介绍的联合国粮农组织1991年4月在荷兰召开的农业与环境国际会议上发表的《可持续农业和农村发展的丹波斯宣言和行动纲领》中提出的定义，不再赘述。这里，我们着重介绍一下实践中持续农业主要采取的技术措施。

实践中，持续农业主要采用的技术措施有：

第一，减少化肥施用量。具体的技术措施包括：①合理高效的轮作制度，特别是与豆科固氮作物或其他养分固定作物的轮作。实践证明，通过轮作，种完一茬根瘤菌作物后再种粮食作物，其产量通常比连续种植粮食作物的产量高10%～20%。②增施有机肥料。③土壤养分状况的深入分析与评价，以确定合理的施肥量。④低耗肥品种的种植。⑤高效施肥，将化肥适时适量地施于作物行间的准确位置上，以最大限度地促进作物生长，而不是促进杂草生长或污染环境。

第二，减少农药使用量。具体的技术措施包括运用综合害虫防治技术替代纯农药防治技术，采用轮作高抗性品种的使用等，确定病虫害防治的经济价值，做好病虫害防治的预测、预报和控制工作。病虫害综合防治技术主要包括，密切监视虫口密度，将化学农药的使用与生物防治以及新的耕种技术等非化学手段配合起来，使害虫口密度降低而不致发生严重灾害，并最大限度地减轻对其他物种特别是有益生物的损害。减少杀虫剂使用的技术包括：①高效的杀虫剂喷施技术，尽可能将杀虫剂喷施在其有效作用范围；②较多的作物轮作配置；③调整作物种植时间，使害虫危害期与作物受害敏感期错开；④有控制的选择特定的杂草，使之有利于病虫害天敌的繁殖或给害虫提供替代型食品；⑤释放害虫的寄生物或捕食天敌；⑥利用对害虫行为特征有影响的外激素和驱虫剂；⑦采用将"毒素"通过遗传工程植入植物体内的品种，即转基因技术形成的抗病虫品种；⑧通过生物多样性的保护来维持对害虫有克制作用的捕食性昆虫；⑨积极发展新的耕作方式如间作、带状间作等，以增加田间生物多样性，提高对害虫的自然防治能力。

第三，减少深耕。采用保护性耕作法。土地翻耕分常规性翻耕和保护性翻耕两种。保护性翻耕方式同常规方式比较起来，优点在于通过残茬削减径流的功能，减轻侵蚀，阻止水流，增加水分的入渗能力，节省人力和能源，提高土壤肥力等。主要的技术措施包括：浅耕法，松耕法，底土松耕法，耙地法，表土耕耘法，免耕法等。这些措施不仅可以节约能源，而且特别有利于改善土壤水分贮存以及排水的更加自然的土壤结构，促进农业生产持续发展。实验表明，采取免耕法种植玉米、高粱、大豆，能使中等坡度上的土壤流失量降低 90%。

第四，采用并选育适宜于低投入生产的高效作物品种。选育高病虫害抗性的品种，选育杀虫剂负效应的品种，在育种工作中利用生物工程技术将昆虫毒素导入作物体。

在持续农业技术发展的趋向中，精准农业是一个重要的新趋向。所谓精准农业，是将信息技术与人工智能技术集成应用于优化管理农业生态系统上。改变大面积、大群体平均投入的资源浪费型做法，在获取农田小区作物产量和影响作物生产的环境因素（如土壤结构、植物营养、含水量、病虫害等）实际存在的空间和时间差异性信息的基础上，分析影响小区产量差异的原因，区别对待，按需实施定位调控。如精准施肥，精准施用农药，精准用种，精准灌溉等。精准农业强调降低农业的外部投入，提高资源利用效率，降低生产成本和减小环境污染。由于精准农业依靠现代科技手段，通过精确地控制投入，实现稳产高效与节约资源、保护环境并存，因而代表了持续农业的发展方向。

综上所述，持续农业已成为世界农业发展的一个重要趋势和方向。持续农业由于在很大程度上综合了已有的常规现代农业替代模式的精华，因而具有非常强的生命力和美好的前景。我们认为，常规现代农业与持续农业结合，或者说常规现代农业的发展建立在可持续的基础上，是世界农业发展的未来方向。

本章参考文献：

[1] 刘力、于爱敏：《世界可持续农业发展模式比较研究》，《世界地理研究》，2001年第1期。

[2] 王克林、李文祥：《精准农业发展与我国农业生态工程创新》，《农业生态环境》，2000年第1期。

[3] 金鉴明、金冬霞：《中国的生态农业》，《世界科技研究与发展》，1999年第2期。

[4] 高旺盛：《建立中国特色的可持续农业技术体系》，《农业现代化研究》，1997年第3期。

[5] 雍兰利：《中国生态农业发展模式初探》，《青海民族学院学报（社科版）》，1999年第2期。

[6] 刘飞：《欧盟重视发展有机农业》，《全球科技经济瞭望》，2001年第8期。

[7] 程序等，《可持续农业导论》，中国农业出版社，1997年版。

[8] USDA, Report and Recommendations on Organic Farming, 1980.

[9] 冯海发：《农业环境经济管理研究》，国家自然科学基金课题研究报告，1997年。

第5章 我国农业可持续发展的资源框架

农业的产业特征决定了农业对包括土地资源、气候资源、水资源、生物资源以及生态环境资源在内的自然资源的较强依赖性。自然资源成为农业赖以存在和发展的主要基础，自然资源的丰度、分布、结构及可利用程度，对农业发展产生着极为重要的影响。自然资源的状况，是农业可持续发展的重要基础。实现我国农业可持续发展，不能离开这个基础。本章主要讨论我国农业的资源背景。

5.1 地形地貌背景

我国在地理坐标上位于北半球欧亚大陆的东南部。南北共跨纬度近50°，直距约5500公里，东西共贯经度60°多，直距约5200公里。国土总面积约960万平方公里，约占世界陆地面积的1/14，占亚洲面积的近1/4，与整个欧洲1040万平方公里的面积相差不多，在世界上居第三位。

与世界同纬度地区相比，我国所处地理位置的自然条件有很多独特之处。譬如，世界北纬30°以南地区，由于受副热带高压的控制，多成为沙漠，而处于相同纬度的我国长江以南的亚热带地区，东亚季风环流，夏季东南季风和西南季风带来的丰沛降水，给农业生产提供了非常有利的条件，使这一地区成为盛产多种粮食、果品、林木及其他经济作物和动物产品的资源富饶之地。地处温带季风区的华北地区，冬季受蒙古冷高压控制，天气干燥寒冷，夏季受东南季风影响，天气炎热多雨，气候变化季节分明，农事活动具有明显的季节性。地处欧亚大陆中心的西北地区，由于青藏高原的屏障作用，夏季西南季风难以进入，气候干燥，形成了内陆沙漠和广阔的旱作农业区。

5.1.1 地形地貌的总体特征

总体讲来，我国的地貌是西高东低，自西向东渐次下降，呈三大阶梯状斜面。青藏高原是最高一级阶梯，海拔多在4000米以上，青藏高原外缘至大兴安岭、太行山、巫山之间的广大地区是第二阶梯，海拔在 1000～2000 米，此间高原、盆地、塬台、川谷等构成了一个复杂的地貌；再到海岸的东部平原和丘陵是最低一级阶梯，这一区域是我国重要的农业区和经济区。

按地高分类，我国土地的构成状况是：海拔 500 米以下面积 241.7 万平方公里，占土地总面积的 25.2%；海拔 500～1000 米面积 162.5 万平方公里，占土地总面积的 16.9%；海拔 1000～1500 米面积 174.6 万平方公里，占土地总面积的 18.2%；海拔 1500～2000 米面积 65.3 万平方公里，占土地总面积的 6.8%；海拔 2000～3000 米面积 67.6 万平方公里，占土地总面积的 7.0%；海拔 3000 米以上面积 248.3 万平方公里，占土地总面积的 25.9%。

按地形分类，我国土地的构成状况基本是：山地面积约 320 万平方公里，占土地总面积的 33.3%，高原面积约 250 万平方公里，占土地总面积的 26.0%；盆地面积约 180 万平方公里，占土地总面积的 18.8%；平原面积约 115 万平方公里，占土地总面积的 12.0%；丘陵面积约 95 万平方公里，占土地总面积的 9.9%。

地形地貌的这种多样性，为我国农业生产的多样性和各自然区域不同特色的农业奠定了基础。

5.1.2 高原地貌

我国有四大高原，这四大高原的农业资源条件各具特色，农业结构也各有特点。

(1) 青藏高原。海拔 3000～5000 米，面积约 230 万平方公里，被称为"世界屋脊"。青藏高原总体上属高寒气候。但复杂多样的地形地貌，资源条件也呈现出多样性。根据≥10℃有效积温和最暖月平均气温，青藏高原可划分成不同的气候带和农业区域带。高原寒带无作物种植；高原亚寒带及相同气候区农业生产以畜牧业为主，牲畜种类以耐寒的牦牛、绵羊和藏山羊为主，约 20 亿亩的天然草场和天然森林，为高原畜牧业发展提供了良好条件；高原温带的作物栽培以青稞、豌豆、小麦、马铃薯、油菜籽等为主，一年一熟或两年三熟；亚热带山地和热带北缘山地，可种植水稻，出产茶叶、柑橘及种植热带经济植物和水果，农作物一年两熟或一年三熟。在高原的东部及东南部，有大面积的森林资源，是我国的主要林区之一。

(2) 云贵高原。海拔 1000～2000 米，包括了贵州、云南东部、广西西北部和川、湘、鄂边境。由于离北回归线很近，云贵高原总体上属亚热带湿润气候，气候湿润，冬暖夏凉。虽然夏季光热不足，限制了喜温性作物的种植，但起伏较大的地势，造就了多种资源的立体分布，其开发价值越来越显现出来。农业种植的耕地，除山间小盆地和河滩外，大部分是梯田和坡地。农业生产受干旱、水害、冰雹、冻害等自然灾害的交替影响，产量低而不稳，但丰富的物种资源分布和适宜经济作物、经济林木生长的自然环境以及大量的草山草坡资源，为农业发展多种经营提供了很好的条件。

（3）黄土高原。位于太行山以西，青海日月山以东，秦岭以北，长城以南，大部分海拔 800~1500 米，面积 40.6 万平方公里，包括了河北西部、山西大部、河南西部、陕西中北部、甘肃中东部、宁夏南部和青海东部。农业种植的耕地绝大部分分布在坡度 10°~35°的梁峁斜坡上，地表黄土层深厚，地质松软，颗粒很细，地面林草植被率低，夏季雨量集中且多暴雨，水土流失比较严重。黄河的泥沙量绝大部分来源于这一地区。在这种气候干燥、水土流失严重、土壤肥力瘠薄的生态环境下，农作物种植多以耐旱耐寒耐瘠薄的旱作杂粮为主。在黄土高原地区，有些河谷平原、山间盆地和大面积平坦的塬地，土壤比较肥沃，是农业耕作的良田，但面积不大，仅占不到 10%，旱灾是黄土高原地区农业生产的最大威胁。

（4）内蒙古高原。海拔 1000 米左右。东起大兴安岭，西至马鬃山，南沿长城，北壤蒙古。地形结构比较单调，平缓丘陵和宽浅盆地相间分布，属于干旱农牧业气候区，年降雨量由东向西从年均 500~600 毫米减至 200~300 毫米，是影响农业生产的重要因素。高原北部为畜牧业地带，从大兴安岭西麓的呼伦贝尔高原到大青山以北，草原辽阔，其中的呼伦贝尔草原和锡林郭勒草原，是我国著名的牧场，草层覆盖度达 65%~80%，亩产鲜草 300 公斤左右。畜牧业生产在当地农业中占有绝对重要的地位。高原中部为半农半牧区。高原南部为种植业地带，主要作物品种为春小麦、玉米、高粱、谷子、糜子、莜麦、胡麻、春油菜、向日葵等耐寒油料及甜菜和马铃薯等，基本上是一年一作。

5.1.3 平原地貌

我国有三大平原，这三大平原在农业生产和农村经济发展方面优势明显，是我国的经济重心地带和主要农业经济区，在全国农业中占有举足轻重的位置。

(1) 东北平原。亦称松辽平原，面积约 35 万平方公里，北起嫩江中游，南至辽东湾，海拔 50~200 米，地势平缓，土地、水资源比较丰富，坡度 6°以下的土地面积广阔，曾是我国开荒扩耕的重点地区。农业资源的优势主要表现在：自然肥力较高的黑土、黑钙土、草甸土分布很广，气候比较湿润，年降雨量 500~700 毫米，地表水和地下水也很丰富，土、水条件十分有利于农作物生长，人口密度较低，人地比率宽松，适宜于发展机械化操作。农业资源的劣势在于：纬度较高，冬季严寒，寒冷期长，北部全年无霜期只有 80~120 天，南部 140~180 天，大部分地区年均≥10℃积温不到 3000℃，农作物只能一年一熟。光温条件不利于农业生产，低温冷害是制约农业生产的主要因素。农作物种植主要有玉米、大豆、高粱、小麦和甜菜，是我国玉米、大豆和高粱主产区，是我国重要的商品粮基地和北方糖料基地，甜菜产量占全国总产量的 2/3 以上。东北平原是我国农业极富潜力的地区之一。

(2) 华北平原。亦称黄淮海平原，由黄河、淮河、海河和滦河冲击而成，是我国最大的冲积平原。面积为 32 万平方公里，包括冀、鲁、豫、苏、皖等省各一部分，海拔在 100 米以下。气候属暖温带，无霜期 175~220 天，年≥10℃的积温 4000℃~4500℃，光温条件较好，农作物可以两年三熟或一年两熟。年降雨量 500~800 毫米，地表水和地下水为发展水利灌溉提供了条件。农业生产的主要制约因素是：由于地势低洼，低洼平地土壤盐碱严重；春季少雨，夏季降雨集中且多暴雨，春旱与夏涝在年内时常交替出现。农作物种植主要有小麦、玉米、棉花、花生、芝麻、烤烟、薯类、高粱、谷子、大豆等，是我国小麦和玉米的主产区，棉花、花生、芝麻、烤烟等经济作物种植面积和产量居全国之首，薯类、高粱、谷子、大豆等也有较大产量。20 世纪 80 年代以来，随着国家对综合治理投入的加大，黄淮海平原的农业生产水平提高很快，在全国农业中的地位明显上升，为全国粮食产量的增加做出了重大贡献。黄淮海平原也已成为我国农业极富潜力的地区之一。

(3) 长江中下游平原。由长江及其支流冲积而成，位于长江三峡以东，包括两湖平原、鄱阳湖平原和长江下游的平原地带，大部分海拔在 50 米左右。气候属亚热带，温暖湿润，年≥10℃积温在 4500℃以上，无霜期 210 天以上，光温资源丰富，十分有利于农业生产。农作物一年两熟至三熟，一些作物甚至冬季仍不停止生长。年降雨量 800~1400 毫米，湖泊众多，水系密布，水资源十分丰富。土地平坦肥沃，人多地少，农业生产集约程度很高，是我国主要农业区和淡水水产区，稻谷、油菜籽、淡水产品在全国占有很大比重，种植业和渔业比较发达，农业生产水平较高。农业生产的主要威胁来自长江汛期的洪涝灾害。长江中下游平原是我国淡水养殖极富潜力的地区，种植业也仍有潜力可挖。

5.1.4 盆地地貌

我国还有许多由高大山系所隔围而成的盆地。主要有四川盆地、塔里木盆地、准噶尔盆地、吐鲁番盆地、柴达木盆地和河西走廊，其中四川盆地和塔里木盆地在农业中的地位十分显著。

(1) 四川盆地。农业条件之好，素有"天府之国"美称。海拔 200～700 米，年≥10℃积温 5000℃～5500℃，无霜期 280～320 天，年降雨量 1000 毫米左右，气候湿润，冬季温和，水热条件很好，十分有利于农作物生长。单位面积产量较高，是我国重要的商品粮油基地和商品猪生产基地。

(2) 塔里木盆地。是我国最大的内陆盆地，由天山山脉、帕米尔高原和昆仑山脉围隔而成。年≥10℃积温 2500℃～4300℃，年日照 2800～3300 小时，光热资源非常丰富。年降雨量较少，平均在 150 毫米以下，东部只有 20 毫米，自然降水远不能满足农作物生长的需要。农业生产完全依赖周围山上的雨水和融化的冰雪灌溉，是我国典型的灌溉农业区。农业种植结构在高原地区富有特色，可以种植水稻。其他作物有玉米、小麦、高粱、豆类、小杂粮以及油料、棉花、瓜果和蔬菜等，畜牧业也占一定比重，是新疆地区的主要经济区之一。

5.1.5 丘陵地貌

我国重要的农业经济区还有丘陵。丘陵占我国国土面积的 1/10，除了深居于上述几大高原深处外，还独立构成了如山东丘陵、苏南皖东丘陵、浙闽丘陵山地、南岭丘陵山地、四川盆地丘陵等丘陵地貌，是我国重要的农业经济区。

丘陵区具有易排水防涝、通风透光等优点，宜于茶叶、油桐、油茶、柑橘等经济作物及林木果树的生长，为发展多种经营提供了良好条件。

利用草山草坡发展畜牧业，也是丘陵区农业的一个增长点。

我国丘陵区的农业潜力还没有得到充分开发，全面发展丘陵区的多种经营，是我国农业发展的一项重要内容。

5.2 土地资源背景

土地是农业的重要生产资料。土地尤其是耕地的数量、丰度、分布以及与之相联系的气候环境等,在很大程度上决定着农业生产的规模和水平。

5.2.1 土地资源的总体特征

从总体上讲,我国土地资源的基本特征是:

(1) 绝对数量大,相对数量小。尽管我国的土地面积在总量上居世界第三位,主要农业用地的数量也居世界前列,如耕地居世界第四位,草地居世界第三位,有林地居世界第八位,但由于人口众多,人均数量很少,人均土地面积不及世界平均水平的 1/3,在世界上排列第 120 位。土地资源人均占有量少,是制约我国农业发展的一个基本因素。

(2) 分布不均衡,利用结构地域差异大。首先,东南部和西北部的差异突出。大致北起大兴安岭,向西经黄河河套、鄂尔多斯高原中部、宁夏平原、同心地区直至甘肃景泰、永登和青海湟水各地,转向青藏高原东南麓到中缅国境线上,将我国分成东南和西北两大部分。东南部是我国耕地、林地、草山草坡、淡水水域、居民点及工矿用地、交通用地集中的地区,也是种植业、林业、渔业最重要的生产基地。而西北部几乎集中了全国的所有沙漠、冰川、寒漠、裸露石砾地、咸水湖、内陆河及绝大部分天然草场,畜牧业用地占首位,但难以利用的土地面积广大。其次,南北差异明显。在东南部,以秦岭—淮河为界,分成北方以旱地为主、南方以水田为主的两大土地利用区域;在西北部,以祁连山—阿尔金山为界,分为北部干旱灌溉农业区和南部青藏高寒农牧区。此外,地形和海拔高度的差异,引起水热条件的垂直差异,从而也导致了农业土地利用的差异。土地资源分布不均衡,是制约我国农业区域平衡发展的重要因素。

5.2.2 耕地资源

在土地资源中,耕地对农业发展的作用最为重要。这不仅是因为耕地所生产出来的植物性食品是人类生存的基本资料,而且耕地所生产出来的粮食还是现代集约型畜牧业和渔业的重要饲料。如果说土地是农业的基础，那么可以说耕地是基础的基础。我国耕地资源的基本特征表现在以下几个方面：

（1）数量不足。从数量上看，我国的耕地资源是非常短缺的。具体表现：一是垦殖指数低。我国的垦殖指数只有10%左右，与一些主要国家相比，差距很大。如同样是人口大国的印度，垦殖指数高达56%，是我国的5倍多；同样是面积大国的美国，垦殖指数也在20%以上，是我国的2倍左右；西欧人口密度较大的国家如英国、德国、法国和意大利等，垦殖指数都在30%左右，是我国的3倍。世界上一些主要国家的垦殖指数为：美国20.1%，加拿大4.7%，澳大利亚6.3%，日本11.2%，德国34.1%，英国28.8%，法国32.2%，意大利30.1%，波兰46.4%，罗马尼亚42%，保加利亚34.3%，捷克39.2%，匈牙利54.2%，印度55.6%，菲律宾15%，泰国34.2%，巴基斯坦25.3%，孟加拉国61.6%，缅甸14.2%，土耳其31.5%，墨西哥11.8%，尼日利亚30.9%。垦殖指数低，是我国土地资源结构的一个先天不足。二是绝对数量少。由于垦殖指数低，我国耕地的绝对数量与国土总面积相比显得过少。美国的国土面积和我国相差不多，但其耕地面积是我国的2倍；印度的国土面积比我国少2/3，其耕地数量却比我国多2/3。三是人均数量更少。我国平均每人占有耕地面积、平均每个乡村人口占有耕地面积和平均每个农业劳动力占有耕地面积与其他国家比较，都处于劣势。其中作为农业劳动生产率基础的平均每个农业劳动力占有耕地面积指标，我国只有美国的0.5%、英国的2.1%、法国的2.5%、印度的6.2%和日本的35%。在世界26个人口为5000万以上的国家中，我国人均耕地占有量处于倒数第3位，仅高于孟加拉国和日本。在全世界各国人均耕地占有量的排序中，我国只能排在第120位之后。人均耕地占有面积少，尤其是平均每个农业劳动力占有耕地面积少，是制约我国农业劳动生产率提高和农产品成本降低的一个重要因素。四是后备资源少。据调查，在我国约5亿亩的宜农荒地中，天然草场约占2亿亩，林地约占1亿亩，可用作开垦的农田仅有1.5亿亩左右，且分布在条件较差的边远地区，开发难度较大，开发成本较高，耕地后备资源严重不足。

（2）质量不高。从质量上看，我国的耕地资源是不很令人满意的。主要表现：一是在耕地中水田所占比重较小，只有1/4左右，而旱地面积广大，占3/4。二是现有耕地中质量较好的高产稳产田所占比重较小，只有1/3左右，而中、低产田多达2/3。高产田多数集中分布在平原和城郊周围及交通沿线的经济发达地区，无明显障碍因素；中产田主要分布在高产田和低产田之间的过渡地带，社会经济条件相对较差并有一定障碍因素；低产田则主要分布在边远地区和高寒地带，不仅社会经济条件差，而且存在多种障碍因素。大量中、低产田的存在，是制约我国农业综合生产能力提高的一个基本因素。三是耕地的土壤肥力较低，有机质含量一般只有1％～2％左右。四是盐碱、沼泽、沙化、水土流失等耕地较多，且受自然灾害的危害较大。据调查，我国盐碱耕地面积达667万公顷，水土流失耕地面积达2000万公顷，沙化耕地面积达400万公顷，冷浸田面积达667万公顷，沼泽耕地面积800万公顷。1949年我国农作物成灾面积为853万公顷，到20世纪90年代后期增加到3031万公顷，增加了2.5倍，平均每年增加3％左右。

（3）分布失衡。从分布上看，我国耕地的空间配置很不均衡。主要表现为：

①耕地相对于整个国土而言分布极不均衡。如果从大兴安岭起，经张家口、榆林、兰州、昌都，自东北斜贯西南，与年降雨量400毫米等值线相近，可将我国划分为东南部湿润半湿润区和西北部干旱半干旱区两大部分，各自约占国土总面积的一半（其中湿润区占32.2％，半湿润区占17.8％，半干旱区占19.2％，干旱区占30.8％）。全国90％的耕地集中分布在东南部湿润半湿润区，其中东北、华北、长江中下游三大平原所在的14个省市的耕地就占全国的近60％，而西北部干旱半干旱区的耕地只有全国的10％。

②垦殖指数在全国各省区市的差异很大。垦殖指数最高的省份和最低的省份，垦殖指数相差上百倍。就全国而言，垦殖指数在40％以上的省份有4个，在30％～40％之间的省份有3个，在20％～30％之间的省份有4个，在10％～20％之间的省份有12个，在10％以下的有6个。东南部地区省份的垦殖指数普遍高于西北部地区。

③人均耕地占有数量各地差异很大。用农业人口人均耕地占有量分析，人均占有面积在3亩以上的省份有5个，2～3亩的省份有5个，不足1亩的有5个。人均占有耕地最多的是黑龙江省，最少的是浙江省，二者相差10多倍。

④从水田、旱地的分布来看，占耕地面积1/4左右的水田，主要集中分布在秦岭—淮河一线以南，约占水田面积的93％；旱地则主要分布在秦岭—淮河一线以北，约占旱地总面积的85％左右。在旱地中水浇地主要分布于华北、华东和西北地区，集中在山东、河南、河北、新疆等省区。耕地分布的区域差异性，构成了我国大田作物生产地域差异性和集中程度差异性的天赋基础。

5.2.3 草地资源

草地资源是我国土地资源中拥有量较丰富的农业资源。我国有天然植被的草原、草山、草坡、滩涂草地等草地资源面积约 60 亿亩，占国土总面积的 42%。其中可利用的草地面积近 50 亿亩，可利用率超过了 80%，相当于耕地面积的 3 倍多。因此，开发草地资源、提高草地生产力，是我国农业发展的重要潜力所在。

草原是我国草地资源的主要组成部分。我国的天然草原面积约 47.6 亿亩，约占世界草原总面积的 10%，其中可利用面积约 37.1 亿亩，可利用率为 78%。我国草原主要分布在北方和青藏高原地区，一般划分为五大草原：

（1）东北草原。总面积约 2.1 亿亩，可利用面积 1.6 亿亩，主要由草甸、草甸草原、沙生植被、干草原等四个植被型和森林草原地带组成。牧草种类繁多，品质优良，东北草原以盛产羊草而著称于世。

（2）内蒙古草原。总面积 13 亿亩，可利用面积 10 亿亩，由草甸草原、干草原、荒漠草原、荒漠和沙生植被等组成。牧草品种以禾本科为主，豆科次之，植被资源相当丰富。

（3）陕甘宁草原。总面积 3.2 亿亩，可利用面积 2.9 亿亩，由高山草甸、亚高山草甸、干草原、灌丛草原、荒漠草原和荒漠等组成。

（4）新疆草原。总面积 12 亿亩，可利用面积 7.6 亿亩，由高山草甸、亚高山草甸、山地草原、干草原、荒漠草原和荒漠等组成。

（5）青藏草原。总面积 17.3 亿亩，可利用面积近 15 亿亩，由高山草甸、亚高山草甸、高山灌丛、高山寒漠、高山草甸草原、高山干草原、沼泽草甸、荒漠草原和荒漠等组成。

我国草地资源的另一个重要组成部分是草山草坡。主要分布在南方、北方山区及半山区，总面积近 14 亿亩，可利用面积 9.2 亿亩，可利用率为 66%。因受自然条件影响，南方草山草坡和北方草山草坡差异较大。

（1）南方草山草坡。是指淮河、秦岭、白龙江以南的山地丘陵（不包括四川阿坝、甘南地区和云南迪庆地区），主要分布在海拔 1000 米以下的低山和岗地丘陵区，总面积约 10 亿亩，可利用面积 6.7 亿亩。其特点是与农田、森林交错分布，面积较大的连片草山多分布于海拔 1000 米以上的山地，海拔 1000 米以下的草地地块小，数量多。一般划分为草丛、灌草丛、疏林灌草丛和十边草地四大类，牧草以中、高型禾草为主，单位面积产草量较高，但因其多数质量差，粗蛋白质含量低，枯黄后粗纤维含量高，适口性较差，所以可饲用率较低，但开发潜力较大。

（2）北方草山草坡。主要分布在北方的山区及半山区，总面积约4亿亩，可利用面积2.5亿亩。牧草种类丰富，大多是豆科、禾本科、菊科齐全的五花草场，草质较好，每亩产鲜草可达300~450公斤。但由于交通不便，草多畜少，大部分草地尚未开发利用。

"四边"草地和滩涂草地也是我国草地资源的组成部分。"四边"草地系指田边、路边、沟边和水边的零星草地。这类草地面积虽小，但利用率很高。在我国广大的农区估计约有2亿亩这类草地，牧草品种以禾本科、豆科、沙草科和菊科为主，每亩产鲜草300多公斤，是解决农区饲草的重要来源。滩涂草地主要是指沿海、沿湖草地。我国海岸线绵延数万里，大陆内部湖泊星罗棋布，有广阔的滩、涂草地。在沿海滩涂中，约有400万亩可用于畜牧业。

我国草地资源尽管很丰富，其中草原面积比耕地面积多1倍以上，但草原畜牧业生产水平较低，全国肉类食品的90%以上是靠农区养猪供给，这种状况长期以来并无明显改观。草原畜牧业落后，有自然条件限制的原因，也有社会人文方面的原因。我国的草原绝大多数地处内陆，气候干旱，多沙漠，光、热、水资源配合不均衡，植被稀疏；牧草质量较差，载畜能力低，草原地区地广人稀，交通不便，生产力水平低下，劳动者文化教育水平低，科学技术落后，制约着草原生产潜力的发挥。草原利用不合理，在常年放牧的地区，草场严重超负荷，影响草原的再生产，而偏远无人地区，牧草自生自灭，几乎得不到利用，自然优势不能转化为经济优势，一年各季之间草畜搭配也不尽合理，冬春草场超载过牧，夏秋草场供需有余，利用不合理再加上气候条件比较恶劣和鼠虫害等因素的影响，造成草原沙化、退化、黑滩化、碱化严重。我国天然草原中，沙化、退化、碱化面积约占1/3，鼠虫害面积约占1/3，在一些地区，鼠害已成为草原的最大敌人，致使草原有效利用面积减少，牧草质量降低，草原生产力下降。合理开发和利用草原，有效地保护草原，提高草原综合生产能力，是我国在利用丰富的草地资源、发展农业生产方面的一个重大战略问题，也是实现农业可持续发展的一个重大问题。

5.2.4 水面资源

水域是以水生动植物为生产对象的渔业生产场所。我国内陆和海洋水域比较辽阔,水产资源比较丰富,这为发展渔业生产提供了良好条件。

在地理位置上,我国东、南两面临海。北起鸭绿江口,南至北仑河口,大陆海岸线长达 1.84 万公里,沿海大小岛屿 500 多个,海洋岛屿海岸线达 1.42 万多公里;渤海、黄海、东海、南海四大海域总面积为 103 万平方海里,水深在 200 米以内的大陆架渔场面积 43 万平方海里,由于四大海面跨越了热带、亚热带和南温带三个气候带,同时又有长江、黄河、珠江等大小河流的大量淡水流入海洋,这为海洋生物带来了丰富的饵料。因此,在我国近海形成了适宜多种海洋生物生长繁殖的海洋渔场,总面积达 82 万平方海里。

我国内陆水面资源也比较丰富。江河、湖泊、水库、池塘等星罗棋布,淡水总面积 24960 万亩,其中可养殖面积约 8500 万亩,水产资源多种多样。全国流域面积在 100 平方公里以上的河流约 5 万余条,其中较大的河流有 30 多条,主要水系为黑龙江、辽河、黄河、淮河、长江、钱塘江、闽江、珠江等,这些河流大多水量丰富,水质较好,宜于水生生物繁殖生长。全国天然湖泊 2.4 万多个,面积在 1 平方公里以上的湖泊有 2800 个,大型湖泊主要有鄱阳湖、洞庭湖、太湖、兴凯湖、呼伦湖、博斯腾湖、青海湖等,这些淡水湖泊适于人工养殖,在渔业生产中占有重要地位。全国有千亩以上的水库近 4 万个。单个面积虽小但数量很多的水塘星罗棋布,这些水塘生产性能好,单产水平较高,是发展渔业的不可或缺的资源。我国淡水水面的总体结构大致是:河沟占 38.9%,湖泊占 42.2%,水库占 11.7%,池塘占 7.2%。另外,我国还有条件较好的 1900 万亩稻田可发展稻田养鱼,宜渔的低洼盐碱荒地尚有 4000 多万亩有待开发养鱼。

5.3 气候资源背景

对于农业而言,气候资源是一种重要的生产力,这是由农业生产过程是自然再生产和经济再生产相交织的根本特征决定的。光照强度的高低,光照时间的长短,热量的多少,风力的强弱,降水量充裕程度及季节分配是否适当,都对农作物种类、品种的分布、复种制度以及农作物产量和质量等有重要作用。同时，人类对气候资源又难以大面积和大幅度的加以改变，农业生产的许多措施，都在于合理利用气候资源，充分发挥气候资源的生产潜力。气候资源还深刻影响着农业生产的结构和用地结构的不同层次，气候资源的结构，尤其是气候资源的水热组合及其对比关系，在一定土地资源配合下，构成农业生产结构的基础。在农业生产结构内部，农作物种类的分布，数量的多少与质量的优劣，牧草的种类及质量等，都受到气候资源水热组合特征的制约。即使是同一种作物，也因水热组合特征的不同，要求不同的用地和整地方式，以利于有效发挥气候资源的生产潜力。因此，相对于其他产业而言，气候资源对农业的功能更为重要，影响更为深刻。

5.3.1 气候资源的总体特征

从总体上讲，我国农业气候资源的基本特征是：

（1）类型多样。由于我国地域辽阔，地形复杂，气候多种多样，因而形成了丰富多彩的农业气候资源类型，寒带、温带和热带气候各具优势和特征，这为发展不同类型的农业提供了条件。

（2）分配不均衡。气候资源中的光、热、水资源区域分配很不均衡。从全国范围看，深居内陆的西北干旱和半干旱地区，暖湿气流不易渗入，水分资源不足，大陆性极强；青藏高原高峻严寒，生长季节短，热量资源不足，这些都严重限制了气候资源的利用，制约了气候资源整体生产能力的发挥。

（3）雨热同季。我国大部分地区处于中纬度的亚热带、温带地区，雨、热同季，适于多种作物生长。夏季高温多雨，南北温差小，作物种植从一年一熟到一年三熟，大部分地区可以复种。

（4）灾害较多。我国是一个农业气象灾害频繁的国家。经常发生的有由温度变异引起的热害、冻害、霜冻、低温冷害和热带作物的寒害，由水分因素异常引起的干旱、洪涝灾害，由气象因素综合作用引起的干热风、低温连阴雨、冰雹等。寒潮和冷空气的活动，使我国广大地区发生农作物的低温冷害、霜冻灾害、冬作物的冻害、热带和亚热带经济作物的寒害等，每年对产量均有影响。寒潮大风在内陆干旱地区引起尘暴、沙暴、雪暴，对畜牧业造成很大威胁。江淮以南至华南发生的秋季低温影响水稻灌浆成熟，正值农历"寒露节"，故称"寒露风"，影响水稻开花、授粉和受精过程，造成稻谷空秕粒增多。春季低温连阴雨在南方稻区造成水稻烂秧，在北方旱作区影响冬小麦返青生长和春播作物的播种。北方广大麦区在冬小麦开花至成熟期出现高温、低温并伴有一定风力的灾害性天气，影响小麦稳产，受灾面积常达 2 亿亩，严重危害的年份，减产幅度可达 10%～20%。东南沿海地区的台风也给农业生产形成一定灾害。据统计，我国全国范围内几乎每年都发生不同程度的农业气象灾害，其中主要是干旱和洪涝，即使正常年景也有 4 亿亩左右的农田受灾。旱涝灾害是我国农业生产的主要灾害。

5.3.2 光资源

光资源是农业气候资源的重要组成部分。我国光资源用总辐射表示，在每平方厘米 80～120 千卡之间。具体分布是西部高于东部，高原高于平原，干旱区高于湿润区。北方从大兴安岭及太行山以西一直到新疆南部的广大干旱和半干旱区，雨量少，晴天多，总辐射量大都在每平方厘米 140 千卡以上，是我国光资源高值区。青藏高原大部分地区辐射量超过了每平方厘米 150 千卡，是我国的另一个光资源高值区。秦岭淮河以南、四川盆地、秦巴山地、贵州大部分、湘西、鄂西，辐射量小于每平方厘米 100 千卡，其中四川盆地东南部不足每平方厘米 80 千卡，是我国光资源低值区。从全国范围看，年日照时数由西向东呈减少趋势，在 1400～3400 小时之间，其中辐射低值区年日照时数大多不足 1400 小时，辐射高值区年日照时数大都在 3000 小时以上。

5.3.3 热量资源

热量资源是农业气候资源的另一重要组成部分。热量资源通常以稳定通过各种农业界限温度的初终日期、持续日数和积温、年平均气温、最热月平均气温、无霜冻期或生长期等来表示。我国热量资源的基本情况是：北回归线一带以南，年平均气温在 20℃ 以上，东北北部则在 0℃ 以下，南北差异达 30℃ 以上。除青藏高原最热月平均气温在 20℃ 以下外，其余各地均在 20℃ 以上。华北平原至海南岛的广大地区，最热月平均气温在 26℃ 以上。湘、赣交界的平原区达 30℃ 左右，为夏季高温中心。10℃ 以上的活动积温，青藏高原和东北北部及内蒙古东部不足 2000℃，其余地区均在 2000℃ 以上，其中长城以北一般在 2000℃～3000℃ 之间，长城以南在 3500℃ 以上，秦岭淮河一线至南岭山地在 4500℃～6000℃ 之间，南岭以南至南海沿岸达 7000℃～8000℃，雷州半岛、海南岛则在 8500℃以上，四川盆地约在 5500℃～6000℃ 之间，云南高原大部和新疆南部均在 4000℃以下，黄淮海平原除山东半岛在 4000℃～5000℃ 之间，北疆、河西走廊、陇东和山西均在 3000℃以下。从理论上讲，10℃以上活动积温，即气温稳定通过 10℃期间的日平均气温之累积，与作物生长熟期（一年种植次数）关系密切。一般地，≥10℃积温 1500℃～4000℃ 为一熟带，≥10℃积温 4000℃～4200℃ 为一熟带与二熟带的分界线，≥10℃积温 5900℃～6100℃ 为二熟带与三熟带的分界线。我国农业热量资源的状况及分布，在很大程度上决定着我国各地区农业种植制度的特征及相互差别。

5.3.4 降水资源

农业气候资源的另一个重要组成部分是降水资源，它直接影响农作物的生长与分布，我国的降水资源为全国降水分布大致从东南沿海向西北内陆渐次减少。400 毫米等雨量线大致沿大兴安岭西麓南下，经过通辽、张北、榆林、兰州、玉树至拉萨附近，此线以北和以西地区，基本上不受夏季湿润季风的影响，除天山、阿尔泰山和祁连山区降水较多外，其余地区降水量均少于 400 毫米，多为干旱区，分布着草原和荒漠，种植业不很发达；此线以东和以南地区，普遍受夏季风影响，降水量在 400～2000 毫米之间，大致由北向南降雨量递增。东南和华南地区年降水量一般在 1500～2000 毫米，长江中、下游地区在 1200～1400 毫米之间。800 毫米等雨量线穿过秦岭淮河一线。黄淮海平原年降水量多在 400～600 毫米；东北平原的西部年降水量约 200～500 毫米，东部大于 500 毫米；西北大部分地区干旱少雨，局部山区可达 400～500 毫米。青藏高原大部分地区年降水量在 200～500 毫米之间，高原北部在 100 毫米以下。全国少雨区约占国土面积的一半，降水量偏少，是制约我国西部地区农业可持续发展的一个重要因素。

我国降水资源不仅在区域上分布不均衡，而且在时间上分布差异也很大。一般规律是：降水量夏多冬少，夏半年（春分至秋分）和冬半年（秋分至春分）降水量分别占年降水量的 78.5% 和 21.5%。历年汛期的最大月降水量可以达到最小月降水量的 10 倍以上。全国大部分地区连续最大四个月降水量要占到年降水量的 70% 左右，其中南方为 60%，华北及辽宁沿海可达 80% 以上。华北、东北即黄河中下游地区的降水又大部分集中在 7、8 两个月。年降水量的季节性高度集中，导致了季节性缺水与季节性洪涝并存，形成农业的旱涝灾害，这是我国旱涝灾害频繁的一个基本原因。

我国年降水时间分布不均不只表现在一年之内，也表现在年际之间。据观测，10年中最大年降水量与最小年降水量相比，长江以南地区为1.7，长江以北地区为2.6，降水量的年际差异北方地区比南方地区更大。降水在地区、季节和年际分布上的不均衡性，加大了降水资源开发利用的难度，对农业生产构成了直接威胁，也对农业可持续发展构成了制约。

5.3.5 气候资源区域

根据气候资源形成的原因和组合特征，可以将我国划分为三大区域，这三大区域的农业生产结构和特征截然不同。

(1) 东部季风型气候资源区。我国东部广大地区一年中风向季节性转换明显，夏季热湿，雨热同季，冬季较干冷，南北热量差异较大。根据湿度指标，自北而南为温带、亚热带和热带。温带可以区分为寒温带、中温带和暖温带。10℃以上积温1500℃左右的北纬50°以北地区为寒温带；往南至长城一带，10℃以上积温1700℃～3500℃为中温带；再往南至秦岭、淮河一线为暖温带，10℃以上积温3500℃～4500℃，是我国重要的粮棉作物产区和多种温带水果生产基地。亚热带北起秦岭、淮河一线，南至北纬23°31′左右，南北共跨十二、三个纬度，年总辐射在90～130千卡/平方厘米，大于10℃持续天数在220～350天左右，10℃以上积温4500℃～8000℃，年降水量1000～2000毫米，是我国重要的农业经济区。热带区域包括云南南部的西双版纳及元江河谷、广东的雷州半岛和海南岛及南海诸岛屿，终年无霜，最冷月平均气温15℃～18℃，年降水量1000～2000毫米，10℃以上积温8000℃～8500℃，虽然土地面积较小，不及全国陆地面积的1%，但却是我国重要的热带作物生产基地。

(2) 西北干旱型气候资源区。深居欧亚大陆腹地的西北地区，虽然光热资源丰富，但降水少，空气干燥，地表水资源贫乏，属于典型的干旱气候。其中干旱中温带东起大兴安岭西麓，西和北至中哈、中蒙边界，南界为长城、北山和天山分水岭以北的狭长地带。10℃以上积温1700℃～3500℃，10℃以上持续日数100～180天，最热月平均气温16℃以上。干旱暖温带包括天山南坡、塔里木盆地、河西走廊以及昆仑山、阿尔金山和祁连山北坡，10℃以上积温

4000℃～5500℃，10℃以上持续日数 180～230 天，最热月平均气温 26℃ 以上。这一资源区的绿洲平原地区宜于发展旱作农业。

（3）青藏高原寒型气候资源区。位于我国西南部，地势高峻复杂，大部分地区年平均气温低于 0℃，大致以海拔 3000 米等高线和 10℃以上积温 2000℃等热线与干旱区域、季风区域分界，为我国太阳辐射高值区，日照充足，光资源丰富，但水、热资源缺乏。其中高原寒带植被稀疏，没有农耕；高原亚寒带分布于青藏高原南部及长江、黄河源头区，最热月平均气温 6℃～12℃，全年日平均气温 10℃以上天数不足 50 天，降水多呈固态，农业生产活动主要是畜牧业，很少农耕；高原温带分布于柴达木盆地、青海东部以及川西——藏东高原边缘地带、藏南雅鲁藏布江和藏西的班公湖至马泉河流域，日平均气温 10℃以上天数 50～80 天，最热月平均气温 12℃～18℃，气温日差较大，除放牧外，还可以耕作。

5.4　水资源背景

水资源通常分为降水资源、地表水资源和地下水资源。水资源在农业生产中占有重要地位。水是作物有机体的重要组成部分，一般作物体内含有60％～80％的水分，如马铃薯的水分占 80％，黄瓜、菠菜的含水量更高达 95％。农作物生长主要靠光合作用，而水是光合作用的重要原料之一。土壤中的营养物质只有溶解在水中才能被农作物吸收，农作物的蒸腾作用只有通过水才能正常进行。水对农业收成影响极大，有收无收取决于水，收多收少才取决于肥。干旱地区如果有水灌浇，农作物产量可以成倍增加。所以，水利是农业的命脉。

在国民经济活动中，农业是最大的用水部门。全世界总用水量中，农业用水约占 70％。我国长江流域农业用水约占总用水量的 90％左右。据估算，每亩农作物生长期内的用水量，小麦是 345～506 立方米，棉花是 333～400 立方米，甜菜是 466～600 立方米，平均每生产 1 吨粮食大约需要水 450 吨，生产 1 吨甘蔗所需水量则是它自身重量的 1800 倍，畜牧业必须提供 31.5 吨水才能换得 1 公斤的牛肉。没有水将无法从事农业生产。

5.4.1　水资源总体特征

我国总体上讲是一个水资源短缺的国家。年降水量约有 45％转化为地表水和地下水，全国水资源总量约为 28124 亿立方米，平均年河川径流量约为 27000 亿多立方米，折合径流深度约 284 毫米，平均每年流入海洋和流出国境的水量约为 24500 亿立方米，占河川径流量的 90% 左右。从总体上讲，我国水资源的基本特征是：

（1）以地表水为主。在水资源总量中，天然河川径流量约为 27115 亿立方米，占 96.4%；地下水资源量中与地表水不重复的量仅有 1009 亿立方米，占 3.6%。地表水是我国水资源的主体。若按 75% 的保证率计算，即 4 年一遇的枯水情况下的径流量，全国 75% 保证率的河川径流量约为 25490 亿立方米。地表水转换为地下水的数量在地下水资源总量中所占的比重，东部地区为 10%～20%，西北干旱区则达 80%～90%，全国平均为 38.1%。地下水资源中，平原区的孔隙水占 29%，山区的裂隙水和岩溶水分别占 48% 和 23%。

（2）人均占有量少。这是我国水资源不丰富的主要表现。按人均占有河川径流量计算，每人每年还不到 2300 立方米，只相当于世界平均水平的 1/4，相当于日本的 3/4，美国的 1/5，印度尼西亚的 1/7，加拿大的 1/50。按耕地每公顷占有河川径流量计算，每公顷每年也只有 2.8 万立方米，比世界平均水平低 30% 左右，远远低于日本、加拿大、巴西和印度尼西亚等国家。所以，水资源在我国是十分珍贵的自然资源。合理利用和保护水资源，节约用水，应该成为我国长期坚持的一项基本国策。

（3）区域分布不均。我国的水资源在区域分布上极为不均，各地的水资源差别较大。基本倾向是，南多北少。长江流域及其以南的珠江流域、浙江、福建诸河流域和西南诸河流域年径流深度都在 500 毫米以上，其中浙、闽各河流的年径流深度超过了 1000 毫米。而在北方各流域中，淮河为 225 毫米，略低于全国平均水平，黄河、海滦河、辽河、黑龙江四个流域平均年径流深度只有 100 毫米左右，内陆诸河流域的年径流深度仅 32 毫米。区域分布不均的另一个表现是水与耕地、人口的配合程度较差。上述南方四个流域的土地面积占全国国土总面积的 36.5%，耕地面积占全国的 36% 左右，人口占全国的 55% 左右，但水资源量却占 68% 以上，人均水资源占有量约为 4100 立方米，是全国平均水平的 1.8 倍，每公顷耕地平均占有水资源近 6.2 万立方米，是全国平均水平的 2.2 倍。其中，西南诸河流域，水资源丰富，每公顷耕地占有水量近 33 万立方米，是全国平均水平的 12 倍。与此相反，北方的辽河、海滦河、黄河、淮河四个流域的耕地占全国的 45% 以上，人口占全国的 38% 以上，水资源却仅占全国的 8%。其中，海滦河流域最为突出，人均占有水量仅 430 立方米，只是全国平均水平的 18%，每公顷耕地占有水量仅 3765 立方米，只是全国平均水平的 13%。水资源分布不均，极大地降低了数量本来就不丰富的水资源的总体生产能力，这是影响我国农业可持续发展的一个重要因素。

5.4.2　水资源的时间分布

水资源的时间分布主要包括年际变化和季节变化两部分。我国降水量和径流量的年际变化和季节变化都很大。总体来讲，水量越小的地区变化越大。南方平均年径流量一般是最小年径流量的 2~4 倍，北方则为 3~8 倍。其中华北平原是全国年径流量年际变化最大的地区，同时与辽宁沿海及西北干旱区的某些内陆河一起，又是全国季节变化最大的地区，最高的如新疆的玉龙喀什河，7、8 月份的径流量就占全年径流量的近 70%。地下水的变化相对较小，但遇到连续的干旱年，地下水资源量则会大幅度下降。

就季节变化而言，全国除南方部分地区外，水资源大都集中在夏季（6—8 月），北方普遍占年径流量的 50% 以上，东北地区可达 50%~60%，华北平原和内蒙古高原的内陆河可高达 60%~70%，西北干旱区在高山冰雪融水补给占较大比重的昆仑山北坡可达 70% 以上；南方夏季径流大都只占年径流量的 40%~50%，西湖盆地为 35%~40%，四川盆地和云贵高原可达 50%~60%，东部地区只有 30%~40%。

水资源年际变化悬殊及年内高度集中的现实，不仅给水资源的开发利用带来了许多困难，同时也是我国水旱灾害频繁的根本原因。全国较大范围内的水灾，从多年情况看，主要发生在东部几条大河的中下游地区，其中以长江中下游地区最为严重。而旱灾则主要发生在松辽平原、黄淮海平原、黄土高原东部和北部，以及云贵高原到广东湛江一带。这是我国农业面临着的一个基本的自然国情。

5.5　生物资源背景

我国有着悠久的农业文明，是世界上动植物种类丰富和利用较高的国家之一。据统计，我国有高等植物 300 多科，2980 多属，3 万多种，在世界上排位第三。其中特有植物种类约 190 多属，有用植物上万余种。

粮食作物是我国农业的主业，我国有粮食作物品种 100 多个，主要的大类有稻谷、小麦、玉米等。粮食作物生产量较多的还有大豆、高粱、谷子、薯类及其他小杂粮，品种繁多。

油料作物是我国种植较多的另一种农作物。我国油料作物资源也很丰富，大约有 600 多种。种植量较大的是油菜、花生、芝麻、向日葵。

我国有畜禽良种约 260 个，其中牛 46 个，羊 46 个，猪 66 个，马 35 个，驴 10 个，家禽类 50 个。马的主要品种有蒙古马、三河马、伊犁马、河曲马、建昌马等，均以特有的经济性状著称，役肉兼用牛主要品种有秦川牛、南阳牛、鲁西牛，役肉、役乳兼用水牛主要有滨湖水牛、温州水牛，青藏高原高寒地区的牦牛集产奶、肉用、役用和产毛绒多种用途于一身，引进外国良种培育而成的中国黑白花奶牛是我国主要奶牛品种，绵羊优良品种主要是新疆细毛羊、阿勒泰大尾羊、藏羊、滩羊和湖羊，山羊主要品种是中卫山羊、青山羊和西农奶山羊等，猪的品种主要有金华猪、太湖猪、内江猪、陆川猪和东北民猪等，家禽品种有三黄鸡、仙居鸡、丝毛乌骨鸡、北京鸭、高邮鸭、绍兴麻鸭、太湖鹅、狮头鹅等。

我国水产资源也很丰富。海洋鱼类 1500 多种，其中主要经济鱼类有几十种，还有虾、蟹、贝、藻类等；淡水鱼原产种 700 多种，河口洄游性鱼类 60 多种，产量较大且经济价值较高的共有 50 多种。

我国还是林木品种最多的国家之一。木本植物 8000 余种，其中乔木树种 2000 余种，灌木树种 6000 余种。乔木树种中优良用材和特种经济树种达 1000 多种，独有的乔木树种 50 多种。主要用材树种有油松、红松、落叶松、云杉、樟树、杨、柳、桉树等。主要经济树种和木本粮油林木有 350 多种，木本粮食以栗、枣、柿为最多，木本油料有油桐、油茶、核桃、油棕、文冠果等。主要的特用经济树种有漆树、橡胶树等。丰富的生物资源，为我国农业的多样化发展提供了条件。

5.6 生态环境背景

从目前状况看，我国农业的生态环境比较脆弱，难以适应农业可持续发展的要求。

水土流失一直是我国生态环境中的一个严重问题。据统计，全国水土流失面积已达 367 万平方公里，占国土总面积的 38%，每年流失土壤 50 多亿吨，相当于全世界水土流失总量的 1/5。水土流失不仅丧失了土壤中大量的氮、磷、钾等营养成分，使土地变得贫瘠，而且使河床、水库、湖泊等淤泥增加，河床升高，水库库容减少，加剧洪灾。西北黄土高原每年流入黄河的泥沙达 16 亿吨，使得黄河在世界河流中含沙量排名第一，由于黄河每年有 4 亿吨泥沙淤积在下游河床上，使河床每年升高 10 厘米，现已成为高出地面的悬河。长江流域的水土流失面积已由 20 世纪 50 年代的 36.38 万平方公里增加到 90 年代的 56.97 万平方公里，水土流失面积占全流域总面积的比重也由 20.2% 上升到 31.5%，长江年流沙量已达 7 亿吨，相当于亚马逊河、密西西比河、尼罗河的总和。水土流失不只对农业而且对整个国民经济和社会生活都形成了负面影响。

土地荒漠化是我国生态环境中的另一个严重问题。据统计，我国荒漠化土地面积已达 262 万平方公里，占国土陆地面积的 27.3%，相当于 14 个广东省的幅员。荒漠化治理虽然取得了很大成就，但荒漠化的发生、发展并未得到有效控制，总体面积仍在不断扩大。风蚀荒漠化面积由 20 世纪 50 年代的平均每年 1560 平方公里，增加到 70 年代的平均每年 2100 平方公里和 80 年代、90 年代的平均每年 2460 平方公里，相当于每年损失一个中等县的土地面积；水蚀荒漠化面积已达 179 万平方公里，若包括已经治理的 53 万平方公里，实际扩大了 82.4 万平方公里，约相当于江苏、浙江两省土地面积之和的 4 倍。全国每年荒漠化净扩展面积超过 1000 万亩，仅沙化土地每年就净增加 369 万亩。在内蒙古乌盟后山、阿拉善、新疆塔里木河下游、青海柴达木盆地东南部、河北坝上和西藏那曲等地，荒漠化年均扩展速度达 4% 以上。由于风沙的步步逼近，多数地方仍是沙进人退，成千上万的农牧民只能迁徙他乡。因荒漠化危害，全国草场退化达 20.7 亿亩，占荒漠化地区草场面积的 59.6%，每年因此少养羊 5000 多万只，一些地区的草原载畜能力下降了 30% 左右；耕地退化 1.16 亿亩，占荒漠化地区耕地面积的 40.1%，荒漠化地区每年损失土壤有机质及氮、磷、钾等达 5590 万吨，折合 2.7 亿吨标准化肥，相当于 1998 年全国农用化肥产量的 9 倍多，致使地力下降，荒漠化严重的地方，粮食亩产仅几十斤，被农民称为"种一坡，拉一车，打一箩，煮一锅"。荒漠化加剧了整个生态环境的恶化，使沙尘暴发越来越频繁，全国仅造成重大经济损失的特大沙尘暴在 20 世纪 60 年代发生了 8 次，70 年代发生了 13 次，80 年代发生了 14 次，90 年代发生了 20 多次。1993 年 5 月发生在西北地区的特大沙尘暴，席卷新疆、甘肃、宁夏、内蒙古四省区的 72 个县旗，使 116 人死亡或失踪、264 人受伤，牲畜损失 12 万头（只），农作物受灾面积 505 万亩，直接经济损失 5.4 亿元；1996 年 5 月发生在西北的另一次特大沙尘暴，先后袭击了敦煌、玉门、肃北、安西和金塔等地，造成经济损失 5000 多万元；1998 年 4 月发生在北方地区的大范围沙尘暴，不仅使北京下了一场泥雨，同时还危害到长江中下游地区。据估算，全国每年因荒漠化造成的直接经济损失达 540 亿元，相当于西北五省区年财政收入的近 3 倍。

水资源短缺以及数量的不断减少，是我国生态环境中的又一个严重问题。我国是世界上人均淡水资源严重短缺的国家之一，水资源总量位居世界第 6 位，但人均水资源量却排在世界第 121 位，并被列为 13 个贫水国家之一。按照国际标准，人均拥有水资源量 2000 立方米就处于严重缺水边缘，我国目前已接近这个边缘。动态地看，我国地表水的数量还呈减少趋势，如号称"千湖之省"的湖北，1949 年有大小湖泊 1066 个，目前已剩下不足 300 个；全国最大的盐水湖青海湖，水面下降速度每年达 10～20 厘米；全国最大的淡水湖鄱阳湖，由于每年淤积沙土量 2100 万吨，湖底每年增高 3 毫米，储水量不断减少；黄河年均流量也不断减少，1956—1989 年间黄河上游年平均流量为每秒 677 立方米，到 1996 年已减少到每秒 527 立方米，1972 年黄河第一次出现断流，此后断流次数逐年增加，1995 年断流 118 天，1996 年断流 136 天，1998 年断流时间长达 200 多天；北京的官厅、密云两大水库进水量趋减，20 世纪 50 年代官厅水库平均年入水量为 19 亿立方米，到 90 年代已下降为 4 亿立方米，密云水库 20 世纪 70 年代年入水量为 12 亿立方米，到 90 年代降为 8 亿立方米。水资源不足及减少，对我国农业的可持续发展构成了严重威胁，全国农田受旱面积 20 世纪 50 年代平均只有 1.7 亿亩，80 年代增加为 3.5 亿亩，90 年代进一步扩大到 4 亿亩。

农业生态环境脆弱状况的形成，有自然的因素，也有人为的因素。由于受经济利益的驱动，一些地区对自然资源是重开发利用轻培育保护，滥伐、滥采、滥垦、滥牧、滥用现象十分严重，直接导致了农业生态环境的破坏。因此，纠正农业资源开发利用方面的行为偏差，优化农业资源开发利用行为，建立一个良好的生态环境，为我国农业的可持续发展提供坚实基础，是我国农业发展面临的一个重要问题。

总之，资源相对短缺且分布不均衡，是我国农业的基本国情。随着经济发展、人口增长和生活水平的提高，我国农业面临的资源约束会越来越突出。我们必须立足于有限的资源，合理配置资源，有效利用资源，充分发挥资源的生产力，促进农业实现可持续发展。

本章参考文献：

[1] 冯海发等主编：《中国农业和农村经济发展的实践模式》，人民日报出版社，2000年版。

第6章 我国农业可持续发展的总体规划

农业是国民经济的基础。农业与农村的可持续发展，是我国可持续发展的根本保证和优先领域。在国家可持续发展规划中，农业和农村的可持续发展占据着重要位置。本章我们集中讨论国家制定的《中国 21 世纪议程》和《中国 21 世纪初可持续发展行动纲要》中有关农业和农村可持续发展的内容，这些内容是我国农业可持续发展的总体规划，体现了我国农业可持续发展的行动方向和工作重点。

6.1 推进农业可持续发展的综合管理

农业可持续发展的综合管理是一个综合问题。按照《中国 21 世纪议程》的设计，推进农业可持续发展的综合管理包括行动依据和主要行动等内容。

6.1.1 行动依据

在由计划经济向市场经济转变的过程中，要特别重视保护环境和自然资源。要防止在转轨过程中牺牲资源和环境而单一追求经济高速增长的倾向，审查已制订的农业和农村政策、法规和发展规划，增加可持续发展内容的条款，促进农业发展的综合管理。

可持续发展的综合管理需要全民的参与，要求增强各级决策者和管理人员的可持续发展意识，将保护资源和环境与农村社会和经济发展紧密结合起来，促进相关政策和法规的完善，约束、规范人们的社会、经济活动行为。

20 世纪 80 年代以来，我国已建立了多个农业综合治理和可持续发展试验区，努力追求经济效益、社会效益和生态效益的协调与统一，取得了巨大成效，为推动农业可持续发展提供了宝贵的经验。生态农业作为一种可持续农业模式，也正在逐步试验推广，目前试验已从生态农业户、村、乡发展到生态农业县，试验点已达几百个。

建立和改善可持续发展农业综合管理体系，需要灵敏、准确的反应能力，需要一个完善的信息系统作为科学决策的基础和可持续发展的支撑条件。

逐步建立和完善可持续发展农业综合管理体系：

（1）按照可持续发展的框架，完成全面评估和适当调整农业中长期发展规划、各项有关政策和法规；

（2）完成对各级政府部门管理人员参与可持续发展的培训工作；

（3）建立和完善高效的农业信息系统。

6.1.2 主要行动

推进农业可持续发展综合管理的主要行动是：

（1）以可持续发展观点和原则，全面审理有关农业的法规、政策和管理体系，提出改善与加强的计划。特别要进一步强化有关农业生态环境保护和资源管理的法规、政策体系，如农业生态环境保护条例、耕地保护条例、动植物种质资源国内外交换条例、种植与养殖和野生生物资源管理法规等等，逐步形成完善的法规与政策体系。

（2）建立农业和农村可持续发展综合管理体系，加强农业和农村管理部门与环境保护部门及其他相关部门的协调行动，对可持续发展工作实行有机地综合管理。对国家、省（区）、地（市）、县四级管理人员进行可持续发展的系统培训，提高可持续发展管理能力。

（3）把可持续发展目标和行动纳入社会主义市场经济体制，对以往涉农的战略规划和政策法规进行全面的评估和调整，以此保证政府和农民在可持续发展中协调行动。

（4）开展多种形式的可持续发展农业试验工作，具体包括：①在总结、推广已有的农业综合治理与可持续发展试验区的基础上，增加试验区数量；②把生态农业建设试验点扩大一倍左右；③新建与可持续发展相结合的高产、优质、高效农业示范区100个。

（5）建立和健全多功能、全方位、相对独立的农业和农村可持续发展的信息系统，包括数据库。

6.2 加强食物安全和预警系统

食物生产是农业的最基本功能。提供足够的食物,满足城乡居民生活和经济发展对食物的需求,是农业可持续发展的基本要求。

6.2.1 行动依据

食物安全是指能够有效地提供全体居民以数量充足、结构合理、质量达标的包括粮食在内的各种食物。

我国是一个人口大国,食物总量的保障必须立足国内生产。虽然我国人均食物占有量有较大增长,但仍然低于世界平均水平,少数农村尚未解决温饱问题。我国人口以每年1000多万的速度增长,在人均占有农业自然资源逐年下降的情况下,21世纪中期将达到15亿~16亿人口的高峰,必将面对更为严峻的食物安全挑战。

目前我国食物结构中,肉类、蛋类、奶类、水产品、蔬菜、水果供应已明显增加,在大中城市和发达地区这一趋势更为明显,但是在许多地区这些食物的供给水平较低,而且往往不稳定。粮食是我国食物结构的主体,虽然粮食的供给已经初步解决,但在一些贫困地区,粮食供应仍不充分,仍然陷于"越穷越垦、越垦越穷",破坏生态环境,加重水土流失的恶性循环之中。

食物安全要求提供无污染和高质量的食物。随着人民生活水平的提高,无污染、口感好的食物将越来越受欢迎。但由于过多追求农产品数量,对农作物被化肥农药等污染的情况未给予充分重视。

6.2.2 主要行动

加强食物安全和预警系统的主要行动是:
(1) 贯彻实施国家《食物发展纲要》,引导消费和生产,建立合理的食物结构。
(2) 建立高效的食物安全预警系统,包括对农业自然灾害的预测预报,食物环境质量监测,特别要重视对土壤肥力,水土流失及农业环境污染状况的监测。
(3) 建立各级食物生产基地,包括商品粮基地、优质棉基地以及畜产品、水产品、油、糖、水果、蔬菜生产基地，提高食物环境质量，发展无污染的绿色食品，以保障食物的有效供给和增加供给多样性。

（4）建立健全各级食物储备、加工、运销体系，特别是要建立完善的国家粮食储备制度。

（5）跟踪和分析国内食物市场动态，充分利用国际市场食物资源，调剂国内食物余缺。

6.3 调整农业结构优化资源和生产要素组合

调整和优化农业结构，实现资源和生产要素组合的优化，是促进农业可持续发展的重要途径和措施。

6.3.1 行动依据

虽然近年农业结构的调整已取得不少成绩，但从总体上来说仍然偏重以粮食生产为主的种植业，畜牧业、渔业和林果业都相对薄弱，这既不能充分发挥人力、物力资源潜力，又难以提高农业生产效率和商品率。

农业结构单一明显制约了农村经济发展。出现粮食增产不增收现象，农民收入水平低，无力增加农业基础建设投入。

农业结构单一，使自然资源的多样性得不到合理有效的利用，生态环境恶化，加剧了水土流失和沙漠化等土地退化过程，使局部地区陷于贫困之中。

农业结构调整的目标是在稳定发展粮食生产的前提下，按照因地制宜和充分发挥资源优势的原则，积极稳妥地调整农业结构，形成结构合理的农林牧渔全面发展的大农业格局，使各业之间相互支持，互相依存，相得益彰。发展农业产前产后的延伸产业，形成种养和农工贸配套的农村产业体系，使农村经济的综合生产能力和可持续发展能力得到提高。

6.3.2 主要行动

调整农业结构优化资源和生产要素组合的主要行动是：

（1）加强农村经济结构调整和人力资源开发工作；巩固与完善原有农林牧

渔业管理技术服务系统，建立农林牧渔业生产和市场指导体系。

（2）研究制定有利于优化农村产业结构，合理开发利用资源的产业政策。在市场经济条件下，国家对于建立发展新的产业在产品价格、信贷、基本建设投资方面给以支持。

（3）根据不同地域和自然资源组合特点，发展多种类型的可持续农业，在西北、西南、东北等地区开展大面积的农业生态工程建设。

（4）科技与信息工作：①除加强传统农业技术研究以外，特别加强特殊种植技术、畜牧业和渔业生产技术，以及作为农业产前产后延伸产业的第二、三产业技术的研究，分行业建立技术示范点，通过培训和示范加速技术推广；②建立农牧副渔业社会化服务体系，改善服务机制；③加强可持续农业基础理论和应用技术的科学研究；④建立以上各行业的农业部、省（市、区）、地（市）和县四级信息库，逐步实现信息联网，加强信息交流和共享。

（5）加强国际合作与交流，学习发达国家已完成农村经济结构调整的经验，学习引进国外农业、农村新型产业的技术、知识，开展科学技术及人才交流。

6.4 提高农业投入和农业综合生产能力

提高农业投入水平和农业综合生产能力是实现农业可持续发展的重要条件。

6.4.1 行动依据

实现农业发展目标，需要相应地增加物质、能源和资金投入，增加农业基础设施，改善农业生态环境，提高农业综合生产力。

农业基础设施逐步有所改善，但农田的自然生态环境条件依然较差，基础设施建设仍很薄弱，成为制约农业发展的重要因素。全国中低产农田面积仍占较大比例，在灌溉面积中，由于配套建设不足，影响灌溉效率的发挥，大部分农田还处于畜力耕种和手工操作状态，至于农村第二、三产业发展所需要的交通、能源、通信等基础设施条件则更差。

我国在改革开放以后注意加强农村能源建设，特别在推广省柴灶、发展沼气利用工程、建设薪炭林、建设农村小水电、推广风力机械和风力发电等方面取得了一定进展。但是目前农村电力和化石能源供应能力极低，甚至有 20% 左右贫困农村和一部分牧区做饭取暖的薪柴不足，严重的地方每年缺柴达 6 个月以上。这些贫困地区因能源不足，加重了植被破坏和土地侵蚀问题，形成恶性循环。因此，进一步发展农村能源建设是促进农村可持续发展的一个重要战略方向。

提高农业投入和农业综合生产能力的目标是：增加化肥等物质投入，增加农田灌溉面积和农业机械总动力，增加农村生产生活电力供应，同时改善化肥、农药品种，减少对环境的污染和人体的危害，提高各项投入物的利用效率；加强防护林体系和农田基本建设，改良退化土地，改善农村能源供应，增加农业生产抗灾能力。

6.4.2 主要行动

提高农业投入和农业综合生产能力的主要行动是：

(1) 加强农村基础设施建设的统一规划和领导，加强不同行业间的协调，增加对农村基础设施建设的投资和基础设施运转与维修的投资。

(2) 继续抓好以"三北防护林"为主的五大防护林体系的建设，并实行全民义务植树种草制度。改良退化土地，改造渍涝、旱薄、盐碱等中低产田。

(3) 加强农田水利建设和配套工程建设，扩大灌溉面积，发展节水技术，提高灌溉效率。加强农村饮水和卫生设施建设，逐步解决少数贫困地区人畜饮水困难问题。

(4) 扩大化肥生产能力，加快发展复合肥料和长效肥料，调整化肥品种结构，研制新品种化肥，改善化肥使用方法，同时提倡使用农家肥，减少化学肥料对环境的污染。

(5) 控制农药、高残留化学膜的使用，推广应用低残留、高效、低毒农药和无残留化学膜。

(6) 推广农村耕作机械、农产品和饲料初级加工机械，注重农产品转化及加工能力的培育、设备、资金、人员培训方面的支持。

(7) 增加农村能源开发利用的投入，加强农村能源建设研究，开展县级农村能源综合建设试点。大力发展薪炭林，推广省柴节煤灶，特别加强沼气、地热、太阳能、风力发电、小水电等可再生能源的开发利用，增加农村能源供应。

6.5 农业自然资源可持续利用和生态环境保护

农业自然资源可持续利用和生态环境保护是农业可持续发展的重要内容。

6.5.1 行动依据

由于人口和经济的迅速增长，我国十分有限的农业自然资源开发强度不断加大，例如非农业占用耕地，草地过牧，森林超采，渔业过度捕捞，再加上污染和生态环境退化，加重了资源的破坏和衰退趋势。为了实现可持续发展，保护和合理利用自然资源成为急需解决的问题。

长期以来的自然资源无偿使用，已造成资源的严重浪费，对自然资源保护很不利。在市场经济条件下，若仍然保持资源无价（"产品高价、原料低价、资源无价"）或价格扭曲的局面，无疑会加重对资源的浪费。因此，必须尽快开展农业自然资源评估和估价工作。

由于工业发展和农业化学物质大量施用，农业生态环境受到严重污染。工业排放的废弃物大部分通过各种途径最后进入农业生态环境，每年损失粮食100亿公斤以上。由于土地和生物资源开发利用不合理，保护措施跟不上，资源衰减和土地退化都很严重，农业生态环境退化已成为制约农业综合生产能力提高的重要原因之一。

农业自然资源可持续利用和生态环境保护的目标是：

（1）全面保护耕地、森林、草地、湿地、水源、种养殖的动植物品种、野生近缘动植物物种和农区野生物种，加强保护工作的体系建设，修订、补充必要的法规、标准，逐步形成农业资源保护的法律法规体系。

（2）为农业自然资源合理利用和环境保护及有效管理提供真实而公正的价格依据，并以此作为生产要素市场的一个重要的组成部分，作为对农业环境评估、监测的一个有效手段，纳入国民经济核算体系。

（3）加强农业环境管理体系建设，通过完善立法，理清农业环境管理的具体职责任务，落实投资渠道。

（4）加强农业环境监测体系建设，逐步加强重点省地（市）和县级农业环保站及牧区、渔区和农牧区环保站的建设，形成全国农业环境监测网络，逐步实现全国农牧渔业生态环境和产品质量的监测和信息传递。

6.5.2 主要行动

农业自然资源可持续利用和生态环境保护的主要行动是：

（1）审理与农业自然资源和生态环境有关的法规、标准，明确农业部门在资源与环境保护利用中的职责，补充新的、更专门化的法规、标准；强化农业资源与环境管理体系建设，提高管理效率和能力。

（2）建立健全农业资源和环境的数量、质量及分布等性状的数据库，并保证数据库的接续、更新和正常运行。

（3）根据农业区划和农业资源与环境数据库数据资料，对农业自然资源与环境分类、分区进行评估。分区至少要到县一级，以提高估价精确度。建立农业自然资源与环境核算体系，并纳入农业及农村经济核算体系。在估价和核算基础上，制定各种资源环境开发利用方案，充分利用研究核算成果，建立监测控制系统和信息网络，对农业环境变化进行监测、控制。

（4）在制订和实施耕地保护条例的基础上，将80%左右的耕地作为基本农田保护区，改造中低产田，分期分批实施中低产田规划，加快建设高产稳产农田。促进土地复垦，防治耕地风蚀（农田防护林带）、水蚀（土地平整和农田水利）。在稳定农村土地使用制度基础上，促使农户秸秆还田和多施有机肥。

（5）防治对农村水源（地表水和浅层地下水），特别是人畜饮用水源的污染，确保大型水源对农村生产和生活用水的配额，对水的供需进行空间（引水）和时间（蓄水）的合理调度，适当用污水灌溉农田。

（6）保障大中型能源基地（特别是大中型电厂电站）对农村的能源输送，发展农村小型能源建设，促进初级能源的换代和转化，开辟新能源、洁净能源。

（7）对未利用和已利用的自然资源，特别是生物资源，进行新使用价值的研究、开发和利用，例如对野生动植物资源进行多学科、多功能的研究和开发利用。

（8）引进境外新的生物品种资源，并加以改良、选育、区域化，使其具有商业性生产价值，并丰富国家种质资源库。

6.6 发展可持续性农业科学技术

可持续性农业科学技术是农业可持续发展的重要支撑。实现农业可持续发展，必须大力发展可持续性农业科学技术。

6.6.1 行动依据

我国虽然有历史悠久的传统农业技术，但现代农业科学技术在我国无论技术开发、推广和应用水平都较低，这已经严重制约着农业生产的可持续发展，也对农业环境保护带来了不利影响。

可持续农业科学技术主要是指高产、优质、高效、资源节约（节水、节能、节饲料）型科学技术、品种发掘和改良技术、生物防治和综合防治病虫害技术、环境保护和治理技术等。

为了实现高产、优质、高效的目标，农业在继续增加生产资料投入的同时，要充分依靠科学技术，提高投入效率，以实现可持续发展。

发展可持续性农业科学技术的目标是：研究、开发和推广可节约资源、可提高产量和品质、可保护环境的农业技术，积极开发农业和食品领域生物技术，提供安全丰富的动植物食品。

6.6.2 主要行动

发展可持续性农业科学技术的主要行动是：

（1）对现有农业技术，从对资源利用率、产品产量和品质以及环境影响等方面，进行可持续性评估，推广其中有利于可持续性的技术，淘汰不利于可持续性的技术。

（2）研究、推广提高农业投入物质利用效率的技术。提高化肥和灌溉水利用率，提高农业机械利用率，同时要提高油、电利用效率。

（3）用生物技术培育优质、高产、抗逆的动植物新品种，提供优良的新种质资源，加强植物和动物基因工程育种技术研究与开发。建立和完善良种选育和繁殖体系，确保优良品种（组合）时纯度和最高应用年限。

（4）研究动植物重大病虫害综合治理和预警技术，加强生物农药的研制与开发，减少病虫灾害损失。

（5）积极推动可持续性农业技术的研究和开发，特别从财政、设备、实验手段方面予以大力支持。同时要加强可持续性科学技术的基础研究，增加科学技术储备和后劲。重点开展区域农业和农村可持续发展的决策支持系统和综合技术研究。

（6）建立健全广泛、有效的农业技术推广体系，充分发挥县一级农业技术推广中心的作用，加强农业技术推广、服务站点和网络的建设，造就一大批农业技术推广人才。

6.7 发展乡镇企业和建设农村乡镇中心

发展乡镇企业和建设农村乡镇中心是农业和农村可持续发展的重要方面。

6.7.1 行动依据

1979年以来，我国乡镇企业迅猛发展，成为中小企业的主体、国民经济的重要支柱。它也是实现我国农业现代化和农村城镇化、缩小城乡、工农差别及国家工业化的重要途径。

但是乡镇企业存在着缺乏规划、设备简陋、工艺落后、管理和技术水平低等发展中的问题，特别是因此而造成的资源浪费、环境污染等问题十分严重，亟待解决。

虽然乡镇企业的发展已经吸收了1亿多农村劳动力，但农村劳动力剩余量仍然较多。劳动者文化技术素质低，使他们的择业机会小、就业率低，不仅影响到农民的收入，而且也阻碍新技术的应用、经营规模的扩大和劳动生产率的提高。

乡镇企业发展带动了农村建设，对具有经济、社会、文化、生活多种功能于一体的乡镇中心的形成和发展起到了推动作用。除了乡镇企业要合理布局和规划，适当集中到乡镇中心，还应加强农民居住、交通、供水、用能、卫生等方面的建设，逐步形成现代化的农村乡镇中心。

发展乡镇企业和建设农村乡镇中心的目标是：增加乡镇企业生产，同时加强乡镇企业规划管理，依靠科技进步，改善产业结构，使乡镇企业走上高效、节能、无污染的可持续发展之路，在乡镇企业中要优先支持农产品加工业的发展；通过多种形式的培训，尽快提高农村劳动者素质，增加农村人力资源的有效供给，为农村劳动力创造更多的有效就业机会，以增加农民收入、繁荣农村社会经济；重点把现有的遍布全国的几万多个乡镇建设成为经济繁荣、环境优美的农村发展中心，包括合理的工业、商业服务业布局，合理的村镇内外布局，优美、标准化、实用的住房模式，健全的供排水、供暖和卫生系统，多样的教育、文化、娱乐设施等。

6.7.2 主要行动

发展乡镇企业和建设农村乡镇中心的主要行动是：

(1) 加强各级政府对乡镇企业的规划、指导、管理、监督、协调和服务工作。

(2) 引导广大乡镇企业走上依靠科技进步和提高劳动者素质的轨道。

(3) 加快乡镇企业环境保护立法工作。建立和健全乡镇企业环境保护和污染防治体系，强化管理，坚持对乡镇企业引导和限制相结合的原则，抓好重点污染地区与行业的污染防治工作。

(4) 增加教育经费，鼓励社会办学，加快发展乡村职业学校教育，普及九年制义务教育。

(5) 加强农民技术教育，通过三种教育培训，造就三支队伍：①通过实用技术培训，向广大农民普及推广农业科学技术，培养一支掌握致富实用技术的劳动者队伍；②推广实施"绿色证书工程"，对具有初中文化程度的农民进行岗位培训，考核后发给证书，培养一支能够起示范带头作用的农民技术骨干队伍；③开展农民中等学历教育，培养一支能够适应农村经济发展需要的乡（镇）、村基层管理干部和技术人员队伍。

(6) 制订乡镇中心发展规划，从资金、技术和人口流动政策方面入手，引导和促进合理的城镇化建设。将乡镇企业发展与乡镇中心的建设有机结合起来，以便对污染的治理由分散走向集中。制定乡镇工业合理布局的方案，以保护生态环境、防止污染、提高工业效益，繁荣农村经济，同时推动村镇内部居住、文化娱乐、工商业、交通、用水、能源供应等设施的合理布局。

(7) 推动村镇住房建筑的标准化和实用化，建设完善而有效的供排水、取暖、卫生系统，对空闲地进行植树、种草。

6.8 草地资源的开发利用与保护

草地是畜牧业生产的重要生产资料。草地资源的状况,不仅直接影响畜牧业发展,而且直接影响生态环境。

6.8.1 行动依据

我国可利用草地面积广大。草地资源是我国陆地上面积最大的生态系统,对发展畜牧业、保护生物多样性、保持水土和维护生态平衡都有着重大的作用和价值。我国的草地按照地区大致可分为东北草原区,蒙、宁、甘草地区,新疆草地区,青藏草地区和南方的草山五个区。

我国草地资源的分布和利用开发,具有下列特点:

(1) 面积大、分布广和类型多样,是节粮型畜牧业资源,一些草地地区还适宜综合开发和多种经营;

(2) 大部分牧区草原和草山草地区都居住着少数民族,其中相当一部分是老区和贫困地区;

(3) 草原和草地区大多是黄河、长江、淮河等水系的源头区和中上游区,具有生态屏障的功能;

(4) 草地资源平均利用面积小于50%,在牧区草原中约有2700万公顷缺水草原和夏季牧场未合理利用。

由于长期以来对草地资源采取自然粗放经营的方式,重利用、轻建设,重开发、轻管理,草地资源面临严重的危机,主要表现为:

(1) 过牧超载、乱开滥垦,草原破坏严重,草原建设缺乏统一计划管理,投入少、建设速度很慢,草原退化、沙化、碱化面积日益发展,生产力不断下降,全国有草地退化面积占可利用草地面积的1/3;

(2) 草原土壤的营养成分锐减,草原动植物资源严重破坏,草原生产力下降。如果不采取有效措施,草原生态环境将更加恶化;

(3) 草地牧业基本上是处于自然放牧利用阶段,草地资源的综合优势和潜在生产力未能有效发挥,牧区草原生产率仅为发达国家(如美国、澳大利亚等)的5%~10%。

草地资源的开发利用与保护的主要目标是：到 2020 年，实现草原生态由恶性循环向良性循环发展。

6.8.2 主要行动

草地资源开发利用与保护的主要行动是：

(1) 草地资源的保护管理活动，主要有：①加强与《草原法》配套的法规建设和机构建设，按照《草原法》及有关法规，对乱垦、滥挖、滥搂、滥牧等掠夺式利用草原者，给予批评、警告、罚款或赔偿经济损失等处罚，对构成犯罪的追究刑事责任。推行草地有偿使用，利用经济刺激手段限制草地资源的过度使用。②加强草原建设，治理退化草场。实行国家、集体和个人结合，大力建设人工和半人工草场，推广草库伦，积极改良退化草场，利用洼地储积降水和地表径流，灌溉附近草场，有条件的可以实行松翻补播，提高产草量，大力发展人工牧草，适宜地区实行草田轮作，采取科学措施，综合防治草原的病虫鼠害，注意防止农药及工矿企业排放"三废"对草原的污染，保护黄鼬、鹰和狐狸等鼠类天敌。

(2) 开展草地资源的科学研究，活动有：①加强草地畜牧业的科学管理。合理控制牲畜头数，调整畜群结构，实行以草定畜，防止草场超载过牧，建立两季或者三季为主的季节营地，大力推行划区围栏轮牧，推行草地有偿承包合作制度。②大力开辟牧区新能源。积极开发一些新能源，如太阳能、风能和沼气等，解决一部分牧区居民的生活用燃料，以减轻对天然植被的破坏。③实行"科技兴草"，发展草业科学，加强草业系统过程和草原生态研究，引种驯化、筛选培育优良牧草，加强牧草病虫鼠害防治技术和退化草原恢复技术的研究，维护草原生态系统的良性循环，同时，建立永久的草原生态监测网，为草原建设和管理提供科学依据。

(3) 草地资源可持续利用的工程建设，具体包括：①安徽黄山低中山灌木草丛草场、青海阿尼玛卿山塞草甸草场、四川若尔盖高寒沼泽草地、湖北神农架大九湖草甸草场、山东黄河三角洲滨海盐生草甸草场、内蒙古呼伦贝尔草甸草场、林格勒典型草场、新疆天山山地森林草原等草类自然保护区建设。②新疆北部和南疆部分地区、青海环湖地区、甘肃甘南州、河西走廊、山西太行山、吕梁山等地区，及大兴安岭南端、内蒙古高原南部的草原退化治理工程建设。③建设一批草地资源综合开发的示范工程，如华北、西北和西南草原地区的家畜温饱工程，北方草地肉、毛、绒开发工程等。

6.9 水资源的保护与开发利用

水利是农业的命脉。水资源的保护与开发利用是农业可持续发展的重要基础。

6.9.1 水资源利用与保护管理行动

水资源利用与保护管理行动,具体包括:

(1) 水资源供求与评价管理行动,具体有:健全和完善国家和地方编制、审批、实施水长期供求计划的管理体制和规章制度,采用先进技术和方法,制定目标明确、切实可行和具有成本估算的国家和地方行动计划和投资方案,如开源节水、保护、管理和应急等计划方法,使保护潜在淡水水源地的措施(如勘查、土地利用、森林资源开发以及山坡和河岸保护等)一体化,通过需求管理(如征收水资源费和水费、用水定额分配)、供给管理(如实行取水许可制度、缺水流域水资源有效分配等)以及价格机制实现水资源有效分配,提高公众水资源意识,鼓励公众(尤其是妇女)参与节水、水资源规划管理以及水资源评价活动。

(2) 水生态环境质量保护的管理行动,具体有:强化以流域或区域为单元的水资源管理体制,从全局和整体来考虑水源利用和水质、水生态系统的保护,制定或完善所有类型水体不同使用功能下的生物、卫生、物理和化学等方面的质量标准,制定淡水和有关沿岸生态系统的无害环境管理计划,包括研究渔业、水产养殖、农业活动和生物多样性等;完善水源保护区和水源地水质监测网点,提高监测水平,严格控制工业及城市污水排放和农村化肥、农药污染,在提高资源和能源利用效率的同时降低水资源消耗水平;南方低洼易涝和血吸虫病传播地区,通过整治排水河道,完善灌排设施,在提高抗涝标准和改善水环境的同时,进一步采取灭钉螺措施来消灭血吸虫病。

(3) 地下水开发利用与污染控制管理行动,具体有:全面评价地下水严重超量开采的现状、影响以及不同条件下的控制措施,统一规划和管理地下水的开发利用;加快和加强立法工作,依法对地区内和跨地区的地下水资源利用和保护,划分和确定地下水资源保护区,实施地下水人工补给和地表水地下水联合调蓄，如地下水库，对可供开发利用的地下水源地作补查勘查，实施地下水采补平衡措施，并通过水价格机制抑制对地下水资源的浪费，在管理体制方面，按地区、流域或区域对地下水和地表水进行综合管理；制定有关控制地下水污染的法规和技术规范，严格控制工业废水、固体废弃物和有毒有害物质对地下水的污染。

(4) 城市生活和工业用水管理行动，具体有：逐步建立以流域为单元并与区域相结合的水资源管理体制，制定跨省区水污染管理办法和城市水源保护区保护计划，实行谁收益谁补偿制度，协调上游保护和下游利用之间的关系，制定各行业的用水标准定额，并实行用水定额供应计划和取消居民用水包费制度，加强工业布局和产业结构调整，鼓励节约用水和清洁生产，提高水资源的重复利用率和降低单位产品的用水量，严格控制工业污染和提高森林覆盖，以保护或改善水质和水源保护区，提高公众觉悟，选择正确的水资源消费模式，推动公众参与保护水资源的活动和树立节约用水的观念。

(5) 水污染防治与管理活动，具体有：在流域和区域内，划定水环境功能区，制定行政区域跨界水质控制标准，明确辖区水污染控制责任，并对划分的水环境功能区，实施总量控制和排污许可证制度；完善水环境质量标准，制定污染物排放时限标准和生产工艺环境标准，开展饮用水源保护的宣传教育，强化公众保护饮用水水源的意识；开展跨地区、跨流域的饮用水水源保护规划，限期治理或搬迁影响水源的污染源；加强水源保护区的水质监测和执法监督力量，逐步推行水源保护区污染防治管理的目标责任制，制定全国污水资源化的计划和污水资源化的水质标准和行业用水的水质标准，分批分期对占全国总污染负荷 65％、75％和 85％的重点污染企业进行治理，提倡污水处理和再生利用的企业化经营，促进环保产业的发展。

(6) 综合性的立法与规划活动，具体有：审查有关水资源开发、利用和保护有关政策、法规、条例以及管理规划，同时革除现行政策法规中不利于水资源综合管理的因素，在国家和流域两级制定全国性的和流域性的水资源开发利用和保护规划，而且这种规划必须与地下水结合考虑，规划要兼顾各个部门的利益，地方一级的水资源综合管理实施开发许可证和使用定额分配制度，在保证生活供水的基本条件下实现供需平衡和水环境质量的逐步改善。

6.9.2 水资源利用保护的科学研究与示范工程建设行动

水资源利用保护的科学研究与示范工程建设行动的内容包括：

(1) 加强水资源评价科学研究和健全现有各级水资源评价机构，改进和改善现有环境监测站和水文观测站网，增设地下水、供水、排水的水量和水质观测网点，建立各级用水统计制度，并列入国家统计系统，每年编发《国家水资源公报》，加强水资源评价应用科学技术研究，尤其是水文预报、水资源勘查和遥感技术应用。

(2) 水生态环境研究与保护示范工程方面，主要有：江河上游建设水源涵养林和水土流失防护林，中下游湖泊禁止乱围垦，保护鱼类和其他水生物的生存环境；积极研究和推广保护水源地、水生态系统和防止水污染的新技术，兴建一批跨流域调水工程和调蓄能力较大的水利工程，恢复水生态平衡。

(3) 城市供水研究与示范工程，主要行动有：集中力量进行城市供水水源和设施建设，抓紧研究实施跨流域的调水工程和水源水库工程，城市工矿企业采取循环用水、一水多用和污水回用等措施，提高水的重复利用率，建立节水型示范行业和城市，开展污水资源化技术的研究与示范，鼓励城市给水公用事业企业化经营，加强研究快速简便洁水技术、节能净水技术以及城市污水处理低成本回用技术。

(4) 水污染控制与污水资源化的科学技术与示范工程，具体有：开发和完善国家、省和市水环境管理信息系统，包括江河湖库和地下水，开发简便实用的水质管理规划、总量控制方法以及污水再生利用技术；开发湖泊河流、地下水污染控制技术，如城市污水处理技术，建立不同类型的饮用水（如地表水、地下水、城市区域和跨区域或全流域的饮用水）水源保护示范工程，建立重点污染湖泊治理示范工程，开发河流截污、流控、充氧曝气技术以及大型水生物净化工艺，建立工业冷却水、工艺低质用水、中水回用及地面水补充水源的资源化示范工程。

(5) 加强科学研究，掌握气候变化对水资源的影响；健全和完善水文观测体系，加强水文观测，采用新技术方法，评价气候变化对水资源产生的影响，评价气候变化对洪涝灾害的影响以及社会经济和环境的影响，开展气候变化对水资源影响的实测研究，如温室效应对城市防洪和洪水的影响；研究和推广利用微咸水灌溉技术；根据现实情况和研究成果，对那些因气候变化可能产生地下水位变化、海水入侵地下含水层以及经常旱涝的地区，制定并实施各种应变方案，包括工程和非工程措施，加强对未污染和未富营养化的湖泊保护的研究。

（6）水利工程建设，主要有：兴建大型骨干水资源开发利用工程，实现跨地区或跨流域的水资源调配，积极开发新的替代水源，如人工补给地下水、利用低质水、废水利用、海水淡化等，加速城市供水工程和农业水利工程建设。在水利工程建设的同时，加强监督管理和环境影响评价。

6.9.3　国际与区域合作行动

开展水资源的保护与开发利用的国际与区域合作行动，主要有：

（1）与周边国家合作开展水资源评价，吸收发达国家在该领域的先进技术和经验。

（2）开展水源保护国际合作，共同协商制定全球、跨国界或者国家、流域的保护饮用水源和管理水资源的战略和行动计划。

（3）合作研究饮用水源污染防治、地下水功能恢复、海水入侵防止、人工处理与天然净化相结合的污水处理以及国际河流的共同开发利用等技术。

（4）引进国外水资源开发的规划、管理模式和污水再生利用方面较为成功的技术与经验、设备，建设多种类型的污水再生利用示范工程。

（5）积极参加国际交流与合作，培养一批水资源管理和水污染控制与治理的工程技术人员，为建立环保产业奠定人才基础。

（6）参与气候变化对水资源影响的各种国际合作的交流，培养和培训该领域的有关专业技术人员和队伍。

6.9.4　机制与能力建设行动

水资源的保护与开发利用机制与能力建设行动的主要内容包括：

（1）水资源管理体制改革：国家一级加强或扩大水资源综合管理工作能力，在区域一级，应完善现行的水资源管理体制，加强水资源管理的权威，尤其是建立或完善以河流流域为单元的水资源统一管理体制，把城市和农村、地表水和地下水、水质和水量、开发和保护、利用和治理统一起来，在流域水资源管理机构中，建立一种协调机制以协调流域范围内有关的水资源合作和保护者之间的利益分配；在条件可能的情况下，按有关法律下放权力，让市、县和乡镇政府机构直接负责水资源的综合管理，包括水污染控制，适当的条件下可明确水资源产权，实行水资源的企业化综合管理。

（2）手段和能力建设，主要包括：改革水资源开发和保护的投资机制，采用经济刺激手段和价格机制进行需求管理和供给管理，广泛吸收专家和社会公众参与水资源管理和保护，在现有各部门的水资源开发、利用和保护信息系统和观测手段的基础上开发建立国家水资源综合管理信息系统，实现管理手段的现代化。

6.10 土地资源的管理与可持续利用

土地是农业生产最重要的生产资料。加强土地资源的管理与可持续利用，对农业可持续发展十分重要。

6.10.1 土地资源的综合管理

土地资源的综合管理行动包括：

（1）土地资源调查、监测和规划等管理活动。加强全国范围内的大面积土地开发利用规划（如农业、工业、城市居住等用地）管理，加强成片土地开发区的宏观管理，特别是土地环境的宏观评价、特定土地估价、使用方向审定和土地开发对环境的影响，划定不同类型的耕地保护区，严格限制把耕地转向非农业用地，加强大型建设项目用地和跨行政区划土地利用方面的管理与协作，制定省、地（市）和县级土地利用总体规划，加强山地资源的调查，进行适宜性评价，制定山区土地可持续利用规划，建立山地可持续发展样板，防治山地灾害，加强山地资源综合管理。

（2）土地市场培植和综合管理活动。具体有国家土地管理部门和立法机构全面审查和完善有关土地立法和管理条件，制定土地市场或有偿使用的法规条例，各级政府应在国家有关法律基础上，根据本地区市场发育的具体情况制定出适合市场经济运行的有关制度和措施，并推动培植一批土地市场及其管理机构，尤其是进一步完善土地市场和土地使用权转让以及土地登记和资产管理，开展全国土地基础地价普查，在全国和各区域建立土地基础地价体系，在地

（市）县两级建立土地资本收益评估机构，规范土地市场和城市农村土地市场的一体化，市县两级政府土地综合管理部门完成土地利用总体规划，制定包括城市居住、公用、工业、农业以及特殊保护等类型的土地利用计划。

6.10.2 土地资源信息管理现代化建设

土地资源信息管理现代化建设具体活动包括：

(1) 建立或健全土地信息管理机构，制定土地信息收集、处理和使用的法规和技术规范；实行信息的市场化经营管理。

(2) 开发和建立国家和大部分省级的土地资源信息管理系统，以及经济发达地区和重点市县土地资源信息数据库。

(3) 建立大中城市和经济发达地区的地籍数据管理系统，开发土地市场信息管理系统和土地有偿使用专家系统。

(4) 培训各级土地管理业务人员，提高他们维护、使用和开发系统的能力和数据采集的可靠性。

(5) 建立全国各级土地资源管理信息系统，并与世界有关组织信息系统以及全国土地市场的计算机联网，充分实现信息有偿共享。

(6) 配置计算机软硬件，开发应用遥感、图像处理、测绘、全球定位系统（GPS）以及决策模型和系统分析技术。

6.10.3 湿地资源的利用与保护

湿地资源的利用与保护活动，具体包括：

(1) 对现有湿地资源进行管理，严禁盲目围垦，确因需要而小面积使用湿地（如建圩者），应在调查研究、全面规划和充分论证的基础上，进行合理布局，并严格审批手续。

(2) 加强湿地区保护，尤其是在世界湿地资源领域有着特殊重要性的湿地保护区的建设，建立相应的机构，制定法律法规，使湿地保护有法可依。

(3) 湿地利用应在土地资源统一规划利用中考虑，并制定全国湿地的保护战略和行动计划，对已建圩区有碍行洪排涝，破坏湖泊自然风光和生态环境或已围滩地是重要水禽繁殖地者，要采取退田还湖的果断措施。

(4) 湿地资源科学研究，包括调查研究湿地资源数量和分布，评价各类湿地资源的质量和开发利用的潜力，研究湿地资源开发利用与保护的最佳模式。

6.11 森林资源的培育、保护、管理与可持续发展

森林是最重要的绿色屏障，是维护生态平衡的重要因子。搞好植树造林，搞好森林资源的培育、保护和管理，是实现农业可持续发展的重要条件。

6.11.1 森林资源管理行动

森林资源管理行动的主要内容是：

（1）培育森林资源和制止森林破坏与退化管理行动。主要是制定各种造林和森林开发规划，健全各级森林管理机构，提高公众绿化意识，提倡全民搞绿化，坚持适地造树，重视营造混交林，采取人工造林、飞播造林、封山育林和四旁植树等多方式造林绿化，严格实行森林采伐限额制度，实施总采伐量计划管理。同时，对森林采伐、木材运输、木材经营采取制约性管理监督，严格执行林木采伐许可证制度和环境影响评价制度，制定法律和管理措施，有效制止各种破坏森林资源的违法行为，在农村地区鼓励农民在无法农用的荒地和土地上造林。

（2）森林资源监测和资产化管理行动。主要是制定监测体系发展规划和有关技术规范：建立和完善东北、中南、华东和西北4个国家级森林资源监测中心，建立省级和县（局、场）级森林监测机构，开发、建立国家森林资源信息数据库和地理信息系统，制定政策法规，试点和推广森林资产所有权管理和有偿合作管理模式，完善省和县（局、场）级森林资源监督管理机构，实行森林资源有偿使用制度，积极推行林价制度和林木商品化制度，对国有林实行森林资产化管理，建立与社会主义市场经济体制相适应的森林资源、资产管理和监督统一的新体制，监督执行森林资源发展规划以及林木采伐和更新计划实施，推行林产品价格改革，逐步取消林业企业的亏损补贴，实行森林资源开发补偿收费。

（3）大力培育和保护森林资源行动。主要是重点抓好速生丰产用材林基地建设和五大防护林体系建设，积极发展速生、高产、热值高和多用途的新树

种,解决农村能源困难,对严重缺柴的山区应重点加快发展薪炭林,鼓励寻找各种替代和节约能源的农村能源措施,如沼气、太阳能、改灶节材等,以减少燃木消耗,加强林区保护,防止污染、林火、病虫害和其他人为因素造成的森林破坏和退化。

6.11.2 维持森林的多种功能行动

维持森林的多种功能行动的主要内容是:

(1) 在制定森林发展规划时与有关的农业计划和野生动物保护计划结合考虑。

(2) 建立各种类型的森林自然保护区,积极保护和抢救濒危珍稀动植物,建立濒危动物的驯养繁殖中心。

(3) 在山区、高原、荒地和退化的耕地、干旱和半干旱地区和沿海地区造林绿化,防止这些地区生态环境进一步恶化和恢复退化土地,采用无害环境的森林利用法,即生态上无害、经济上可行的方法和措施,包括规划与管理、改良设备使用、贮存和运输,以减少浪费和最大可能地提高森林综合效益。

(4) 提倡更好地保护天然林和林区,鼓励利用原始森林和森林景观发展生态旅游业以及非木材林产品(如药用植物、树胶、养殖等)的生产。

(5) 加强森林防火、病虫害防治和乱砍滥伐林木的管理,并建立一批示范工程。

6.11.3 科学研究与教育培训及国际合作行动

科学研究与教育培训及国际合作行动的主要内容是:

(1) 重视和加强森林科学研究,国家对造林绿化的关键技术问题组织科学攻关,抓好良种选育、推广容器育苗、无性繁殖技术、林木丰产栽培技术和干旱地区造林技术,完善森林采伐限额编制技术和管理办法,开展提高森林资源利用率和防止森林退化的科学研究。

(2) 增强维持森林多种生态价值的能力和机构,具体活动有:建立和发展森林公共教育制度,以确保在森林、树木和林地多种作用和价值方面让公众全面了解和评价,开展森林生态价值方面的研究,如持续管理、生物多样性、大气污染的影响、森林资源经济价值和非经济价值评估和核算,研究利用和开发森林的无害环境或污染少的技术以及非木材产品的开发利用技术，建立并加强林业技术和职业培训，培训重点放在青年和妇女身上，重视林业科研成果的推广应用，积极开展森林资源监测技术、病虫害综合防治技术、森林防火预测预报以及防火新技术的研究和推广。

（3）开展与国际组织或有关国家进行科学研究合作，争取示范工程和培训基地的国外技术援助，促进技术人才的国外培训和交流；完成联合国开发计划署援助的全国和部分重点省、区森林资源监测系统的建设；森林资源监测技术交流，重点为森林资源连续清查、计算机、遥感技术以及地理信息系统应用、森林资源数学模型数据更新及预测；吸收国外森林资源资产化管理经验以及市场经济条件下的森林资源监督管理模式；开展国际乡村社会林业的交流与合作。

6.12 生物多样性保护

生物多样性保护的主要行动是：

（1）开展生物多样性保护的监测和信息系统建设。主要活动有：①建立和完善生物多样性保护的监测网络。根据生物多样性区划工作结果，建立和完善统一的生物多样性监测网络，遵照统一的监测技术规范，采用定位、半定位监测结合遥感、航测、激光测距、地理信息系统等先进技术方法，开展对野生动植物、自然保护区、生态环境及野生生物贸易的长期动态监测；重点建成野生动植物资源监测体系，制定野生动植物资源调查和监测标准。建立全国农业生态系统生物多样性的监测和信息系统，重点是农区生态系统内野生生物、农作物品种资源、家畜家禽品种资源和水生生物品种资源的监测、分类、信息存储。②建立生物多样性保护的国家信息系统。建立我国生物多样性国家信息系统数据库，包括自然保护区数据库、珍稀濒危动植物种数据库、经济动植物种数据库、陆水和海洋生物分类数据库、生物多样性科研成果数据库等，以承担全国生物多样性信息的收集和处理，为管理和科研部门提供全面的基础数据，并可进行国际信息的交流，如与世界自然保护监测中心（WCMC）合作。

（2）积极开展生物多样性的国际与区域合作。主要是：①我国已加入了世界上有关生物多样性保护的几个主要的公约，在维护国家对生物资源拥有主权的前提下，依据公约的机制，结合国情，合作进行研究与开发或通过适度地向其他国家提供生物资源，获取一定的补偿，并争取资金和技术援助，分享惠益。②继续扩大双边、周边与多边合作，在管理、科学研究、技术开发与转让、人员培训等领域加强交流与合作，包括在两国边境接壤地区联合或对应建立自然保护区，以便更好地保护迁徙性动物。③与国际组织合作，与联合国环境规划署（UNEP）在生物多样性的管理和评价方面进行合作，与联合国开发计划署（UNDP）在生物多样性保护的规划和项目方面进行合作，与国际自然保护同盟在濒危物种、生态系统多样性的保护和生物资源可持续利用方面进行合作，与野生生物基金会（WWF）加强在自然保护项目方面的合作，与联合国教科文组织（UNESCO）在人与生物圈（MAB）计划方面，开展科学研究、人员培训等方面的合作，与联合国粮农组织（FAO）在农业生态系统、农业资源综合利用以及生物防治方面加强合作，与联合国环境规划署（UNEP）下设的全球环境监测系统（GEMS）和全球环境资料查询系统（INFOTERRA）在生物多样性监测数据和情报资料方面加强交流和合作，加强与其他国际组织和机构的合作。

（3）生物多样性保护与可持续利用的科学研究活动，主要内容是：①生物多样性保护的科学研究。开展生物区系的调查和研究，为编制我国生物多样性区划和保护规划提供依据，查明我国生物区系的组成和地理分布及其演变规律，进一步摸清物种资源的基本状况，编写各类生物图志，调查我国珍稀濒危物种的现状、生境、分布、数量及其变化趋势和濒危原因，并进行系统研究，在调查和研究的基础上，编写《中国植物红皮书》（第二、三卷）和《中国动物红皮书》（哺乳类、鸟类、两栖类和爬行类、鱼类、无脊椎动物类共五卷），为修订国家重点保护野生动植物名录和制订保护战略与行动计划提供依据。编制我国生物多样性保护地点与物种编目，在广泛调查和深入研究的基础上，根据生态系统的代表性、稀有性、自然性、多样性、脆弱性、受威胁程度等标准和物种的特有性、稀有性、濒危程度、价值大小等标准，筛选出在我国最重要的优先保护地点和物种；立项研究生物多样性价值评价方法和受威胁程度划分的理论与方法，开展极端环境条件地区的生物区系调查研究，如高原、荒漠、深水、盐泽等，同时开展高原（如青藏高原）生物多样性垂直分布和家养动物和栽培植物野生亲缘种的遗传学及生物资源合理开发与科学管理的生物学研究。②生物多样性保护和可持续利用以及管理技术、保护技术的研究。包括就地保护技术、迁地保护技术、离体保存技术、传统农业区或牧业区保护生物多样性的技术、药用物种资源保护技术、水产物种资源保护技术及其他经济物种资源保护技术等。可持续利用技术的研究,包括野生经济物种的繁育技术、受损害的生态系统恢复和重建技术、人工生态系统物种多样性技术等,生物多样性管理理论、方法、技术的研究包括自然保护区有效管理研究、自然资源开发建设项目环境影响评价技术研究、发展生态农业等。③开发研究现代生物技术,评价生物技术对生物多样性保护的正负作用或风险。④推广应用生物多样性保护的技术与管理经验。

(4) 开展多种形式的生物多样性保护与利用方面的示范工程建设,主要是:①旅游模式。在长白山、武夷山和昌黎黄金海岸等自然保护区通过区划开展娱乐性旅游,划定旅游线路,确定游客容量,并建立必要的管理和服务设施等,把生物多样性保护的教育寓于旅游之中,既收到一定经济效益,又提高群众的保护意识。②人工养殖模式。在庙岛、盐城等自然保护区,根据当地的自然条件,针对生物的习性,对野生经济动植物种加以驯化,进行人工种植和养殖,建立保护生境、保证再生产、提高经济效益和保护天然物种的新型生物资源利用模式。③生物资源综合利用和深加工模式。在确保生物资源增殖情况下,通过对生物资源多功能的研究、开发利用及深加工,提高资源的使用价值,减少对资源的利用量,达到利用与保护兼顾的目的,如蛇岛保护区。

(5) 通过教育和培训,建成一支训练有素、业务精通、善于管理的队伍。培训内容主要包括法律、行政管理、规划管理和科研管理知识以及技能的培养、新技术的应用,由中央政府、地方政府分级培训各层次的管理人员。

(6) 建立和健全生物多样性保护机构,明确职责,并在各机构之间建立有效的协作,这是生物多样性保护的强有力的组织保证。

(7) 利用广播、影视、报刊等宣传媒介,进行普法和科普教育,开展全民活动。如在"4.22"世界地球日、"6.5"环境日、植树节、爱鸟周、野生动物保护宣传月等时机举办"自然保护展览""人与生物圈展览""大熊猫展览"等活动。中小学的课本中增加生物多样性保护的内容,大学中设置有关课程,并建立各种培训班,培训管理人员和科技人员。

6.13 荒漠化防治

荒漠化防治是实现农业以及整个经济社会可持续发展的重要措施。荒漠化防治的主要内容是:

(1) 荒漠化土地综合整治与管理。主要行动：①荒漠土地综合整治与管理活动，主要有：将治沙工程纳入国民经济和社会发展计划，并对合理利用荒漠化地区资源实行优惠政策，南方荒漠化土地的治理也列入在内；针对风沙为主的土地荒漠化，以"全国治沙工作协调小组"统一协调荒漠化防治工作，具体工作由全国绿化委员会办公室（国家林业局承担）；对荒漠化地区经济开发和建设工程，普遍实行环境影响评价制度；逐步建立荒漠化防治的地方管理机构。②建立国家荒漠化研究与防治中心，制订科学研究计划，并在规划、决策、测报方面提供服务；建立全国荒漠化土地环境资料存储的数据库，同时建立地方级荒漠化监测机构；利用航空及卫星相片和地面试验站进行荒漠化监测和发展趋势的预测与评估，掌握土地荒漠化演变动态规律；建立土地荒漠化的指标和评估体系，实现全国数据采集标准化、分析方法标准化；开展荒漠化土地分布、面积、类型及有关自然和社会条件的基础性调查。③积极参加和开展荒漠化综合控制与管理的国际及区域合作：积极开展国际技术合作与交流，学习国外先进技术；加强国家荒漠化研究与发展中心，为争取亚洲区域荒漠化国际中心在中国建点创造条件；在《荒漠化国际公约》框架指导下，积极参与和履行有关活动或义务，为全球荒漠化控制做出应有的贡献。④加强荒漠化控制的科技手段：加强土地荒漠化发生发展过程和指标体系的研究，为荒漠化防治提供依据，特别是对南方土地荒漠化的研究更应重视；研究适合于不同类型荒漠化土地的最佳土地利用的方案以恢复其生产力；开展适合于不同类型荒漠化地区最佳生态系统的研究；选择和培育适合生长于不同荒漠化生态条件下的优良物种以提高其生态经济效益。⑤进行南北方荒漠化重点项目建设和不同类型荒漠化试验示范区建设。⑥人力资源开发和能力建设：积极发动农村剩余劳动力参与荒漠化防治工作；开展全民性的荒漠化防治宣传教育，组织荒漠化培训班，提高民众防治荒漠化、保护家园的意识。

(2) 北方荒漠化地区经济发展。我国荒漠化地区有较丰富的光、热资源，有一定水资源和生物资源可供开发利用，更有丰富的矿产资源。合理开发利用荒漠化地区资源，发展经济，不仅是荒漠化地区人民摆脱贫穷之路，也是防止土地荒漠化的主要措施之一。发展荒漠化地区经济，种草改良草场，发展各种药材和经济植物，发展温室农业，兴办一批工矿企业，为荒漠化地区居民开辟新的就业途径。建立法制化的荒漠化地区土地管理制度，建立优质高效的荒漠化地区农业生产体系和符合中国国情的沙区产业体系，使荒漠化地区环境与经济向良性循环方向发展。主要行动是：①建立适合荒漠化地区经济发展的经营机制和政策：进一步完善家庭承包经营，明确土地经营者的责、权、利，充分调动经营者积极性；建立荒漠化地区农村金融体系，为促进农村经济发展提供资金和服务；实行优惠政策，扶植荒漠化区替代生计经济发展。②加强荒漠化地区经济发展信息收集工作：加强荒漠化地区主导经济和基础经济发展研究和资料收集，特别是优质高效农业技术资料，如温室农业技术、果树栽培技术等；传播介绍适应荒漠化地区社会、经济和生态要求的各种成套技术，促进资料交流；查清我国沙区盐藻的分布、种类、数量，研究开发利用盐藻资源的技术。③积极开展荒漠化地区经济发展的国际及区域合作：在温室农业、节水技术等领域争取国际技术经济援助；争取国际资金援助，帮助荒漠化地区可持续产业的发展。④开发适合荒漠化地区的农业新技术，增加荒漠化地区经济发展的科技后劲：根据荒漠化地区实际，运用系统工程理论，建立数学模型，优化农、林、牧土地利用结构；研究推广荒漠化地区综合治理技术，如合理利用水资源、节水技术、选用抗旱抗贫瘠速生品种、合理确定种植密度等；研究和推广荒漠化地区农业新技术，如喷灌、滴灌、优良品种等技术，优化种植结构；研究和推广畜牧业新技术，如培育新品种、加工增值、建立人工草牧场、研究开辟饲料新途径、以草定畜、计划放牧、实行圈养、舍饲等；研究和推广生活用能新技术，如开发风能、太阳能、水能，建设沼气池，营造薪炭林，普及节柴灶等。⑤建设先进农业技术示范工程、荒漠化地区生态农业示范工程。⑥人力资源开发和能力建设：建立和完善荒漠化地区技术推广服务体系，对荒漠化地区农牧民进行防治荒漠化技术培训，建立技术服务站；对荒漠化地区农民进行先进的农业技术培训；国家每年提供一定数额的优惠贷款用于沙区农业发展。

6.14 水土流失综合防治

我国在水土流失防治方面有着悠久的历史。20世纪80年代以来，国家拨专款在16个重点治理区开展了以小流域为单元的有计划、有重点的示范治理，促进了小流域治理的形成与发展。但是，长期以来相当一部分决策管理人员及群众并没有从认识上、政策上、计划上始终坚持"预防为主、防治并重"的原则，没有把预防工作摆在首位，没有坚决而有效地控制人为影响，致使"点上治理，面上破坏，一边治理，一边破坏；先破坏，后治理"的现象十分严重。

事实证明，掠夺式经济活动是造成水土流失的主因，水土流失治理必须采取综合的防治战略。

水土流失综合防治的主要行动是：

(1) 加强水土保持管理工作。①有关政府部门制定统一协调的水土保持规划，包括科学研究规划、水土流失区人口发展规划、水土流失区农工贸一体化发展规划等。②建立和完善全国水土保持监督体系。③完善政策体系，如重点防护区管理采取集体、农户或土地租赁等形式落实管护任务，重点防护管理与小流域综合治理、大面积规模治理及治理区经济发展相结合；推行适宜当地的治理责任制，统一规划，分户经营与管理。④引入市场经济机制，组织水土保持社会化服务，巩固治理成果。⑤设置重点监督区，实行水土保持奖惩办法。⑥加强国家对水土保持工作的宏观管理，切实管好专项经费的使用，提高投资效益，积极鼓励人民群众增加对水土流失治理的投入。⑦贯彻执行《水土保持法》和《水土保持法实施条例》。

(2) 制定符合中国国情的相对优惠的投资政策，吸引国内外的科研人员、实业团体及商人在我国不同类型水土流失重点区进行水土保持的科研、资源的开发利用工作，组织相应的考察团进行实地考察，并有针对性地派出相应的研究人员到国外学习、工作。了解国际信息动态，有目的的在国内进行试验、示范，推广国外先进技术。

(3) 开展水土流失科学研究信息网络建设。①以"土壤侵蚀与旱作农业国家重点实验室"为中心，组织全国20～30个重点野外试验站，统一计划、方案和操作规范，进行水土流失规律的攻关研究，建立南方山地丘陵土地退化研究中心，重点研究南方山地丘陵水土流失和荒漠化问题。②根据组成信息网络的各单位的不同隶属关系，建立全国水土保持层次型信息系统网络。由水土保持试验站、综合治理试验区水文站、县属水土保持工作站和小流域治理指挥部以及林业工作站、草原站等构成基础层，第二层为基础层的上级主管部门，诸如大专院校、水土保持研究所、流域管理机构和水土保持局或水利水土保持林业厅（局）等，考虑到南北方水土流失规律和防治措施上的地域特点，设立北方水土保持科技信息系统分中心和南方水土保持科技信息系统分中心，构成第三层次，第四层次，为有关部门组成的全国水土保持科技信息系统总中心。

(4) 加强水土保持工作中的科技手段。①水土保持技术经济政策领域的研究将主要分析研究水土保持的社会属性和经济属性，研究出费用小效益高的实施方案和相应的水土保持技术经济政策，进行试验、示范、推广；②建立科技成果有偿转让、推广的政策与制度；③帮助群众兴办农工贸经济实体。

（5）推广全国已进行的 1 万条小流域综合治理示范工程的经验。建立工矿、交通事业防治水土流失示范工程。

（6）发挥已形成的水土保持科技队伍的作用，培训现有水土保持行政、技术人员和水土保持监督管理人员，提高政策水平和工作能力。

（7）认真总结水土保持实践经验，吸收国外先进思想和技术，积极开展水土保持的科普宣传与教育，提高民众的政策认识和科学文化素质。

6.15 水土保持生态工程建设与管理

水土保持生态工程是防止水土流失的工程性措施，加强水土保持生态工程建设与管理是促进可持续发展的重要措施。

6.15.1 行动依据

对于水土流失严重、生态已遭严重破坏的地区，采取生物措施为主，生物措施与工程措施相结合的措施，建设人工生态系统是十分必要的。生态工程是指根据生态学和生物学原理，运用系统工程的最优化设计方法，恢复植被、重建生态系统的建设活动。

我国已形成黄河流域、松辽流域、海河流域、长江流域、珠江流域、淮河流域、沿海地区等几大水土流失区，是可持续发展事业的严重障碍，因此，必须进行大规模的水土保持生态工程建设，控制这些地区的水土流失。黄河中游的水土流失面积占总面积的 79%，土壤侵蚀模数平均每平方公里达 3000 吨，沟壑密度每平方公里达 1.3～8.1 公里。海河流域水土流失面积占总面积的 50%，土壤侵蚀模数每平方公里达 1000～10000 吨。受水土流失影响，这些地区土壤贫瘠、水库淤塞，河流泥沙多。

1978 年以来，我国实施了"三北"（东北、西北、华北）、长江中上游、沿海、平原农区和太行山等大型的跨省区的综合性防护林体系建设，以增加这些地区的林草植被覆盖，改善生态环境。这几大重点生态工程建设，目前已形成了许多区域性的防护林体系，取得了明显的生态、社会和经济效益。

水土保持生态工程建设与管理的目标是：

(1) 建设"三北"防护林体系工程和黄河流域水土流失工程。2001—2050年防护林体系建设面积 1330 万公顷，2001—2010 年治理黄河流域水土流失面积 750 万公顷。

(2) 建设长江中上游防护林体系工程。2001—2010 年防护林体系建设面积 1333 万公顷，治理水土流失面积 900 万公顷。

(3) 建设松辽流域水土流失工程。2001—2010 年治理水土流失面积 500 万公顷。

(4) 建设太行山绿化工程和海河流域水土流失工程。2001—2010 年治理水土流失面积 220 万公顷。

(5) 建设淮河流域水土流失工程。2001—2010 年治理水土流失面积 220 万公顷。

(6) 建设珠江流域综合防护林体系工程。2001—2010 年治理水土流失面积 190 万公顷。

(7) 建设沿海防护林体系工程。2001—2010 年建设面积 108 万公顷。

6.15.2 主要行动

水土保持生态工程建设与管理的主要行动是：

(1) 加强生态工程建设的综合管理工作。①建立防护林体系管理中心，强化中国防护林体系建设的管理；②抓好植被建设规划，把森林体系建设与群众性造林绿化规划结合起来；③建立健全各级领导任期目标责任制和生态工程建设管理责任制，把各项建设任务层层落实到山头、地块；④抓好重点工程建设，做好造林前的作业设计和造林后的检查、验收、确保造林质量；⑤抓好造林后的管护工作，以便原有防护林的保护和发展，对原有的长期发挥防护效益的防护林进行适当资金补偿；⑥在水土流失区，按照造林后的效益价值和受益规模，向受益单位和部门研究征收一部分森林资源培育费，并把收回的这部分资金作为造林建设基金，用于继续扩大森林植被；⑦实行扶助政策，鼓励单位和个人对水土流失严重的荒山、荒坡进行承包造林绿化，并实行优惠的信贷和税收政策；⑧以法治林，严格《森林法》《环境保护法》《水土保持法》等有关法令法规，加强法制宣传教育，同时，必须在防护林区建立健全森林防火、病虫害防治、制止乱砍滥伐三个管理体系，制定切实可行的管护措施，使森林保护工作规范化、制度化。

（2）完善或建立有关水土保持生态建设工程的信息系统。①在各水土流失区建立水土流失监测和森林效益观测体系，加强对现有水土、生物资源的保护和管理；②实行生态建设统计报表和工作汇报制度，建立水土流失区档案，努力实现县级资源档案管理微机化，并实行联网；③做好防护林体系建设的年度小流域综合治理检查验收和考评工作，并将有关数据资料及时输入计算机，逐步建立水土流失区资料数据库和信息网络；④对于重点工程和试验示范区前后各进行一次航拍，以利对照分析。

（3）积极开展国际合作与交流，在防护和体系建设管理中心的发展、水土保持生态工程示范工作的建设、病虫害防治的研究、林木良种的繁育、人才的培训等方面争取国际组织援助。

（4）加强科学研究、科技成果推广和技术服务：①推广先进实用的水土流失控制技术，如坡地生物坝、生物地埂、等高耕作、水平沟、梯田、淤地坝等；②建立技术服务体系，开展技术咨询、技术承包、技术服务等；③组织科学攻关研究，解决水土流失重点地区造林技术难题，在优良适生树种选择、苗木培育、栽培技术、病虫害防治等方面进行攻关研究；④采用现代技术手段，提高管理水平；⑤建设科学研究和技术推广示范工程。

（5）加强人力资源开发。依托各林业大学和科研机构，广泛进行技术干部和管理人才培训，并轮训农民技术员，加强高校防护林、森林生态、水土保持专业人才的培养，选派优秀管理和技术人员出国学习考察，组织农村剩余劳动力成立造林专业队，实行专业队承包造林。

（6）加强能力建设，包括：林业工程建设坚持以群众投工投劳为主，国家资金补助为辅，多渠道、多层次筹集资金，改善政策与管理，吸引社会力量大兴林业，广泛进行宣传教育，提高全民兴办林业的环境意识。

本章参考文献：

[1]《中国21世纪议程——中国21世纪人口、环境与发展白皮书》，中国环境科学出版社，1994年版。

[2]《中国21世纪初可持续发展行动纲要》，新华网，2003年7月25日。

第7章 种植业生产与农业可持续发展

种植业即狭义农业,其主体是农作物栽培。在我国,种植业除了包括农作物栽培外,还包括果、茶、桑等木本植物的栽培,具体内容可概括为十二个字,即粮、棉、油、麻、丝、茶、糖、菜、烟、果、药、杂。一般意义上把种植业的内容分为三大部分:粮食作物、经济作物、其他作物。种植业是整个农业中最主要的部门,在国民经济中占有重要地位。保持种植业的可持续发展,是实现农业可持续发展的基础和重要内容。

7.1 调整和优化种植业结构

种植业结构是否合理,直接影响到农业可持续发展。促进农业可持续发展,必须重视种植业结构的调整和优化。

所谓结构,是指总体的各个组成部分在总体中所占的相对比重及其相互关系。种植业结构,是指在种植业总体中,粮食作物、经济作物、其他作物所占的比重。种植业的可持续发展,需要有一个合理的内部结构,即粮食作物、经济作物、其他作物之间要保持一个合理的比例关系。这个比例关系,既受农业自然资源的影响,也受市场对种植业产品需求的影响。合理的种植业结构,既要充分满足市场对种植业产品的多样化需求,又要充分发挥资源的比较优势,合理利用和保护自然资源。

7.1.1 我国种植业结构现状

总体上讲,我国种植业结构是以粮食作物为主体的结构,这是由我国人口多、对粮食的消费量大所决定的。种植业结构存在的主要问题是种植业产品的品种较差,与市场需求和参与国际竞争的要求不相适应。

在粮食生产方面,总体上讲,我国粮食生产的结构及品质差距是十分明显的。

就小麦而言，我国的小麦品种基本上是软粒小麦，蛋白质含量较高、面筋强度大，能磨制强力粉和适于制作高级面包和优质面条的小麦以及蛋白质含量和面筋含量低、面筋强度弱、面筋质量极差、能磨制弱力粉和适于制作优质饼干和糕点的小麦少。小麦专用粉仅十几种，其产量不及小麦面粉总产量的10%，与发达国家小麦专用粉有上百个品种、其产量占面粉总产量90%以上的水平差距很大。用我国小麦面粉制成的面包体积小、掉渣，面包评分在30～70分，而用国外面粉制成的面包评分均在95分以上。动态地看，我国小麦的品质呈下降态势，20世纪50年代以来每隔10年小麦的蛋白质含量就平均下降1%。由于品质差，结构不合理，导致市场上普通小麦供过于求，春小麦更是积压严重，优质专用小麦则大量短缺。

就玉米而言，我国玉米的氨基酸、赖氨酸含量低，专用化和产业化经营水平低，产后加工转化程度低。目前发达国家在玉米品种专用化方面发展非常迅速，并已形成产业化经营，如美国的"伊利诺斯"高蛋白饲用玉米、"奥帕克"高油工业用玉米、高赖氨酸工业用玉米、食用甜玉米、蔬菜玉米等已在生产上形成商业化种植，其中高蛋白饲用玉米蛋白质含量比普通玉米高10%～15%，高油杂交种籽粒含油量高达7%，比普通玉米高50%以上，高赖氨酸和色氨酸的杂交玉米其赖氨酸和色氨酸含量比一般品种高2倍多，而我国在玉米的专用化选育和利用方面才刚刚起步，差距较大。美国生产的"鲜食玉米"（甜玉米、糯玉米、嫩玉米）已大举进入我国市场。相反，国产的鲜食玉米由于品质差，跟不上市场需求发展的步伐，如肯德基要求的鲜食玉米应具有色泽金黄、皮薄粒大、每穗粒行数为18等特点，国产鲜食玉米因达不到这些要求而难登其堂。大部分鲜食玉米只能大材小用，成为南方企业加工罐头玉米的原料。我国玉米的加工转化也处于较低水平，深加工玉米比例不到10%，玉米产区的广大农村普遍存在以玉米原粮作为饲料的现象，全国每年大约都有4000万吨玉米直接饲喂畜禽，造成极大浪费，既有的加工转化也是品种单一、开发层次较低，如吉林省的淀粉生产在全国处于前列，但绝大部分都是以原淀粉形式出售到外省，在本省销售的20%～30%左右也都是以一般形式利用，没有形成大型的二次或多次产品。

就稻米而言，我国种植的稻米以口感较差的杂交稻和早籼稻为主，稻米整体质量欠佳。国外优质食用米属于特长粒，米长为7.2毫米，千粒重为17.55克，直链淀粉含量为20.1%，变幅在18.6%～21.8%之间，而我国的优质籼米米长平均只有6.8毫米，除湖南软米、中优晚1号、鉴105等的米长在7毫米以上外，其余都在 7 毫米以下，千粒重平均仅为 16.7 克，直链淀粉含量只有 17.5%，变幅在 10.1%～18.8%之间，属低直链淀粉含量型。可以看出，在有关稻米品质的几个关键性指标方面，我国都明显落后于国外。从技术角度讲，稻米的品质除了食用的优质化外，还有用途的多样化，如工业用稻米就要求高直链淀粉含量，饲用稻米则要求高蛋白质含量，在此方面我国同样存在着较大差距，如过剩程度明显的早籼稻用作饲料的报酬率很低，经济效果很差，而饲料稻的发展又明显不足。由于品质差，使我国的稻米在国际市场上缺乏竞争力。即使在国内市场，有些收入较高的居民也趋于消费进口米。为了满足国内市场的需求，我国每年还不得不进口一定数量的优质米。我国闻名于世的杂交稻技术转让给美国后，在美国和阿根廷试种了多年，产量都比当地品种高出 50%以上，亦由于品质欠佳，不适合欧美市场的需要，至今没有推广开。

就马铃薯而言，我国是马铃薯生产大国，马铃薯种植面积 7000 万亩，年产量 6000 万吨左右，均居世界首位，但所生产的马铃薯基本上全都是大路货，品质与国外品种差距较大。从外观看，国产马铃薯表皮不光滑、芽眼深、圆形为主、易龟裂、黄皮黄肉，国外品种则表皮光滑、芽眼浅、形状呈长圆形、不易龟裂、薯肉黄或白色；从内质看，国内品种还原糖含量高、干物质含量低、薯心肉与表层肉不一致、油炸品为褐色，国外品种还原糖含量低（一般低于 0.25%）、干物质比率高（比重一般为 1.0835）、薯肉质地均匀、油炸品呈金黄色或白色。由于品质低，国产马铃薯在百余个品种中能够加工法式炸薯条的几乎没有，致使城镇居民大量消费从国外进口的薯条或用进口马铃薯制作的薯条，使国产马铃薯丧失了宝贵的市场。我国马铃薯的加工转化程度也很低。发达国家 70%～80%的马铃薯被加工升值，而我国 90%的马铃薯则被鲜食，既有的加工也不过是粉条、粉丝、粉皮之类，深加工几乎是零，加工增值水平很低。从产后加工处理的增值效果看，我国平均为每公斤增值 1 元左右，而国外的半成品、速冻薯条分别为每公斤增值 10 元和 25 元，法式炸薯条成品的增值则可高达每公斤 40 元。

在水果生产方面，20 世纪 80 年代以来，我国水果产业发展迅速，果园面积和水果产量都大幅增加，在种植业中水果产值已仅次于粮食和蔬菜而居于第三位，但树种、品种结构不合理，品种雷同，产期集中，果品质量低，与市场的要求不相适应。首先，从树种看，苹果和柑橘两种水果的产量就占全国水果总产量的 55%以上，苹果、柑橘和梨三种产品的产量所占比重接近 70%；湖南省仅柑橘桔一项就占到全省水果总产量的 85%，排名第二的桃子只占水果总产量的 4.2%，排名第三的李子只占 2.7%；四川省仅甜橙的面积和产量就分别占全省水果总面积和总产量的 60% 和 50%；山东省的水果总面积和产量中，苹果就占 70% 以上。其次，从品种看，全国柑橘的 70% 左右都是同一品种，且上市期都集中在保鲜期内的短短两个月；全国苹果的 50% 左右都是早熟品种，晚熟品种的比率不足 50%，而晚熟品种在市场上有影响力的也只有新红星、乔纳金和红富士等少数几个品种，耐储、适合加工的特种品种很少。再次，从品质看，水果的品质在理论上讲不仅包括内在的品质如口味、营养成分含量等，而且包括以果型、果实、大小、表皮、色泽等展现的外在品质。随着生活水平的提高，人们对水果的外在质量更讲究，要求更高。我国生产的水果，总体讲，不仅内在质量差，外在质量更差，果型不匀称，大小参差不齐，色泽不亮丽，表皮不光洁，病虫害留下的斑迹明显，且保鲜期短，不易储藏，与进口水果相比差距很大。最后，从产后加工程度看，发达国家水果产后处理和加工水平很高，不仅十分注重产品的分级分等和包装，而且注重产品的储藏和加工增值，水果储藏保鲜量一般占水果总产量的 60% 以上，水果用于加工的比例也很高，如美国 45% 的苹果和 70% 的柑橘用于加工，日本苹果用于加工的比例也在 25% 以上。而我国的水果产后加工处理技术和设备落后，分级分等工作跟不上，分级、包装、储藏、加工等产后化处理的水平很低。据统计，我国目前水果储藏能力约 1100 万吨，仅相当于水果总产量的 1/4 左右，水果实际储藏量占总产量的比例还不到 20%，其中冷藏库和气调库的储藏量仅占水果总产量的 10% 左右。水果的加工能力更低，如苹果用于加工的比例只有 10% 左右，基本上是卖鲜果。由于大部分水果既不能长期储藏，也不能加工增值，每年腐烂损失率高达 20% 以上。低的产后处理水平，不仅直接降低了我国水果的总体质量，而且明显放大了水果市场供求之间的矛盾，使上市季节滥市烂价，供过于求的矛盾十分突出，农民利益受到了极大损失。

7.1.2 我国种植业结构调整的重点方向

种植业结构调整的重点方向是：全面优化农作物品种，努力提高农产品质量。根据市场需求的变化，压缩不适销品种，扩大优质农产品生产。

(1) 种植业结构调整重点的总体概述。种植业结构调整要坚持产量、质量、结构、效益的统一，改良品种，提高质量。要增加适销对路产品的生产，大力发展优质作物品种，建立优质农产品基地，提高种植业生产的经济效益。

要调整种植业生产格局，逐步形成粮食作物、经济作物和饲料作物的合理结构。要适当调整种植业区域结构，沿海经济发达地区和大中城市郊区应积极发展国内外市场需要的高价值经济作物，适当减少粮食种植面积。粮食作物要着力优化品种结构，提高质量。经济作物要合理调整区域布局，充分发挥地区优势，着力提高品质和价值，逐步形成专业化、规模化、集约化的生产带和产业区。适应大力发展养殖业的需要，积极发展优质饲料作物生产。

粮食作物中，要压缩与市场需求不相适应和品质差的品种，引导和鼓励农民增加市场适销的优质粮食生产。调减南方早籼稻面积，稳定中稻、一季稻和晚稻面积，重点发展优质稻。稳定发展北方冬小麦生产，适当调减南方冬小麦面积，大力发展加工专用小麦，改良东北地区春小麦品质。提高玉米品质，重点发展优质饲用玉米生产，配合加工需要发展高淀粉、高含油等玉米品种的生产，适度扩大南方地区玉米面积。扩大优良品种和高质量的大豆面积。稳定薯类面积，积极发展名特优杂粮生产。

经济作物中，要下决心调减棉花种植面积和总产量，改变棉花严重供过于求的状况。控制新疆棉区的发展。优化区域内棉田结构，稳定集中连片高产优质棉田，调减低产分散棉田，开发高效优质棉田。提高棉花质量，重点发展可纺性强、适应市场需求的棉花品种。适当发展油料生产，大力发展"双低"油菜生产，稳定花生种植面积。控制糖料种植面积，提高单位面积产量和品质，向适宜种植地区集中，压缩低产、分散的糖料面积。水果、瓜菜、特产品等其他经济作物也要按照市场供求情况适时调整生产结构，积极鼓励和引导农民发展高价值经济作物，不断拓宽生产领域。

(2) 种植业结构调整重点的具体目标。粮食作物结构调整重点的具体目标是：适度控制播种面积，逐步优化区域布局，重点调整品种结构。全国粮食总播种面积控制在 16.5～16.6 亿亩。在区域布局上，东部沿海地区和大中城市郊区适当调减粮食面积，为外向型、城郊型农业发展腾出空间，也为中部地区粮食生产扩大市场需求；中部地区压缩劣质滞销、低产粮食面积，着力改善粮食品种和质量，建立优质高产高效商品粮基地；西部地区结合退耕还林（草），有计划地稳步调减粮食面积。在品种结构上，逐步调减口粮型比例，扩大加工粮、饲料粮比重，尽快淘汰南方早籼稻、江南冬小麦和东北春小麦中的劣质品种，大力发展优质专用稻谷、小麦、玉米、大豆生产。具体讲：

稻谷：全国稻谷总面积控制在 4.6 亿亩左右。调减早稻面积，扩大中稻和再生稻面积，稳定双季晚稻和一季稻面积。早稻面积调减到 1 亿亩左右，一是对地力下降、生产季节紧、劳动强度大的双季稻种植地区，改种中稻或一季晚稻，有条件地区后茬蓄留再生稻；二是丘陵山区的望天田、三跑田实行水改旱，发展玉米等旱粮作物；三是双季稻集中产区，调减部分早稻，发展玉米、经济作物，实行水旱轮作。重点抓好早籼稻品种改良，淘汰适口性差、积压卖难的劣质品种，发展优质食用品种，积极开发早稻加工利用，实现用途多样化，力争早稻优质率达到70%以上，基本解决早籼稻品质差的问题。控制北方水稻面积，停止东北地区的湿地开垦。

小麦：全国小麦面积控制在4.2亿亩左右。稳定黄淮海和西北地区小麦面积，调减南方特别是长江中下游地区小麦面积，压缩东北地区尤其是黑龙江和内蒙古东四盟地区春小麦面积，稳步推进冬麦北移。针对当前专用小麦紧缺的状况，重点是淘汰南方冬小麦、东北春小麦中的劣质品种，集中连片规模开发黄淮、华北及西北东部地区面包专用小麦、江淮地区饼干和蛋糕专用小麦、西北啤酒大麦生产，建立专用小麦商品生产基地。全国优质专用小麦面积扩大到1亿亩以上，专用小麦商品量达到1500万吨以上，实现国内优质专用小麦的基本自给。

玉米：全国玉米面积控制在3.6亿亩左右。稳定黄淮海地区玉米面积，压缩东北地区玉米面积，结合退耕还林、还草调减西北和内蒙古玉米面积，扩大南方丘陵山区旱地玉米面积。积极调整品种结构，降低东北玉米含水率，提高饲料玉米质量。适应玉米加工业的发展，集中、连片积极推广加工专用玉米品种，发展高淀粉、高油、优质饲用玉米生产，促进玉米转化增值。

大豆：全国大豆面积恢复到1.4亿亩以上。东北地区实施大豆玉米轮作，调减玉米面积，扩大大豆面积。主攻单产，改良品种，发展高油、高蛋白大豆生产，满足不同用途对大豆质量的需求。

薯类：全国薯类面积稳定在1.6亿亩左右。重点是开发加工型品种，推广种苗脱毒技术，提高单产和品质。

其他粮食作物：东北、西北、华北地区积极发展传统名特优杂粮、杂豆生产，建立特种杂粮、杂豆商品生产、加工基地，形成区域特色产业。

经济作物结构调整重点的具体目标如下：

棉花：全国棉花面积控制在5000万亩左右。在区域布局上，新疆要稳定高产棉区，退出风险和重病棉区，压缩低产低效棉区。调减长江流域棉区面积，压缩黄河流域棉区面积。重点优化区域内棉田结构，稳定集中连片的高产棉田，调减低产分散棉田，淘汰夏播棉生产，推广合理的间作套种技术，开发高效棉田。采取切实可行的措施，提高棉花质量，适应棉纺工业发展需要。

油料：稳定发展，提高品质，增加总产量，逐步减少油料和食用油的进口数量。扩大长江流域油菜籽面积，稳定黄淮花生面积，适当增加西北、内蒙古油葵面积。重点抓好长江流域"双低"油菜带建设，积极扩大"双低"油菜比重。加强油菜籽综合利用开发，促进产业化经营，提高综合经济效益。

糖料：优化布局，控制总量。全国糖料面积稳定在2600万亩左右。在区域布局上，适应糖厂布局的调整，压缩零星分散、低产地区糖料面积，促进优势地区的规模集中发展，25度坡以上的蔗地要退耕还林，严禁毁林种蔗。大力推广高产高糖优质品种，努力增加效益。随着国家大力压缩糖精生产能力措施的落实，根据食糖需求量的增加，扩大优势产区的糖料生产。

麻类：适应麻纺工业发展，稳步扩大麻类面积，优化区域布局，稳定高产麻区，开发高效麻园，淘汰低产分散麻区，逐步实现规模种植；积极推广优良品种，开发新用途，提高单产、质量和效益。

园艺类作物结构调整重点的具体目标如下：

蔬菜：调整布局，优化结构，丰富品种，提高质量。全国蔬菜播种面积要稳定在2亿亩左右，控制露地菜面积，扩大设施栽培和反季节蔬菜面积。巩固提高南菜北运、西菜东调、黄淮早春菜、冀鲁豫秋菜和京北秋淡季菜商品基地。重点增加花色品种，大力发展无公害蔬菜和食用菌生产，提高蔬菜质量，增强国内市场均衡供应能力。城市郊区的菜地要提高设施化栽培的水平，增强抵御自然灾害的快速反应能力；农区蔬菜要优化品种布局，提高规模化、专业化、集约化的生产能力；沿海地区要瞄准港、澳、台地区和国际市场，发挥区位、经济、技术和劳动力资源优势，积极开拓国际蔬菜市场。

水果：调整布局，更新品种，提高鲜食果品质量和加工型水果比重。全国水果面积控制在1.3亿亩左右，适当调减苹果、柑橘、梨的种植面积，严格限制非适宜区葡萄酿酒的发展，逐步淘汰非适宜区和老劣品种水果，集中发展区域性名特优新水果生产。苹果、柑橘、梨与其他水果的产量比调整为60:40，鲜食与加工型水果比例调整为70:30，优质果率提高到50%。苹果要稳定西北黄土高原产区，调减和改造渤海湾和黄河故道的老劣果园，适当提高早熟和中熟品种比重，集中发展有一定酸度的加工型品种；柑橘要发展橙类，稳定柚类，调减宽皮柑橘，橙类比重提高到40%；梨要对现有品种进行改良；广东、广西、福建省区要控制荔枝、龙眼面积的盲目扩大；新疆等地区要发挥特有的气候优势，发展特种优质果品。以苹果、柑橘、梨为重点，组织实施果树

"高接换种"计划，调整树种和品种结构，提高果品质量和加工型水果比例。长江、黄河上中游地区，要结合退耕还林、还果，集中发展优质水果生产。

茶叶：全国茶园面积稳定在1600万亩，淘汰低产老茶园，发展无性系良种茶园，无性系良种茶园比重提高到25％以上。要立足国内，积极开拓国际市场，积极发展名优茶生产，促进名优茶生产上规模、上档次。要高度重视茶叶的农药残留问题，严禁在茶园中使用三氯杀螨醇和青戊菊酯等高毒、高残留农药，推广生物防治技术，组织开发无公害茶生产。

蚕茧：全国桑园面积稳定在1200万亩，严格控制发种量，提高蚕种质量，调整养蚕布局。要引导蚕农在保持现有桑园面积的基础上，加强桑园管理，努力提高单产和质量。积极扶持生产管理水平高、蚕种质量好的重点蚕种场的建设，淘汰蚕种质量低劣、微粒子病发生严重的蚕种场；压缩夏、早秋蚕茧的饲养量，稳定春蚕及中秋蚕的比例。

花卉：以国内外市场需求为导向，适当扩大花卉面积，增加品种，提高质量，形成专业化、规模化、产业化的发展格局，增强出口创汇能力。以大中城市郊区为主发展切花生产，提高中高档切花的比重；以传统产区为主发展商品盆景，增加有艺术造型的中小型盆景的比例；其他地区重视发展适宜千家万户消费的各类盆花和观叶植物。

7.1.3 种植业结构调整的政策措施

调整和优化种植业生产结构，是一项涉及面广、工作量大的系统工程，也是农业和农村经济工作中一项长期的、艰巨的任务。要进一步解放思想，转变观念，抓住机遇，迎接挑战，统筹规划，突出重点，积极稳妥地推进当前种植业生产结构的调整。

(1) 深入调查研究，科学制定调整规划。要适应农业发展新阶段的要求，及时把工作重心转移到调整种植业生产结构上来，组织力量，深入开展调查研究，搞好农产品品质区划，统筹考虑本地自然、经济、区位和技术等比较优势，科学分析国内外市场需求，确定区域性特别是区域内结构调整的优势产品、主导产业和市场定位，制定具有区域特色的结构调整规划和具体实施方案，提出操作性强、切实可行的推进措施。

(2) 创新农业技术，提高结构调整的科技含量。调整和优化种植业生产结构，要依靠科技进步和技术创新。要大力组织实施科教兴农战略，深化农业科研体制改革，加速科技成果的转化，用现代农业技术改造以高产为中心的传统农业技术，创建以经济效益为中心，经济效益、社会效益和生态效益相统一的现代农业新体系。进一步加快"种子工程"建设步伐，调整"丰收计划"实施重点，大力推广新品种、新技术和新工艺，努力提高种植业结构调整的科技含量。

具体讲，一是要加强优质良种的选育、引进和推广。以优质、专用为目标，兼顾产量和抗性指标，集中力量引进、选育、审定一批优质农作物品种。通过农作物品种区域、品质试验，分地区、分作物确定主推品种。加快种子（种苗）繁育基地建设，组织优质种子（种苗）提纯、扩繁，满足结构调整对种子的需求。特别需要注意的是，各地在引种过程中，一定要坚持试验、示范、推广的原则，防止盲目引种。农业部门要加强与农产品收购和加工企业联系，定期发布淘汰劣质品种、重点推广优质品种的名录，引导农民调整品种结构。二是要推广农产品优质配套技术。大力推广优质早稻、优质春小麦、专用小麦、"双低"油菜、高糖高产糖料等新品种（组合）及配套优质高产高效栽培技术，甘薯、马铃薯种苗脱毒及配套栽培技术，以及果树无病毒苗木、高接换种、果实套袋和无公害蔬菜等优质栽培技术。改革耕作制度，推广增收增效的间作套种复种技术。三是要推广节本增效技术。重点推广种子精选包衣、精量半精量播种、旱作节水、旱育抛秧、测土配方施肥、秸秆覆盖和秸秆还田、病虫害综合防治等实用技术，节约生产成本，提高种、水、肥、药利用率。组织实施"植保工程"，加强病虫害预测预报，随着结构调整和耕作制度的改革，及时试验示范推广新病虫害的防治技术。四是要开发农产品贮运、加工、包装技术。加强农产品加工中试验基地建设，研究开发优质配制米、早稻饲料配方及加工工艺，"双低"油菜籽综合利用加工技术，蔬菜、水果、花卉等鲜活农产品保鲜、运输、包装技术。

（3）制订标准，加强种植业标准化建设。参照国际农产品质量标准，结合我国实际情况，尽快制订和修订主要农产品质量标准，以及配套完善优质农产品生产技术规程。建立和完善国家、行业、地方农产品质量监督检测体系，研究推广快速、准确、经济的检测方法，确保优质优价政策落到实处。各地也要结合本地实际情况，制订和修订地方标准，特别是名特优新农产品质量标准和生产技术规范，加快农业标准化建设步伐。在制订和执行农产品质量标准时，要高度重视农产品卫生安全问题，制订卫生标准，加强食品卫生安全质量的监控力度，突出抓好无公害蔬菜、水果、茶叶生产，下大力气解决部分农产品农药残留超标问题，确保出口和内销农产品的卫生安全。

（4）建立信息体系，强化信息引导工作。各地要积极筹集资金，尽快建立省、市、县农业部门之间的计算机网络联系，逐步形成现代化的信息收集、加工、传播体系。同时，要进一步拓宽信息渠道，加强信息预测分析工作，广泛应用报纸、电视、广播、计算机网络等信息传播媒体，发布政策、市场、价格、新品种和新技术等信息，引导农民根据国家产业政策和市场信息调整种植结构。特别是要加强县级农业信息体系建设，有条件的地区要开通农业信息电话咨询台和有线电视服务台，建立县农业部门与农户之间的信息网络。

（5）调整投资重点，加强优质农产品基地建设。农业投资要适应结构调整的需要，有利于提高农产品优质率，增加农民收入，提高经济效益。要及时调整农产品商品基地建设、农业综合开发和"种子工程"等项目的投资方向、建设内容，在增强农业综合生产能力的同时，重点增加农产品市场体系、信息体系、良种繁育体系、质量检测体系、农技推广服务体系建设的投资份额，突出抓好优质粮食、优质棉花、"双低"油菜和集中的糖料等商品基地建设，并充分发挥这些基地在结构调整中的示范作用。

（6）搞好产销衔接，促进农业产业化发展。各地在指导种植业生产结构调整中，要突出抓好产销衔接工作。特别是各级农业技术推广部门，要积极参与结构调整，做好产前供种、产中技术指导、产后运销、加工等配套服务，帮助农民开拓农产品市场，减轻和化解结构调整的风险。大型农业产业化龙头企业、饲料企业和国家粮棉油糖基地县，要按照国家有关政策，积极组织粮食、棉花、油料、糖料的产业化经营。进一步加强农产品市场体系建设，特别是产地市场建设，鼓励引导扶持专业协作组织、区域经济合作组织和龙头企业的发展，充分发挥市场中介组织的桥梁和纽带作用，提高农民组织化程度，积极发展"订单农业"，稳步推进农业产业化经营。

7.1.4 热带作物结构调整问题

我国热带、南亚热带地区主要分布在海南省和广东、广西、云南、福建、湖南及四川、贵州等地，总面积48万平方公里，约占国土面积的5％。该区光热水资源十分丰富，是热带作物产业发展的宝贵资源。充分利用热带地区的资源，发展热带作物产业，对于推动我国农业可持续发展具有重要意义。

（1）热带作物结构调整的重点方向。热带作物产业结构调整，首先要依托区域资源优势，发展优势产业。一是要培植和发展一批"人无我有、人有我早、人早我优、人优我精"的优势产业；二是要调整和优化区域内作物结构，发展不同类型的专业化生产区和区域性产业带，提高热带作物产业的商品化、专业化和集约化水平；三是实施一乡（场）一品战略，从资源配置的实际出发，集中开发具有区域特色的主导产品和支柱产业，促进区域经济健康发展。其次是要优化品种结构，提高产品质量。要加快淘汰劣质、低产品种，努力扩大名优、市场竞争力强的品种的比重，调整、提高、优化传统一般性品种，从根本上改变过去长期存在的片面追求数量的增长方式；以效益为核心，重点提高产业内涵发展水平，实现数量、质量均衡增长；强化精品意识，实施精品战略，有计划地完善热作产品质量标准，并向国际接轨，提高热作产品的整体质量水平和市场竞争力。再次是要保护生态环境，实现可持续发展。调整优化热作产业结构，要有利于提高热作综合生产能力，促进生态环境的保护和热作资源的可持续利用，实现经济、社会、生态、效益的有机统一。一方面要充分利用荒山荒坡和河谷滩地资源成本种植热带作物，绿化荒山荒坡，防止水土流失，改善生态环境；另一方面，要改进灌溉、施肥、喷药、地膜覆盖方式和技术，控制和减轻化肥、农药、农膜等对耕地和水资源的污染，发展有机热带作物，生产无公害食品，促进热带地区可持续发展。

（2）热带作物结构调整重点的具体目标。热带作物结构调整的重点，天然橡胶：坚持"保护扶持、巩固提高、适当发展"的方针，扬长避短，发挥优势，适度规模经营，进一步调整优化橡胶生产布局。根据各植胶区的不同特点，合理调整优化布局。海南中西部，云南西双版纳，广东粤西局部等风寒害较轻的橡胶宜植区，重点是稳定面积，积极推广新良种，加快老胶园更新改造，巩固提高，适当发展；其他次橡胶宜植区，根据局部气候环境，有选择地稳定一定面积，调减部分面积；福建、广西、粤东等风寒害严重的植胶区，逐步淘汰现有植胶面积，改种其他高效热作物。要通过加强管理，依靠科技，提高单产，增加总产，提高质量。逐步调整优化橡胶初加工布局，加快其产业升级。要打破场与场，国有与民营的界限，将目前规模小而分散的产品初加工改为集中加工，并推进橡胶的产业化经营。通过引进和推广先进科技，逐步改造落后的工艺流程，提高加工技术，扩大加工规模，提高橡胶产品的一致性能和质量，优化产品结构，生产适销对路、市场急需的各种专用天然橡胶产品。增强橡胶产品的市场竞争力，切实降低生产成本，增加经济效益。

特色热带作物：①剑麻。重点是加快更新改造老麻园，适当扩大剑麻的种植面积，加强管理，依靠科技，提高单产，增加总产。进一步引进消化吸收新技术，加快剑麻加工设备改造，提高产品质量，不断开发新产品，拓宽剑麻使用领域，扩大出口，使产品外销率达到60%以上，提高剑麻效益和产业化经营水平。②咖啡。巩固现有咖啡种植基地，以云南为重点适当发展。重点是引进、培育、推广优良品种，加强管理，提高单产，采用湿法加工技术，提高咖啡加工工艺水平，积极开发新产品，增强产品的市场竞争能力。③胡椒。以海南为重点适当扩大胡椒种植面积。重点是依靠科技进步，提高单产，降低生产成本，使其成为热区的创汇型产业。④椰子。以海南为重点，充分发挥海南东部沿海海滨地区位优势，扩大椰子种植面积。要充分利用海防林、公路林和海滩涂，发展示范椰林和观光旅游产业，形成连片椰子带。重点是培育和引进优良品种，提高综合利用水平。⑤坚果。根据市场需求稳步发展澳洲坚果，适当发展腰果。澳洲坚果以云南为发展重点，腰果以海南为发展重点。重点是积极引进、消化、吸收国外良种和先进种植加工技术，提高加工利用水平和增加产品附加值。

热带园艺作物：①热带水果。稳定大宗热带水果面积，稳步发展名特新稀水果面积。要把充分体现热区特色和竞争力强的品种作为调整的主要目标。广东、海南、广西、云南、福建、四川、贵州、湖南八省（区）热区现有热带水果基地重点是优化果树品种结构，提高优质产品比重，分期分批改造（主要是高接换种）劣质低产果树，同时加速引进国外和中国台湾地区的优质热带水果良种。要巩固、提高传统优势果种，适当扩大淡季、时令水果的比例，早、中、晚熟品种搭配比例调整为3∶5∶2，鲜销品种与加工品种比例调整到6∶4，使早中晚熟、加工型、鲜食型等多样化品种搭配合理。菠萝、杧果、香蕉等水果要根据不同的品种和类型合理布局，提高种植管理水平和品质；荔枝、龙眼要在优化品种结构基础上，大力发展早、晚熟品种，控制中熟品种；要稳步发展阳桃；对新世纪番石榴、番荔枝、红毛丹、山竹子、番木瓜、火龙果、波罗蜜、莲雾等名特优稀水果，要加强优良品种的引进、培育和推广，严格遵照市场规律，有步骤地、渐进式地发展；要采用先进栽培技术，引进先进科技，规范采摘、包装、贮运、保鲜措施，努力提高品质、外观质量和产品档次，提高加工利用和产后处理技术水平，适应和推动市场需求。②反季瓜菜。热区光热资源得天独厚，是我国的天然大温室。积极发展反季节瓜菜，是热区的一大优势。重点是要充分利用季节差别优势，根据市场需求，调整优化种植和品种结构，大力发展食用菌、野生菜等的生产；大力发展名优稀品种，创品牌，丰富市场供应。③热带花卉。花卉产业是 21 世纪极具潜力的产业。热带花卉由于所处的地理环境具有全国其他地区不可比拟的优势，如兰花、水仙花、观叶植物、鲜切花以及草坪等，热区各省区应做好规划、统筹安排、适度发展。重点是引进良种，开拓市场，扶持一批花卉龙头企业，促进热带花卉产业化经营，提高其专业化、规模化、标准化、优质化、高品位水平。

其他热带经济作物：①蔗、茶、木薯。热区的甘蔗、茶叶、木薯等大宗热作品种，要根据国家的统一规划进行调整，发挥地区优势条件，因地制宜发展市场需求量大、适销对路产品。甘蔗大力推广高产高糖优质品种，增加效益；茶叶重点发展名优茶生产，上档次、上规模；木薯稳定现有面积，重点是推广良种和提高综合利用水平。②其他品种。香料、南药、热带牧草、野生资源、热带休闲观光农业品种及其他商品化生产规模较小、开发潜力很大的热作品种，要根据需求，采用高科技手段，有步骤地加大开发利用。特别要充分发挥热区资源优势，加快热带牧草的开发利用和发展速度，为发展热区畜牧业奠定基础。

（3）实现热带作物结构调整目标的措施。一是实施热作精品战略，切实提高热作产品市场竞争力。要加大优良品种的培育、引进力度，加速低产质差品种改造，实现品种结构优化调整。为搞好热作优良品种的培育、引进以及消化、吸收工作，计划建立若干国家级的良种引进繁育示范推广中心，与热区各省（区）建立的省级无毒苗圃、优良品种标本库和良种繁育推广中心，形成配套的良种繁育推广网络，并采取措施，尽快使优良品种投入生产，发挥效益。对一些生产周期长、品质差的品种，可有计划、分批进行高接换种，防止盲目扩大面积和更新换种，以免造成人力、物力、财力的浪费。加强优质热作产品商品基地建设。要根据市场需要，实行区域开发，规模经营，增加科技含量，促进热作产业化的发展。要大力发展热作产品精深加工业，解决好热作产品包装、保鲜、贮运的难题，增加产品附加值。对现有加工企业要加快技术改造，采用高新技术和先进工艺，提高加工能力和产品档次，适应新的消费需求。采取积极有效的措施促进热作精品标准化。以农业部认定的各类热作产品质量监督检验测试中心为重点，完善热作产品质量标准体系与质量监督体系建设，增加检测设备，提高检测手段，加快热作相关产品的标准与国际接轨速度，大幅度提高热作产品精品化、标准化的比重。

二是坚持科技兴热作产业，大力开展技术创新。加快热作发展中关键技术的创新和推广应用。发挥中国热带农业科学院、华南热带农业大学等科研院校所的科技先导作用，在充分消化吸收现有科技成果的基础上，对热作重大科研和推广项目，实行农科教协作攻关，特别要在选育新品种、现代热作规范栽培实用技术和产品加工、保鲜、贮运技术等领域里，集中力量，尽快实现新的突破。要进一步重视热区各类人才的培养和教育，充分发挥各级各类农业院校和科研单位的作用，大力开展热作生产、管理及科技培训，努力提高管理人员，特别是农技人员和劳动生产人员的综合素质；开展职业技能鉴定工作，逐步实行热区劳动职业技能持证上岗制度，规范热作生产劳动力市场；鼓励农业科技人员深入生产第一线，带动农业劳动者运用先进的管理方式和科学技术进行生产。

　　三是加强市场流通体系建设，引导热区农民、农场职工参与市场竞争。要加强热作产品产地和集散地的市场流通体系建设。在对现有热作产品市场进行改造、完善的基础上，建设一批国家级和省级的高标准、功能全、方便快捷的农产品大型批发市场，使热作产品市场逐步向规范化、有序化方向发展。要积极培育代理商、批发商等中介组织，改进交易方式，推行公平、公开的市场竞争，鼓励发展"订单农业""庄园农业"；要发展商品基地与连锁经营、特许经营、配送中心等相结合的新型流通方式，拓宽热作产品流通渠道；对关系国计民生的天然橡胶等产品争取建立必要的储备调控制度，创办行业自律组织；要加强热作产品销售合同管理和政策规范，确保生产者的利益不受损害。在有条件的地区或农场，鼓励采用股份合作经济或其他有利于热作生产发展的经济合作方式，引导农民、农场职工、热作企业参与市场竞争，最大限度地保护他们的切身利益，确保热作生产稳步、协调、健康发展。

　　四是加速推进热作产业化经营。调整热作产业结构，要与推进热作产业化经营结合进行。在调整优化热作产业结构过程中，要走贸工农一体化的路子，延伸热作种植业的产业链条，形成生产、加工、销售各个环节有机结合的利益共同体，促进热作种植业向基地化、专业化、商品化、现代化转变。推进热作产业化，一方面通过对初级热作产品的加工、运销提高附加值，带动和支持热作种植业的发展；另一方面，有了稳定的加工、运输和销售，可减轻热作种植业的市场风险。推进热作产业化，要按照"公司＋基地＋农户"的模式，扶持和发展一批龙头企业，但要防止一哄而起和低水平的重复建设。尽可能在较大范围内进行统一规划，合理布局；加工龙头企业要在市场发育中形成；按市场需求确定生产规模，将产品销售建立在市场基础上；大力提高龙头企业的科技含量和产品质量，搞精深加工；鼓励龙头企业跨地区、跨行业实现联合，组建具有较大规模的企业集团，实现生产要素的优化组合。

五是强化社会化信息服务体系建设。在热作产业结构调整过程中，热区各级行业主管部门要增强农业社会化服务意识，建立热作生产的产前、产中、产后服务体系，强化信息服务，拓宽信息渠道，汇集生产技术、科学知识、国内外市场行情等，及时准确地为热作生产提供品种、资金、生产机械、销售、病虫害防治等信息，让从事热作产销的科技人员能够审时度势，研究对策，及时调整产品结构，拟定研究开发方向，使热作产业朝着高效化、现代化、高附加值方向发展。

六是建立健全热作开发管理机制，注入热区开发新的活力。要把热区开发推向更高层次，实现更大效益，要进一步理顺和完善行业管理机制，充分发挥各级热作行业管理部门的作用，形成既能适应市场经济体制又能促进行业发展的管理机制；在经营机制上，要把股份合作制引入热区资源开发、商品基地建设及一体化经营中，通过多种形式的入股参股，提高资源利用率和转化率；在投入机制上，要实行多渠道筹资，按照事权划分的原则，各级政府要加大对调整热作产业结构的投入力度，对于能带动热区资源开发的重点项目，包括农田水利基础设施、种苗基地、优质产品示范基地、产品加工和市场流通方面以及加强社会化服务体系建设的项目，应优先予以扶持；鼓励包括个人、集体、企业及外资、港澳台资等投资开发热区，形成多元投资体制。

7.2 提高种植业产品质量

提高农产品质量，要在确保农产品总量供求基本平衡的前提下，以标准化为手段，通过调整产业结构、产品结构和区域布局，大力发展优质高效农业；依靠科技进步，全面提高种植业、养殖业、加工业各环节的科技含量；努力创建名牌产品，搞好产销衔接，推进优质农产品生产的产业化经营；重点解决卖难产品、出口产品、进口替代产品以及鲜活产品的质量问题，提高市场竞争力，满足国内外市场需求；以市场为导向，强化宏观引导和调控，加大农产品质量建设力度，争取用5年左右的时间使主要农产品的质量有一个明显的改观，用10年左右的时间使农产品质量有一个大的提高，并接近国外同类产品的质量水平。

7.2.1 种植业产品质量发展目标

建立并完善相应的法规和质量标准体系，全面开展农产品的质量、安全、卫生监督监测工作，初步控制农产品生产环境污染，保障农产品及其加工产品的质量 2/3 以上达到国家或行业标准要求，安全卫生指标全部达到国家标准要求，初步形成一批有一定市场竞争力的名牌农产品。到 2010 年，建立完善的农产品质量标准体系，对农产品生产的产前、产中和产后各个环节实施全面的质量管理和质量监督监测。农业生产环境的污染状况明显改善。90%以上的初级农产品及加工产品质量达到国家标准或行业标准要求，出口农产品达到贸易国和国际标准要求；形成一大批在国内外市场中有竞争力的名牌农产品。

主要农产品的发展目标，稻谷：到 2010 年，早稻优等品率达到 70%，饲料稻和加工专用稻分别达到 4000 万亩和 1000 万亩。小麦：到 2010 年，全国优质小麦面积达到 1 亿亩，产量达到 300 亿公斤。其中专用小麦面积 3000 万亩，产量达到 90 亿公斤，其中黄淮海地区产量达到 60 亿公斤。大豆：到 2010 年，专用高蛋白大豆、高油大豆产量分别占总产量的 40%。玉米：到 2010 年，专用和加工用玉米产量占总产量的 50%，东北地区的玉米含水量全部降到安全线以下。棉花：到 2010 年，优等品率达到 85%。油菜：到 2010 年，基本普及"双低"油菜品种。水果：到 2010 年，优等品率达到 60%，加工型水果与鲜食型水果比例达到 3:7。蔬菜：到 2010 年，优等品率达到 70%以上，蔬菜的有毒有害物质全部降到国家安全标准以下。茶叶：到 2010 年，名优茶产量占茶叶总产量的 60%以上，产品质量全部达到国家标准要求。花卉：到 2010 年，90%的花卉产品质量达到国家标准或行业标准要求。绿色食品：到 2010 年，绿色食品产量占全国主要食物生产总量的 4%左右，绿色食品原料类产品的比例占到全国农产品总量的 3%。热作产品：到 2010 年，天然橡胶、剑麻产品优等品率达到 80%，其他热作产品优等品率达到 60%以上，热作特色产品的产量增加 30%。

7.2.2 种植业产品质量建设的重点和总体布局

对粮食作物，重点是提高稻、麦、玉米、大豆等 4 大作物的品种质量。①稻谷。主攻南方早稻优质品种的选育和配套栽培技术的推广，加快优质食用稻、饲料稻、加工专用稻的开发。②麦类。重点在黄淮海地区加快优质专用小麦生产开发，在东北地区加快优质春小麦规模化种植，在西北黄土高原地区发展优质啤酒大麦。③大豆。在东北地区发展高蛋白、高含油的优质大豆。④玉米。重点是提高东北地区玉米品质，降低东北地区玉米水分；适当发展南方玉米；大力发展优质蛋白、高淀粉、高油等加工专用玉米。⑤其他。积极开发杂粮杂豆出口创汇产品。

对经济作物，重点是提高油菜、水果、蔬菜和花卉的质量，进一步改进棉花、茶叶、糖料、烤烟、蚕茧、麻类等的品质。①油菜。大力发展"双低"油菜，建设长江流域"双低"油菜带。②水果。通过"高接换种"，主攻南方柑橘、北方苹果、梨的优质鲜食品种和加工品种的开发，鼓励发展名特优新品种，调整鲜食型水果和加工型水果的比例，增加加工专用品种。③蔬菜。大力发展无公害蔬菜、名特优蔬菜和净菜上市，确保蔬菜生产安全高效，布局上逐步由近郊区向远郊区、外埠发展。④花卉。大力发展各种优质切花、盆花、盆景、观叶及绿色覆盖植物等，积极引进和开发新品种，提高花卉的栽培、保鲜技术水平，尽快形成产业规模和区域化种植格局。

对绿色食品，重点是以高科技为先导，以市场为依托，大力发展粮油、蔬菜、水果、畜产品、水产品等各类绿色食品，大力推广绿色食品标志，积极开拓国内外市场，为解决农产品日益严重的污染寻求可供借鉴的途径。

对热作产品，重点是以发展效益型、外向型、生态型、规模化、多样化热作产业为基本目标，调整优化天然橡胶种植布局，巩固天然橡胶基地，提高天然橡胶生产水平。调整天然橡胶加工布局，提高加工工艺水平，变分散加工为集中加工，提高产品质量，生产适销对路的专用天然胶、乳胶产品，满足化工、国防工业等不同需要。大力发展其他特色热带作物，如名特优新热带亚热带水果、香料、坚果、椰子、剑麻、咖啡、胡椒、花卉、橄榄、南药等。

7.2.3 种植业产品质量建设的重点项目

一是加强良种繁育体系建设。加快实施种子工程和养殖业良种工程。重点抓好果树无病毒良种苗木繁育体系建设，优质小麦、水稻、玉米、棉花、油菜、瓜菜等良种生产繁育基地建设，薯类良种脱毒快繁中心、花卉良种繁育中心、省级食用菌菌种中心和热作良种苗木基地等方面建设。加强水产原良种体系建设。

二是建立优质农产品标准化生产示范基地建设。以农业质量标准为技术依托，组织发展优质农产品生产。重点建设专用小麦、优质早稻及饲料稻、专用玉米、优质大豆、双低油菜、优质水果、蔬菜、名优茶、花卉、热作产品、绿色食品等标准化生产基地。

三是建立质量监测体系建设。主要改造和完善现有部级以上质量检测中心，充实检测仪器设备，同时根据提高农产品质量工作的需要，新建和调整优化一批农产品及农业生产资料部级质量检测中心。部级检测中心到2010年增加到300个左右。同时积极支持省、地、县农业质量检测体系建设。

四是提高农产品质量的配套性建设。重点是按照农业产业化发展模式，建设一批能够带动农村经济发展，促进产业结构升级的农产品加工、储藏、保鲜、科研培训、流通设施、生产资料等骨干项目。

7.2.4　实现种植业产品质量目标的措施

一是依靠科技进步提高农产品质量。提高农产品质量的关键在科技。一是要加强基础研究和科技攻关。主要是选育一批种植业、养殖业的优质品种，对于关键性的种植技术、养殖技术和加工保鲜技术等进行技术攻关，提高优质农产品的技术开发能力。二是加强现有技术的组装配套，加大示范、推广的力度。一方面要改良和提高现有的种、养、加技术，提高农业先进实用技术的覆盖率，另一方面要对技术进行组装配套，发挥农业科技的综合效率。三是积极引进国外优良品种和种养加先进技术，缩小与发达国家农业技术和农产品质量水平之间的差距。四是重视农技队伍、质检队伍的建设，加强对农民的技术培训，提高农民素质。

二是建立多渠道投入机制，切实增加农产品质量建设的资金投入。坚持国家、地方、集体、个人一起上，多渠道、多层次、多方位筹集建设资金。在增加国家投入的基础上，明确国家投入的重点和分工，积极引导企业和农民对名优农产品生产、开发的投入，形成以国家投入为引导，以地方、企业和农民投入为主体的投资机制。国家财政资金主要用于质量标准、技术法规的制定、基础研究与开发、先进实用技术的推广、优良品种和技术引进、技术人员以及农民的培训等方面。国家基建投资主要用于良种体系建设、优质农产品标准化生产示范基地、示范园区建设和农业质量监测体系等基础设施建设，以及与提高农产品质量相关的部分专用配套设施建设。鼓励银行贷款投向质量有保证、产品有市场、效益较好的经营性生产加工项目，国家根据需要给予一定的贴息扶持。企业和农民投资则主要用于名优产品的生产、开发和市场营销等方面。

三是调整优化生产结构，大力实施名牌发展战略。按照市场对优质农产品的需要，发挥区域资源和技术优势，科学地调整种植业区域布局和品种结构，提高加工产品的质量档次，充分挖掘现有的生产潜力，扩大优质品种、优质产品的种植规模和加工能力，减少质量档次较低的农产品生产，逐步形成适应市场需要的、合理的区域性种植制度、结构和加工能力，促进现有生产结构的优化。加强粮、棉、油、糖等优质农产品标准化商品生产基地建设，按照产业化经营方式，建设一批现代化的优质农产品示范园区、标准化生产示范区，培育一批名牌农产品和有注册商标的农产品，全面推动整个农产品质量水平的提高。

四是完善农产品质量标准体系，依法实施规范化管理。用技术标准规范农产品生产，是提高农产品质量的一条有效措施。要全方位强化农产品的质量意识和标准意识，加快农产品及相关的农业生产资料产品质量标准的制定和修订，按照国际标准、国家标准和行业标准，分别制订出口农产品、大宗农产品和专用农产品的质量标准，尽快建立起与国际接轨的农产品质量标准体系，并逐步纳入法制化管理轨道。建立健全农产品质量监测与管理体系，加强质量监测的设施、设备和检测手段建设，加强质量监测及管理人员队伍建设，建立和完善必要的规章制度，保证质量监督、检验、测试等工作依法开展，加强对农产品质量的规范化管理。积极开展农产品质量认证和原产地命名的注册保护工作，建立权威的质量认证机构，依法加大对农产品及农业生产资料质量监督管理的执法力度。

五是完善政策措施，建立激励机制。深化农产品购销体制改革，加快实施农产品优质优价政策，创造名牌产品发展和壮大的环境。加强优质农产品商标注册工作，制定扶持政策，鼓励创建名牌农产品、名优农业生产企业。严格查处假冒伪劣农产品的生产和销售，保护名优农业生产企业和名牌农产品生产者的权益。建立健全优质、名牌农产品认证体系，统一标识，规范管理，提高名牌产品的知名度和竞争力，不断开拓国内国际市场。对于当前消费取向明显、市场前景广阔、符合农业可持续发展方向的绿色食品生产，应给以必要的保护和扶持。

六是加强农业生态环境建设，增强农业质量意识。坚持农业可持续发展战略，提高农业生态环境和质量意识，大力发展生态农业。加强生产环境的动态监测，加大污染治理和保护措施，逐步将农业生产置于良好的环境之中。重视肥料、农药、农膜等农用化学物质的合理使用，提高农药等产品的质量和安全性能，减少农产品中有害物质的残留和污染。改进农产品的加工工艺，提高加工产品的卫生质量和包装档次。加强流通组织和设施建设，提高流通环节的质量意识和质量管理，逐步改进千家万户式、集贸市场式的初级流通形式。利用各种传媒加大质量工作的宣传力度，提高农业质量意识。

7.3 发展小杂粮生产

我国在世界上素有"杂粮王国"之称，具有发展杂粮的良好条件，农民也有着悠久的种植杂粮作物的传统。但近20多年来，各地对发展杂粮生产重视不够，杂粮作物播种面积和产量在粮食作物总播种面积和总产量中的比重不断下降，有的品种甚至播种面积和产量都绝对减少，杂粮生产潜力远远没有发挥出来。目前国际市场对杂粮的需求旺盛，杂粮出口潜力很大；随着生活水平提高后城乡居民食物消费结构的改变，杂粮的国内市场需求也在快速增加。发展杂粮对拉动农民增收的作用也十分明显。应该把发展杂粮作为农业结构调整的重要内容，采取措施大力发展杂粮生产，尽快使杂粮发展成我国农业的一个优势特色产业。

7.3.1 发展小杂粮生产的潜力和优势

我国大力发展小杂粮生产，具有多种潜力和优势。

一是资源潜力和优势。杂粮中的许多品种，如谷子、荞麦、莜麦、大麦、绿豆、红小豆等，生长期较短，耐干旱，耐贫瘠，且有固氮改良土壤效应，十分适宜于发展旱作农业。我国华北、西北地区，耕地资源比较丰富，气候干旱少雨，适合杂粮生长。在这些地区大力发展杂粮生产，可以充分利用自然资源，把自然劣势转化为生产优势。

二是市场潜力和优势。杂粮营养丰富，具有特殊保健功效，是我国食品工业、餐饮业中具有特殊风味的原料，被广泛用于食疗、制作保健食品和特色食品。如荞麦除含有常规营养元素外，还富含生物类黄酮、酚类、亚油酸、维生素及多种微量元素，具有"食药两用"功效，加工制作出的糖尿病食疗粉、胃病食疗粉、高血脂疗效粉、苦荞营养粉，以及荞麦方便面、方便饸饹等，深受消费者青睐。杂豆中的绿豆、芸豆、红小豆等，都是保健佳品，其中绿豆不仅富含铁和其他常规营养成分，而且含有人体必需的多种氨基酸、维生素和微量元素等，是一种高蛋白、低脂肪、多营养、益健康的食品原料，市场开发前景非常广阔。随着城乡居民收入和生活水平提高后食物消费结构的改变，对杂粮的需求会大量增加。对杂粮进行开发利用，具有极大的经济社会意义。

三是出口潜力和优势。杂粮不仅富含营养，而且由于主要生长在人口密度小、工业污染少、病虫害发生低、化肥农药用量少的地区，环保安全性较高，出口不会遇到太多的技术壁垒，在国际市场具有竞争优势。近年来，我国杂粮出口增加，荞麦已销往日本、韩国、欧盟等18个国家和地区，绿豆已销往各大洲49个国家和地区，红小豆也进入日本、韩国和东南亚等10多个国家和地区。从国际市场需求看，进一步扩大市场和增加出口的潜力还很大。在我国农业参与国际竞争过程中，杂粮将会扮演一个重要角色，发挥积极作用。

7.3.2 发展小杂粮生产的措施

应采取有效措施，充分利用好杂粮的竞争优势，促进杂粮生产加快发展，尽快把杂粮培育成我国农业的一个重要出口优势和特色产业。

一是在农业结构调整中突出杂粮经济战略。要把发展杂粮生产作为农业结构调整尤其是西部农业结构调整的一项重要内容，改变对杂粮是"杂、小、散"的补充粮种的传统看法，提升杂粮在农业中的地位，增加杂粮生产投入，扩大杂粮生产规模，提高杂粮生产水平。农业部门要做好杂粮生产发展规划，建立杂粮主产区，为各地发展杂粮生产提供科学指导。干旱、半干旱地区，尤其要充分发挥杂粮作物对自然条件的特殊适应性，把发展杂粮生产作为农业的一个主导产业，作为农民增收的一个重要渠道。

二是大力开发杂粮科技。由于过去不重视杂粮生产和技术开发，与杂粮生产相关的科技研发投入很少，杂粮科技十分薄弱，杂粮生产的科技水平明显落后。大力发展杂粮生产，必须要大力开发杂粮科技，通过技术进步改造传统杂粮产业，提升杂粮生产水平。国家科技管理部门应增加杂粮科技研发资金投入，增加杂粮科研立项，扶持杂粮科研和推广事业发展。农业科研和推广部门，应加强杂粮技术研究和推广工作，从品种改良、栽培管理、病虫害防治等多个方面提供杂粮生产的新技术和新方法，为农民种植杂粮提供良好技术服务。

三是改善杂粮生产条件。增加杂粮主产区农业基础设施建设投入，在节水灌溉、地膜覆盖、耐旱良种推广等方面，为农民发展杂粮生产创造良好条件。要把发展杂粮生产和旱作农业有机结合起来，引导、鼓励和支持农民采用新技术和新方法，改变传统的广种薄收的生产方式，提高杂粮生产的集约经营程度和经济效益。

四是大力发展杂粮加工业。从总体上看，我国杂粮至今还是以原粮购销为主，加工水平很低，这既不利于市场需求的很好满足，也不利于杂粮附加值的有效开发。进一步提升杂粮产业的竞争力，需要大力发展杂粮加工业。应把发展加工业作为大力发展杂粮经济的重要内容，通过发展加工和精深加工，开发杂粮新产品，延长杂粮的产业链，提高杂粮的附加值，进一步扩大市场需求，增加出口；增强国际竞争力。

五是完善杂粮营销网络。杂粮生产品种多、规模小，健全的市场营销体系更为重要。目前我国粮食批发市场多以大宗粮食为主，杂粮多是在集贸市场摆摊出售，这种营销方式不适应大力发展杂粮经济的需要。要重视杂粮市场营销体系建设，逐步在杂粮主产区或主销区建立大型杂粮专业批发市场，拓展杂粮营销渠道。建立和完善杂粮生产的市场服务体系，为农民提供国内外杂粮市场信息。建立杂粮出口协会，整合杂粮出口资源，提高杂粮出口运作水平。以加工或出口企业为"龙头"，发展杂粮产业化经营，提高农民进入市场的组织化程度。

7.4 搞好农作物秸秆综合利用

农作物秸秆综合利用是促进农业可持续发展的重要措施。我国每年可生产农作物秸秆6亿多吨。如全部用来燃烧，可折合约3亿吨标准煤的热值。如全部用作饲料，折算相当于1.5亿吨粮食。秸秆开发利用潜力巨大，发展前景十分广阔。

农作物秸秆综合利用，要按照"减量化、再利用、资源化"的原则，促进农业资源循环式利用，鼓励循环式生产，推动产业循环式组合，按照"资源—农产品—农业废弃物—再生资源"反馈式流程组织农业生产，实现资源利用最大化，从源头减少废物的产生。

要积极探索农作物秸秆综合利用的方式。如发展秸秆还田、秸秆饲料、秸秆沼气、秸秆燃气、秸秆食用菌、秸秆肥料、秸秆发电和秸秆建材等。

要建立鼓励和支持农作物秸秆综合利用的政策措施。研究制定利用秸秆发展循环经济的发展规划，明确发展目标、重点区域、重点项目和政策措施。建立健全秸秆综合利用的政策措施，研究提出农户秸秆综合利用补偿政策。加强农作物秸秆综合利用、秸秆循环经济配套技术的研究和开发。进一步总结利用秸秆发展循环经济的模式及特点，推广机械化秸秆还田技术以及秸秆气化、固化成型、发电、养畜技术。大力发展农村户用沼气和大中型畜禽养殖场沼气工程。

本章参考文献：

［1］农业部：《关于调整种植业结构的指导意见》。

第8章 畜牧业生产与农业可持续发展

畜牧业是利用畜禽的生理机能，通过饲养、繁殖，把饲料转化为人类需要的产品和役用家畜的生产部门，包括除水生动物以外的所有动物的饲养，即养畜业、养禽业、养蜂业、养兔业，以及其他一些具有重要经济用途的动物如熊猫、皮毛兽、金丝猴等的饲养，其中养畜业是畜牧业的主体。畜牧业是农业的一个重要组成部分，它和种植业一样，都是国民经济的基础。大力发展畜牧业，不仅是提高城乡居民生活水平的需要，也是推进农业可持续发展的需要。

8.1 调整和优化畜牧业结构

畜牧业结构合理与否，不仅关系到畜牧业发展的水平，而且关系到畜牧业发展的可持续性和整个农业发展的可持续性。调整和优化畜牧业结构，实现畜牧业结构的合理化，是农业可持续发展的要求。

8.1.1 我国畜牧业生产结构的差距

畜牧业是20世纪80年代以来我国农业中发展较快的部门。畜牧业的快速发展，不仅推动了城乡居民生活质量的提高，而且带动了农业生产结构的改善。但是，面对目前的市场需求及其变化，畜牧业仍然存在着诸多不适应。

我国的畜牧业生产总体上属于个体生产格局，农户饲养畜禽的饲料转化率、草地畜牧业的综合生产能力等都与发达国家差距较大，畜产品的加工水平尤为落后。就养牛业而言，我国养牛业的当家品种主要是以役用为主的通用型牛，肉牛的出栏率和产肉量、乳牛的产奶量和乳质均很低，而国外养牛业则主要是专用型牛品种，如肉用品种的夏洛莱牛、乳用品种的荷斯坦牛、乳肉兼用品种的西门达尔牛等，这些品种生长速度快，产肉、产乳量高，饲料转化率高。就乳品生产而言，牛奶在国外鲜食比例较高，一般达 $60\% \sim 70\%$，超高温灭菌乳的保质期长达6个月以上，并可保持牛奶的营养和风味，乳制品中以干酪、黄油、婴儿奶粉为主，仅干酪就有上千种之多；我国牛奶的鲜食率较低，牛奶加工与鲜食的比例约为 1∶1，乳制品中奶粉的比例高达 80%，且品质不高，难以与进口品种抗衡。另外，我国畜牧业发展的科技水平、饲料报酬率、产品质量、环保水平等，都还有较大差距。

8.1.2 畜牧业结构调整的重点方向

畜牧业结构调整，要适应市场需求，大力调整畜牧业品种结构。加强生猪品种改良，优化猪群结构，大力发展适应市场需求的优良品种；大力发展肉牛生产，积极发展城市郊区奶牛业，加快发展乳品生产和加工；保持羊的适度发展规模，加快肉用羊的品种改良，大力发展优质细毛羊生产，稳定绒山羊数量，改进羊绒品质；加快优质肉鸡和水禽生产发展。

畜牧业结构调整，还要发挥地区优势，优化区域布局结构。粮食主产区，要通过发展畜牧业，把粮食主产区同时建成畜产品主产区；东部地区和大城市郊区，要大力发展规模化生产，推进畜牧业的集约化、产业化经营，加快实现畜牧业的现代化；中西部地区要实现养殖方式的突破，努力降低生产成本，提高生产效率和经济效益；草原牧区要加强草场改良，建立优质饲草基地，提高单位面积载畜量，努力恢复草原植被，改善草原生态环境。

畜牧业结构调整，还应加强疫病防治和饲料监测体系建设，加大行政执法力度，确保畜禽产品的质量和卫生安全，在有条件的地方，采取严格的隔离措施，建立无规定疫病畜产品出口基地，努力扩大畜产品出口。

畜牧业结构调整，也要重视饲料业的发展。应大力发展饲料产业，优先发展饲料添加剂，提高配合饲料入户率。

8.1.3 畜牧业结构调整的具体目标

一是稳定发展生猪生产。我国是养猪大国，猪肉产量占世界总产量的 45% 左右，猪肉的人均占有量已超过世界平均水平。猪肉既是我国肉类生产的主体，在肉类总产量中的比重占到 2/3 左右，也是城乡居民肉食消费的主体。稳定生猪生产，是关系到农民增收、猪肉市场供应和社会稳定的大事。生猪生产的发展，应当稳定数量，提高质量，扩大加工，提高效益。要加快品种改良，优化猪群结构，增加"三元杂交"和配套系瘦肉型猪的生产比重，提高猪肉质量，提高"三元杂交"猪出栏比重。我国生猪产销区域明显。四川、湖南、湖北、山东、江西、安徽、江苏、河南、河北等省（区）是传统的猪肉主产区，东北三省和内蒙古农区呈现强劲的发展态势，京、津、沪及广东、浙江、福建等地已是典型销区。生猪生产的发展要巩固生猪主产区，开发玉米带养猪新区，促进产区和销区的有机衔接，稳定生猪生产。要扩大猪肉加工，提高产品附加值。开发分割肉、冷却肉、小包装及快餐类食品，逐步改变白条肉直接上市的传统销售方式，扩大精深加工，提高肉类制品消费比重，猪肉产品供应实行多样化。

二是稳定发展禽蛋生产。我国禽蛋的人均占有量，已达到发达国家的水平。近几年我国鸡蛋消费增速减缓，而生产的发展速度加快，鸡蛋市场已处于供过于求的状况。禽蛋生产要控制发展规模，提高生产水平，逐步调减城郊饲养总量，扩大农村适度规模饲养。积极推动蛋品加工业发展。实现由规模扩张向提高效率转变，由城郊集中饲养向农村适度规模饲养的转变，由单一鲜蛋供应向鲜蛋与加工蛋品结合的转变。

三是加快发展牛、羊肉生产。我国牛的饲养基数大，但牛肉总产量和人均占有量低，优质牛肉产量少，难以满足需要。肉牛生产应加快品种改良，推广生长快、肉质好、饲料利用效率高的优良品种，努力增加牛肉产量和优质牛肉比重。20世纪90年代以来，我国肉牛生产已初步形成了中原和东北两个肉牛带。河南、山东、河北和安徽四省的牛肉产量占全国牛肉总产量的45%以上，东北三省和内蒙古自治区的牛肉产量占总量20%。今后应继续加快两大肉牛带的发展，并在农牧结合地区建立第三条肉牛带，通过大力推进牧区架子牛易地育肥，发挥农区与牧区各自的优势。我国居民对羊肉的消费明显增加，羊肉价格高，市场潜力大。北方牧区是传统的羊肉主产区，要继续发挥草原面积大、绵羊数量多、品种资源丰富、羊肉品质好的优势，大力推广使用新技术，加快品种选育和品种改良，提高出栏率和羊肉产量。南方草山草坡、丘陵山区和山羊主产区有丰富的牧草资源，适合饲养山羊。在结构调整中，要充分利用当地资源，并结合退耕还草、扶贫开发等几项工作的开展，因地制宜，大力推广优良品种，加快发展肉用山羊。

四是加快发展优质禽肉生产。我国禽肉产量占肉类总产量的近20%，并以其高蛋白、低脂肪、低胆固醇等特点，受到广大消费者的青睐。其中肉鸡已成为我国畜产品出口的主导产品，且前景看好。肉禽生产的发展重点，一是加快品种的更新换代，特别是要开发适销对路的优质产品；二是生产和加工要进一步采用新技术、新设备、新工艺,提高产业化水平;三是开拓国内、国际两个市场,以加工企业为龙头,建设现代营销体系,进一步开拓国内市场,保持和拓宽国际市场,扩大出口。地方优质肉鸡、水禽品种是今后市场消费的增长点,要加快培育和开发,适应多元化需求,增强国际市场竞争能力。

五是突出发展奶类生产。奶类产品是国际公认的营养全面、容易吸收的食品。改变我国奶业发展滞后,提高人均奶类占有水平是改善国民膳食结构,提高城乡居民身体素质的重要措施。突出奶业发展,一是要加强奶业基地建设,增加良种奶牛数量,提高整体产奶水平;二是发展奶业产业化,加快乳品加工业的调整,开发适合不同消费群体的优质奶制品,增加液态奶生产;三是突出奶类消费宣传,引导城乡居民增加奶产品消费,在大中城市和沿海发达地区有条件的地方要积极推行学生加餐奶。

六是突出发展羊毛生产。羊毛是我国供求缺口最大的畜产品。我国毛纺工业年需30万～135万吨净毛,其中国产羊毛仅能满足1/3左右,2/3的羊毛依赖进口。国内市场对纤维细度在66支纱以上(21.5微米以下)的羊毛需求量在不断增大,而国内生产的羊毛细度以60～64支纱为主,国产羊毛的产量和质量均不能满足国内毛纺工业发展的需求。发展羊毛生产的重点是提高绵羊个体产毛量和羊毛品质。在细羊毛集中产区,要确定重点区域,大力发展优质细毛羊,实现优质细毛羊的规模生产。全面推行机械剪毛、羊毛除边、分级整理、机械打包、客观检验等规范化的管理模式,确保羊毛质量达到毛纺工业的要求。推行羊毛拍卖和工牧直交,减少中间环节,实现优毛优价。我国是世界上山羊绒的生产大国和出口大国,出口量占世界贸易量的一半以上。近些年来,由于多种原因,市场和价格都很不稳定。从保持我国羊绒在国际市场上的优势地位,满足国内羊绒需求,稳定生产和减轻草地压力等实际情况出发,要控制绒用山羊数量,提高羊绒品质和单产水平。

另外,蜂、兔作为我国传统出口创汇产品,要充分发挥区域优势,依靠科技进步,提高产品质量。要根据市场需求,适时发展特种经济动物养殖,形成特色经济。

8.1.4 畜牧业结构调整的对策措施

一是加强畜牧业保障体系建设。畜牧业保障体系包括畜禽良繁体系、疫病控制体系、饲料生产体系和信息服务体系。畜牧业保障体系建设是畜牧业发展的基础，也是一项公益性事业。各地要高度重视、增加投入，建立健全较完善的畜牧业保障体系。

（1）要建立层次分明的"原种场—扩繁场—商品种畜禽场"宝塔式种畜禽繁育结构，加快基础设施的改造，提高技术装备水平，扩大供种能力。要加大对畜禽良种繁育体系建设的资金投入，实施畜禽良种工程。要坚持扶优、扶强的原则，逐步形成一套以市场竞争为基础的、稳定合理的投资机制。鼓励、引导各种社会力量参与良种繁育体系建设，兴办种畜禽企业。逐步建立和完善种畜禽生产经营的市场体系和运行机制。加强种畜禽管理，强化种畜禽生产经营许可证制度，规范种畜禽生产经营行为，加快制定种畜禽品种标准和质量标准，开展种畜禽测定工作，逐步建立和完善种畜禽竞价展销制度，提高种畜禽质量。

（2）要加强兽医卫生基础设施建设，完善动物疫情测报、诊断监测和兽药残留监测系统，继续组织实施好动物保护工程。要增加对重大动物疫病防治的专项经费，制定防治预案，对饲养、流通、屠宰等环节实行防疫检疫监督，有效控制动物疫病的发生与流行。加快制定畜禽产品卫生管理的配套法规和卫生质量标准，建立完善的卫生质量体系，开展畜禽产品卫生质量监督和检测，将畜禽产品卫生质量纳入法制化、标准化管理轨道，确保畜禽产品卫生安全。

（3）要大力开发饲料资源，在继续抓好农副产品利用的同时，促进专用饲料生产，逐步形成粮食作物—经济作物—饲料作物的三元种植结构。要进一步发展饲料工业，加快结构调整，优化产业布局；要加快企业技术改造，提高产业的整体素质和效益。加强饲料工业的管理，开展饲料质量监测，确保饲料安全。

（4）要建立现代化的信息传输网络，实行畜牧业信息发布制度。尽快建立省、市、县畜牧部门之间的计算机联网，逐步形成现代化的信息收集、加工、传播系统，加强对畜牧业经济运行状况的监测和掌握，引导生产者按市场需求组织生产，防止畜牧业生产大起大落。

二是充分依靠科技进步。畜牧业生产结构调整，要紧紧依靠科技进步和技术创新，降低成本，提高质量，增加效益。要充分利用科技攻关、攀登计划、丰收计划、跨越计划等项目，组织技术推广单位、科研院所、大专院校技术力量，密切合作，推广一批重大实用技术。同时要加强畜牧业科技示范园区、示范推广基地建设，以加速科技成果转化和实用技术的普及。高新技术研究、开发和应用，应以良种繁育、饲料、生化制药和疫病综合防治为重点，充分利用现代生物技术和高科技手段，把科技攻关、生产中试和企业开发有机结合，形成畜牧高科技产业。有条件的地方可以直接引进国外成熟技术和高新关键技术，应用于生产，缩小与发达国家畜牧业生产水平的差距。加强畜牧职业教育和农民科技培训，培养一支有技能、有经验的技术推广队伍和一大批能够接受、运用先进技术的知识型农民，全面提高畜牧从业人员的科技素质和技术水平。

三是合理利用草地资源，实现畜牧业可持续发展。草地是我国的重要资源和生态屏障。发展草地畜牧业，加快草地生态建设步伐，有利于牧区经济的发展和社会进步，有利于边疆的稳定和民族团结，各地要把草地建设作为治理生态环境的重大举措来抓。牧区要把草地承包责任制，作为一项基本制度长期稳定。坚持草地保护、建设与合理开发利用相结合的方针，加大人工种草、改良草地和围栏封育的力度，科学管理，合理利用，进一步防止草地生态环境恶化，全面提高草地生产能力。长江、黄河中上游高寒草地及干旱、半干旱草原，要以保护现有草原植被为主，积极开展种草和改良，治理鼠虫害，禁止超载放牧，努力提高草场植被覆盖率，提高草地综合效益。加大南方草山草坡的开发力度，引导企业和其他经济组织参与开发，鼓励农民兴办家庭牧场，促进南方草地畜牧业发展。

四是加强市场建设，搞活畜产品流通。要继续坚持放开市场，多渠道搞活畜产品流通的政策。鼓励产销直挂，坚持多种经济成分并存，鼓励各类专业协会、生产合作组织、经纪人、技术服务组织参与畜产品流通，保护生产者和消费者的利益。加强畜产品市场体系建设。根据生产区域布局，在产区和销区建立一批畜产品专业批发市场，加强市场管理，规范市场秩序，逐步形成开放、统一、竞争、有序的畜产品市场体系。

五是大力推进畜牧业产业化经营。畜牧业产业化经营，有效地促进千家万户的农民与市场之间的有机结合，对化解畜牧业发展中出现的诸多矛盾，缓解市场波动，加快畜牧业结构调整和优化，稳定增加农民收入，发挥着越来越重要的作用。畜牧业产业化经营要做好以下几个方面的工作：

（1）依据各地资源分布和区域经济发展状况，制定畜牧业产业化发展的中长期规划，确立主导产业，搞好区域布局，确定优先发展的重点。

（2）突出抓好龙头企业建设。对大型龙头企业，要在政策资金上给予重点扶持。鼓励龙头企业跨地区、跨行业经营，通过股份制和股份合作制等多种途径实现强强联合，鼓励个体私营经济参与龙头企业建设。要注重畜产品精深加工龙头企业的建设,争创名牌产品,增强辐射带动能力。

(3) 重视优质畜产品基地建设,加快规模经济发展。进一步加大投入,突出特色基地建设,壮大基地规模,形成产品集中、量大质优、产销通畅的优质畜产品基地。

(4) 完善产业化运行机制,通过资金、土地、技术等生产要素的合理流动和优化配置,建立稳定合理的利益连接机制。

(5) 要进一步落实国家对畜牧业的税费政策,严格控制收费项目和标准,并按规定的税率和收费标准据实征收,严禁摊派税费和搭车收费。

8.2 大力发展奶牛业

发展奶牛业是畜牧业结构调整优化的重要内容,也是提高城乡居民生活质量的需要。近年来,我国奶牛业发展迅速,对增加农民收入、改善城镇居民生活和优化农业结构都产生了显著效果。在一些地区,养奶牛收入已成为农民收入的重要来源和农民增收的重要途径。但奶牛业发展也暴露出了一些问题,这些问题直接影响到奶牛业的健康持续发展,需要引起重视,并采取措施加以纠正。

8.2.1 我国奶牛业发展暴露出的问题

一是在品种上重引进、轻选育。品种是奶牛业发展的重要基础。优良品种由于产量高,奶质好,对促进奶牛业发展十分重要。近年来,为了增加良种奶牛数量,提高良种覆盖率,我国相继从澳大利亚引进了一大批荷斯坦奶牛,这对促进奶牛种群结构优化和生产水平提高产生了积极作用。但在大量引种的同时,对优良奶牛品种的选育工作重视不够,国内优良奶牛品种选育的科研和推广活动明显滞后,使奶牛业发展对国外良种形成了一定程度的依赖。据有关专家分析,从国外尤其是从澳大利亚大量引进优良奶牛,在短期内确实能起到一定的良种扩繁作用,但从长远看则弊大于利。基本原因是:第一,从澳大利亚引牛不符合引种的基本原则,即所引品种必须具有特别突出的生产性能且符合本国制定的育种目标、与当地的环境条件互作最小、能稳定地把优良的遗传基因传递给整个牛群。澳大利亚的奶牛平均单产只有 6.5 吨左右,这并不比我国北京、上海等地优良奶牛的产奶水平高多少，就我国多数地区的奶牛产奶遗传潜力而言，如果饲养得当，也能达到这个产奶水平。澳大利亚奶牛多数是利用天然草场放牧饲养，而我国奶牛主要是舍饲拴系饲养，严重缺乏优质牧草或粗饲料，饲料类型和饲养方式的巨大差异使得引入品种的适应性成为一个很大问题，如果良种良法不配套，势必使优良的遗传潜力发挥不出来。第二，大量引牛容易产生生物安全问题。我国对种畜进口的检疫水平有限，引进种畜极有可能把一些我国境内不存在的疫病带进来，近年来由于引种导致境外传染病在我国蔓延的例子已屡见不鲜。若引牛将我国不存在的疯牛病等疫病带进来，将会造成无法估量的经济损失。因此，我国大批量引进奶牛风险性很大。第三，价格昂贵，直接用于生产得不偿失。从澳大利亚引进的大多数是育成牛，到场价格为 1.5 万左右，养到第一次产犊还需要 2000～3000 元的培育费用。如此高昂的奶牛价格，对农民是一个很大的负担，同时也造成了外汇的流失。

二是在繁育上重胚胎移植、轻种公牛遗传评价的基础工作。近年来，各地在奶牛发展上都提出要上胚胎移植项目，一些研究人员也期望将胚胎移植作为常规的生物技术应用到全国的牛群改良中，实现"快速扩繁"，从而出现了一定程度的胚胎移植热。相反，对良种登记与生产性能测定、种公牛遗传评定等基础工作，对利用优秀种公牛的精液进行人工授精以对奶牛群进行遗传改良的常规方式，则重视不够，甚至有所忽视。就技术层面讲，胚胎移植在提高母牛的繁殖力和改良牛群方面的作用是不容置疑的，但在目前情况下，胚胎移植还缺乏实用性。胚胎移植技术的成本高，对专业人员和设备的要求也高，目前能进行胚胎移植操作的技术人员屈指可数。因此，大规模地搞胚胎移植不仅经济上不合算，而且技术上也难以实现。目前即使在奶牛业发达国家，如以色列、荷兰、德国、美国、加拿大等，应用胚胎移植这项技术的范围也只限于制种或保留更多优秀族系的后代，奶牛品种改良主要依靠常规性的冷冻精液人工受精技术。忽视种公牛遗传基因评价和选育等基础工作，对我国奶牛性能的改良将会产生十分不利的影响。

三是在奶牛规模上重数量、轻质量。各地在发展奶牛业方面，存在着单纯追求奶牛头数的增加、忽视质量和效益的倾向，个别地区还出现不考虑资源特点和环境承载能力、盲目上奶牛项目的情况。一些大型奶牛场，利用奶牛价格不合理上涨之机，将淘汰牛卖给小场或新的个体养殖户，虽然大型奶牛场的牛群质量有了一定提高，但奶牛的整体品质并没有实质性的改变。基层一些改良站使用低劣或过期的冻精进行配种，也严重影响了奶牛群遗传品种的改进，影响了奶牛品质的提高。而世界各国奶牛生产总的发展趋势是，存栏头数减少，饲养规模扩大，单产水平提高。对奶牛头数的过度追求，使奶牛业发展步入了一条粗放型道路，这对我国奶牛业增长方式的转变和整体素质的提高非常不利。

8.2.2 促进我国奶牛业良性发展的措施

针对上述问题，应采取积极措施，调整我国奶牛业发展思路，确立以重国内品种繁育、重常规改良技术、重群体质量提高为主体的奶牛业发展模式，促进我国奶牛业步入良性发展轨道，更好地发挥奶牛业在拉动农民增收和城乡居民食物结构优化等方面的作用。

第一，要加强国内奶牛品种繁育和改良工作，切实把奶牛种质提高的立足点放在国内育种上。就奶牛改良的自然规律而言，由于繁殖力低的制约，优秀母牛在牛群改良上的作用非常有限，因而靠引进母牛来提高奶牛群种质的作用就十分有限。国际上奶业发达国家，都把奶牛品种改良的立足点放在国内育种上，对国外良种奶牛尤其是良种母牛的依赖性很小，从而培育出了许多高性能的奶牛良种，支撑了奶牛业的健康快速持续发展。随着人们食物结构改变对奶牛及其加工品消费量的增加，我国会成为一个奶业大国，奶牛品种改良必须依靠国内，必须把重点和立足点放在国内，良种引进只能作为一个辅助和补充手段。因此，必须大力加强我国的奶牛品种繁育和改良的科研推广工作，建立和完善有效的奶牛品种繁育和改良科研推广体系。农业科研计划应设立奶牛品种繁育的专门项目，加大对奶牛品种繁育和改良的支持力度，加强对奶牛优良种质资源的保护和开发，引导、鼓励和扶持畜牧科研工作者把奶牛品种选育改良作为科研重点，促进我国奶牛优良品种繁育工作扎扎实实地开展。

第二，要重视常规改良技术，尽快建立以生产性能测定、良种登记和冻精配种为主要内容的良种繁育体系。奶牛良种繁育要处理好胚胎移植等现代技术和冻精配种等常规技术的关系。在积极探索和开发胚胎移植技术的同时，把奶牛良种繁育工作的重点放在常规技术上。根据我国目前情况，加强种公牛的后裔测定工作，利用优秀种公牛的精液进行人工授精，是奶牛群遗传改良最有效、最实用的方法。通过DHI生产性能测定、良种登记和种公牛遗传评定等基础工作，可使奶牛每年增产400~500公斤，国内外奶牛品种改良的实践已充分证明了这一点。我国在北京、上海、天津等地已开展了DHI生产性能测定和社会化服务体系的建设工作，取得了显著成绩，奶牛平均年产奶量提高了350公斤。因此，必须加强我国奶牛品种繁育常规技术的开发和推广，尽快建立完善的以生产性能测定、良种登记和冻精配种为主要内容的良种繁育体系，加强基层畜牧改良站建设，培训技术人员，完善技术和服务设施，使基层改良站能富有成效地开展工作。

第三，在稳定增加奶牛存栏量的同时，着重提高奶牛群体的遗传品质和饲养管理水平。我国奶牛业发展必须处理好数量和质量的关系，要把转变奶牛业增长方式、提高奶牛单产作为重点。目前，各地的奶牛生产仍以户为单位分散饲养为主，这种生产方式规模化程度低，难以应用科学的饲养管理技术，无法对奶源质量进行有效的控制，也不利于优良奶牛遗传潜力的发挥。奶牛业要向产业化方向发展，首先要从规模养殖抓起。要鼓励农户通过契约和股份联合建立奶牛生产小区，扩大饲养规模，但扩大规模不能走极端。欧美国家发展奶牛业的经验证明，奶牛饲养规模不是越大越好，美国和加拿大的家庭奶牛场平均饲养头数大都在300头左右。近几年，我国许多地方新上了一批千头以上的奶源基地，由于规模过大，再加上饲养者缺乏必要的素质和管理上不去等原因，使这些奶源基地大多存在着防疫难、粗饲料供应难、废物处理难和治病难等一系列问题，影响奶牛群体质量的提高。在当前情况下，解决奶牛饲养规模问题，比较可行的办法是"小户集中，大户分散"，具体说就是以自愿原则把农民组织起来，走合作之路，通过股份联合建立利益共同体，集中饲养奶牛，实行统一配种、统一饲料、统一管理、统一防疫、统一挤奶和统一销售；而对有一定经济实力的大户，要提倡分散建家庭牧场，这样做有利于解决奶牛的防疫和生物安全问题，也有利于粪尿的就地处理和综合利用，以减轻集中连片建设牛场带来的环境压力。

第四，要提高奶业的产业化经营水平。建立奶农和乳制品企业共同利益关系，提高产业化经营水平。一是发挥龙头企业的作用。引导龙头企业发挥带动牛奶生产、优化奶业结构、开拓奶业市场、运用先进技术的作用，密切与奶农的关系。二是提高奶农组织化程度，引导发展奶业合作社、奶农协会等合作经济组织，使其成为联结奶农和乳制品加工企业的纽带。三是建立奶农与企业利益共享机制。采取"企业＋奶农合作社＋农户""企业＋奶牛养殖小区（奶站）＋农户""企业＋奶农协会＋农户"等形式，通过订立合同或合约，把龙头企业与奶农的利益联结在一起，形成风险共担、利益共享的一体化关系。

第五，要建立健全奶牛业社会化服务体系。建立奶牛业综合技术服务体系，指导和服务于广大农户的奶业生产，是世界许多国家普遍采用的一种奶业生产形式，是不断扩大奶牛饲养规模和全面提高奶牛生产水平的成功之路。我国目前奶牛业的社会化服务体系还很落后，不能适应奶业大发展的需要。迫切需要尽快建立和健全从配种、饲料、防疫治病到收奶等一整套技术、生产资料供应、产品流通的社会化服务体系，为农户和企业提供优良服务。要把奶牛业综合服务体系建设作为促进奶牛业健康快速发展的重要措施，从政策、组织、资金等方面扶持奶牛业社会化服务体系的建立和完善。

第六，要建立奶业风险管理机制。奶业特别是奶牛业的持续稳定发展，面临市场风险和自然风险两大风险。近十多年来，我国奶业几次波动，也都与市场价格波动有关。饲料市场的放开，政府补贴的取消，使奶牛业失去了风险保障。说起来，向市场经济转轨，由市场调节供给和需求，顺理成章。但为了稳定市场，稳定奶农收入，减少资源浪费，政府仍需干预。在那些奶产品过剩的国家，通常实行价格支持、供给管理、出口补贴等政策。这些政策都可以借鉴。我们也可以建立奶业风险基金，在价格波动剧烈时，用这个基金给奶农以补贴。当然，在有条件时候，可以举办价格保险。奶牛的自然风险，主要是疾病、意外事故和死亡。自然风险对于规模较小的奶牛场常常是灾难性的，让农民参加奶牛保险是万全之策，但对缺乏风险意识的农民来说，需要政府组织和引导。对奶农组织的奶牛互助保险，政府也应给予扶持。

8.3 加快建立无规定动物疫病区

动物健康直接关系到人类的健康。近年来，一些国家畜禽疫病暴发，不仅造成了巨大的经济损失，而且造成了重大的社会影响。在畜产品国际贸易中，动物防疫已经成为市场竞争的关键因素。加强动物疫病防治，建立更多的无规定动物疫病区，是减少农业生产损失、保障畜牧业持续健康发展、促进农民增收的有效措施，也是提高我国农产品国际市场竞争力的迫切要求。

8.3.1 我国无规定动物疫病区现状

根据世界动物卫生组织和世界贸易组织对动物疫病控制消灭标准，我国从实际情况出发，决定实行动物疫病的区域化管理，分期分批建立无规定动物疫病区。为尽快建成符合国际标准的免疫无口蹄疫、免疫无新城疫、免疫无猪瘟和非免疫无禽流感的无疫区，并有效控制其他动物疾病，2001年我国在原有工作的基础上，选择出口量大、自然条件好、相对封闭、易于管理的胶东半岛、辽东半岛、四川盆地、吉林松辽平原和海南岛5个区域，建立无疫区示范区。无疫区建设收到了良好效果，畜禽的发病率、死亡率明显下降，农民畜牧养殖的成本降低，并有效控制和扑灭了重大动物疫病。

山东省在青岛、烟台、威海等地设了无疫区示范区、缓冲区和专为出口企业建设的无疫区，产生了良好效果。无疫区建设使畜禽的发病率、死亡率明显下降，农民畜牧养殖的成本降低，增收效果明显。据统计，山东省项目区每年可增加经济效益20多亿元，使8万农民养殖户平均每户年增加收入1000多元，畜产品出口持续保持增长势头。2002年，示范区内畜产品出口38.7万吨，创汇6.1亿美元，分别占全省的81%和71%，比建设无疫区前增长了17.8%和13.2%。项目区内无论是政府部门，还是畜牧饲养企业和加工企业，都认识到"无疫区"是一个大品牌，是一笔巨大的无形资产。不少外商开始重视无疫区，纷纷向无疫区投资，建设自己的种畜禽场、商品场和加工厂。

通过建立无疫区，我国有效控制和扑灭了重大动物疫病。各示范区内，口蹄疫、猪瘟、新城疫、禽流感4种疫病基本达到控制目标；生猪、家禽和大牲畜发病率和死亡率显著降低，猪、牛、禽疫病死亡率分别下降到目前的4%、1%和8%。由此计算，全国每年减少直接经济损失130亿元，减少间接经济损失450亿元。其次，示范区内动物疫病控制体系、动物疫情监测体系、动物产品安全监控体系、动物防疫屏障体系得到初步建立和完善。更有意义的是，"无疫区"内，减少了人畜共患病和动物性食品残留对人体的危害，从根本上解决了人们食用动物性食品的安全问题。

但是，由于我国各地经济发展和技术水平参差不齐，动物疫病防治整体水平不高，无疫区建设仍存在一些问题。如社会上对无疫区的认知程度不高，相关的法规、政策还远远不适应无疫区运行的要求；无疫区内的畜禽饲养、加工、销售以及饲料和兽药的生产销售等畜牧业经营活动，离标准要求仍有差距。

按国际有关组织的规定，我国在动物疫病防治管理、疫情监测、兽医管理等方面，还需要大力完善和提高。无疫区要取得国际认可，必须系统研究国际有关组织、发达国家以及我国畜产品出口贸易国家和地区对畜产品生产、加工、销售和管理的要求，把他们的要求、做法与我们的情况结合起来，制定我们的标准和采取的相应措施。推行畜牧标准化是达到畜产品安全的总抓手。我国今后首先要全面推行标准化生产，控制和消灭疫病，确保畜产品安全。其次要加快交流与合作，其中包括吸纳国外和国内资金来无疫区建立畜产品加工销售企业；吸纳国内外饲料、兽药生产企业和研究机构以及培训机构来无疫区建立生产和研究机构等。

8.3.2 加快无规定动物疫病区建设的对策措施

一是加快无规定动物疫病区的建设，从源头上解决动物防疫问题，减少和杜绝病害特禽。发挥无规定动物疫病示范区的带动作用，创造条件实施国际通行的非疫区认证制度。建立稳定的防疫经费投入机制，保证动物防疫的必要经费。加强动物防疫设施建设，所需资金从基本建设投资中安排。通过大力实施无规定动物疫病区和饲料安全工程项目，控制动物疫病、饲料品质和生产过程，使畜产品达到无疫病、无污染、无激素和药物残留的标准，按照国内绿色食品标准和国际通行的有机食品标准组织部分产品生产，扩大营养、安全和高档产品生产规模，把竞争优势变成产业优势。

二是严格动物疫情报告制度，建立和完善动物疫病防治、控制和扑灭机制。在实施重大动物疫情快报的基础上，对一类重大动物疫病实施周报制度。目前要加强禽流感监测和防治工作，密切关注周边国家和地区的禽流感疫情发生发展情况。要把禽流感作为人类新发传染病，给予高度重视，切实加强禽流感的监测和防治工作。卫生部门要积极、主动与农牧部门加强联系，了解禽流感疫情信息，开展检测技术交流合作，防止人类病例的发生与流行。加强流感等急性呼吸道暴发疫情的流行病学调查和采样检测。同时密切注视鸡传染性支气管炎、猪传染性胃肠炎、猪流行性腹泻等家畜家禽冠状病毒病发生和流行情况。一经发现要坚决、果断、及时、快速地处理疫情，不留后患。

三是加快畜禽疫病防治体系建设。要完善动物疫情测报网络，加强国内外畜禽疫情的跟踪分析，做好重大疫病的防治规划和应急预案。在实施防治重大动物疫病快速反应机制的基础上，要将动物疫情管理纳入快速反应机制。加强动物及动物产品的产地检疫和屠宰检疫，控制染疫动物及产品的流动，防止疫病流行。组织实施"动植物保护工程"，建立重大病虫监测预警和控制体系，完善基础设施条件，提高防治能力。

8.4 严格执行畜牧法中有关畜牧业可持续发展的规定

自 2006 年 7 月 1 日起施行的中华人民共和国畜牧法，对畜牧业可持续发展给予了高度重视。畜牧法中，有关畜牧业可持续发展的条款规定如下：

国家支持畜牧业发展，发挥畜牧业在发展农业、农村经济和增加农民收入中的作用。县级以上人民政府应当采取措施，加强畜牧业基础设施建设，鼓励和扶持发展规模化养殖，推进畜牧产业化经营，提高畜牧业综合生产能力，发展优质、高效、生态、安全的畜牧业。

国家帮助和扶持少数民族地区、贫困地区畜牧业的发展，保护和合理利用草原，改善畜牧业生产条件。

畜牧业生产经营者应当依法履行动物防疫和环境保护义务，接受有关主管部门依法实施的监督检查。国务院畜牧兽医行政主管部门负责全国畜牧业的监督管理工作。县级以上地方人民政府畜牧兽医行政主管部门负责本行政区域内的畜牧业监督管理工作。

国家建立畜禽遗传资源保护制度。各级人民政府应当采取措施，加强畜禽遗传资源保护，畜禽遗传资源保护经费列入财政预算。畜禽遗传资源保护以国家为主，鼓励和支持有关单位、个人依法发展畜禽遗传资源保护事业。

国务院畜牧兽医行政主管部门设立由专业人员组成的国家畜禽遗传资源委员会，负责畜禽遗传资源的鉴定、评估和畜禽新品种、配套系的审定，承担畜禽遗传资源保护和利用规划论证及有关畜禽遗传资源保护的咨询工作。

国务院畜牧兽医行政主管部门根据畜禽遗传资源分布状况，制定全国畜禽遗传资源保护和利用规划，制定并公布国家级畜禽遗传资源保护名录，对原产我国的珍贵、稀有、濒危的畜禽遗传资源实行重点保护。省级人民政府畜牧兽医行政主管部门根据全国畜禽遗传资源保护和利用规划及本行政区域内畜禽遗传资源状况，制定和公布省级畜禽遗传资源保护名录，并报国务院畜牧兽医行政主管部门备案。

国务院畜牧兽医行政主管部门根据全国畜禽遗传资源保护和利用规划及国家级畜禽遗传资源保护名录，省级人民政府畜牧兽医行政主管部门根据省级畜禽遗传资源保护名录，分别建立或者确定畜禽遗传资源保种场、保护区和基因库，承担畜禽遗传资源保护任务。享受中央和省级财政资金支持的畜禽遗传资源保种场、保护区和基因库，未经国务院畜牧兽医行政主管部门或者省级人民政府畜牧兽医行政主管部门批准，不得擅自处理受保护的畜禽遗传资源。畜禽遗传资源基因库应当按照国务院畜牧兽医行政主管部门或者省级人民政府畜牧兽医行政主管部门的规定，定期采集和更新畜禽遗传材料。有关单位、个人应当配合畜禽遗传资源基因库采集畜禽遗传材料，并有权获得适当的经济补偿。违反本法规定，擅自处理受保护的畜禽遗传资源，造成畜禽遗传资源损失的，由省级以上人民政府畜牧兽医行政主管部门处 5 万元以上 50 万元以下罚款。

从境外引进畜禽遗传资源的，应当向省级人民政府畜牧兽医行政主管部门提出申请；受理申请的畜牧兽医行政主管部门经审核，报国务院畜牧兽医行政主管部门经评估论证后批准。经批准的，依照《中华人民共和国进出境动植物检疫法》的规定办理相关手续并实施检疫。从境外引进的畜禽遗传资源被发现对境内畜禽遗传资源、生态环境有危害或者可能产生危害的，国务院畜牧兽医行政主管部门应当协商有关主管部门，采取相应的安全控制措施。向境外输出或者在境内与境外机构、个人合作研究利用列入保护名录的畜禽遗传资源的，应当向省级人民政府畜牧兽医行政主管部门提出申请，同时提出国家共享惠益的方案；受理申请的畜牧兽医行政主管部门经审核，报国务院畜牧兽医行政主管部门批准。向境外输出畜禽遗传资源的，还应当依照《中华人民共和国进出境动植物检疫法》的规定办理相关手续并实施检疫。新发现的畜禽遗传资源在国家畜禽遗传资源委员会鉴定前，不得向境外输出，不得与境外机构、个人合作研究利用。违反本法有关规定，有下列行为之一的，由省级以上人民政府畜牧兽医行政主管部门责令停止违法行为，没收畜禽遗传资源和违法所得，并处 1 万元以上 5 万元以下罚款：（一）未经审核批准，从境外引进畜禽遗传资源的；（二）未经审核批准，在境内与境外机构、个人合作研究利用列入保护名录的畜禽遗传资源的；（三）在境内与境外机构、个人合作研究利用未经国家畜禽遗传资源委员会鉴定的新发现的畜禽遗传资源的。未经国务院畜牧兽医行政主管部门批准，向境外输出畜禽遗传资源的，依照《中华人民共和国海关法》的有关规定追究法律责任。

申请进口种畜禽的，应当持有种畜禽生产经营许可证。进口种畜禽的批准文件有效期为六个月。进口的种畜禽应当符合国务院畜牧兽医行政主管部门规定的技术要求。首次进口的种畜禽还应当由国家畜禽遗传资源委员会进行种用性能的评估。

县级以上人民政府畜牧兽医行政主管部门应当根据畜牧业发展规划和市场

需求，引导和支持畜牧业结构调整，发展优势畜禽生产，提高畜禽产品市场竞争力。国家支持草原牧区开展草原围栏、草原水利、草原改良、饲草饲料基地等草原基本建设，优化畜群结构，改良牲畜品种，转变生产方式，发展舍饲圈养、划区轮牧，逐步实现畜草平衡，改善草原生态环境。

畜禽养殖场、养殖小区应当具备下列条件：（一）有与其饲养规模相适应的生产场所和配套的生产设施；（二）有为其服务的畜牧兽医技术人员；（三）具备法律、行政法规和国务院畜牧兽医行政主管部门规定的防疫条件；（四）有对畜禽粪便、废水和其他固体废弃物进行综合利用的沼气池等设施或者其他无害化处理设施；（五）具备法律、行政法规规定的其他条件。养殖场、养殖小区兴办者应当将养殖场、养殖小区的名称、养殖地址、畜禽品种和养殖规模，向养殖场、养殖小区所在地县级人民政府畜牧兽医行政主管部门备案，取得畜禽标识代码。省级人民政府根据本行政区域畜牧业发展状况制定畜禽养殖场、养殖小区的规模标准和备案程序。

禁止在下列区域内建设畜禽养殖场、养殖小区：（一）生活饮用水的水源保护区，风景名胜区，以及自然保护区的核心区和缓冲区；（二）城镇居民区、文化教育科学研究区等人口集中区域；（三）法律、法规规定的其他禁养区域。

畜禽养殖场应当建立养殖档案，载明以下内容：（一）畜禽的品种、数量、繁殖记录、标识情况、来源和进出场日期；（二）饲料、饲料添加剂、兽药等投入品的来源、名称、使用对象、时间和用量；（三）检疫、免疫、消毒情况；（四）畜禽发病、死亡和无害化处理情况；（五）国务院畜牧兽医行政主管部门规定的其他内容。畜禽养殖场未建立养殖档案的，或者未按照规定保存养殖档案的，由县级以上人民政府畜牧兽医行政主管部门责令限期改正，可以处1万元以下罚款。

畜禽养殖场应当为其饲养的畜禽提供适当的繁殖条件和生存、生长环境。

从事畜禽养殖，不得有下列行为：（一）违反法律、行政法规的规定和国家技术规范的强制性要求使用饲料、饲料添加剂、兽药；（二）使用未经高温处理的餐馆、食堂的泔水饲喂家畜；（三）在垃圾场或者使用垃圾场中的物质饲养畜禽；（四）法律、行政法规和国务院畜牧兽医行政主管部门规定的危害人和畜禽健康的其他行为。

从事畜禽养殖，应当依照《中华人民共和国动物防疫法》的规定，做好畜禽疫病的防治工作。

畜禽养殖场、养殖小区应当保证畜禽粪便、废水及其他固体废弃物综合利用或者无害化处理设施的正常运转，保证污染物达标排放，防止污染环境。畜禽养殖场、养殖小区违法排放畜禽粪便、废水及其他固体废弃物，造成环境污染危害的，应当排除危害，依法赔偿损失。国家支持畜禽养殖场、养殖小区建设畜禽粪便、废水及其他固体废弃物的综合利用设施。

畜禽批发市场选址，应当符合法律、行政法规和国务院畜牧兽医行政主管部门规定的动物防疫条件，并距离种畜禽场和大型畜禽养殖场3公里以外。进行交易的畜禽必须符合国家技术规范的强制性要求。

运输畜禽，必须符合法律、行政法规和国务院畜牧兽医行政主管部门规定的动物防疫条件，采取措施保护畜禽安全，并为运输的畜禽提供必要的空间和饲喂饮水条件。

上述这些规定，是我们在实践中促进畜牧业可持续发展的法律依据。

本章参考文献：

［1］中华人民共和国畜牧法。

［2］农业部：《关于调整畜牧业结构的指导意见》。

第9章 渔业生产与农业可持续发展

渔业是指水生动物和海藻的养殖和捕捞，是农业的一个组成部分。渔业生产活动涉及许多可持续发展的因素，搞好渔业生产，对促进农业可持续发展有重要意义。

9.1 调整和优化渔业结构

养殖和捕捞是渔业的两个组成部分。凡人工放养繁殖的水产品生产属于养殖，对天然生长的水产品进行捕捞则属于捕捞。根据生产活动场所的不同，养殖和捕捞可分为淡水养殖和淡水捕捞、海水养殖和海水捕捞。在淡水水域中，凡是投放鱼苗并进行人工管理的渔业活动为之淡水养殖，否则为淡水捕捞。在海水水域内，凡是以人工移植培育鱼种或自然纳苗并进行人工管理的，为之海水养殖，否则为之海水捕捞。渔业结构调整，涉及品种调整、养殖和捕捞的调整以及淡水和海水的调整。

9.1.1 渔业结构调整的重点和目标

总体上讲，渔业结构调整要突出品种更新换代，发展名特优新品种的养殖。在养殖模式上，要重点发展高效生态型水产养殖业，积极发展高科技工厂化养殖，因地制宜地发展水库和稻田养殖。要稳定近海捕捞，加强保护近海渔业资源，完善休渔制度，严格控制捕捞强度，减少捕捞量。要大力发展远洋渔业，不断扩大国外作业海域，加强国际渔业合作。要大力发展水产品的精加工、深加工和综合利用，重点抓好大宗水产品的保质和低值水产品的深加工，提高水产品的质量和附加值。

（1）调整海洋捕捞结构，减少捕捞量。长期困扰我国海洋捕捞业的主要矛盾是捕捞能力大大超过资源的再生能力，造成近海渔业资源的严重衰退。我国与周边有关国家签署的渔业协定生效后，我国将有一部分渔船被迫退出传统的作业区域，矛盾将更为突出。因此，调整海洋渔业结构，除了要继续积极稳妥地发展海水养殖和远洋渔业外，一个很重要的方面就是要严格控制海洋捕捞强度，压缩捕捞作业规模，减少捕捞量。为了实现这一目标，要把压缩海洋捕捞强度作为一项长期的基本政策。围绕这一政策，要坚定执行和不断完善业已实施的各项制度措施。如进一步加强和完善伏季休渔制度；严格控制新增海洋捕捞渔船，除远洋渔业专用作业渔船外，一律停止审批新建捕捞渔船，对"三无"渔船进行全面清理，并坚决杜绝新增"三无"渔船，禁止以任何形式引进渔船在我国专属经济区从事捕捞作业；逐步建立超年限渔船强制报废制度；要区别渔区、半渔半农区和农区，实行分类指导，严格控制非专业渔业劳动力从事海洋捕捞作业；要依法完善渔业许可证制度，严格执行有关海洋捕捞作业的各项法规。

远洋渔业要在稳定远洋性捕捞的同时，加快发展大洋性渔业，提升我远洋渔船在公海生产的比重，并抓好由拖网作业为主向拖、钓、围等多种作业方式协调发展的转变。同时加快远洋渔业产业化体系建设，改变目前单一捕捞生产的结构，形成产供销结合、前后方配套的完整产业链。今后远洋渔业要注重综合配套体系的建设，完善远洋渔业的整体功能，提高远洋渔业的综合经济效益和发展水平。

（2）调整养殖结构，保持养殖业的健康发展。目前，制约水产养殖业健康发展和影响其效益的主要因素，一是良种覆盖率低，优质品种养殖比例不高。从养殖对象来讲，海水养殖中鱼类、虾蟹类的产量较低，贝藻类产量较高；淡水养殖中鱼类产量较高，虾蟹等优质品种产量较低。二是部分地区传统大宗水产品供大于求，造成积压，价格下跌，而同时拓展适合国内国际市场需求品种的养殖生产力度还不够。三是现代化养殖技术应用较少，部分地区养殖方式落后，投入产出比低，影响了经济效益的提高。四是养殖水域污染严重、病害蔓延，既影响了产品质量，又增加了生产成本。因此，调整水产养殖结构，应着重从解决上述问题入手，不要片面强调开发宜渔水面资源，过分依靠外延扩大再生产来提高产量，而应更加注重挖掘内涵潜力。要掌握市场动向，依靠科技进步，实现经济效益与生态效益的全面提高。

海水养殖主要是要进一步优化养殖结构，改进养殖方式，提高技术水平。有条件的地方，可适度发展技术、资金密集型的工厂化养殖，发挥其占地少、无污染、节约资源、机械化和自动化程度高、养殖周期短、产量高、效益好等特点。要从改善生态环境和养殖基础条件入手，运用工程的、技术的和科学管理的综合措施，保持水域大环境的稳定和小环境的优良，最终实现减少病害的发生，达到稳产、高产和优质、高效的目的。淡水养殖要结合各地资源、市场状况和经济、技术水平，在稳定大宗产品，保障供应的同时，优化品种结构，增加名特优新产品比重，积极发展适合加工出口的品种，推进产业化经营，着力提高产品品质和经济效益。经济不发达的地区要将渔业发展作为调整农业产业结构、增加农民收入、引导农民脱贫致富的重要途径，积极发展稻田养鱼和各种形式的生态渔业等。

调整水产养殖结构，要特别注意良种问题。要利用现代生物技术，做好新品种的培育和提纯复壮；要有针对性地从国外引进一些优良品种；同时要注意抓好优良品种的市场调查、病害防治、技术推广等服务工作；开发具有龙头作用、产业化程度较高的名特优新品种，加快产业化进程。此外，各地还可根据当地区域优势，因地制宜发展特色水产养殖业。

（3）调整水产加工业结构，努力提高水产品的附加值。主要应从提高水产品加工技术和提高水产品加工质量，创立名牌产品，培植外向型龙头企业入手进行调整。首先，要以大宗产品的保鲜和低值产品的精加工、深加工和综合利用为重点，采用先进加工保鲜技术和加工方式，适应各层次消费者需求，以提高水产品质量和附加值，进一步开拓消费市场。其次，大力推进水产品质量认证工作，督促引导水产加工企业采用以危害分析与关键控制点（HACCP）为核心的科学质量管理规范，加强生产全过程的质量管理，提高加工品的质量卫生水平。抓好贝类产品加工及净化工作，在贝类主产区建设贝类净化和质检中心，为开拓国际水产品市场创造条件。

（4）大力促进与渔业发展相适应的第三产业。随着渔业生产的快速发展，与之相关的社会化服务体系建设则相对滞后。因此，在调整渔业产业结构的过程中，应大力促进适应渔业生产需要的第三产业的发展，包括水产品市场信息体系建设，渔业技术培训、推广及服务体系建设，以促进水产品市场良好发育，不断提高劳动者素质。在有条件的地方，应积极鼓励、引导发展休闲渔业。

9.1.2 实现渔业结构调整目标的对策措施

抓好渔业产业结构调整，关键要制定并落实具体的政策措施。

一是搞好规划，加强对渔业产业结构调整的宏观指导。要组织力量编制调整渔业产业结构规划，从实际出发，提出调整的目标、任务和需采取的重大战略措施。

二是加强水产科技与质量标准体系建设。开展科技规划的研究工作，找出影响今后渔业产业发展的关键科技问题，做好研究规划，做到储备一批、推广一批、开发一批。抓紧制定渔业生产和管理中急需的标准，重点是种质、饲料、鱼药和水产品质量方面的标准，积极推进我国的水产标准与国际接轨。同时加大标准宣贯与实施力度，将标准宣贯工作与质量监督和技术推广工作紧密结合起来。

三是抓紧制定和完善水产品市场管理法规。规范水产品市场体系的运行，建立健全水产品市场信息网络体系，收集并发布水产品生产、价格、供求等各类信息，更好地为渔业产业结构调整服务。

四是加快水产原良种和病害防治体系建设。针对当前制约养殖发展的"瓶颈"问题，要继续保持一定的投资规模，进一步提高原良种生产水平和质量，形成完整科学的种苗繁育体系，提高良种覆盖率。要加快建立高效运转、快速反应的水产养殖病害综合防治体系，推广、普及病害防治技术。

五是要继续做好渔业法规的制定、修改和完善工作。在此基础上，建立健全与世界新海洋制度相适应的渔业法律体系。要制定有关外国人入渔和我国渔民到周边国家入渔的具体管理规定，规范相关专属经济区内各种作业活动。要提高渔业执法的装备和管理水平，建设一支统一、高效、廉洁的渔业综合执法队伍，为保护渔业资源和生态环境，实现渔业产业结构调整目标提供法律保障。各级渔业主管部门要在当地政府统一领导下，根据新形势，制定新措施，强化管理，严格控制非渔业劳动力下海从事海洋捕捞业，切实控制捕捞强度，配合做好渔民转产转业的安置协调工作。

六是拓展资金渠道，加大对渔业科研、教育、渔政执法和群众渔港等基础设施的建设力度。要创造良好的投资环境，根据我国的产业政策，在继续积极争取国家投入的同时，要广泛吸引国内商业信贷、民间和国外资本等资金参与，形成多元化的渔业投资格局。选择建设科技含量高、经济效益好、具有龙头和示范作用的远洋渔业、高新技术养殖以及精、深水产品加工项目，增强渔业竞争实力，加快推进渔业的产业化进程。

9.2 推行和完善休渔期制度

伏季休渔制度，是保护渔业资源、实现可持续发展的一项切实可行的重要措施。

9.2.1 我国已实行休渔期制度

我国海洋伏季休渔制度，自 1995 年正式实施以来，得到了较为全面有效地执行，休渔范围、时间和作业类型不断扩大。目前，休渔海域覆盖了我国管辖的全部四个海区，涉及沿海 11 个省（自治区、直辖市）以及中国香港、中国澳门特别行政区的港澳流动渔船，休渔渔船约 12 万艘，休渔渔民上百万人，是迄今为止我国在渔业资源管理方面采取的覆盖面最广、影响面最大、涉及渔船渔民最多、管理任务最重的一项保护管理措施。

从 2003 年开始，我国在长江流域也实行了休渔期制度。

休渔期制度的实行，不仅进一步缓解了过多渔船和过大捕捞强度对渔业资源造成的巨大压力，也有效地遏制了海洋渔业资源的衰退势头，增加了主要经济鱼类的资源量。伏季休渔制度有效地保护了以带鱼、鲅鱼、鲳鱼、黄鱼等为主的海洋鱼类幼鱼，使之得到休养生息，使东海、黄海近海渔业资源量有所增加，渔获物的数量和质量也都有了提高。

9.2.2 加强长江水产种质资源保护

长江流域是我国重要的渔业产区，渔业产量约占全国淡水水产品产量的 60% 左右，在全国渔业生产中具有举足轻重的地位。由于在水产种质资源特别是名特优鱼类资源方面具有得天独厚的优势，长江流域又被誉为我国淡水渔业的摇篮、鱼类基因的宝库和经济鱼类的原种基地。据不完全统计，长江流域现有水生生物 1100 多种，其中鱼类 370 多种、底栖动物 220 多种和其他上百种水生植物。长江丰富的水生生物资源，多样的水域生态类型，在促进长江渔业乃至沿江地区经济社会发展、维系长江流域生态平衡和生物多样性、保障国家生态安全方面发挥着重要作用。作为我国重要的优质水产品产业带和农村产业结构调整的重点发展区域之一，长江流域目前有专业捕捞渔民 5 万多人，另有兼业捕捞渔民 20 多万人。长江渔业维系着沿江几十万渔民的生计，是沿江农（渔）民增加收入的主要来源和脱贫致富的重要途径。

随着长江流域经济社会的快速发展和人口的不断增加，长江水生生物资源及水域生态环境面临诸多方面的威胁，水生生物资源严重衰退，水域生态不断恶化。首先，过度捕捞造成长江水生生物资源严重衰退。长江流域分布着各类渔船 2 万多艘，专业捕捞渔民 5 万多人，另有兼业捕捞渔民 20 多万人，捕捞强度大大超过了长江水生生物资源的承受能力，直接造成水生生物资源日益衰退；而电毒炸鱼等非法作业的使用又进一步加剧了衰退的趋势。目前，长江主要经济鱼类青、草、鲢、鳙"四大家鱼"的种苗产量已由最高年份的 300 亿尾，下降到目前的 4 亿尾。近年来，长江捕捞产量已降到 10 万吨左右，不足最高年份的 1/4，主要经济鱼类的渔获组成也日趋低龄化、小型化、低值化，捕捞生产效益显著下降。其次，水域污染导致长江水域生态环境不断恶化，严重危害着渔业水域生境。据不完全统计，长江沿岸仅工业及城市年污水排放量就达 142 亿吨，占全国的 42% 以上。过量的排放，在长江形成长达 560 公里的岸边污染带，长江大部分水域均已受到不同程度的污染，部分江段及支流富营养化现象严重，渔业水域污染事故频繁发生，导致水生生物生境被破坏，生物总量减少，生产力不断下降。另外，人类活动增多也使长江流域的水生生物栖息地及生境遭到破坏。水电工程建设、围湖造田、采砂作业、疏浚航道等人类活动对水生生物资源的影响日益加大。特别是近年来，随着长江流域水电梯级开发的升级，这些水电工程建设在创造巨大的经济和社会效益的同时，对长江生态环境的影响也不容忽视。

为养护和合理利用长江渔业资源，促进长江渔业可持续发展，从 2003 年起在长江流域全面实行禁渔期制度。目前，长江流域的禁渔范围包括云南德钦县以下至长江河口的长江干流，以及汉江、岷江、嘉陵江、乌江、赤水河等一级通江支流和鄱阳湖区、洞庭湖区。长江流域各地已探索出禁渔的有效办法。在禁渔开始前夕，各地就组织大规模的清理取缔迷魂阵、布围子、深水张网、电捕渔具等有害渔具渔法的专项行动；禁渔开始，各地渔政船（艇）和执法人员进驻禁渔区域巡逻检查，日夜值守；禁渔中期，抓重点江段水域，组织重点检查；禁渔后期，有的放矢地开展巡逻检查，防止个别违规捕捞冲击禁渔期制度。

长江流域全面实行禁渔期制度几年来，有效地削减了捕捞强度，改善了鱼类生存环境，减缓了渔业资源和水生生物资源衰退趋势，并为我国探索在大江大河开展相关保护工作提供了新思路。通过实施禁渔期，有效保护了长江水生生物资源，整顿了渔业生产秩序，带动了长江流域内河、湖泊渔业资源养护与管理工作，为我国探索在大江大河开展保护工作提供了新思路和新途径。禁渔期的全面实施，给了渔业资源休养生息的机会，畅通了洄游通道，有效保护了渔业资源和水生野生生物资源；禁渔期结束开捕后，捕捞产量和经济效益提高，渔民收入有所增加。局部还出现了银鱼、鳜鱼鱼汛，一些水域多年不见的中华鲟、江豚以及洄游性鱼类又回来了。

近年来，农业部和沿江各级渔业主管部门不断增加投入，加大水生生物资源增殖放流力度，在长江及主要湖泊中大规模放流"四大家鱼"等主要经济鱼类原种和中华鲟、大鲵、胭脂鱼等珍稀濒危水生野生动物。1999年年底，农业部与有关部门共同组织开展了"十万尾中华鲟世纪放流活动"，向长江投放10厘米以上的中华鲟鱼苗10万尾；2002年5月，农业部又组织在长江中下游5省1市开展了"长江渔业资源同步增殖放流活动"；2004年4月，农业部与湖北省政府、国家有关部委和沿江十省市共同组织开展了"2004年长江珍稀水生动物增殖放流行动"。几年来，长江沿线各地渔业主管部门已累计向长江及主要湖泊投放各种水生动物原种苗种4亿尾。通过放流活动，增加生物种群数量，一定程度上缓解了由于建坝、库区蓄水等原因造成长江水生生物资源不断下降的趋势。与此同时，人工增殖放流最直接的受益者是沿江的渔民。渔民将在禁渔期结束后的捕捞生产中、在长远的长江渔业经济发展中得到实惠。

从长远讲，长江水生生物资源保护工作还应不断加强。一是应编制实施《中国水生生物资源养护行动计划》《三峡库区渔业发展规划》和《长江水生生物资源保护规划》。通过确立保护工作的基本方针、政策、目标、优先领域、行动方案和保障措施等，争取将水生生物资源环境保护工作纳入国土生态建设体系，从实际出发，有计划、分步骤地组织实施。二是应加强长江水生生态修复技术的研究，制订综合评价和整治修复方案，通过采取湖泊生物控制、人工鱼巢建设、放养滤食鱼类、底栖生物移植和植被修复等措施，对富营养化严重的水域进行综合治理，努力恢复已遭破坏或退化的江河鱼类产卵场等重要水域生态功能区，真正实现有效养护和合理利用水生生物资源的工作目标。三是应建立水生资源保护区。为保护长江流域珍稀濒危水生野生动植物和特有鱼类资源，农业部门已在长江流域建有各级保护区40多个。通过加大自然保护区建设和投入力度，目前长江流域已建立了白鳍豚、白鲟、中华鲟、大鲵等国家级和省级自然保护区 9 个，市县级自然保护区 30 多个，对国家一级、二级重点保护水生野生动物及长江特有生物物种进行了重点保护。要继续加强保护区建设，在充分调查和科学论证的基础上，结合长江流域实际，统筹规划，逐步建立布局合理、类型齐全、层次清晰、重点突出、面积适宜的各类水生生物自然保护区。

9.2.3 建立珠江流域休渔期制度

为了加强对内河领域渔业资源的保护和合理利用，可将主要针对海洋伏季的休渔制度和长江流域的休渔期制度，扩大到其他主要内河流域，比如可在珠江流域和长江流域设定休渔期。

珠江水系是我国南方最大的水系，流经滇、黔、桂、湘、赣、粤 6 个省（区），支流众多，河流发达，拥有丰富的生物种质资源和渔业资源，被称为南方淡水渔业基因宝库。据调查，珠江水系有鱼类 380 多种，几乎占全国淡水鱼类种数的 50%。其中，著名的中华鲟就是首先在珠江流域采集到的。

但是，近年来，随着流域国民经济的发展和人口的增加，珠江流域的渔业资源和生态环境面临严峻的问题：一是在大力开发水电的同时，忽视了渔业资源的保护，目前已建或在建的拦河工程近万座，严重破坏了鱼类的索饵场、产卵场；二是沿江工业的迅猛发展，使珠江水体逐步恶化，各种渔业污染事故不断增多，污染规模越来越大，破坏了渔业资源和生态环境；三是"电、毒、炸"等严重破坏渔业资源和生态环境的违法行为屡禁不止，酷渔滥捕现象突出。为此，珠江流域渔业资源衰退状况日益严重，重要经济鱼类的捕捞量从 20 世纪 90 年代开始一直呈现急剧下降态势，中华鲟等国家重点保护水生野生动物基本绝迹。

为扭转这一不利局面，农业部渔业局、珠江渔业委员会决定每年在珠江流域举行规模较大的增殖放流活动暨打击非法捕捞统一行动。前两年，该委员会分别在广东封开、广西梧州组织过类似的增殖放流活动。两次放流活动共投放了以"四大家鱼"（青、草、鲢、鳙）为主的 10 多个品种的鱼类苗种 210 多万尾。在珠江渔业委员会的大力推动下，流域各地也纷纷加大对放流工作的投入力度。据不完全统计，仅 2004 年全流域就共放流各类苗种 1.6 亿尾。然而，要把珠江的渔业资源状况恢复到以前的样子，一方面要经常进行增殖放流，另一方面要采取一些有效的措施，比如建立产卵场、鱼苗场、渔业保护区，为鱼类的充分繁殖、生长创造有利条件。如果鱼类数量下降得十分厉害，就应该考虑在珠江流域设定一段休渔期，其间禁止人们捕鱼，给正在发育的鱼类一个喘息的机会，同时大力查处和防止各类污染。

保护珠江渔业资源，需要流域各省区通力合作。保护珠江的环境和渔业资源是整个珠江流域 6 省区的共同责任。珠江流域渔业资源管理、恢复流域渔业资源与生态环境等工作也需要结合"泛珠合作"这个大平台，整合各省区的资源，协调行动，以促进流域内渔业可持续发展，维护广大渔民的长远利益。

9.2.4 加强休渔制度实施的监管

要想有效实施对我国海洋渔业资源的保护，使我国的海洋渔业资源早日走上可持续发展的道路，最为紧迫的是相关政府部门应继续加大执法、监管力度，积极寻找、提供其他出路比如实施和推广人口水产养殖计划，特别是大力加强科学发展观在海洋渔业资源开发和保护过程中的宣传和落实，使全社会充分意识到保护渔业资源的重要性和必要性，提高遵守伏季休渔制度的自觉性和积极性。

从可持续发展的角度看，海洋渔业资源的利用，应当是在满足当代人需求的同时不损害后代的需求，在满足人类需求的同时不损害其他物种的需求。惟其如此，我们才能长久、持续地开发利用海洋渔业这个宝贵的"再生资源"。

《渔业法》第 22 条规定，国家根据捕捞量低于渔业资源增长量的原则，确定渔业资源的总可捕捞量，实行捕捞限额制度。国务院渔业行政主管部门负责组织渔业资源的调查和评估，为实行捕捞限额制度提供科学依据。保护海洋渔业资源还需要正确处理眼前利益和长远利益、局部利益和全局利益的关系，严格遵守和执行《渔业法》的有关规定，这样才能使海洋渔业资源长盛不衰，持续地造福于人类。

9.3 加强渔业水体污染治理

从农业部和国家环保总局联合发布的公报看，我国渔业生态环境虽然总体状况保持良好，但由于受氮、磷、石油类和部分重金属等污染物的影响，局部渔业水域污染依然严重。渔业水体污染直接关系到人类的生存环境和生活质量,关系到渔业的健康发展,加强对水体污染的治理是保持渔业可持续发展的一件大事。

9.3.1 渔业水体污染的成因

引起渔业水体污染的原因主要有以下几个方面:

一是生活污水污染。近年来,由于城乡人口的不断膨胀,以及人民生活水平的大幅提高,生活污水的排放量和有机物的含量日益增加。大量的生活污水直接排入水体或海域,其中的氮、磷等营养物质可造成一些水体和海域严重富营养化,增加水体和海域生态环境压力,对渔业资源造成严重破坏。生活污水中产生的铁和锰等氢氧化物悬浮物引起的浑浊度,尽管对水体不产生直接危害,但因水体浑浊减少了太阳辐射,使水体初级生产力下降。生活污水产生的恶臭可导致水生生物产生回避及死亡等生物效应,且附着臭味的水产品食用价值也大打折扣。生活污水中有机物大量富积,会造成水体色度加深,出现富营养化,从而导致缺氧发生鱼类浮头及死亡事故。在湖北省武汉市,据专家估算,每年因生活污水造成死亡的鱼类在 50 万公斤左右。

二是工业废水污染。工业废水对渔业水体污染是毁灭性的。造纸厂废水中的硫化物,可使所有鱼类致死;农药厂的产品和原料,都是鱼类的克星;冶金矿山废物中的重金属,会毒死一切水生动植物;皮革厂、肉类加工厂废水排入水体可使水色加深,浊度加重,减少了太阳辐射,限制了鱼类正常的活动与摄食;工业废水排放还有可能引起水温骤升,引发水体生物种群的变化与更迭,破坏水生生态平衡;同时工业废水的恶劣气味可致水生生物死亡,并使水产品附着异味而失去食用价值。如过量的铜会使鱼类的鳃部受到广泛破坏,出现黏液、肥大和增生,使鱼窒息,还可造成鱼体消化道受到损害;过量的铅可导致红细胞溶血、肝脏损害,雄性性腺、神经系统和血管损害;镉是高毒和蓄积性物质,可产生致畸、致癌、致变作用;锌会降低鱼类的繁殖力;砷有较强的致癌作用;汞易在生物体中富集,对鱼卵有毒害作用;铬尤其是六价铬是一种致癌、致畸、致变物质。在武汉市,据有关媒体报道,75%的死鱼事件都是因为工业污染而造成的。

三是油类污染。油类对水体和海域生态环境的危害主要表现在:油类中的水溶性组分对鱼类有直接毒害作用,可使鱼类出现中毒甚至死亡;油膜附着在鱼鳃上会妨碍鱼类的正常呼吸,对鱼虾的生存、生长极为不利;油类附在藻类、浮游植物上会妨碍光合作用，造成藻类和浮游植物死亡，进而降低水体的饵料基础，对整个生态系统造成损害；沉降性油类会覆盖在底泥上，破坏底栖生态环境，妨碍底栖生物的正常生长和繁殖；油类可直接使鱼类附着臭味或随食物进入鱼、虾、贝、藻类体内后使之带上异臭异味，影响其经济价值，危害人们的健康；油类还可降低鱼类的繁殖力，在受油类污染的水体中，鱼卵难以孵化，即使孵出鱼苗也多呈畸形，死亡率高。

四是水资源的过度开发。水资源的过度开发尤其是水利工程的无序无度开发也对渔业的生态环境产生间接"污染"。水利工程拦河筑坝，彻底改变了天然河道自然流态，阻隔了鱼类索饵、繁殖的洄游通道，并且大坝的构筑使鱼类天然的产卵场被淹没，产浮性卵的鱼类因流速、流程不够而沉淀死亡，产黏性卵的鱼类因失去鱼卵赖以黏附的水生维管束植物而致资源枯竭，幼鱼也会因坝流冲击过大而致死亡，原江河急流型鱼类及底栖生物因水域生态环境骤变而消亡。因此，水利工程的无序无度梯级开发对鱼类自然资源的影响是相当大的，直接危害到鱼类的繁殖和生存。

五是养殖自身污染。养殖自身污染对渔业水体污染的表现形式为：养殖技术的原始落后，大水面的过度开发，"三网"养殖的无序增加，盲目引进新品种，以及发展可持续渔业的意识淡薄。主要问题是：放养前不清污消毒；引进品种不适合当地养殖；网箱养殖或鱼苗放养量过大；投放饵料营养单一，且投放量过大；放养品种混养不当，集约化养殖技术不到位；病虫害防治不力；鱼类生活环境恶劣等。

9.3.2 防治渔业水体污染的措施

应采取多种措施，预防和治理渔业水体污染。

防治生活污水污染渔业水体的主要措施，一是疏通生活污水排放渠道，避免生活污水直接排放于养殖水体；二是对生活污水进行净化处理，保证生活污水无毒排放，即将污水导入蓄水池中，经过滤、沉淀、分离、除去杂物，并加入生物试剂，去除毒害物质；三是装置活性污泥，通过活性污泥的吸附作用及氧化作用完成污水的净化过程；四是加强水体监测，发现水体透明度下降，鱼类浮头，就应该迅速采取相关控制措施。

防治工业废水污染渔业水体的主要措施是：首先，工厂建设前选址要慎重，尽可能远离渔业水体。其次，工业废水必须有序排放。工业废水在排放前，必须经过无害化处理，在符合排放标准的条件下排放，也可以在排放时进行废水再利用处理，从废水中提炼有用的物质，达到变废为宝、综合利用的效果。

对于油类污染，首先要杜绝人为因素，不可将油类排放于水体；其次，在海域中运油前要加强运输工具检修，小心操作，谨防油类流入海域；第三，对因故排放于水体的油污，要及时采取措施进行处理。

防止水资源过度开发的措施，一是要搞好水资源开发的科学规划，坚持适度有序开发，杜绝不必要的小水电梯级开发。要搞好渔业生态环境调查和渔业环境监测，为了保护海洋渔业资源，保护渔业生态环境，防止和减少海洋工程建设和海洋污染事件对海洋生物资源的损害，必须科学合理地编制海洋环境保护规划。二是要加强环境保护意识，依法要求开发部门按水利部实施的国家行业标准《水库渔业设施配套规范》建设渔业增殖站。

防治养殖自身污染，关键是要大力推行无公害健康养殖技术。主要措施，一是把好清污关，放养前必须清污、晒塘，并进行消毒处理；二是把好引种关，引种必须优良纯正，且符合当地养殖条件，不可使品种对当地品种及生态平衡造成威胁甚至灾难；三是把好放养关，放养品种要合理，规格要整齐，数量要适宜；四是把好投喂施肥关，科学投喂，合理施肥；五是把好鱼病防治关，坚持以防为主，有病早治；六是把好日常管理关，坚持巡塘，做好水质调节、温度调控等日常工作，推广健康养殖新技术。

9.4 严格执行渔业资源保护和发展的法律法规

我国已经制定了较为完善的渔业资源保护法律法规，这些法律法规是实现渔业可持续发展的法律保证。

9.4.1 渔业法中有关渔业资源保护和发展的规定

中华人民共和国渔业法中，对渔业资源保护和发展做出了详细规定，主要是：

加强渔业资源的增殖和保护。县级以上政府渔业行政主管部门应当对其管理的渔业水域统一规划，采取措施，增殖渔业资源。县级以上政府渔业行政主管部门可以向受益的单位和个人征收渔业资源增殖保护费，专门用于增殖和保护渔业资源。

禁止炸鱼、毒鱼。不得在禁渔区和禁渔期进行捕捞，不得使用禁用的渔具、捕捞方法和小于最小网目尺寸的网具进行捕捞。重点保护的渔业资源品种、禁渔区和禁渔期、禁止使用或者限制使用的渔具和捕捞方法、最小网目尺寸以及其他保护渔业资源的措施，由县级以上政府渔业行政主管部门规定。

禁止捕捞有重要经济价值的水生动物苗种。因养殖或者其他特殊需要，捕捞有重要经济价值的苗种或者禁捕的怀卵亲体的，必须经国务院渔业行政主管部门或者省、自治区、直辖市政府渔业行政主管部门批准，在指定的区域和时间内，按照限额捕捞。

在水生动物苗种重点产区引水用水时，应当采取措施，保护苗种。

在鱼、虾、蟹洄游通道建闸、筑坝，对渔业资源有严重影响的，建设单位应当建造过鱼设施或者采取其他补救措施。

用于渔业并兼有调蓄、灌溉等功能的水体，有关主管部门应当确定渔业生产所需的最低水位线。

禁止围湖造田。沿海滩涂未经县级以上政府批准，不得围垦；重要的苗种基地和养殖场所不得围垦。

进行水下爆破、勘探、施工作业，对渔业资源有严重影响的，作业单位应当事先同有关县级以上政府渔业行政主管部门协商，采取措施，防止或者减少对渔业资源的损害；造成渔业资源损失的，由有关县级以上政府责令赔偿。

各级政府应当依照《海洋环境保护法》和《水污染防治法》的规定，采取措施，保护和改善渔业水域的生态环境，防治污染，并追究污染渔业水域的单位和个人的责任。

国家规定禁止捕捞的珍贵水生动物应当予以保护；因特殊需要捕捞的，按照有关法律、法规的规定办理。

炸鱼、毒鱼的，违反关于禁渔区、禁渔期的规定进行捕捞的，使用禁用的渔具、捕捞方法进行捕捞的，擅自捕捞国家规定禁止捕捞的珍贵水生动物的，没收渔获物和违法所得，处以罚款，并可以没收渔具，吊销捕捞许可证；情节严重的，依照《刑法》第一百二十九条的规定对个人或者单位直接责任人员追究刑事责任。违反保护水产资源法规，在禁渔区、禁渔期或者使用禁用的工具、方法捕捞水产品，情节严重的，处二年以下有期徒刑、拘役或罚金。

9.4.2 江苏省渔业管理条例中有关渔业资源保护和发展的规定

对捕捞业实行捕捞限额制度。国家下达的内海、领海、专属经济区和其他管辖海域的捕捞限额总量，由省政府渔业行政主管部门提出分解方案，报省政府批准后逐级下达。本省范围内的重要江河、湖泊，由省渔业行政主管部门提出捕捞限额总量方案，报省政府批准后逐级分解下达。

对于开发过度的渔业资源实行禁捕和限捕。禁止捕捞和限制捕捞的水生动植物种类、时间，由省渔业行政主管部门依法制定。省渔业行政主管部门可以根据渔业资源的状况，调整需要禁止捕捞和限制捕捞的水生动植物种类的苗种、亲体。禁止捕捞海州湾中国对虾亲体、长江鲥鱼、长江口中华绒螯蟹产卵场的抱卵亲蟹、长江和内陆水域的鳗鱼苗。限制捕捞长江中华绒螯蟹亲蟹、幼蟹和蟹苗及沿海的鳗鱼苗。

从事捕捞业的单位和个人，应当向县级以上地方政府渔业行政主管部门申领由国务院渔业行政主管部门统一监制的捕捞许可证。捕捞许可证按下列权限核发：

（1）近海机动渔船、长江和省管湖泊的渔船的各种捕捞作业，由省渔政渔港监督管理机构核发；沿海非机动渔船和其他内陆水域的渔船以及个人的各种作业，由所属地设区的市、县（市、区）政府渔政渔港监督管理机构核发。

（2）省内其他内陆水域跨行政区域的各种捕捞作业，作业者应当经所属地县级以上地方政府渔业行政主管部门或者所属的渔政渔港监督管理机构批准，到作业水域所在地县级以上地方政府渔业行政主管部门或者所属的渔政渔港监督管理机构核准、签证。定置作业原则上就地安排生产。

因科研等特殊需要在禁渔期、禁渔区、保护区内捕捞的，或者捕捞珍贵水生动物和渔业种质资源的，均须由省以上政府渔业行政主管部门批准，发给专项捕捞许可证。

因传统作业习惯或者资源调查以及其他特殊情况，外省市渔船和个人来本省捕捞作业的，必须凭其所属省渔业行政主管部门的证明，经本省渔业行政主管部门批准核发临时捕捞许可证件。

禁止炸鱼、毒鱼、电鱼。禁止使用敲舟古、滩涂拍板、多层拦网、闸口套网、拦河罾、深水张网（长江）、地笼网、底扒网、鱼鹰以及其他破坏渔业资源的渔具、捕捞方法进行捕捞。

禁止在行洪、排涝、送水河道和渠道内设置影响行水的渔罾、鱼簖等捕鱼设施；禁止在航道内设置碍航渔具。

海洋捕捞的每网次渔获物中同品种的幼鱼重量不得超过其总重量的20%；淡水捕捞的每网次渔获物中同品种的幼鱼尾数不得超过其总尾数的20%。在捕捞的渔获物中同品种幼鱼超过规定比例的，应当及时回放幼鱼，并立即转移渔场或者停止作业。

平山、达山和车牛山三个岛屿周围4海里范围为海珍品保护区，未经省渔业行政主管部门批准，任何单位和个人均不得进入该水域从事养殖和采捕。

凡从事渔业活动的受益单位和个人均应当依法缴纳渔业资源增殖保护费。其征收和使用办法按照国家有关规定执行。

因水工建设、疏航、勘探、兴建锚地、爆破、排污、倾废等行为对渔业资源造成损失的，应当予以赔偿；对渔业生态环境造成损害的，应当采取补救措施，并依法予以补偿，对依法从事渔业生产的单位或者个人造成损失的，应当承担赔偿责任。

各级地方政府及其渔业行政主管部门应当加强对地方性渔业资源的保护。地方性渔业资源的保护品种目录由市渔业行政主管部门确定并公布。

地方性渔业资源的增殖、放流，由区、县渔业行政主管部门负责。洄游性渔业资源和跨区、县管辖水域的增殖、放流，由市渔业行政主管部门负责。

禁止非法捕捞鲈鱼等重点保护对象和有重要经济价值的水生动物苗种。因养殖、科研等需要，捕捞重点保护对象和有重要经济价值的苗种或者禁捕的怀卵亲体的，必须经渔业行政主管部门批准，领取专项捕捞许可证，并在指定的区域和时间内限额捕捞。

任何单位和个人，在鱼、虾、蟹、贝的重要产区直接引水、用水的，必须避开幼苗的密集期、密集区，或者设置网栅等保护措施。

在鱼、虾、蟹洄游通道建闸、筑坝，影响渔业资源的，建设单位应当建造过鱼设施或者采取其他补救措施。

市和区、县政府应当采取措施，保护重要渔业水域。重要渔业水域的保护范围由市渔业行政主管部门提出，经市政府批准后公布。列入保护范围内的重要渔业水域，不得围垦、占用。因特殊情况确需围垦、占用的，必须报市政府批准，并交纳新鱼塘开发建设费。新鱼塘开发建设费征收办法由市政府规定。

9.4.3 天津市渔业管理条例中有关渔业资源保护和发展的规定

禁止任何单位和个人向渔业水域倾倒污染物或者超标排污。禁止养殖生产者将病害高发期或者发生疫情时的养殖用水向公共水域排放。渔业行政主管部门应当对渔业水域的水质进行监控、监管。

进行水下爆破、勘探、施工作业，对渔业资源有严重影响的，作业单位应当事先同有关渔业行政主管部门协商，并采取措施，防止或者减少对渔业资源的损害；造成渔业资源损失的，经取得国家资格认定的渔业环境监测机构评估后，由有关县级以上政府责令赔偿。

卫生防病部门因防疫需要向渔业水域投放药物时，应当事先征求渔业行政主管部门的意见，并通知养殖生产者采取措施，防止或者减少对渔业资源的损害和养殖生产的危害。

渔业行政主管部门应当加强对水生野生动植物的保护管理。本市重点保护的地方水生野生动植物名录，由市政府制定并公布。

禁止非法捕捉、杀害、伤害、出售、收购、加工、运输、携带、藏匿国家和本市地方重点保护水生野生动植物及其产品和《濒危野生动植物种国际贸易公约》附录所列水生野生动植物及其产品。禁止非法生产含有国家重点保护水生野生动植物和《濒危野生动植物种国际贸易公约》附录所列的水生野生动植物成分的中成药、保健品、食品。

医院、药店、饮食服务业等生产经营单位和个人，经营利用人工繁殖水生野生动植物子代及其产品的，必须依照国务院渔业行政主管部门的规定办理经营利用证。

9.4.4 吉林省渔业管理条例中有关渔业资源保护和发展的规定

县级以上政府渔业行政主管部门，应当对其管理的水域统一规划，采取措施，增殖与保护渔业资源。县级以上政府渔业行政主管部门可以向受益的单位和个人征收渔业资源增殖保护费，专门用于增殖和保护渔业资源。渔业资源增殖保护费的征收和使用，按国家和省有关规定执行。

省渔业行政主管部门应当确定禁渔区和禁渔期。国际边境水域的禁渔区和禁渔期按国际渔业协定执行；无协定的，按省渔业行政主管部门的规定执行。

因科学研究等特殊需要，在禁渔区、禁渔期捕捞，或者使用禁用的渔具、捕捞方法，或者捕捞重点保护的渔业资源品种，必须经省渔业行政主管部门批准。

禁止使用鱼叉、鱼罩、土簗子、冰板张网、密缝箔、地笼、快钩、搬罾网等渔具捕鱼。禁止使用爆炸物、有毒物、电力等捕捞方法捕鱼。禁止制造、销售禁用渔具。

禁止使用小于规定最小网目尺寸的渔具进行捕捞。捕捞经济鱼类的各种网具最小网目为10厘米。捕捞小型成鱼的各种网具最小网目为2.6厘米。簗子淌囤的眼高不得小于7厘米，宽不得小于4厘米，并禁止使用套箱、套囤。冰槽子、花篮子、鲶鱼囤等渔具眼的尺寸均不得小于簗子淌囤眼尺寸。张网间距以桩基计算不得小于500米。

国有水域主要经济鱼类及其他水生动物的最低起捕标准为：①青鱼、草鱼、鲢、鳙、翘嘴红鱼白（大白鱼）、大麻哈鱼、乌鳢（黑鱼）、怀头鲶，体长在40厘米以上；②鲤、滩头雅罗鱼、雅罗鱼、东北雅罗鱼、鳜（鳌花）、蒙古红鱼白（红尾）、鲶，体长在30厘米以上；③红鳍鱼白（麻连）、花鱼骨（吉勾）、唇鱼骨（重唇）、长春鳊、团头鲂（武昌鱼）、黄鱼桑（嘎牙子），体长在17厘米以上；④鲫体长在15厘米以上；⑤甲鱼背径在17厘米以上（甲鱼卵不得采集）；⑥河蚌蚌径在13厘米以上。其他鱼类和水生动物的最低起捕标准均以达到性成熟为准。

捕捞作业时裹获的经济幼鱼不得超过渔获物总重量的5%。

用于渔业并兼负调蓄、灌溉等功能的水体，应由县级以上政府渔业行政主管部门确定渔业生产所需的最低水位线。

在鱼、虾、蟹、贝的自然产卵场、索饵场、越冬场及重要的洄游通道等渔业水域直接引用水时，引用水单位必须设置网、栅等保护设施，切实保护渔业资源。

禁止围湖、围库造田。沿湖、沿库滩涂未经县级以上政府批准，不得围垦。重要的苗种生产基地和养殖场所不得围垦。

国有水域中的鱼、虾、蟹、贝的自然产卵场、索饵场、越冬场及重要的洄游通道等，不得划作养殖场所。

县级以上政府渔业行政主管部门应当定期对渔业水域生态环境进行监测。任何单位、个人或者其他组织造成渔业污染事故的，应当接受县级以上政府渔业行政主管部门或者其所属的渔政渔港监督管理机构的调查处理。

禁止将病害高发期或者发生疫情时的养殖用水向自然水域排放。禁止在渔业水域浸泡和刷洗有毒有害的物品以及进行其他危害水质安全的行为。

经营休闲渔业的单位和个人，对垂钓场所及其水域的废弃物应当及时清理，防止水域污染。

向自然水域和人工增殖水域投放水生动物新物种的，应当向省政府渔业行政主管部门提交论证报告，经省渔业行政主管部门会同环境保护等部门进行生态安全评估后，方可实施。

禁止向自然水域和人工增殖水域放生有害的水生动物。

在距离国有渔业水域边缘 500 米以内或者在国有渔业水域内进行爆破、勘探以及其他施工作业，对渔业资源有影响的，建设单位应当在施工前同当地县级以上政府渔业行政主管部门协商并采取保护措施。由于爆破或者作业造成渔业资源损失的，由建设单位负责赔偿。建设单位在完工后应将突出水底的残留物清除干净；拒不清理的，由当地政府渔业行政主管部门组织清理，清理费用由建设单位承担。

县级以上政府及其渔业行政主管部门应当加强对水产种质资源和珍稀、濒危水生野生动物资源的保护和管理。在国家和地方重点保护水生野生动物的集中分布、主要栖息地和繁殖地应当建立水生野生动物自然保护区。

禁止非法捕捉、驯养繁殖、经营利用和运输国家和省重点保护水生野生动物。省重点保护水生野生动物名录由省政府制定。

9.4.5 浙江省渔业管理条例中有关渔业资源保护和发展的规定

渔业水域及周边的工程建设项目涉及渔业水域生态环境和水生野生动植物的生存环境的，其环境影响评价文件应当有对渔业资源和水生野生动植物影响评价的内容。在渔业水域周边设置排污口的，应当符合保护渔业环境的要求。有关行政主管部门审批环境影响评价文件和渔业水域周边排污口的设置时，应当书面征求同级渔业行政主管部门的意见。

单位、船舶和个人向渔业水域排放污染物的，应当严格执行环境保护法律、法规，保证排放物达到渔业水质保护标准；禁止排放油类、酸液、碱液、剧毒废液和高、中水平放射性废水等国家禁止排放的物质。

渔业生产者投喂饲料、饲料添加剂或者因卫生防疫、病害防治向渔业水域投注药物的，应当符合有关技术规范，采取有效防治措施，防止渔业水域环境污染。渔业生产者不得在开放性渔业水域直接泼洒使用对公共水域有毒有害的渔用兽药、农药。排放养殖废水应当达到国家规定的排放标准。

县级以上渔业行政主管部门应当加强对渔业水域水质状况、水生生物毒性和疫情等渔业环境的监测，按规定公告监测结果。渔业行政主管部门应当加强对管辖范围内的排污单位、船舶和个人的监督检查。造成渔业污染事故的单位、船舶和个人，应当接受渔业行政主管部门的调查处理。

9.4.6 贵州省渔业管理条例中有关渔业资源保护和发展的规定

县级以上政府应当定期组织有关部门对本行政区域内渔业资源进行调查和评估，加强对渔业资源的保护，对开发过度的渔业资源实行禁捕或者限捕。省政府渔业行政主管部门规定并向社会公布地方性重点保护的渔业资源品种名录，特别要保护长江、珠江上游的特有鱼类资源。

江河、湖泊、大中型水库实行禁渔期制度。禁渔期为每年2月1日12时至5月31日12时。

县级以上政府渔业行政主管部门应当在鱼类及其他水生动物重要产卵场、越冬场、索饵场、洄游通道划定禁渔区或者划段设置常年禁渔区，并设立禁渔标志。划定禁渔区或者划段设置常年禁渔区和设立禁渔标志，应当报省政府渔业行政主管部门批准后实施。

禁止在禁渔期、禁渔区、水产种质资源保护区、水生动植物自然保护区内从事捕捞、扎巢捕杀亲体和其他危害渔业资源的活动。禁止收购、销售在禁渔期和禁渔区非法捕捞的渔获物。

禁止使用炸鱼、毒鱼、电鱼等破坏渔业资源的方法进行捕捞。在江河、湖泊等天然水域进行捕捞，应当按照规定进行作业，禁止使用小于规定最小网目尺寸的网具进行捕捞，捕捞的渔获物中幼鱼不得超过规定的比例，具体标准由省政府渔业行政主管部门制定。

从事捕捞作业实行许可证制度。申请捕捞许可证，按照下列权限进行审查：

（1）在县（市、区、特区）内水域从事捕捞作业的，由作业所在地县级政府渔业行政主管部门审批；

（2）跨县（市、区、特区）从事捕捞作业的，由跨行政区域有关县级政府渔业行政主管部门协商审批，或者由其共同的上一级政府渔业行政主管部门审批；

（3）因教学、科研等特殊需要在禁渔期、禁渔区和水生生物保护区、水产种质资源保护区、鱼类自然保护区等进行捕捞的，或者捕捞珍贵和国家重点保护的水生野生动物的，由省政府渔业行政主管部门审批。

人工增殖投放的水产苗种，应当以省级以上渔业行政主管部门指定的苗种生产基地和水生野生动物驯养繁殖基地提供并经检疫合格的本地水产苗种为主。

禁止向江河、湖泊等天然水域投放可育杂交种、转基因种以及其他不符合生态要求的水生生物物种。禁止在水产种质资源保护区、有重要经济价值的水生生物产卵场等水域投放其他水生生物物种。

在水生动物洄游通道建闸、筑坝或者其他水下工程作业，对渔业资源有严重影响的，建设单位应当建造过鱼设施、渔业资源增殖放流站或者采取其他补救措施。建设单位在报批建设项目环境影响报告书前，应当征求所在地县级以上政府渔业行政主管部门的意见；大型建设项目应当征求省政府渔业行政主管部门意见。

县级以上政府应当采取措施，保护和改善渔业水域生态环境，防治水域污染，并在重要渔业水域及相应的陆域范围内建立渔业生态保护区。

9.4.7 山东省渔业管理条例中有关渔业资源保护和发展的规定

县级以上渔业行政主管部门应当加强对本行政区域内的内陆渔业资源的保护，采取调整作业结构、改进渔具和捕捞方法、定期组织人工放流和移植等措施，增殖渔业资源。

凡在本省湖泊、河流采捕天然生长及人工增殖的水生动、植物的单位和个人，必须按规定缴纳渔业资源增殖保护费。渔业资源增殖保护费的征收、使用和管理办法由省政府制定。

在内陆水域禁止下列活动：

（1）炸鱼、毒鱼、电力捕鱼和用鱼鹰捕鱼；

（2）在禁渔区、禁渔期进行捕捞；

（3）使用禁用的渔具和捕捞方法，以及使用小于规定最小网目尺寸标准的渔具进行捕捞；

（4）向渔业水域排放、倾倒不符合国家渔业水质标准的工业废水、生活污水、废渣、垃圾和其他污染物质；

(5) 在养殖水域内清洗、浸泡有毒器具和有害渔业资源的其他物体。

南四湖、东平湖的禁渔区、禁渔期，禁止使用、限制使用的渔具和捕捞方法，重要经济鱼蟹类的可捕标准，主要水生经济植物的采收时间以及其他保护渔业资源的措施，分别由微山县、东平县渔业行政主管部门制定，经市渔业行政主管部门批准后施行，并报省渔业行政主管部门备案。

禁止捕捞、出售、收购天然多鳞铲颌鱼（泰山赤鳞鱼）等珍贵水生动物。因科学研究、驯养、繁殖、展览等特殊需要必须捕捞、出售、收购天然多鳞铲颌鱼等珍贵水生动物的，必须经省渔业行政主管部门批准。

经批准在河流、湖泊等渔业水域附近进行工业建设的，应当同时建设防治污染及保护渔业生态环境的配套项目，并应当事先征求县级以上渔业行政主管部门的意见。已经建成的，按国家有关规定处理。

在渔业水域周围的农田施用农药、化肥，或者因卫生防疫、驱除病虫害等需要向渔业水域喷洒药物时，应当采取有效措施，保护渔业资源。

县级以上渔业行政主管部门负责对内陆渔业水域的污染情况进行监测。因污染给渔业生产造成损害的，由县级以上渔业行政主管部门所属的渔政监督管理机构会同环境保护行政主管部门调查处理。

湖泊、水库必须保持鱼类生长需要的最低水位。最低水位线按管理权限由县级以上政府确定。在最低水位线以下必须用水时，须经最低水位线的确定机关批准。

9.4.8　广东省渔业管理条例中有关渔业资源保护和发展的规定

县级以上政府应当加强水产自然保护区的建设和管理，保护生物多样性，对稀有、濒危、珍贵水生生物资源及其原生地实行重点保护。

县级以上政府渔业行政主管部门应当对其管理的渔业水域进行统一规划，采取措施，加强鱼、虾、蟹等水生动物的产卵场、繁殖场、索饵场、洄游通道以及人工鱼礁区等重要渔业水域的保护。县级以上政府渔业行政主管部门应当加强人工增殖放流的监督管理。在渔业资源增殖保护区进行人工增殖放流，应当进行科学评估。县级以上政府应当加强人工鱼礁建设和人工鱼礁礁体以及礁区的保护管理。人工鱼礁的建设实行规划论证和分级、分类管理制度。单位和个人可以投资兴建准生态型、开放型人工鱼礁。

禁止使用炸鱼、毒鱼、电鱼等破坏渔业资源的方法进行捕捞。禁止使用小于规定的最小网目尺寸的网具进行捕捞。捕捞的渔获物中幼鱼不得超过规定的比例。

在鱼、虾、蟹等经济水生动物产卵场和洄游通道建闸、筑坝等建设项目及水下开采的，有关主管部门审批前应当征求县级以上政府渔业行政主管部门的意见。

县级以上政府渔业行政主管部门建立的渔业环境监测站，纳入全省环境监测网络。其监测数据，可以作为处理渔业水域污染事故的依据。

在鱼、虾、蟹类产卵场、索饵场、越冬场、洄游通道和养殖场等重要渔业水体不得新建排污口，已建排污口的应限期治理或搬迁。造成渔业污染事故的，应当接受县级以上政府渔业行政主管部门及其所属的渔政监督管理机构的调查处理。

水工建设、疏航、勘探、爆破、兴建锚地、排污、倾废等不得损害渔业资源。

县级以上政府应当积极引导、支持从事捕捞业的渔民和渔业生产经营组织从事水产养殖、休闲渔业或者其他职业，对统一规划转产转业的渔民，应当按照国家规定予以适当补助。

县级以上政府渔业行政主管部门可以根据辖区内渔业水域和渔业资源状况划定游钓等休闲渔业区。从事休闲渔业的船舶必须符合相应的安全适航标准，并经省有关行政主管部门检验登记。未经检验登记的，不得从事休闲渔业经营活动。休闲渔业船舶安全适航标准及休闲渔业安全管理办法，由省政府渔业行政主管部门会同有关部门制定。

9.4.9　河北省渔业管理条例中有关渔业资源保护和发展的规定

县级以上渔业行政主管部门应当按照统一规划对所管辖的渔业水域进行综合治理，调整渔业结构，改善渔场环境，增殖和保护渔业资源。各级渔业行政主管部门应当有计划地培育和引进水生动物、水生植物新品种，扩大增殖放流规模，投放人工鱼礁，改进渔具和捕捞方法，促进渔业资源的繁衍，提高水域的生产能力。各级渔业行政主管部门可以按照统一规划在所辖渔业水域建立渔业资源增殖保护区。保护区增殖的资源，实行谁投资，谁受益的原则。

在海上或者内陆水域从事捕捞生产、收购水产品的单位和个人，均应当缴纳渔业资源增殖保护费。

水产养殖、工业和盐业等部门，在鱼、虾、蟹、贝类的幼苗密集区和密集期引水纳水时，必须采取保护资源的防护措施。凡未采取有效防护措施引水纳水的，按实际用水量赔偿渔业资源损失。

水库、洼淀引水用水时，应当采取防止渔业资源外流措施。凡没有采取防护措施而使渔业资源受损的，应当赔偿渔业资源损失。

渔业资源增殖保护费、荒芜费、资源损失赔偿费，主要用于渔业资源增殖。国家投放水库、洼淀所在县的扶贫款，可以拿出一部分有偿扶持集体渔业资源增殖项目。

地方性海洋渔业资源的重点保护对象、采捕标准、禁渔区、禁渔期、禁止使用或者限制使用的渔具和捕捞方法、最小网目尺寸以及其他保护渔业资源的措施，由省渔业行政主管部门制定。

内陆水域渔业资源的重点保护对象、采捕标准、禁渔区、禁渔期、禁止使用或者限制使用的渔具和捕捞方法、最小网目尺寸以及其他保护渔业资源的措施，按水域的管理权限，由县级以上渔业行政主管部门制定。

水库、洼淀等引水用水时，应当保持渔业生产所需的最低水位。最低水位线由县级以上水利行政主管部门会同渔业行政主管部门确定。

禁止炸鱼、毒鱼。未经批准不得使用电力、鱼鹰捕鱼。不准生产、销售禁止使用的渔具。

经营拆船业的单位或者个人，应当事先向县级以上渔业行政主管部门提出申请，经批准后在指定地点进行。拆船场址不得设在渔港和水产养殖区内。

本章参考文献：

［1］农业部：《关于调整渔业产业结构的指导意见》。
［2］《中国渔业报》2005 年 3 月 21 日。
［3］中华人民共和国渔业法。
［4］河北省渔业管理条例。
［5］广东省渔业管理条例。
［6］贵州省渔业管理条例。
［7］天津市渔业管理条例。
［8］江苏省渔业管理条例。
［9］吉林省渔业管理条例。
［10］浙江省渔业管理条例。

第10章 林业建设与农业可持续发展

在农业生态系统乃至整个生态系统中，林业占有重要地位，发挥着非常重要的作用。缺乏林业或者林业发展滞后，农业生态系统以及整个生态系统的平衡就会受到破坏，可持续发展就不可能实现。因此，实现农业可持续发展，必须高度重视林业建设。本章在认识林业建设与可持续发展关系的基础上，主要讨论林业建设的途径和措施。鉴于退耕还林是近年来和今后一段时期我国生态建设的重要内容，本章对退耕还林将进行重点讨论。

10.1 林业在可持续发展中的重要地位和作用

森林是陆地生态系统的主体，林业是国民经济的重要组成部分。发达的林业，是国家富足、民族繁荣、社会文明的标志之一。在社会主义现代化建设进程中，保护林木、发展林业是一项十分紧迫的战略任务。

加强林业建设是经济社会可持续发展的迫切要求。新中国成立以来特别是改革开放以来，我国对林业工作十分重视，采取了一系列政策措施，有力地促进了林业发展。全民义务植树运动深入开展，全社会办林业、全民搞绿化的局面正在形成。"三北"防护林等生态工程建设成效明显，近几年实施的天然林保护、退耕还林、防沙治沙等重点工程进展顺利，部分地区的生态状况明显改善。森林、湿地和野生动植物资源保护得到加强。林业产业结构调整取得进展，各类商品林基地建设方兴未艾，林产工业得到加强，经济林、竹藤花卉产业和生态旅游快速发展，山区综合开发向纵深推进。森林资源的培育、管护和利用逐渐形成较为完整的组织、法制和工作体系。目前全国森林覆盖率已达到16%以上，人工林面积居世界第一位，林业为国家经济建设和生态状况改善做出了重要贡献。

我国林业生态建设也存在不少突出的矛盾和问题。一是森林资源总量严重不足、分布不均、质量不高的状况没有根本扭转，土地荒漠化、水土流失、湿地退化、生物多样性减少等问题依然严重。乱砍滥伐林木、乱垦滥占林地、乱捕滥猎野生动物、乱采滥挖野生植物等现象屡禁不止，森林火灾和病虫害对林业的威胁仍很严重。二是随着经济社会的发展，社会对多种林产品、畜牧产品的需求越来越多，缺口越来越大，对国土绿化的压力越来越大。三是毁林毁绿的现象时有发生，生态保护意识有待进一步提高。同时，义务植树的尽责率还比较低，义务植树的实现形式有待进一步拓展；绿化工作的长效机制有待进一步建立健全。我国国土绿化任重而道远。从整体上讲，我国仍然是一个林业资源缺乏的国家，森林资源总量严重不足，森林生态系统的整体功能还非常脆弱，与社会需求之间的矛盾日益尖锐，林业发展的任务非常繁重。随着经济发展、社会进步和人民生活水平的提高，社会对加快林业发展、改善生态状况的要求越来越迫切，林业在经济社会发展中的地位和作用越来越突出。林业不仅要满足社会对木材等林产品的多样化需求，更要满足改善生态状况、保障国土生态安全的需要，生态需求已成为社会对林业的第一需求。在全面建设小康社会、加快推进社会主义现代化的进程中，必须把林业建设放在更加突出的位置，高度重视和加强林业工作，努力使我国林业有一个大的发展。在贯彻可持续发展战略中，要赋予林业以重要地位；在生态建设中，要赋予林业以首要地位；在西部大开发中，要赋予林业以基础地位。

加快林业发展，要确立以生态建设为主的林业可持续发展道路，建立以森林植被为主体、林草结合的国土生态安全体系，建设山川秀美的生态文明社会，大力保护、培育和合理利用森林资源，实现林业跨越式发展，使林业更好地为国民经济和社会发展服务。加快林业发展要坚持的基本方针是：坚持全国动员，全民动手，全社会办林业；坚持生态效益、经济效益和社会效益相统一，生态效益优先；坚持严格保护、积极发展、科学经营、持续利用森林资源；坚持政府主导和市场调节相结合，实行林业分类经营和管理；坚持尊重自然和经济规律，因地制宜，乔灌草合理配置，城乡林业协调发展；坚持科教兴林和依法治林。

加快林业发展的主要任务是：通过管好现有林，扩大新造林，抓好退耕还林，优化林业结构，增加森林资源，增强森林生态系统的整体功能。力争到2010年，使我国森林覆盖率达到19％以上，大江大河流域的水土流失和主要风沙区的沙漠化有所缓解，全国生态状况整体恶化的趋势得到初步遏制，林业产业结构趋于合理；到2020年，使森林覆盖率达到23％以上，重点地区的生态问题基本解决，全国的生态状况明显改善，林业产业实力显著增强；到2050年，使森林覆盖率达到并稳定在26％以上，基本实现山川秀美，生态状况步入良性循环，林产品供需矛盾得到缓解，建成比较完备的森林生态体系和比较发达的林业产业体系。实现这些目标，必须努力保护好天然林、野生动植物资源、湿地和古树名木；努力营造好主要流域、沙地边缘、沿海地带的水源涵养林、水土保持林、防风固沙林和堤岸防护林；努力绿化好宜林荒山、地埂田头、城乡周围和道渠两旁；努力建设好用材林、经济林、薪炭林和花卉等商品林基地；努力发展好森林公园、城市森林和其他游憩性森林。同时，要加快林业结构调整步伐，提高林业经济效益；加快林业管理体制和经营机制创新，调动社会各方面发展林业的积极性。

要坚持不懈地搞好林业重点工程建设。加大力度实施天然林保护工程，严格天然林采伐管理，进一步保护、恢复和发展长江上游、黄河上中游地区和东北、内蒙古等地区的天然林资源。认真抓好退耕还林（草）工程，切实落实对退耕农民的有关补偿政策，鼓励结合农业结构调整和特色产业开发，发展有市场、有潜力的后续产业，解决好退耕农民的长远生计问题。继续推进"三北"、长江等重点地区的防护林体系工程建设，因地制宜、因害设防，营造各种防护林体系，集中治理好这些地区不同类型的生态灾害。切实搞好京津风沙源治理等防沙治沙工程，通过划定封禁保护区、种树种草、小流域治理、舍饲圈养、生态移民、合理利用水资源等综合措施，保护和增加林草植被，尽快使首都及主要风沙区的风沙危害得到有效遏制。高度重视野生动植物保护及自然保护区工程建设，抓紧抢救濒危珍稀物种，修复典型生态系统，扩大自然保护面积，提高保护水平，切实保护好我国的野生动植物资源、湿地资源和生物多样性。加快建设以速生丰产用材林为主的林业产业基地工程，在条件具备的适宜地区，发展集约林业，加快建设各种用材林和其他商品林基地，增加木材等林产品的有效供给，减轻生态建设压力。

要深入开展全民义务植树运动，采取多种形式发展社会造林。不断丰富和完善义务植树的形式，提高适龄公民履行义务的覆盖面，提高义务植树的实际成效。义务植树要实行属地管理，农村以乡镇为单位、城市以街道为单位，建立健全义务植树登记制度和考核制度。进一步明确部门和单位绿化的责任范围，落实分工负责制，并加强监督检查。绿色通道工程要与道路建设和河渠整治统筹规划，合理布局，加快建设。城市绿化要把美化环境与增强生态功能结合起来，逐步提高建设水平。鼓励军队、社会团体、外商造林和群众造林，形成多主体、多层次、多形式的造林绿化格局。

要加快推进林业产业结构升级。适应生态建设和市场需求的变化，推动产业重组，优化资源配置，加快形成以森林资源培育为基础、以精深加工为带动、以科技进步为支撑的林业产业发展新格局。鼓励以集约经营方式，发展原料林、用材林基地。积极发展木材加工业尤其是精深加工业，延长产业链，实现多次增值，提高木材综合利用率。突出发展名特优新经济林、生态旅游、竹藤花卉、森林食品、珍贵树种和药材培植以及野生动物驯养繁殖等新兴产品产业，培育新的林业经济增长点。充分发挥我国地域辽阔、生物资源和劳动力丰富的优势，大力发展特色出口林产品。

要加强政策扶持，保障林业长期稳定发展。加大政府对林业建设的投入。把公益林业建设、管理和重大林业基础设施建设的投资纳入各级政府的财政预算，并予以优先安排。对关系国计民生的重点生态工程建设，国家财政要重点保证；地方规划的区域性生态工程建设投资，要纳入地方财政预算；部门规划的配套生态工程建设投资，要纳入相关工程的总体预算。森林生态效益补偿基金分别纳入中央和地方财政预算，并逐步增加资金规模。以工代赈、农业综合开发等财政支农资金，也要适当增加对林业建设的投入。对重点地区速生丰产用材林基地建设和珍贵树种用材林建设中的森林防火、病虫害防治和优良种苗的开发推广等社会性、公益性建设，由国家安排部分投资。逐步规范各项生态工程建设的造林补助标准。要加强对林业发展的金融支持。国家继续对林业实行长期限、低利息的信贷扶持政策，具体贷款期限可根据林木的生长周期由银行和企业协商确定，并视情况给予一定的财政贴息。有关金融机构对个人造林育林，要适当放宽贷款条件，扩大面向农户和林业职工的小额信贷和联保贷款。林业经营者可依法以林木抵押申请银行贷款。鼓励林业企业上市融资。

要加大科技兴林的工作力度。重视林业科学基础研究、应用研究和高新技术开发，提高林业的科技创新能力。重点研发林木良种选育、条件恶劣地区造林、重大森林病虫害防治、防沙治沙、森林资源与生态监测、种质资源保存与利用、林农复合经营、林火管理与控制及主要经济林产品加工转化等关键性技术。抓好林业重点实验室、野外重点观测台站、林业科学数据库和林业信息网络建设。林业重点工程建设与林业技术推广要同步设计、同步实施、同步验收。深化林业科技体制改革，国家在扶持基础性、公益性林业科学研究的同时，积极推动非公益性科学研究和技术推广走向市场。鼓励林业科研单位、大专院校和科技人员，通过创办科技型企业、建立科技示范点、开展科技承包和技术咨询服务等形式，加快科技成果转化。要加强林业技术推广服务体系建设，稳定科技工作队伍。对林业科学研究、新技术推广和新产品开发等方面有突出贡献的单位和个人,要给予重奖。完善相关政策,推动林科教、技工贸相结合。积极推进林业标准化工作,建立健全林业质量标准和检验检测体系。不断加强林业科技领域的国际合作。根据林业建设特点,建立各类林业人才教育和培训体系。切实加大对林业职工的培训力度,提高林业建设者的整体素质。

要加强林业法制建设。加快林业立法工作,抓紧制定天然林保护、湿地保护、国有森林资源经营管理、森林林木和林地使用权流转、林业建设资金使用管理、林业工程质量监管、林业重点工程建设等方面的法律法规,并根据新情况对现有法律法规进行修订。加大林业执法力度,严格森林和野生动植物资源保护管理,严厉打击乱砍滥伐林木、乱垦滥占林地、乱捕滥猎野生动物等违法犯罪行为,严禁随意采挖野生植物。加强林业执法监管体系,充实执法监督力量,改善执法监督条件,提高执法监督队伍素质。加强林业法制教育和生态道德教育,为执法人员依法办事创造良好的社会氛围和执法环境。

10.2 搞好林业生态建设工程

为了加强生态建设,整合林业资源,发挥林业在生态环境中重大功能,2000年经国务院批准,国家林业局在原来的17个林业工程项目基础上,系统整合重组形成了国家六大林业生态建设重点工程。该工程全部规划投资7000多亿元,涉及范围覆盖了全国97%以上的县,规划造林任务超过11亿亩。

国家六大林业重点工程,具体包括天然林资源保护工程、退耕还林工程、三北和长江流域防护林体系建设工程、京津风沙源治理工程、野生动植物保护和自然保护区建设工程、速生丰产林基地建设工程。

10.2.1 天然林资源保护工程

天然林资源保护工程于2000年10月经国务院正式批准实施。包括长江上游、黄河上中游地区天然林资源保护工程和东北、内蒙古等重点国有林区天然林资源保护工程两部分。

长江上游、黄河上中游地区天然林资源保护工程实施范围为长江上游地区(以长江三峡库区为界)的云南、四川、贵州、重庆、湖北和西藏6省(自治区、直辖市)和黄河上中游地区(以黄河小浪底库区为界)的陕西、甘肃、青海、宁夏、内蒙古、山西、河南 7 省（自治区），总共 13 个省（自治区、直辖市）。2000—2005 年为第一期工程，以停止天然林采伐、大力建设生态公益林、分流和安置下岗职工为主要内容；2006—2010 年为第二期工程，以保护天然林资源、恢复林草植被为主要内容。

东北、内蒙古等重点国有林区天然林资源保护工程实施范围包括内蒙古、吉林、黑龙江（含大兴安岭）、海南、新疆等 5 个省（自治区）及新疆生产建设兵团的 86 个国有重点森工企业、16 个地方森工企业、23 个县、12 个县级林业局（场）。2000—2003 年为第一期，以调减木材产量、加大森林资源保护力度、妥善分流安置富余职工为主要内容；2004—2010 年为第二期，以保护天然林资源、恢复森林植被、促进经济和社会可持续发展为主要目标。

天然林资源保护工程实施以来，工程区森林面积净增 800 多万公顷，森林蓄积净增 4.6 亿立方米，占全国森林蓄积增长量的 43% 以上；66.5 万名富余职工通过各种途径得到了妥善的分流安置；工程区生态状况明显改善，生物多样性明显增加。

10.2.2 退耕还林工程

退耕还林工程是我国林业建设史上涉及面最广、政策性最强、群众参与度最高的一项生态建设工程。工程实施范围包括除上海、江苏、浙江、福建、山东、广东以外的 25 个省（自治区、直辖市）及新疆生产建设兵团。初步规划 2001—2010 年，退耕地造林 1467 万公顷，宜林荒山荒地造林 1733 万公顷。

退耕还林工程的实施，改善了生态环境，增强了全民的生态意识；国家粮款补助直接增加了退耕农户的收入，同时促进了农村劳动力的转移，拓宽了农民的增收渠道；各地在确保生态目标的同时，积极探索多种生态经济型的治理模式，培育绿色产业，发展特色经济，并大力建设基本农田，发展舍饲圈养和农村能源，走上了"粮下川、林（草）上山、羊进圈"的良性发展道路，促进了农村产业结构的合理调整，为我国可持续发展奠定了重要的基础。

退耕还林工程（含京津风沙源治理工程中的退耕部分）实施以来，全国已累计完成退耕还林面积 2087 万公顷，其中退耕地造林 868 万公顷，宜林荒山荒地造林 1084 万公顷，新封山育林 135 万公顷，3000 多万农户 1.2 亿农民直接受益。退耕还林问题，我们在后面还要专节详细讨论。

10.2.3 "三北"和长江流域防护林体系建设工程

"三北"（即华北、东北、西北）和长江流域防护林体系建设工程，是由"三北"防护林体系建设四期和长江、沿海、珠江防护林以及太行山和平原绿化二期6个单项防护林工程组成。"九五"末期顺利完成了"三北"三期和长江流域防护林五项工程一期的规划建设任务。从2001年起，"三北"防护林工程进入四期建设，长江流域防护林工程进入二期建设，建设期为10年。

"三北"防护林建设工程自1978年以来，经过了长达20多年的建设，已经有效地改善了"三北"地区的生态环境，促进了"三北"地区的经济发展。2001年7月，"三北"防护林体系建设四期工程规划正式批复，建设范围包括东北西部、华北北部和西北大部分地区的北京、天津、河北、山西、内蒙古、辽宁、吉林、黑龙江、陕西、甘肃、青海、宁夏、新疆13个省（自治区、直辖市）的590个县（旗、市、区）和新疆生产建设兵团，规划造林756万公顷，封山育林194万公顷。

长江流域防护林体系建设工程包括长江防护林、沿海防护林、珠江防护林、太行山绿化和平原绿化五个工程。五个工程建设范围包括除中国台湾、中国香港、中国澳门外的31个省（自治区、直辖市）的1500多个县（市、区、旗）。10年（2000—2010）规划造林1749.89万公顷，其中人工造林1088.14万公顷，封山育林597.37万公顷，飞播造林64.38万公顷；规划低效防护林改造630.92万公顷；还相应规划了种苗、生态效益监测、科技示范区建设等基础保障体系建设内容。五个工程2001年全面开始实施，通过几年的建设，已经取得了明显的成效。

"十五"期间，三北及长江流域等重点防护林体系建设工程累计完成近600万公顷的建设任务。据监测，工程区20%的沙化土地得到有效治理，40%的水土流失面积得到有效控制，65%的农田实现了林网化。

10.2.4 京津风沙源治理工程

京津风沙源治理工程区，西起内蒙古的达尔罕茂明安联合旗，东至内蒙古的阿鲁科尔沁旗，南起山西的代县，北至内蒙古的东乌珠穆沁旗。范围涉及北京、天津、河北、山西及内蒙古5省（自治区、直辖市）的75个县（旗、市、区），总面积近 45.8 万平方公里。工程建设期为 10 年，分两个阶段进行，2001—2005 年为第一阶段，2006—2010 年为第二阶段。

工程建设区域划分为四个类型区，即北部干旱草原沙化治理区、浑善达克沙地治理区、农牧交错地带沙化土地治理区、燕山丘陵山地水源保护区。工程建设内容分为造林营林、退耕还林、草地治理、水利配套设施建设和小流域综合治理。到 2010 年，规划营造林总面积 757.32 万公顷；恢复和治理草地面积 1062.78 万公顷，工程区植被覆盖度大幅增加，京津及周边地区生态状况明显好转，沙尘危害减轻。

京津风沙源治理工程实施以来，累计完成各项治理任务 1073 万公顷（含禁牧 566 万公顷）；其中完成林业建设任务 367.12 万公顷。与 2000 年相比，工程区林草植被盖度平均提高了 30%，风沙天气与 2000 年相比平均减少了 17 天，北京城区可吸入颗粒物达标天数增加了 35%。

10.2.5 野生动植物保护及自然保护区建设工程

野生动植物保护及自然保护区建设工程建设的目标是拯救一批国家重点保护的野生动植物，扩大、完善和新建一批国家级自然保护区、禁猎区和种源基地及珍稀植物培育基地，恢复和发展珍稀物种资源，形成一个以自然保护区、重要湿地为主体，布局合理、类型齐全、设施先进、管理高效、具有国际重要影响的自然保护网络。

野生动植物保护及自然保护区建设工程建设分三个阶段：近期为 2001—2010 年，自然保护区面积将达到 1.55 亿公顷，占国土面积的 16.14%；中期为 2011—2030 年，自然保护区面积将达到 1.61 亿公顷，占国土面积的 16.8%；远期为 2031—2050 年，自然保护区面积将达到 1.728 亿公顷，占国土面积的 18%。

野生动植物保护及自然保护区建设工程成效明显。工程实施几年来，新建自然保护区 790 个，使林业系统建设和管理的自然保护区达 1699 个，面积 1.20 亿公顷，占国土面积的 12.5%，分别占全国自然保护区数量和面积的 80%。目前，我国自然保护区面积占国土面积的比重超过了世界平均水平。湿地保护成为亮点，目前，已建立湿地自然保护区 473 个，45% 的自然湿地得到有效保护。

10.2.6 速生丰产用材林基地建设工程

根据森林分类区划的原则，在现有速生丰产用材林基地建设的基础上，在 400 毫米等雨量线以东的粤桂琼闽地区、长江中下游地区、黄河中下游地区（含淮河、海河流域）和东北、内蒙古地区，选择自然条件优越、立地条件好、地势较平缓、不易造成水土流失的地区，大力发展速生丰产林。

工程规划范围涉及河北、内蒙古、辽宁、吉林、黑龙江、江苏、浙江、安徽、福建、江西、山东、河南、湖南、湖北、广东、广西、海南、云南 18 个省（自治区）以及适宜规模发展速丰林的其他地区。建设的总体目标是：到 2015 年，新造和低产林改造 1333 万公顷，提供国内生产用材需求量的 40%，加上现有森林资源的合理采伐利用，使国内木材供需基本趋于平衡。

重点地区速生丰产用材林基地建设工程实施以来，全国累计营造速丰林面积 39.28 万公顷。

除上述六大林业重点工程外，林业生态建设还有绿色通道工程。绿色通道工程建设，坚持因地制宜、宜宽则宽、宜窄则窄的原则，坚持与主体工程同步规划、同步施工、同步验收的要求，坚持与农村产业结构调整、农民增收、重点生态工程建设紧密结合的方向，多部门（系统）齐抓共管、密切配合。"十五"期间，全国绿色通道建设里程达 50 多万公里；湖泊、水库绿化面积 17920 公顷，江河沿岸绿化 18650 公里。在全国 6.1 万公里国家铁路营业线上，宜林铁路 3.73 万公里，已绿化达标 2.03 万公里。

10.3 推进退耕还林

退耕还林是进入 21 世纪以来我国实施的一项重大的生态建设工程，是中央着眼于经济和社会可持续发展全局做出的重大战略决策，对改善我国生态环境和实现可持续发展将产生深远影响。

10.3.1 退耕还林工程的背景和任务

长期以来，我国生态环境边治理边破坏的现象一直十分严重，并呈不断恶化的趋势，加剧了自然灾害，加大了受灾地区的贫困程度，给国民经济和社会发展造成了极大的危害。退耕还林就是从保护和改善生态环境出发，将水土流失严重的耕地，沙化、盐碱化、石漠化严重的耕地以及粮食产量低而不稳的耕地，有计划、有步骤地停止耕种，因地制宜地造林种草，恢复植被。退耕还林是减少水土流失、减轻风沙灾害、改善生态环境的有效措施，是增加农民收入、调整农村产业结构、促进地方经济发展的有效途径，是西部大开发的根本和切入点。

1998年8月修订的《中华人民共和国土地管理法》第三十九条规定："禁止毁坏森林、草原开垦耕地，禁止围湖造田和侵占江河滩地。根据土地利用总体规划，对破坏生态环境开垦、围垦的土地，有计划有步骤地退耕还林、还牧、还湖。"同年10月，基于对长江、松花江特大洪水的反思和我国生态环境建设的需要，中共中央、国务院制定的《关于灾后重建、整治江湖、兴修水利的若干意见》中，把"封山植树、退耕还林"放在灾后重建"三十二字"综合措施的首位，并指出："积极推行封山育林，对过度开垦的土地，有步骤地退耕还林，加快林草植被的恢复建设，是改善生态环境、防治江河水患的重大措施。"1999年，我国粮食产量继1996年、1998年之后第三次跨过1万亿斤大关，全国粮食库存5500亿斤，加上农民手里的存粮4000亿斤，全社会存粮近1万亿斤，相当于全国一年的粮食产量，粮食出现了阶段性、结构性、区域性供大于求的状况。特别是随着改革开放的不断深入，我国综合国力显著增强，财政收入大幅增长，为大规模开展退耕还林奠定了坚实的经济基础和物质基础。四川、陕西、甘肃三省于1999年率先开展了退耕还林试点工作，从此拉开了退耕还林工作的序幕。

退耕还林工程建设范围，包括北京、天津、河北、山西、内蒙古、辽宁、吉林、黑龙江、安徽、江西、河南、湖北、湖南、广西、海南、重庆、四川、贵州、云南、西藏、陕西、甘肃、青海、宁夏、新疆等25个省及新疆生产建设兵团，共1897个县（含市、区、旗）。工程建设任务重点安排西部地区，中部地区突出重点。优先安排江河源头及其两侧、湖库周围的陡坡耕地以及水土流失和风沙危害严重等生态地位重要地区的耕地，确定长江上游地区、黄河上中游地区、京津风沙源区以及重要湖库集水区、红水河流域、黑河流域、塔里木河流域等地区的856个县为工程建设重点县，占全国行政区划县数的29.9%，占工程区总县数的45.1%。

退耕还林工程建设的目标及任务。据国土资源部土地详查数据，退耕还林工程省现有 25 度以上急需治理的陡坡耕地 6600 万亩；工程省 15~25 度坡耕地 1.4 亿亩，其中生态地位重要并急需治理的 1.2 亿亩；工程区现有沙化耕地 1.35 亿亩，其中京津风沙源区、黑河流域、塔里木河流域等生态脆弱地区急需治理的沙化耕地达 4000 多万亩。以上 3 项合计，急需治理的坡耕地和沙化耕地总数约为 2.2 亿亩。据此确定工程建设的目标和任务为：到 2010 年，完成退耕地造林 2.2 亿亩，宜林荒山荒地造林 2.6 亿亩（两类造林均含 1999—2000 年退耕还林试点任务），陡坡耕地基本退耕还林，严重沙化耕地基本得到治理，新增林草植被 4.8 亿亩，工程区林草覆被率增加 4.5 个百分点，工程治理地区的生态环境得到较大改善。

10.3.2 退耕还林工程的政策规定

为了做好退耕还林工作，国务院于 2000 年 9 月颁布了《关于进一步做好退耕还林还草工作的若干意见》，于 2002 年 4 月颁布了《关于进一步完善退耕还林政策措施的若干意见》，于 2003 年 1 月颁布《退耕还林条例》，并自 2003 年 1 月 20 日起施行，对做好退耕还林还草试点工作做出了明确规定。

1. 国务院《关于进一步做好退耕还林还草工作的若干意见》对退耕还林的政策规定

国务院关于进一步做好退耕还林还草工作的若干意见中对退耕还林的政策规定主要是：

加强领导，明确责任，实行省级政府负总责。实行省级政府对退耕还林还草试点工作负总责和市（地）、县（市）政府目标责任制。退耕还林还草试点工作，实行"目标、任务、资金、粮食、责任"五到省。各有关省级政府要确定一位省级领导同志具体负责，并认真组织实施好退耕还林还草试点工作。市（地）、县（市）、乡级政府也要层层落实退耕还林还草试点工作的目标和责任，实行目标管理责任制，层层签订责任状，认真进行检查和考核，确保试点工作顺利实施。国务院各有关部门要根据职能分工，密切配合，共同做好退耕还林还草的有关工作。国务院西部地区开发领导小组办公室负责退耕还林还草工作的综合协调，组织有关部门研究制定退耕还林还草有关政策和办法；国家发改委会同有关部门负责退耕还林还草总体规划的审核、计划的汇总、基建年度计划的编制和综合平衡；财政部负责退耕还林还草中央财政补助资金的安排和监督管理，参与退耕还林还草总体规划、计划的编制；国家林业局负责退耕还林还草工作总体规划、计划的编制，以及工作指导和督促检查监督；农业部负责已垦草场的退耕还草及天然草场的恢复和建设有关规划、计划的编制，以及技术指导和监督检查；水利部负责退耕还林还草地区小流域治理、水土保持等相关工作的技术指导和监督检查；国家粮食局负责粮源的协调和调剂工作。各有关省（自治区、直辖市）、市（地）、县（市）的计划、财政、林业、农业、水利、粮食等部门，要在本级政府的统一领导下，按照各自的职能分工，各司其职、各负其责，密切配合，共同做好工作。

实施退耕还林还草，应坚持"全面规划、分步实施，突出重点、先易后难，先行试点、稳步推进"的原则，有计划、分步骤地进行。各省（自治区、直辖市）政府根据国家核定的试点计划任务，负责编制本地区的年度计划，审批县级实施方案，报国务院有关部门备案。各地必须严格执行计划，不准随意扩大试点范围和增加面积。对于超出试点计划面积的，其粮食、现金和种苗补助，由本地区自行解决。各地退耕还林还草目标的确定，应与改善生态环境、调整农业结构和农民脱贫致富相结合，做好统筹规划和相互衔接，处理好退耕还林还草和农民生计的关系问题。退耕还林还草要坚持政策引导和农民自愿原则，充分尊重农民的意愿。对生产条件较好，粮食产量较高，又不会造成水土流失的耕地，农民不愿退耕的，不得强迫退耕。

要认真落实"退耕还林（草）、封山绿化、以粮代赈、个体承包"的措施，切实把国家无偿向退耕户提供粮食、现金、种苗的补助政策落实到户。国家每年根据退耕面积核定各省（自治区、直辖市）退耕还林还草所需粮食和现金补助总量。粮食和现金的补助年限，先按经济林补助5年，生态林补助8年计算，到期后可根据农民实际收入情况，需要补助多少年再继续补助多少年。要坚持营造生态林为主，而且不许自行砍伐。各部门、各地区要抓紧进行调查研究，对生态林和经济林的比例做出科学的规定，生态林一般应占80%左右。对超过规定比例多种的经济林，只补助种苗费，不补助粮食。退耕户完成现有耕地退耕还林还草后，应继续在宜林荒山荒地造林种草，国家除对退耕地补助粮食外，还将对荒山荒地造林种草所需种苗给予补助。

粮源的组织由省（自治区、直辖市）政府负责，原则上以地方国有粮食企业的商品周转粮为主。当地政府要统一组织粮食的供应，就近调运，组织到乡、到村，兑付到户，减少供应环节，降低供应成本。每亩退耕地每年补助粮食（原粮）的标准，长江上游地区为150公斤，黄河上中游地区为100公斤。

退耕地实际产量超过粮食补助标准，而农民不愿退耕的，要尊重农民自愿，绝不可强迫农民退耕。水土流失严重的地区，需要退耕而实际亩产粮食超过补助标准的，应相应提高补助标准。补助粮食的价款由中央财政承担，调运费用由地方财政承担，都不得向农民分摊。有关补助粮食费用的结算，由财政部门会同粮食部门和农业发展银行办理。

国家给退耕户适当的现金补助。为鼓励农民退耕还林还草，并考虑到农民日常生活需要，国家在一定时期内可给予现金补助。现金补助标准按退耕面积每年每亩20元计算，补助年限与粮食补助年限相同。补助款由国家提供。

国家向退耕户提供造林种草的种苗费补助。种苗费补助标准按退耕还林还草和宜林荒山荒地造林种草每亩50元计算，直接发给农民自行选择采购种苗。补助款由国家提供。

退耕还林还草试点工程的前期工作和科技支撑等方面的费用，按退耕还林还草基本建设投资的一定比例由国家给予补助，由国家发改委根据工程情况在年度计划中适当安排。

实施退耕还林还草的地区，要把退耕还林还草与扶贫开发、农业综合开发、水土保持等政策措施结合起来，对不同渠道的资金，可以统筹安排，综合使用。要调整农业支出结构，统筹安排使用支农资金。实施退耕还林还草地区的财政扶贫资金可重点用于该地区包括基本农田、小型水利在内的基础设施建设和农牧民科技培训、科技推广，提高缓坡耕地和河川耕地的生产能力，提高农民的科技水平，促进退耕还林还草。

要在确定土地所有权和使用权的基础上，实行"谁退耕、谁造林（草）、谁经营、谁受益"的政策，将责权利紧密结合起来，调动农民群众的积极性，使退耕还林还草真正成为农民的自觉行为。农民承包的耕地和宜林荒山荒地，植树种草以后，承包期一律延长到50年，允许依法继承、转让，到期后可按有关法律和法规继续承包。

采取多种形式推进退耕还林还草。有条件的地区可本着协商、自愿的原则，由农村造林专业户、社会团体、企事业单位等租赁、承包退耕还林还草，其利益分配等问题由双方协商解决。鼓励在有条件的地区实行集中连片造林、种草，鼓励个人兴办家庭林场和草场，实行多种经营。

健全种苗生产供应机制，确保种苗的数量和质量。要按市场规律和科学规律办事，加强退耕还林还草的种苗基地建设，做好种苗生产和供应工作。要根据本行政区域内退耕还林还草的总体规划，做好种苗建设规划。林业部门和农业部门要做好对种苗生产、供应的指导、管理工作，切实抓好种苗基地建设。鼓励集体、企业和个人采取多种形式培育种苗，扩大种苗生产能力。要加强种子、苗木检验检疫工作。有关部门要加强种子质量检验工作，及时发现和制止生产、销售不合格种子。加强苗木生产全过程质量管理、检查监督、检验检疫，杜绝伪劣、带病虫害等不合格苗木造林。生产、销售种子和苗木必须有林业或农业部门出具的标签、质量检验证和检疫证，凡是不具备"一签两证"的种子、苗木，不准进入市场。要加强种苗调剂工作。各试点县退耕还林还草所用种苗，要做到尽量在本县内解决，尽量使用乡土和抗逆性强的树草种及新品种。因本地种苗供应不足须从外县调拨的，由林业或农业部门积极组织调剂。要加强种苗市场行政执法力度。坚决制止垄断种苗市场、哄抬种苗价格的行为，严厉打击种苗销售中的不法行为，维护农民合法权益。

依靠科技进步，合理确定林草种结构和植被恢复方式。要根据不同气候水文条件和土地类型进行科学规划，做到因地制宜，乔灌草合理配置，农林牧相互结合。要加强推广应用先进实用科技成果，特别是要推广应用耐旱树草种以及良种壮苗繁育技术、集水保墒技术、植物生长促进剂、干热河谷造林种草技术等，提高造林种草质量。要加强防治林草病虫害的研究和管理，确保林草的健康成长。要在作业设计中科学地确定林种、树种和草种比例。要以分类经营为指导，坚持因地制宜的原则。在水土流失和风沙危害严重、25 度以上的陡坡地段及江河源头、湖库周围、石质山地、山脉顶脊等生态地位重要地区，要全部还生态林草，并做到宜乔则乔、宜灌则灌、宜草则草，乔灌草结合，还林后实行封山管护，还草后实行围栏封育。在立地条件适宜且不易造成水土流失的地方，在保证整体生态效益的前提下，适当发展经济林、用材林和薪炭林。退耕还林还草要确保生态林草的主体地位。要建立科技支撑体系。各地要因地制宜制定退耕还林还草科技保障方案，依据植被地带性分布规律和水资源的承载力，研究乔灌草植被建设的适宜类型、适宜规模与合理布局，确定科学的乔灌草植被结构模式及相应的科技支撑措施。

加强建设管理，确保退耕还林还草顺利开展。做好退耕还林还草的前期工作。要抓紧组织编制县级退耕还林还草实施方案，特别是要做好乡镇作业设计工作。要把退耕还林还草任务落实到山头地块，落实到农户。在地方各级政府对本行政区域内的退耕还林还草实行目标责任制的同时，还要实行项目责任制，确定项目责任人，对退耕还林还草的数量、质量、效益和管理负全责。各试点县（市）都要建立技术承包责任制，认真抓好先进科技成果的推广应用和工程建设质量。可由科技人员对退耕还林还草项目进行技术承包，技术承包人要与试点县（市）签订承包合同，负责技术指导、技术服务，其报酬与工程质量挂钩，实行奖惩制度。

建立规范的退耕还林还草项目管理机制，严格按规划设计、按设计施工、按标准验收、按验收结果兑现政策和奖惩。实行报账制。退耕还林还草任务完成后，由省、县两级政府组织林业、农业等有关部门专业人员，对农户退耕还林还草进行检查验收，农户凭验收卡领取粮食和现金补助，并逐级报账。退耕还林还草任务完成后，由当地林业、农业主管部门进行核实和登记，并由当地政府依法发放林草权属证书，明晰权属，使农民退耕后能安心地从事林草管护和其他生产，并为防止复垦提供法律保障。

建立分级技术培训制度。国家林业局和农业部按各自职能分工，认真抓好试点县的县级主管领导、工程技术骨干等人员的培训工作。各地也要结合工程建设需要，对基层干部和农民进行退耕还林还草方针政策和先进实用技术等方面的培训。

建立信息反馈和定期报告制度，及时、准确地反馈各地试点工作的情况和问题。

严格检查监督，确保退耕还林还草工程质量。国务院有关部门要制定检查验收办法，认真做好监督检查工作。国务院有关部门和省、县两级政府及其有关部门，要通过自查、抽查、核查，认真落实验收工作，并将检查验收结果作为政策兑现的依据。要依据检查结果严格兑现奖惩。对于成绩突出的地方和个人要予以奖励；对未完成任务、质量不合格的，要相应扣减粮食及现金补助；对出现重大问题的，将追究项目责任人及相关人员的责任。要建立退耕还林还草举报制度。有关县、乡政府要公布举报电话，设立举报信箱，接受社会和群众监督。对违法违纪现象，一经核实，要按照有关规定对责任人做出处罚，对举报有功人员给予奖励。

2. 国务院《关于进一步完善退耕还林政策措施的若干意见》对退耕还林的政策规定

国务院关于进一步完善退耕还林政策措施的若干意见中对退耕还林的政策规定主要是：

退耕还林必须遵循的原则是：第一，坚持生态效益优先，兼顾农民吃饭、增收以及地方经济发展；坚持生态建设与生态保护并重，采取综合措施，制止边治理边破坏问题；坚持政策引导和农民自愿相结合，充分尊重农民的意愿；坚持尊重自然规律，科学选择树种；坚持因地制宜，统筹规划，突出重点，注重实效。第二，认真落实"退耕还林、封山绿化、以粮代赈、个体承包"的政策措施，坚持个体承包的机制，实行责权利相结合。必须切实把握"林权是核心，给粮是关键，种苗要先行，干部是保证"这几个主要环节，确保退耕还林取得成功。

进一步明确退耕还林的范围。凡是水土流失严重和粮食产量低而不稳的坡耕地和沙化耕地，应按国家批准的规划实施退耕还林。对需要退耕还林的地方，只要条件具备，应扩大退耕还林规模，能退多少退多少。对生产条件较好，粮食产量较高，又不会造成水土流失的耕地，农民不愿退耕的，不得强迫退耕。

因地制宜，科学制订规划。各省（自治区、直辖市）要依据国家退耕还林工程规划编制省级退耕还林工程规划，明确工程建设的目标任务、建设重点和政策措施。要根据不同气候水文条件和土地类型进行科学规划，做到因地制宜，乔灌草合理配置，农林牧相互结合。在干旱、半干旱地区，重点发展耐旱灌木，恢复原生植被。在雨量充沛，生物生长量高的缓坡地区，可大力发展竹林、速生丰产林。各地在确保地表植被完整，减少水土流失的前提下，可采取林果间作、林竹间作、林药间作、林草间作、灌草间作等多种合理模式还林，立体经营，实现生态效益与经济效益的有效结合。退耕后禁止林粮间作。

及时下达退耕还林任务。为了抓住造林最佳季节，保证工程建设质量，从2002年起，国家将根据退耕还林总体规划在10月31日前下达下一年度计划任务。各省要根据国家下达的年度任务，对水土流失严重的坡耕地、沙化耕地优先安排退耕还林，并根据轻重缓急、合理安排并确定实施退耕还林的工程县（市、区、旗），在接到计划一个月内将年度任务分解下达到各县。要组织编制县级退耕还林工程实施方案，特别是要做好乡镇作业设计，把工程任务落实到山头地块，落实到农户。根据气候条件，在确保完成整地的条件下，允许国家退耕还林年度任务实行滚动安排。

退耕还林要以营造生态林为主，营造的生态林比例以县为核算单位，不得低于80%。对超过规定比例多种的经济林，只给种苗和造林补助费，不补助粮食和现金。

认真落实林权，调动和保护农民退耕还林的积极性。实施退耕还林后，必须确保退耕农户享有在退耕土地和荒山荒地上种植的林木所有权，并依法履行土地用途变更手续，由县级以上人民政府发放权属所有证明。在确定土地所有权和使用权的基础上，实行"谁退耕、谁造林、谁经营、谁受益"的政策。农民承包的耕地和宜林荒山荒地造林以后，承包期一律延长到 50 年，允许依法继承、转让，到期后可按有关法律和法规继续承包。

采取多种形式推进退耕还林。有条件的地区可本着协商、自愿的原则，由农村造林专业户、社会团体、企事业单位等租赁、承包退耕还林，其利益分配等问题由双方协商解决。鼓励在有条件的地区实行集中连片造林，鼓励个人兴办家庭林场，实行多种经营。

国家无偿向退耕户提供粮食、现金补助。粮食和现金补助标准为：长江流域及南方地区，每亩退耕地每年补助粮食（原粮）150 公斤；黄河流域及北方地区，每亩退耕地每年补助粮食（原粮）100 公斤。每亩退耕地每年补助现金 20 元。粮食和现金补助年限，还草补助按 2 年计算；还经济林补助按 5 年计算；还生态林补助暂按 8 年计算。补助粮食（原粮）的价款按每公斤 1.4 元折价计算。补助粮食（原粮）的价款和现金由中央财政承担。

在粮食和现金补助期间，退耕农户在完成现有耕地退耕还林后，必须继续在宜林荒山荒地造林，由县或乡镇统一组织。

国家在下达年度计划的同时，核定各省的粮食补助总量，并下达到各省。对退耕农户只能供应粮食实物，不得以任何形式将补助粮食折算成现金或者代金券发放。

退耕还林补助粮食的调运组织由省级政府负责，原则上以地方国有粮食购销企业的商品周转粮为主，必要时可动用地方储备粮或申请动用中央储备粮。粮源缺口较大时，由国家根据实际情况帮助协调解决。当地政府要统一组织粮食的供应，就近调运，组织到乡，兑现到户，减少供应环节，降低供应成本。

粮食购销企业按顺价销售、不发生新亏损的原则供应粮食。农业发展银行据实收回贷款后，应适当返还粮食企业合理费用。粮食调运等有关费用，由地方政府承担，纳入地方财政预算，不得转嫁到供应粮食的企业和退耕农户。

对退耕农户供应的粮食品种，由省级政府根据当地口粮消费习惯和种植习惯以及当地粮食库存实际情况合理确定。各地可根据退耕户需要供应成品粮。对供应给退耕还林农户的粮食必须进行认真检验，补助粮食必须达到国家规定的质量标准。凡不符合口粮标准的，不得供应给退耕农户。

按报账制办法发放补助粮食。退耕还林第一年，粮食补助可分两次兑付。第一次在完成整地并经县级人民政府指定的主管部门检查验收后，可以预先兑付部分补助粮;第二次待退耕还林成活率验收合格后再兑现补助粮余额。每次兑现补助粮的数量由地方政府确定。以后每年要及时对退耕农户的幼林抚育、管护进行验收,验收合格的要及时发放验收卡,农户凭验收卡到粮食供应点领粮。承担粮食供应任务的企业要根据县级人民政府指定的主管部门的检查验收凭证,按国家确定的补助标准,向退耕户发放粮食。有关补助费用的结算办法,由省级财政部门会同粮食部门和农业发展银行进一步修改完善。

国家向退耕户提供种苗和造林费补助。退耕还林、宜林荒山荒地造林的种苗和造林费补助款由国家提供,国家发改委在年度计划中安排。种苗和造林费补助标准按退耕地和宜林荒山荒地造林每亩50元计算。尚未承包到户及休耕的坡耕地,不纳入退耕还林兑现钱粮补助政策的范围,但可作宜林荒山荒地造林,按每亩50元标准给予种苗和造林费补助。干旱、半干旱地区若遇连年干旱等特大自然灾害确需补植或重新造林的,经国家林业局核实后,国家酌情给予补助。

退耕还林种苗和造林补助费发放方式,由各省根据实际情况确定。在尊重退耕农户意愿的前提下,退耕农户与种苗供应方签订书面合同,并在造林验收后,由种苗供应单位与退耕农户结算种苗补助费。任何单位和个人不得为退耕农户指定种苗供应商。种苗和造林补助费,只能用于种苗、造林补助和封育管护等支出,不得挪作他用。

种苗的数量充足、质量优良、品种对路,是实施退耕还林的必要前提和基础条件,必须先行建设、超前准备。各地区和各有关部门都要提前做好种苗的生产培育,组织好种苗的供应。林业主管部门负责做好种苗建设规划,切实抓好种苗和采种基地建设。种苗生产供应要从实际出发,采取多种形式,走产业化经营的路子,积极鼓励农户育苗,促进农业结构调整和农民增收。要发挥国有苗圃龙头企业作用,组织和带动农民发展苗木产业,扩大种苗生产能力。林业主管部门要负责提供种苗调运、栽培管理方面的技术指导和技术服务,加强种苗质量和疫病检验检测工作,确保种苗供应单位和育苗专业户按规定的树种、数量、质量提供退耕还林所需的合格种苗。有关部门要加强种苗市场、价格的规范管理和监督检查。对生产、销售的种苗必须有林业部门出具的标签、质量检验证和检疫证,凡是不具备"一签两证"的种苗,不准进入市场。坚决制止垄断经营种苗和哄抬种苗价格的行为,严厉打击种苗销售中的不法行为,维护农民合法权益。

为了加强生态保护和建设,要结合退耕还林工程开展生态移民、封山绿化。对居住在生态地位重要、生态环境脆弱、已丧失基本生存条件地区的人口实行生态移民。对迁出区内的耕地全部退耕、草地全部封育，实行封山育林育草，恢复林草植被。中央对生态移民生产生活设施建设给予补助。地方政府要搞好迁入地的生产生活设施建设，对生态移民的农户给予妥善安置，解决好他们的生计问题。有条件的地方，要把生态移民与小城镇建设结合起来。

为保护好现有林草植被，巩固生态环境建设成果，各地区要结合退耕还林及天然林资源保护工程的实施，积极开展农村能源建设，从各地实际出发，大力发展沼气、小水电、太阳能、风能以及营造薪炭林等。沼气池建设要逐步标准化、规范化，走产业化发展道路。中央对农村能源建设给予适当补助。

退耕还林后必须实行封山禁牧、舍饲圈养。退耕还林的农户，要保证造林的成活率、保存率，管护好林地和草地不受破坏。要彻底改变牲畜饲养方式，实行舍饲圈养，严禁牲畜对林草植被的破坏。要根据当地实际情况，制定切实可行的管理办法，加大执法力度。禁止采集发菜、滥挖甘草等人为破坏林草植被行为。

加强川地、缓坡耕地的农田基本建设，提高粮食单产，解除农民退耕后吃粮的后顾之忧，扩大陡坡耕地的退耕空间，切实做到"树上山，粮下川"。实施退耕还林的地区，要将扶贫开发、农业综合开发、水土保持、生态环境综合治理等不同渠道的资金统筹安排，综合使用。

退耕还林的地区，要结合生态建设，大力调整农村产业结构，发展龙头企业和支柱产业，开辟新的生产门路。要制定优惠政策吸引企业及社会各界参与生态环境建设，积极推广"公司加农户"，"工厂加基地"等做法，为农产品建立稳定的市场渠道，努力增加农民收入。

加强组织领导和监督检查，确保退耕还林工作顺利进行。退耕还林是一项十分复杂的系统工程，广大干部特别是基层干部必须切实转变作风，深入基层，不折不扣地贯彻落实国家有关退耕还林的政策，组织群众做好退耕还林工作，要加强监督检查，务必注重实效，反对形式主义，及时发现和解决存在的问题。要进一步提高认识，统一思想。各级领导干部要进一步提高对退耕还林重大意义的认识，本着实事求是、因地制宜的原则，正确处理好生态效益与经济效益的关系、当前与长远的关系，真正把退耕还林这项"功在当代，利在千秋"的大事抓紧抓好。

退耕还林实行"目标、任务、资金、粮食、责任"五到省，省级政府对工程负总责。各省级政府须确定一位省级领导同志具体负责，并认真组织实施好退耕还林工作。各级政府要切实把退耕还林工作列入重要议事日程，加强领导，及时研究解决实施中的重大问题。各省级政府要层层落实工程建设的目标和责任，层层签订责任状，并认真进行检查和考核。

各省西部开发办和计划、财政、林业、粮食等部门，要在本级政府的统一领导下，按照各自的职能分工，各司其职、各负其责，密切配合，充分发挥部门优势，共同做好工作。

退耕还林工程的规划、作业设计等前期工作费用和科技支撑费用，国家给予适当补助，由国家计委根据工程建设情况在年度计划中安排。前期工作费用和科技支撑费用的有关管理办法，由国务院有关部门另行制定。

退耕还林地方所需检查验收、兑现等费用由地方承担，国家有关部门的核查经费由中央承担。

各省级政府、各县级政府要认真组织好县级自查、省级抽查工作，县级验收结果作为补助政策兑现的直接依据。有关部门要加强对退耕还林补助资金拨付、使用情况的监督检查，特别是要充分发挥审计等监督部门的作用。退耕还林粮食、现金补助兑现情况，要纳入乡村政务公开的内容，张榜公布，接受群众监督，防止冒领，杜绝贪污。要建立退耕还林举报制度，公布举报电话、设立举报箱，接受社会监督。对违法违纪现象，一经核实，要按照有关规定对责任人做出处罚，并奖励举报有功人员。

3. 国务院《退耕还林条例》对退耕还林的政策规定

国务院颁发的退耕还林条例，对退耕还林的政策规定做出了进一步细化，主要是：

各级政府应当严格执行"退耕还林、封山绿化、以粮代赈、个体承包"的政策措施。

退耕还林必须坚持生态优先。退耕还林应当与调整农村产业结构、发展农村经济，防治水土流失、保护和建设基本农田、提高粮食单产，加强农村能源建设，实施生态移民相结合。

退耕还林应当遵循下列原则：（一）统筹规划、分步实施、突出重点、注重实效；（二）政策引导和农民自愿退耕相结合，谁退耕、谁造林、谁经营、谁受益；（三）遵循自然规律，因地制宜，宜林则林，宜草则草，综合治理；（四）建设与保护并重，防止边治理边破坏；（五）逐步改善退耕还林者的生活条件。

国务院西部开发工作机构负责退耕还林工作的综合协调，组织有关部门研究制定退耕还林有关政策、办法，组织和协调退耕还林总体规划的落实；国务院林业行政主管部门负责编制退耕还林总体规划、年度计划，主管全国退耕还林的实施工作，负责退耕还林工作的指导和监督检查；国务院发展计划部门会同有关部门负责退耕还林总体规划的审核、计划的汇总、基建年度计划的编制和综合平衡；国务院财政主管部门负责退耕还林中央财政补助资金的安排和监督管理；国务院农业行政主管部门负责已垦草场的退耕还草以及天然草场的恢复和建设有关规划、计划的编制，以及技术指导和监督检查；国务院水行政主管部门负责退耕还林还草地区小流域治理、水土保持等相关工作的技术指导和监督检查；国务院粮食行政管理部门负责粮源的协调和调剂工作。县级以上地方人民政府林业、计划、财政、农业、水利、粮食等部门在本级人民政府的统一领导下，按照本条例和规定的职责分工，负责退耕还林的有关工作。

国家对退耕还林实行省、自治区、直辖市人民政府负责制。省、自治区、直辖市政府应当组织有关部门采取措施，保证退耕还林中央补助资金的专款专用，组织落实补助粮食的调运和供应，加强退耕还林的复查工作，按期完成国家下达的退耕还林任务，并逐级落实目标责任，签订责任书，实现退耕还林目标。

退耕还林实行目标责任制。县级以上地方各级政府有关部门应当与退耕还林工程项目负责人和技术负责人签订责任书，明确其应当承担的责任。

国家支持退耕还林应用技术的研究和推广，提高退耕还林科学技术水平。

国务院有关部门和地方各级政府应当组织开展退耕还林活动的宣传教育，增强公民的生态建设和保护意识。在退耕还林工作中做出显著成绩的单位和个人，由国务院有关部门和地方各级人民政府给予表彰和奖励。

任何单位和个人都有权检举、控告破坏退耕还林的行为。有关政府及其有关部门接到检举、控告后，应当及时处理。

各级审计机关应当加强对退耕还林资金和粮食补助使用情况的审计监督。

退耕还林应当统筹规划。退耕还林总体规划由国务院林业行政主管部门编制，经国务院西部开发工作机构协调、国务院发展计划部门审核后，报国务院批准实施。省、自治区、直辖市政府林业行政主管部门根据退耕还林总体规划会同有关部门编制本行政区域的退耕还林规划，经本级人民政府批准，报国务院有关部门备案。

退耕还林规划应当包括下列主要内容：（一）范围、布局和重点；（二）年限、目标和任务；（三）投资测算和资金来源；（四）效益分析和评价；（五）保障措施。

下列耕地应当纳入退耕还林规划，并根据生态建设需要和国家财力有计划地实施退耕还林：（一）水土流失严重的；（二）沙化、盐碱化、石漠化严重的；（三）生态地位重要、粮食产量低而不稳的。江河源头及其两侧、湖库周围的陡坡耕地以及水土流失和风沙危害严重等生态地位重要区域的耕地，应当在退耕还林规划中优先安排。

基本农田保护范围内的耕地和生产条件较好、实际粮食产量超过国家退耕还林补助粮食标准并且不会造成水土流失的耕地，不得纳入退耕还林规划；但是，因生态建设特殊需要，经国务院批准并依照有关法律、行政法规规定的程序调整基本农田保护范围后，可以纳入退耕还林规划。

制定退耕还林规划时，应当考虑退耕农民长期的生计需要。

退耕还林规划应当与国民经济和社会发展规划、农村经济发展总体规划、土地利用总体规划相衔接，与环境保护、水土保持、防沙治沙等规划相协调。

退耕还林必须依照经批准的规划进行。未经原批准机关同意，不得擅自调整退耕还林规划。

省、自治区、直辖市政府林业行政主管部门根据退耕还林规划，会同有关部门编制本行政区域下一年度退耕还林计划建议，由本级人民政府发展计划部门审核，并经本级人民政府批准后，于每年 8 月 31 日前报国务院西部开发工作机构、林业、发展计划等有关部门。国务院林业行政主管部门汇总编制全国退耕还林年度计划建议，经国务院西部开发工作机构协调，国务院发展计划部门审核和综合平衡，报国务院批准后，由国务院发展计划部门会同有关部门于 10 月 31 日前联合下达。

省、自治区、直辖市人民政府发展计划部门会同有关部门根据全国退耕还林年度计划，于 11 月 30 日前将本行政区域下一年度退耕还林计划分解下达到有关县（市）人民政府，并将分解下达情况报国务院有关部门备案。

省、自治区、直辖市人民政府林业行政主管部门根据国家下达的下一年度退耕还林计划，会同有关部门编制本行政区域内的年度退耕还林实施方案，经国务院林业行政主管部门审核后，报本级人民政府批准实施。

县级人民政府林业行政主管部门可以根据批准后的省级退耕还林年度实施方案，编制本行政区域内的退耕还林年度实施方案，报本级人民政府批准后实施，并报省、自治区、直辖市人民政府林业行政主管部门备案。

年度退耕还林实施方案，应当包括下列主要内容：（一）退耕还林的具体范围；（二）生态林与经济林比例；（三）树种选择和植被配置方式；（四）造林模式；（五）种苗供应方式；（六）植被管护和配套保障措施；（七）项目和技术负责人。

县级人民政府林业行政主管部门应当根据年度退耕还林实施方案组织专业人员或者有资质的设计单位编制乡镇作业设计，把实施方案确定的内容落实到具体地块和土地承包经营权人。

编制作业设计时，干旱、半干旱地区应当以种植耐旱灌木（草）、恢复原有植被为主；以间作方式植树种草的，应当间作多年生植物，主要林木的初植密度应当符合国家规定的标准。

退耕土地还林营造的生态林面积，以县为单位核算，不得低于退耕土地还林面积的80%。

退耕还林营造的生态林，由县级以上地方人民政府林业行政主管部门根据国务院林业行政主管部门制定的标准认定。

县级人民政府或者其委托的乡级人民政府应当与有退耕还林任务的土地承包经营权人签订退耕还林合同。退耕还林合同应当包括下列主要内容：（一）退耕土地还林范围、面积和宜林荒山荒地造林范围、面积；（二）按照作业设计确定的退耕还林方式；（三）造林成活率及其保存率；（四）管护责任；（五）资金和粮食的补助标准、期限和给付方式；（六）技术指导、技术服务的方式和内容；（七）种苗来源和供应方式；（八）违约责任；（九）合同履行期限。退耕还林合同的内容不得与本条例以及国家其他有关退耕还林的规定相抵触。

退耕还林需要的种苗，可以由县级人民政府根据本地区实际组织集中采购，也可以由退耕还林者自行采购。集中采购的，应当征求退耕还林者的意见，并采用公开竞价方式，签订书面合同，超过国家种苗造林补助费标准的，不得向退耕还林者强行收取超出部分的费用。任何单位和个人不得为退耕还林者指定种苗供应商。禁止垄断经营种苗和哄抬种苗价格。退耕还林所用种苗应当就地培育、就近调剂，优先选用乡土树种和抗逆性强树种的良种壮苗。林业、农业行政主管部门应当加强种苗培育的技术指导和服务的管理工作，保证种苗质量。销售、供应的退耕还林种苗应当经县级人民政府林业、农业行政主管部门检验合格，并附具标签和质量检验合格证；跨县调运的，还应当依法取得检疫合格证。省、自治区、直辖市人民政府应当根据本行政区域的退耕还林规划，加强种苗生产与采种基地的建设。国家鼓励企业和个人采取多种形式培育种苗，开展产业化经营。

退耕还林者应当按照作业设计和合同的要求植树种草。禁止林粮间作和破坏原有林草植被的行为。退耕还林者在享受资金和粮食补助期间，应当按照作业设计和合同的要求在宜林荒山荒地造林。

县级人民政府应当建立退耕还林植被管护制度，落实管护责任。退耕还林者应当履行管护义务。禁止在退耕还林项目实施范围内复耕和从事滥采、乱挖等破坏地表植被的活动。

地方各级人民政府及其有关部门应当组织技术推广单位或者技术人员，为退耕还林提供技术指导和技术服务。

县级人民政府林业行政主管部门应当按照国务院林业行政主管部门制定的检查验收标准和办法，对退耕还林建设项目进行检查验收，经验收合格的，方可发给验收合格证明。省、自治区、直辖市人民政府应当对县级退耕还林检查验收结果进行复查，并根据复查结果对县级人民政府和有关责任人员进行奖惩。国务院林业行政主管部门应当对省级复查结果进行核查，并将核查结果上报国务院。

国家按照核定的退耕还林实际面积，向土地承包经营权人提供补助粮食、种苗造林补助费和生活补助费。具体补助标准和补助年限按照国务院有关规定执行。尚未承包到户和休耕的坡耕地退耕还林的，以及纳入退耕还林规划的宜林荒山荒地造林，只享受种苗造林补助费。种苗造林补助费和生活补助费由国务院计划、财政、林业部门按照有关规定及时下达、核拨。补助粮食应当就近调运，减少供应环节，降低供应成本。粮食补助费按照国家有关政策处理。粮食调运费用由地方财政承担，不得向供应补助粮食的企业和退耕还林者分摊。省、自治区、直辖市人民政府应当根据当地口粮消费习惯和农作物种植习惯以及当地粮食库存实际情况合理确定补助粮食的品种。补助粮食必须达到国家规定的质量标准。不符合国家质量标准的，不得供应给退耕还林者。

退耕土地还林的第一年，该年度补助粮食可以分两次兑付，每次兑付的数量由省、自治区、直辖市人民政府确定。从退耕土地还林第二年起，在规定的补助期限内，县级人民政府应当组织有关部门和单位及时向持有验收合格证明的退耕还林者一次兑付该年度补助粮食。兑付的补助粮食，不得折算成现金或者代金券。供应补助粮食的企业不得回购退耕还林补助粮食。

种苗造林补助费应当用于种苗采购，节余部分可以用于造林补助和封育管护。退耕还林者自行采购种苗的，县级人民政府或者其委托的乡级人民政府应当在退耕还林合同生效时一次付清种苗造林补助费。集中采购种苗的，退耕还林验收合格后，种苗采购单位应当与退耕还林者结算种苗造林补助费。

退耕土地还林后，在规定的补助期限内，县级人民政府应当组织有关部门及时向持有验收合格证明的退耕还林者一次付清该年度生活补助费。

退耕还林资金实行专户存储、专款专用，任何单位和个人不得挤占、截留、挪用和克扣。任何单位和个人不得弄虚作假、虚报冒领补助资金和粮食。

退耕还林所需前期工作和科技支撑等费用，国家按照退耕还林基本建设投资的一定比例给予补助，由国务院发展计划部门根据工程情况在年度计划中安排。退耕还林地方所需检查验收、兑付等费用，由地方财政承担。中央有关部门所需核查等费用，由中央财政承担。

实施退耕还林的乡（镇）、村应当建立退耕还林公示制度，将退耕还林者的退耕还林面积、造林树种、成活率以及资金和粮食补助发放等情况进行公示。

国家保护退耕还林者享有退耕土地上的林木（草）所有权。自行退耕还林的，土地承包经营权人享有退耕土地上的林木（草）所有权；委托他人还林或者与他人合作还林的，退耕土地上的林木（草）所有权由合同约定。退耕土地还林后，由县级以上人民政府依照森林法、草原法的有关规定发放林（草）权属证书，确认所有权和使用权，并依法办理土地变更登记手续。土地承包经营合同应当作相应调整。

退耕土地还林后的承包经营权期限可以延长到 70 年。承包经营权到期后，土地承包经营权人可以依照有关法律、法规的规定继续承包。退耕还林土地和荒山荒地造林后的承包经营权可以依法继承、转让。

资金和粮食补助期满后，在不破坏整体生态功能的前提下，经有关主管部门批准，退耕还林者可以依法对其所有的林木进行采伐。

地方各级人民政府应当加强基本农田和农业基础设施建设，增加投入，改良土壤，改造坡耕地，提高地力和单位粮食产量，解决退耕还林者的长期口粮需求。地方各级人民政府应当根据实际情况加强沼气、小水电、太阳能、风能等农村能源建设，解决退耕还林者对能源的需求。地方各级人民政府应当调整农村产业结构，扶持龙头企业，发展支柱产业，开辟就业门路，增加农民收入，加快小城镇建设，促进农业人口逐步向城镇转移。国家鼓励在退耕还林过程中实行生态移民，并对生态移民农户的生产、生活设施给予适当补助。

退耕还林后，有关地方人民政府应当采取封山禁牧、舍饲圈养等措施，保护退耕还林成果。

退耕还林应当与扶贫开发、农业综合开发和水土保持等政策措施相结合，对不同性质的项目资金应当在专款专用的前提下统筹安排，提高资金使用效益。

国家工作人员在退耕还林活动中违反本条例的规定，有下列行为之一的，依照刑法关于贪污罪、受贿罪、挪用公款罪或者其他罪的规定，依法追究刑事责任；尚不够刑事处罚的，依法给予行政处分：（一）挤占、截留、挪用退耕还林资金或者克扣补助粮食的；（二）弄虚作假、虚报冒领补助资金和粮食的；（三）利用职务上的便利收受他人财物或者其他好处的。国家工作人员以外的其他人员有上述第（二）项行为的，依照刑法关于诈骗罪或者其他罪的规定，依法追究刑事责任；尚不够刑事处罚的，由县级以上人民政府林业行政主管部门责令退回所冒领的补助资金和粮食，处以冒领资金额2倍以上5倍以下的罚款。

国家机关工作人员在退耕还林活动中违反本条例的规定，有下列行为之一的，由其所在单位或者上一级主管部门责令限期改正，退还分摊的和多收取的费用，对直接负责的主管人员和其他直接责任人员，依照刑法关于滥用职权罪、玩忽职守罪或者其他罪的规定，依法追究刑事责任；尚不够刑事处罚的，依法给予行政处分：（一）未及时处理有关破坏退耕还林活动的检举、控告的；（二）向供应补助粮食的企业和退耕还林者分摊粮食调运费用的；（三）不及时向持有验收合格证明的退耕还林者发放补助粮食和生活补助费的；（四）在退耕还林合同生效时，对自行采购种苗的退耕还林者未一次付清种苗造林补助费的；（五）集中采购种苗的，在退耕还林验收合格后，未与退耕还林者结算种苗造林补助费的；（六）集中采购的种苗不合格的；（七）集中采购种苗的，向退耕还林者强行收取超出国家规定种苗造林补助费标准的种苗费的；（八）为退耕还林者指定种苗供应商的；（九）批准粮食企业向退耕还林者供应不符合国家质量标准的补助粮食或者将补助粮食折算成现金、代金券支付的；（十）其他不依照本条例规定履行职责的。

采用不正当手段垄断种苗市场，或者哄抬种苗价格的，依照刑法关于非法经营罪、强迫交易罪或者其他罪的规定，依法追究刑事责任；尚不够刑事处罚的，由工商行政管理机关依照反不正当竞争法的规定处理；反不正当竞争法未作规定的，由工商行政管理机关处以非法经营额2倍以上5倍以下的罚款。销售、供应未经检验合格的种苗或者未附具标签、质量检验合格证、检疫合格证的种苗的，依照刑法关于生产、销售伪劣种子罪或者其他罪的规定，依法追究刑事责任；尚不够刑事处罚的，由县级以上人民政府林业、农业行政主管部门或者工商行政管理机关依照种子法的规定处理；种子法未作规定的，由县级以上人民政府林业、农业行政主管部门依据职权处以非法经营额 2 倍以上 5 倍以下的罚款。

供应补助粮食的企业向退耕还林者供应不符合国家质量标准的补助粮食的，由县级以上人民政府粮食行政管理部门责令限期改正，可以处非法供应的补助粮食数量乘以标准口粮单价 1 倍以下的罚款。供应补助粮食的企业将补助粮食折算成现金或者代金券支付的，或者回购补助粮食的，由县级以上人民政府粮食行政管理部门责令限期改正，可以处折算现金额、代金券额或者回购粮食价款 1 倍以下的罚款。

退耕还林者擅自复耕，或者林粮间作、在退耕还林项目实施范围内从事滥采、乱挖等破坏地表植被的活动的，依照刑法关于非法占用农用地罪、滥伐林木罪或者其他罪的规定，依法追究刑事责任；尚不够刑事处罚的，由县级以上人民政府林业、农业、水利行政主管部门依照森林法、草原法、水土保持法的规定处罚。

10.3.3 巩固退耕还林成果

退耕还林工程自 1999 年试点启动以来，建设成效显著，初步产生了良好的生态、经济和社会效益。一是退耕还林工程区林草覆盖率平均增加 2 个多百分点，局部地区生态环境得到明显改善，水土流失和风沙危害状况明显减轻。二是国家补助钱粮直接增加了近 1 亿农民的收入。同时，将农民从耕种坡耕地和沙化耕地中解放出来，腾出劳力从事多种经营和副业生产以及外出务工，拓宽了增收渠道。三是改变了传统的种植习惯，调整了不合理的土地利用结构，促进了农村产业结构调整，加快了地方经济发展。四是通过广泛宣传发动和工程的实施，大大增强了广大干部群众的生态意识。

几年来的实践证明，退耕还林既是改善生态环境的重大举措，也是促进农村结构调整，改变不合理的生产方式，直接增加农民收入的有效途径，受到了农民的普遍欢迎，被称为政府的"德政"工程、"民心"工程。但是，由于退耕还林工程建设周期较长，实施时间不长，退耕还林的一些后续性问题开始显现，如果处理不当，会影响到"退得下、稳得住、不反弹"的目标。一是退耕农户约束机制的问题。退耕还林是一项涉及面广，参与人数多的系统工程，如上所述，国家对工程十分重视，制定了一系列政策，特别是对地方政府相关部门的约束机制较为完善；但对退耕农户的约束机制不完善，特别是退耕后出现抚育管护不力、复耕复垦、林粮间作等问题缺乏可行的约束机制，这对巩固退耕还林成果不利。二是后续产业发展问题。一些地方在退耕还林工程实施中对其后续产业的发展重视不够，只着眼于争眼前的退耕还林的指标和补助政策，而忽视退耕还林5年或8年后农民的生计问题。表现为：缺乏退耕还林的总体规划；退耕还林工作没有与基本农田建设、农村能源建设、生态移民、封山禁牧、发展后续产业等相结合；对补助到期后的农民吃饭、烧柴及增收等问题缺乏全面的考虑，国家补助到期后，存在"退林还田"的风险。三是种苗补助标准偏低问题。退耕还林必须使用良种壮苗；造林密度必须达到技术标准，对一般树种造林每亩50元的补助标准能勉强维持，但对栽植新品种，如优质杂交竹、无性系茶苗等种苗费补助费与成本差距较大，加之有些地区持续冬干、春旱，初植造林成活率低，需要多次补植才能保证成活率，增加了退耕还林补植工作量和种苗费用，而国家又无后续资金，增加的补植苗木费用较高，农民往往无力承担。四是管理维护工作跟不上的问题。国家对退耕还林工程没有工程管理经费，工程总体规划、作业设计、年度检查验收、建档立卡、宣传发动、技术培训等费用地方难以支付。随着林地面积的增加和林草植被的恢复，退耕还林工程区的林木管护、建立完善基层的护林防火机构和队伍、配备必要的灭火设备等问题会越来越突出。五是退耕还林工程补助期满后农民的生计问题。国家退耕还林政策规定，退耕还林生态林补助期限为8年，经济林补助期限为5年。有些地区在这一补助期满后难以见到效益，难以维持农民的生计。六是剩余劳动力增多的问题。退耕还林还草后，一些地区的耕地面积大量减少，剩余劳动力增多，这部分剩余劳动力，本身文化程度低、无技术，加之县、乡、村技术培训和组织不力，外出从事工副业生产的人很少，造成劳动力资源的严重浪费。七是退耕还林成活率较低的问题。退耕还林的质量是退耕工作健康发展的保障。据一些地方反映，因土壤瘠薄、水土流失严重，水分蒸发量大大高于降水量，加之水利设施建设又未能及时跟上，造成退耕造林难度大，苗木成活率低，年年补植见效低，故解决水源问题是确保这类地区退耕还林（草）成活率、提高造林质量的重要保证。八是退耕政策兑现不尽人意的问题。保护农民利益和积极性，关键要保证政策兑现。有些地区退耕户不时反映，兑现不及时，兑现的粮食质量差，工作人员态度不好等。还有个别地方法制观念淡薄，截留农民退耕还林粮款的现象也有发生。九是退耕还林的范围问题。退耕还林是国家重点生态建设工程,是减少水土流失、防止风沙危害、改善生态环境的关键措施。但有些地方把不符合退耕还林条件的地块纳入了退耕还林范围,有的甚至把基本农田也纳入了退耕还林的范围,违背了退耕还林的初衷,带来了一些不利影响。

为切实保护和巩固退耕还林成果,实现"退得下、还得上、稳得住、不反弹"的目标,应采取切实可行的综合配套措施,在治理水土流失、改善生态状况的同时逐步改善退耕还林者的生活条件,确保大规模、大范围的退耕还林能做到政策补助到期后不毁林毁草。一是要切实落实各项配套措施。积极协调、配合有关部门落实相关配套措施,将退耕还林与加强基本农田建设、农村能源建设、生态移民、封山禁牧、舍饲圈养、扶贫开发、农业综合开发和水土保持等措施相结合,妥善解决退耕农民的吃饭、烧柴和增收等长远生计问题。二是要扶持工程区大力发展后续产业,调整农村产业结构。研究完善对工程区后续产业发展的指导意见,通过扶植农业产业化龙头企业、多渠道增加对后续产业发展资金扶持、加强农村社会化服务体系建设,切实引导退耕还林工程区结合工程建设调整产业结构、培植和发展能使退耕农民稳定受益的后续产业。三是要遵循自然规律和经济规律,有效保护并科学利用退耕还林还草成果。退耕还林后,按国家和地方的林业区划,认定退耕还林地的生态脆弱等级与生态地位等级,从而确定退耕还林地的经营利用强度和方式。对划定的生态地位重要、生态脆弱地段的生态林,严格禁止采伐,但国家应给予一定的经济补偿;对其他退耕还林形成的林草,应允许退耕还林者在不影响生态效益发挥的情况下,按照市场经济规律处置其所有权和使用权,不断从经营中获得收益。四是要鼓励退耕还林地区转移农村劳动力。通过强化职业技术培训,提高落后地区农村劳动力的文化素质和职业技能。引导和鼓励农村剩余劳动力向城镇转移,减轻农民对坡耕地和沙化耕地的依赖程度。五是退耕还生态林补助到期后,对经济发展落后的地区和生活水平下降的退耕还林者,进一步研究制定新的补助政策。

10.4 加强森林病虫害防治

我国是一个森林病虫害多发的国家,大量发生的病虫害对林业生态建设构成了直接威胁。加强森林病虫害防治,是林业生态建设的重要任务,也是促进林业生态建设健康发展和可持续发展的重要措施。

10.4.1 森林病虫害基本情况

据国家林业局调查，我国共有森林病虫鼠害 8000 余种，其中虫害 5020 种，病害 2918 种，鼠类 160 余种。在全国成灾的森林病虫鼠害有 100 余种。据统计，从 20 世纪 50—80 年代，我国森林病虫鼠害发生面积呈每 10 年翻一番的增长势态。50 年代平均每年森林病虫鼠害发生面积为 85.77 万公顷，60 年代为 144.26 万公顷，70 年代为 365.26 万公顷，80 年代为 847.29 万公顷。其后，全国每年森林病虫鼠害发生面积均在 800 万公顷左右。此外，还有近千万公顷的林业有害植物以及荒漠植被、天然次生林病虫害。据 1999 年的专项调查，因病虫危害致死树木 4 亿多株，折合面积达 375 万亩，相当于每年人工造林面积的 6%。每年因森林病虫危害而减少林木生长量 1700 多万立方米，仅直接经济损失达 100 多亿元。

在我国的森林病虫鼠害中，目前危害最严重的病害是松材线虫病；虫害有以光肩星天牛为主的杨树蛀干害虫，红脂大小蠹，松毛虫，日本松干蚧，松叶蜂纵坑切梢小蠹，松突圆蚧，美国白蛾，以及以春尺蠖、杨扇舟蛾、杨小舟蛾为主的杨树食叶害虫；森林害鼠有棕背䶄、红背䶄、中华鼢鼠和大沙鼠等；有害植物有紫茎泽兰、微甘菊等。

松材线虫病国外分布是日本、韩国、美国、加拿大、墨西哥、葡萄牙等国。我国大陆于 1982 年在江苏南京黑松上首次发现松材线虫病。目前在江苏、浙江、安徽、广东、湖北、山东、上海、广西、重庆、福建等 10 省严重发生。此外，在我国台湾和中国香港地区也有分布。松材线虫病寄主种类较多，其中以松属树种为主，亦有少数非松属树种。据研究，在自然条件下能分离到松材线虫的植物有 49 种，人工接种后能分离到松材线虫的植物有 21 种，共 70 种（松属 57 种，其他 13 种）。松材线虫病也称为"松树的癌症"，对我国松林的威胁极大，具有发病速度快、症状类型多、防治困难、传播蔓延迅速等特点。由于松材线虫和松褐天牛大部分时间均在寄主树干内取食、危害，松树一旦感病很难治愈，最快的一个多月即可枯死。在 25℃条件下，松材线虫 4~5 天便可完成一代，繁殖迅速并很快分散到寄主的各个部位。一般松林从染病到毁灭需 3~5 年时间。但在我国，绝大多数松树感病后当年秋季即表现出整株枯死的典型症状，也有翌年枯死和枝条枯死现象。松材线虫病主要靠传播媒介昆虫扩散和人为运输和携带罹病木材及其制品传播来完成。在我国，主要传媒昆虫为松褐天牛,该虫广泛分布于河北以南的广大地区,使松材线虫的自然扩散具备了一定的先天传播条件。远距离传播主要是人为运输感病木材及其制品所致,从我国发生情况看,人为传播的现象较为严重。在20年的时间里,疫情面积已扩大约达8.7万公顷,累计致死松树4000万株,造成经济损失达250多亿元。松材线虫病疫情的监测调查主要以县级行政区为单位,每年秋季按森林资源小班分布图,沿设计路线对全辖区松林进行全面踏查,对可疑松树取样分离取样,并于松褐天牛羽化期(5—8月),在松林内设置诱捕器,确定是否带有松材线虫。对地面不易调查的高山密林地区,采用航空录像进行监测。防治措施主要有:一是组织专业队及时清理病死树;二是对病木进行有效的除害处理,包括伐根药剂处理,零星分散的病死树套袋熏蒸处理,药物堆垛熏蒸处理,热处理(含微波处理),变性处理(制成胶合板、纤维板、刨花板、制浆、烧炭等)和烧毁处理等;三是防治传媒天牛,可利用饵木或诱捕器诱杀、树干注药防治、喷药防治、释放松褐天牛的天敌肿腿蜂等,降低天牛虫口密度。更换树种也是生产上防治该病的重要措施。

杨树天牛是我国"三北"地区危害蔓延十分严重的林木蛀干害虫,近年来发生猖獗、泛滥成灾,严重地威胁着三北防护林体系的建设和三北地区的生态环境。从20世纪80年代中期开始,我国"三北"地区的杨树天牛发生以城镇为中心,由东向西,沿铁路、公路向两翼蔓延,危害逐步加重。截止到2002年年底,"三北"地区杨树天牛等蛀干害虫发生面积达54万公顷,其中在陕、甘、宁、蒙、晋、青等6省区发生严重,目前已扩散到新疆,潜在威胁巨大。在河北、北京、天津、辽宁等省市,天牛危害也呈现出上升的趋势。光肩星天牛向北蔓延到黑龙江的绥化地区。天牛在"三北"地区扩散蔓延并导致成灾的原因,一是树种单一,林分结构不合理。"三北"地区尤其是在西北地区,自然条件恶劣,气候干旱少雨,造林局限性很大,可被选用的树种较少,过去人工造林多以杨树为主,其中天牛喜食的箭杆杨、合作杨、大官杨等品种广为栽植,形成树种单一、连片的杨树纯林结构。一方面导致森林生态系统十分脆弱,另一方面充足的食物资源给天牛的繁衍和连续传播危害创造了优越的条件,一旦天牛传入,其种群数量可在短期内持续稳定增长,最终导致天牛大发生。二是认识不足,早期监测不力。在天牛传入的初始阶段,人们往往对其隐蔽危害性认识不足,虫情监测工作不力,以至于防治工作没有跟上,贻误了最佳防治时机,从而导致大面积成灾。三是虫害木清理不及时,处理不彻底。因急于救灾,防治上以砍伐重灾区的虫害木为主,忽视了外围虫害木的及时清理，同时对砍伐的虫害木疏于管理，未能按要求全面进行熏蒸等处理。在一些地方，尤其是被害林木为个人所有的，未经处理的虫害木散落在农民房前屋后，甚至外运，致使天牛继续在被伐木中存活，形成新的虫源，造成新的危害。四是检疫把关不严，人为地加速了天牛的扩散危害。天牛自身传播能力弱，但传播途径广。虫害木和虫害苗调运是天牛远距离传播的主要途径。由于违章调运虫害木和虫害苗的现象时有发生，人为地加速了天牛的扩散危害。如新疆和青海过去未发现光肩星天牛，近年的传入和成灾，检疫把关不严是主要原因之一。

在我国的森林病虫害中，特别需要提及的是林业有害生物入侵问题。境外有害生物随进口森林植物及其制品侵入我国并迅速扩散，造成重大经济损失和生态灾难。如20世纪50年代传入我国的日本松干蚧，目前已扩散到辽宁、山东、江苏、浙江、上海、吉林等20万公顷松林。美国白蛾于1979年传入我国，首先在辽宁省的丹东发现，到2000年已有辽宁、河北、天津、山东、陕西、上海等6省（市）发生，给城乡绿化、城镇园林和防护林造成了很大破坏。松突圆蚧原产日本，自1982年在我国广东省的珠海市发现以来，已在广东省扩散、蔓延至58个县（市、区），2001年已传播到福建，全国约73.1万公顷松林受害。1988年，未经检疫从美国佐治亚州引进湿地松穗条，使湿地松粉蚧传入我国广东台山市，其后迅速扩散，2000年已扩展到广西境内，发生面积达23.4万公顷。1988年首次在我国发现红脂大小蠹，在山西、河北、河南三省油松集中分布区内暴发成灾，发生面积达52.58万公顷，600多万株油松枯死，2001年已传播到陕西。松材线虫病是我国近些年发生的危险性检疫病害，从1982年在南京发现松材线虫病至今，虽然采取了各种严格的检疫和防治措施，但仍未得到完全控制。目前，松材线虫病在江苏、上海、浙江、安徽、山东等10个省、直辖市发生，发生面积达8.23万公顷，累计致死松树3500万株。因松材线虫病造成的直接经济损失为30亿元。

我国森林病虫灾害的发生有如下特点：

（1）一批常发性病虫害仍未完全得到控制。如新中国成立以来就对松毛虫进行了防治，但近年来除东北三省的部分地区松毛虫的危害有所减轻外，该虫仍在全国不同地区周期性地暴发成灾，在有的地区其发生频率还十分高，危害还十分严重，目前全国每年松毛虫发生面积仍保持在133.3万公顷左右；春尺蠖、松毒蛾、舞毒蛾等食叶害虫近年来呈不断上升趋势，仅2000年，以春尺蠖、杨天社蛾为主的杨树食叶害虫在全国发生面积达74.21万公顷；杨树腐烂病是一种弱寄生菌，在气候条件恶劣的、杨树生长衰弱的地区，发生也很普遍。

（2）钻蛀类害虫对森林的危害严重。在我国造成严重危害的钻蛀类害虫很多，如天牛、木蠹蛾、透翅蛾、吉丁虫、大小蠹等，受害树种的种类也多，松树、杨树、柏木、杉木、木麻黄等主要造林树种都受其严重危害。例如，杨树蛀干害虫近年来通过更换抗虫树种、营造混交林、平茬木嫁接、种植引诱树等措施进行防治取得一定成效，但由于杨树因其适生性强、生长迅速、易于繁殖、栽培简便、材质好、用途广泛、防护效能高等特点，深受群众喜爱，所以人们在防护林建设中首选的树种仍然是杨树。目前我国的杨树人工林面积大约为 667 万公顷，占全国人工林总面积的 1/5。杨树在我国北方人工林中所占的比例更大，尤其是在"三北"防护林带，杨树人工林面积占其总面积的 72%。随着杨树造林面积的扩大，杨树蛀干害虫的发生与为害仍有扩大之势，2000 年杨树蛀干害虫的发生面积比 1999 年增长了 9.2%，2002 年发生面积达 54 万公顷；纵坑切梢小蠹近年来在吉林、辽宁、河南、浙江、湖南、陕西、四川、云南等省都有发生，2000 年仅云南省发生面积就达 8.42 万公顷，比 1999 年上升 58.57%，已对云南全省 500 多万公顷松林构成威胁。由于蛀干害虫具有生活隐蔽，大部分时期都生活在树体内，受外界环境影响小、天敌少等特点，防治困难，钻蛀性害虫已成为当前我国森林病虫灾害中最难于控制的对象。

（3）一些次要性病虫害种类在部分地区逐渐形成新的威胁。这些害虫包括了各种叶蜂、红脂大小蠹、栗山天牛、沙棘木蠹蛾、华山松木蠹象、萧氏松茎象等。柏木叶蜂使三峡腹地长达 65 公里的柏树防护林濒于毁灭；红脂大小蠹 1998 年在山西发现，目前仅该省发生面积就达 300 万亩；长江护岸林上游的松木蠹象导致活立木大面积死亡；栗山天牛近几年成为辽宁省柞木天然林发生的最严重的毁灭性害虫，1998 年该虫在全省的发生面积达 8.67 万公顷，造成大面积柞树死亡，损失十分严重；人们过去认为耐干旱、抗病虫害的干旱地区造林树种——沙棘，近年来遭受沙棘木蠹蛾的严重危害，该虫对经过多年努力在辽宁、内蒙古、山西、陕西等干旱沙区建立起来的大面积沙棘人工林造成了毁灭性的灾害，约 7 万公顷成片的沙棘林因其危害而死亡，仅辽宁省建平县就因其害损失沙棘果 1000 余万吨，造成 8 个沙棘加工厂停产，直接经济损失达 1000 多万元，防护效应方面的损失不可估量。

（4）随着国际往来的快速增加，由国外入侵的检疫性病虫害种类进一步增多，危害呈加剧之势。松材线虫病虽经近 20 年的"封锁、控制、压缩"，减缓了病害的扩展速度，但该病仍以每 5 年发生面积翻一番的速度继续扩大蔓延，目前发生省已达 10 个，发生面积为 8.7 万公顷；原来控制较好的松突圆蚧已从广东往东西两向快速扩散；红脂大小蠹于 1998 年在山西省发现时发生面积为 1.2 万公顷，1999 年扩大至 25.85 万公顷，同时，该虫已蔓延至河北、河南，2000 年发生面积达 52.9 万公顷；湿地松粉蚧发生面积 2000 年达 2342 万公顷，比 1999 年上升 1.08%。

（5）经济林和城市绿化树木病虫害发生面积迅速增加，成为森防工作的又一重要问题。改革开放 20 多年来，我国各种经济林已发展到 2000 多万公顷，据统计，近几年经济林病虫害发生面积呈逐年上升的趋势，其危害程度也逐年加重。2000 年全国经济林受灾面积达 110.5 万公顷。主要的经济林病虫害有板栗疫病、枣疯病、肉桂枝枯病、杏仁蜂、枣大球蚧、梨圆蚧、板栗剪枝象、栗实象、枣尺蠖、枣食心虫、核桃举枝蛾、油茶尺蠖等。由于经济林树种多，分布广，林木大多较分散，集中连片的少，防治困难，使病虫害易反复发生，此外，产品的长途运输也易造成病虫害的远距离传播和蔓延。随着经济林种植面积的逐年扩大，经济林病虫害发生的种类和面积还会增加。城市绿化树病虫害的种类和发生面积也随其全国绿化工作的广泛开展而迅速增加。

（6）由生物与非生物因素综合作用导致的森林衰退病大幅上升。由于在林区兴办硫黄厂、石灰窑等乡镇企业，对森林资源的不合理开发等因素，造成我国部分林区受二氧化硫、臭氧等有害气体严重污染，森林生态环境恶化，加之次期性病虫害的危害，导致表现为树枝枯梢、叶枯黄、树木生长不良，甚至大面积死亡等症状的森林衰退病发生。

10.4.2　森林病虫害防治工作的任务

我国历来高度重视森林病虫害防治工作，近年来全国森林病虫害防治工作取得明显进展。一是森防体系不断健全，基础设施建设初具规模。二是主要森林病虫害工程治理成效显著。国家林业局一直将松材线虫病防治作为森林病虫害防治工作的重中之重。针对我国森林资源分布范围广、病虫害种类多、发生面积大等实际情况，2000 年在松材线虫病、松毛虫和杨树天牛等 3 个国家级工程治理试点项目取得经验的基础上，又将对林业发展全局和生态环境建设造成重大影响的松材线虫病、美国白蛾、松毛虫、杨树天牛、红脂大小蠹、森林鼠害列为 6 个国家级工程治理项目，在全国 27 个省（市、区）的 600 多个县全面启动实施，各工程项目取得了明显成效。在国家级工程治理项目的带动下，许多省也相继实施了省级治理工程，并取得了显著成效。三是初步建立了预测预报网络，为做好森林病虫害预防工作奠定了坚实的基础。国家林业局明确提出全国森防工作要实现从救灾向预防转变。为此，建立了全国防治和检疫信息管理系统，实施了森林病虫害国家级中心测报网络建设工程，带动和促进了国家、省、地（市）和县四级测报网络的迅速发展，不仅有效预防和阻止了重大危险性森林病虫害的扩散蔓延，而且为及时开展森林病虫害防治提供了科学的决策依据，对全国森林病虫害防治工作向更高水平迈进起到了积极的推动作用。四是森防科研成果显著，为生产防治提供了一定的技术支撑。我国森林病虫害防治在利用营林技术调控森林病虫害及灾害监测、生物防治、防治机具和病虫害综合防治管理等方面都取得了较大进展。如利用免疫树种、目标树种和诱饵树种组成的多树种合理配置防御天牛危害的生态调控技术，使杨树光肩星天牛、桑天牛灾害得到了较好控制；利用航空录像方法和GPS导航系统监测松材线虫病的发生已在一些地区试用，利用流胶法对松材线虫病进行早期诊断，准确率有了进一步提高；美国白蛾周氏啮小蜂繁蜂及释放技术研究取得较大进展；研制成功了背负式喷雾器均衡供药装置和背负式机动树干打孔注药机；农药新剂型触破式微胶囊一次性释放有效成分，并具有残效期长的特点，极大提高了防治效果。五是森防目标管理不断加强。通过建立以森林病虫害发生率、防治率、监测覆盖率和种苗产地检疫率为主要内容的"四率"目标管理责任制，强化了调控手段和约束机制，大多数省（区、市）已把森林病虫害防治纳入了地方各级《保护和发展森林资源目标责任状》，作为考核政府和林业部门工作的一项重要内容，层层分解管理指标，逐级签定目标责任状，制定了包括加大森防投入力度在内的一系列具体措施，提高了控灾减灾能力。森防目标管理工作的不断加强，有力地推动了全国森防工作整体水平的全面提高，森林病虫害监测覆盖率由1992年的30%提高到2000年的60%，种苗产地检疫率由60%提高到80%，森林病虫害防治率由40%提高到60%，成灾率由0.6%下降到0.5%。六是加强了防治工作的制度化、法制化、科学化建设，森防法规逐步完善。初步形成了以法规、条例为主体，各项规章相配套的森防法规体系，使森防工作有法可依，有章可循，为防治工作规范化管理奠定了良好的法律基础。

加强我国森林病虫害防治工作的指导思想是：紧密围绕林业六大重点工程，以新世纪林业工作基本思路和现代林业理论为指导，以机制创新和科技创新为动力,以提高控灾减灾能力为中心,加强森防体系基础设施建设,积极开展重大森林病虫害的工程治理,强化目标管理,贯彻"预防为主,综合治理"的森防方针,重视监测预报和森林植物检疫,从源头控制森林病虫危害,坚持不懈地实施森林病虫害可持续控制战略,坚决遏制森林病虫害严重发生的势头,努力促进森防工作的"四个转变",即在指导思想上由重除治向重预防转变,在防治策略上由以治标为主向标本兼治以治本为主转变,在防治管理上由一般防治向工程治理转变,在防治措施上由化学防治向以生物防治为主的生态防治转变。

根据国家林业局的部署,至2010年,全国森林病虫害防治工作的总体思路是:围绕"一个中心",贯彻"二个方针",突出"三个重点",推进"四个转变",搞好"五大调整",实现"六大突破"。"一个中心"即以国家级治理为中心,提高全国减灾控灾能力;"二个方针"即"预防为主,综合治理"和"可持续控灾";"三个重点"即森林病虫鼠害的监测预报、森林植物检疫和工程治理。"四个转变"即在指导思想上由重除治向重预防转变,在组织管理上由一般防治向工程治理转变,在防治策略上由治标向标本兼治、以治本为主转变,在防治措施上由化学防治为主向以生物防治为主转变。"五大调整"即调整工作重点和防治生产力布局,调整森防目标管理内容和方式,调整工程治理的重点,调整重大危险性病虫害的防治策略和实现形式,调整森防行业自身建设发展速度与模式。"六大突破"是,全面加强行业管理,在森防管理整体水平上取得突破;全面推进工程治理,在重大病虫害防治成效上取得突破;实行以营林为基础的综合治理,在病虫害可持续控制上取得突破;进一步加强森防体系建设,在提高森防设施装备水平上取得突破;大力推行生物防治,在森林病虫鼠害生物防治水平上取得突破;紧紧依靠科技进步,在森防技术手段上取得突破。

根据林业发展新形式的要求和森防工作的指导思想,按照国家林业局的规划,到2010年我国森防工作要实现以下奋斗目标:

一是提高防治技术水平,通过加强森防基础设施建设和实施国家级森林病虫害治理工程,重大检疫性病虫害的发生范围有大面积压缩,常发性病虫危害面积和危害程度大幅度下降;

二是在全国森林面积不断增加的情况下,森林病虫害成灾率控制在0.4%以下,防治率达到85%以上,森林病虫害监测覆盖率达到95%以上,调运检疫率和种苗产地检疫率均达到98%以上;

三是建立现代化的全国森林病虫害监测预警体系,建设适应新时期林业发展要求的检疫御灾体系,形成完备的全国森林病虫害防治体系,全面提高减灾控灾能力,扭转森林病虫害严重发生的局面。森林病虫害防治工作的最终目标是保障森林健康,将森林病虫害控制在有病、虫但不成为害的水平上,实现森林病虫害的可持续控制。森林病虫害防治工作的重点是,到 2010 年全国防治将以监测、检疫和防治三大森防体系建设为中心,以预防工程和突发性森林病虫害救灾工程以及松材线虫病、杨树蛀干害虫、松毛虫、美国白蛾、红脂大小蠹、松纵坑切梢小蠹、森林鼠害、杨树食叶害虫、萧氏松茎象和松蚧虫等 10 种主要森林病虫害的工程治理为依托,以提高控灾减灾能力和有效保护森林资源的目标,坚持实施森林病虫害可持续控制战略,积极调整工作思路,通过机制创新、科技创新和强化目标管理等手段,切实遏制森林病虫害的发生和蔓延,达到有虫不成灾。

森林病虫害防治工作的主要任务,一是全面加强森防体系建设,主要是:

(1) 森林病虫害监测预警体系建设。森林病虫害监测预警体系是森林病虫害防治工作的基础,由国家、省、市、县四级测报网络构成,采用常年监测与定期普查相结合、地面监测与遥感监测相结合的方式,依靠在 GIS 平台和 Web 支持下具有高效信息处理、决策和反馈等不同功能的全国基础数据库(包括影像库等)、空间决策支持系统、森林病虫害测报、防治、检疫信息系统、森林病虫害宣传与知识普及系统以及重大森林病虫害监测预报和中心处理系统,形成一个快速准确的信息采集、传递、处理决策反馈系统,及时掌握森林病虫害的发生动态和发展趋势,为防治决策提供科学依据。

(2) 森林病虫害检疫御灾体系建设。森林植物检疫御灾体系建设是以防止危险性森林病虫入侵,保护国家森林资源和国土生态安全为宗旨,以林业六大工程区和重大名胜风景为防御重点,以资源分布、林业区划、林种布局、灾情特点和行政分区、交通路线为依据,依靠各级森防检疫机构,分类施策,因害设防,以抓好产地检疫和复检为重点,合理布局检疫检查哨卡和检疫鉴定设施、设备,建立重大森林病虫害检疫御灾体系。一是松材线虫病等危险性森林病虫害预防工程。松材线虫病等危险性森林病虫害预防工程包括全国 31 个省(市、自治区)以及黑龙江大兴安岭林业公司、黑龙江森工集团、内蒙古森工集团和新疆建设兵团的 905 个县(局)。基本对策是加强疫情普查和监测,防止重大森林病虫的传入而产生新的疫区,特别在危险性病虫的毗邻区域和各海关口岸,要加大检疫监测工作力度,一旦出现新的疫情,要组织力量及时扑灭；对工程区内的各种森林加强抚育，尤其在林分的更新改造中合理种植对重大危险性病虫的抗性树种，以提高林分对重大危险性病虫害的抵抗能力。主要内容和任务是，工程以防为主，通过各种先进的监测和检疫技术，阻止外来危险性病虫侵入我国和国内危险性病虫害的扩散蔓延。在工程区内，以县为单位，建立一定规模的、布局合理的检疫检验室、检验除害处理设施和检验信息传输设施，确保检验工作的顺利进行；建立地面、航空和遥感3个平台，健全病虫害监测网络，对重大危险性病虫害实行立体监测。目标是完善松材线虫等危险性森林病虫害的风险评估技术，运用先进的检验和防治技术，一方面要防止国外危险性病虫的传入，另一方面要确保我国未发生重大危险性病虫害的森林不再产生新的疫区，特别是确保我国众多的著名风景区和自然文化遗产所在区域不发生松材线虫等重大疫情。二是重点森林病虫害工程治理项目。在继续抓好现有松材线虫病、杨树天牛、松毛虫、美国白蛾、红脂大小蠹和森林鼠害6个国家级工程治理项目的基础上，进一步扩大工程治理的规模，把杨树食叶害虫、松纵坑切梢小蠹、萧氏松茎象和松蚧虫等病虫的防治纳入国家级工程治理项目进行重点治理。四是突发性森林病虫害救灾工程。每年预备一部分突发性病虫害防治经费，用于突发性森林病虫害的减灾控灾工程，以确保林业重点工程项目的顺利实施和森林自由资源的安全，将灾害造成的损失减少到最低程度。

森林病虫害防治工作的主要防御对策如下：

一是加强宣传，提高全民的防灾减灾意识。深入开展森防宣传工作，把提高全社会，特别是各级领导对森林病虫害的危害性、防治工作的艰巨性和紧迫性的认识作为加强防治的基础工作来抓。要宣传森林病虫害是森林生态系统中频繁发生的生物灾害，对林业生产和生态环境建设造了极大的危害，提高全民对森林病虫害危害性的认识；要大力宣传与森林病虫害防治有关的法律、法规，以及党和国家关于保护森林、发展林业的有关规定，提高全民的法律意识；要宣传"预防为主，综合治理"的方针，提高森林病虫害可持续控制意识；要宣传防治工作责任制度，明确地方各级政府和森林经营者在森林病虫害防治中负有的责任；要宣传普及防治知识和防治技术，引导广大群众科学防治；要广泛宣传和认真贯彻执行各项有关森林保护的法律法规，使森林病虫害防治工作走上法制化轨道。

二是全面加强森林病虫害防治体系建设。大力提高森防队伍的整体素质，全面加强森林病虫害防治的基础设施建设，提高其综合防治能力。

三是加强组织领导，落实目标责任。高度重视森林病虫害防治工作，切实加强领导，确保防治目标任务的实现。林业主管部门要把该项工作列入工作的重要日程，要建立目标管理责任制，把森林病虫害防治作为造林绿化目标责任制的一项主要内容来抓。

四是加强检疫，严防危险性森林病虫害的传播蔓延。检疫工作是控制森林病虫害的门户，是控制危险性病虫害从国外传入和在国内传播的重要措施。抓好几种主要危险性病虫害的封锁扑灭工作，是从根本上扭转森林病虫害严重发生局面的关键。要按新颁布的检疫对象的检疫操作技术，提高检疫水平；根据最近森林植物检疫对象普查结果，尽快制定省级补充检疫对象；抓好隔离试种苗圃和无检疫对象苗圃建设；把好检疫关口，加强疫情发生区林业、交通、工商、海关等各有关部门间的协调配合，防止危险性病虫害传播；加强疫区周边地区的疫情监测，发现疫情立即采取措施扑灭；加强种苗产地检疫和调入苗木复检工作，建立与复检工作相适应的信息传递系统。

五是认真贯彻"预防为主，综合治理"的防治方针，把防灾、减灾工作贯穿到林业生产的各个环节。从生态学观点看，森林昆虫和森林微生物是森林生态系统中一个组成部分，昆虫取食森林植物，病原微生物侵染森林植物是森林生态系统中的正常现象。在自然进化的长河中，森林中的所有生物互相依赖，互相制约，共同生存，形成一个稳定的生态系统，只有在某些因子强烈作用下，打破了森林生态系统的平衡，森林昆虫和病原微生物的危害达到一定经济阈值，才成其为灾害，即森林病虫害。因此，森林病虫害防治工作不能简单化直接针对病原物或害虫，不能忽视生态环境对森林病虫害的影响及其在控制中的重要作用，要重视森林保健，提高森林群体的抗性。在防治工作中，必须贯彻"预防为主，综合治理"的防治方针。森保工作应该纳入整个林业工作中去，制定造林规划，重大林业工程的规划、论证、实施和验收都要有森林保护专业人员参与。在林业生产各个环节，如制定规划、林木检疫、苗木选育、造林、经营管理和采伐等环节认真落实防灾、减灾措施。防治工作必须树立以营林措施为主导的思想，在林业生产中，应切实抓好适地适树、选用本地树种和抗性强的树种、营造混交林、封山育林、中幼林抚育管理、清理病虫木等营林措施，增强林分整体对生物灾害的自控能力。在病虫害突然暴发，大面积发生，需要进行药剂防治时，要尽量应用天敌昆虫和微生物制剂等生物防治措施，以减少对环境的污染和杀伤天敌。

六是积极开展森林病虫害的工程治理，强化工程管理。森林病虫害工程治理项目必须重实效，按计划立项，按项目管理，按设计施工，按效益考核的全过程管理。工程实施要严格执行国家有关森林病虫害防治的法规、技术标准和管理办法，要建立健全工程监督检查制度，制定工程考核验收标准和办法，确保工程建设的质量。

七是切实抓好病虫情监测、预报工作。要注重森林病虫害发生情况基础资料的搜集和积累，在全国制定统一的病、虫、鼠害情况的调查标准和灾害损失评估标准，并尽快建立计划中的全国1000个国家级中心测报点的布点建设工作，带动整个测报网络的建设，逐步形成全国测报网络体系，做到及时掌握全国的森林病虫害发生情况，定期发布趋势预报，提高预报结果的准确性。应制定主要测报对象监测预报办法，加强监测技术的研究。有条件的地方，要积极探索利用航天航空遥感、地理信息、全球定位和计算机等高新技术，推动我国的森林病虫害测报工作向更高层次发展。

八是进一步加大森林病虫害防治的科研和技术推广力度，提高其科技含量。要建立健全生产、科研、推广和技术监督体系，实行科研、生产、管理上的密切结合，集中力量解决森林病虫害防治技术和药械等问题；要认真总结、整理和筛选现有科技成果，并加以推广，重点推广生物防治、航空监测与防治技术等；要加强防治薄弱环节的科技攻关，重点研究主要病虫害的引诱剂、杀虫剂、施药器械，以及抗病虫混交林模式等，提高森林病虫害的综合防治水平；森林病虫害防治技术的研究集合了生物学、生态学、社会学，经济学，以及遥感技术等领域的知识，要加强分子生物学技术、3S技术、灾害风险评估等高新技术在森林病虫害防治研究中的应用；还应该加强国际合作，引进国外先进技术，避免国内研究的不必要重复。

九是调整森林病虫害防治资金政策，建立新的投入机制。足够的资金投入是森防工作的基本保障。要努力探索多渠道、多层次、多形式筹集森防经费的路子。逐步实行公益林病虫害防治和重大危险性病虫害的治理以政府投入为主；商品林的病虫害防治要通过林业产权制度和森林资源体制改革，调动经营者防治的积极性以经营者投入为主。加大国家对森林病虫害防治的投资力度，将防治经费分成紧急救灾和预防性资金两部分，重点加强预防经费的投入，重点加大全国监测点运行经费、定期普查经费和突发性病虫害防治药剂药械备用金等。

10.5 推行木材节约和代用

木材节约和代用是缓解木材供需矛盾、实现木材资源可持续利用的重要途径。我国是世界上木材资源相对短缺的国家，森林覆盖率只相当于世界平均水平的 3/5，人均森林面积不到世界平均水平的 1/4。随着木材消费量的不断增加，供需矛盾日益突出。加快发展木材节约和代用，对满足市场需求，抑制森林超限额采伐，保持生态平衡，促进森林资源可持续利用，具有重要意义。

10.5.1 我国木材节约和代用潜力巨大

木材节约和代用是指在生产、消费及其他经济社会活动中，对木材及其制品合理开发利用、保护处理、回收复用与再生利用，以及采用非木质材料及其制品经济合理地替代木材及其制品。实践经验证明，发展木材节约代用是一条适合我国国情的最佳途径。木材的节约和代用近来被称之为开发"第二森林"。

经过多年的努力，我国木材直接利用率从 20 世纪 80 年代初的 50% 提高到现在的 65% 左右。据不完全统计，1980 年以来，我国累计节约和代用木材量达 3.76 亿立方米，相当于减少了 740 万公顷森林的砍伐。这无形的"第二森林"，相当于同期全国商品木材产量的 1/4，超过我国 11 个省市现有森林蓄积量，为缓解我国木材供需矛盾、保护森林资源做出了重大贡献。

但是，由于观念等多方面原因，目前我国的木材节约和代用进展还有很大的差距。木材消费行为、消费结构还不合理。生产加工、保护处理、回收利用水平仍较低，大量的木材资源没有得到合理有效的利用。目前我国木材综合利用率仅约为 60%，而发达国家已经达到 80% 以上，木材防腐比例仅占商品木材产量的 1%，远远低于 15% 的世界平均水平。全社会木材节约和代用意识淡薄，没有成为全体公民的自觉行动，尤其是一次性木制品和过度包装浪费木材严重。木材节约和代用法律法规及标准不完善，对浪费木材、不合理使用木材等行为缺乏约束力，时常出现砍一棵小树有人管，浪费一米木材无人问的局面。木材节约和代用激励政策和资金扶持不够，新技术、新工艺、新材料以及新设备的研究开发、推广应用积极性不高。虽然我国人工林面积已达 7 亿亩，但其中的用材林面积不足 50%。何况目前我国除了西部不适宜种树的干旱沙漠和农田及草原外，适合造林的土地面积已所剩无几，就是种活的树木成材也要几年甚至几十年。据估计，目前我国每年生产和丢弃的一次性筷子达450多亿双，这意味着需要砍伐2500万棵树，全国每年生产一次性筷子耗材达130万立方米，减少森林蓄积200万立方米。因此，节约用材，寻求一些木材代用品，开发"第二森林"，成为符合我国国情的最佳选择。

木材节约和代用是发展循环经济、建设节约型社会的必然要求。为进一步提高木材资源利用效率，保护森林资源和生态环境，促进人与自然和谐发展，需要进一步加快推进木材节约和代用工作。必须把木材节约和代用作为发展循环经济、建设节约型社会的一项紧迫任务，作为资源节约综合利用的一项重要内容，加大工作力度，充分挖掘潜力，提高木材综合利用率和循环利用率，减少木材不合理消耗。

10.5.2 推进木材节约和代用工作的对策措施

2005年12月，国务院办公厅转发了国家发展改革委等部门《关于加快推进木材节约和代用工作的意见》，提出了推进木材节约和代用工作的对策措施。

推进木材节约和代用工作的基本原则是：根据我国国情，坚持发挥市场机制作用与政府宏观调控相结合；坚持产业结构调整与技术进步相结合；坚持强化监督管理与政策激励相结合；坚持突出重点与全面推进相结合；坚持以企业为主体与动员全社会共同参与相结合。

推进木材节约和代用工作的主要目标是：到2010年，初步建立适应社会主义市场经济的木材节约和代用法律法规及标准、政策体系和信息服务体系，加快木材节约和代用新技术、新工艺、新产品的研究开发、示范推广，使木材和木材代用品的生产和消费向节材型和环保型方向发展，木材综合利用率提高到65%以上，木材防腐比例提高到占国内商品木材产量的5%左右，年均节省木材4000万—5000万立方米，有效缓解我国木材供求矛盾。

推进木材节约和代用工作的重点环节和重点工作，一是发展高效木材加工业，提高木材资源利用效率。实施木材加工机械数控化工程，培育一批大型精细木工机械科研、生产基地，提高木材加工机械数控化比例。选择部分大型木材加工企业，开展木制品原材料消耗定额生产示范，推进木材及其制品和木制品配件标准化、系列化、集约化生产，强化木材加工企业质量管理。在人造板、地板、家具等机械化程度较高的重点行业，进一步开展质量认证工作，推广优质品牌。推广普及现代化采伐、集运和生产方式，鼓励充分利用枝丫材，减少生产环节的浪费。扩大利用人工林、速生林，充分利用木材生产加工的剩余物、次小薪材等资源。二是推行木材保护技术，延长木制品使用期限。加快推进木材防腐和人工林木材改性产业化，重点开发和生产高效、低毒、多品种的木材保护药剂，实现木材保护产品的标准化、系列化，建立和完善木材保护产品质量检验检测体系。鼓励对木材进行防腐、防虫（蚁）、防霉、干燥、阻燃、改性等保护处理，实施木材保护工程。重点做好建筑木结构，木质门窗、地板、园林景观，铁路木轨枕和采矿坑木，木质渔船，农用木支架等木材保护处理，提高木材保护处理比例，改善使用性能，延长使用期限。三是建立废旧木材回收利用机制，实现木材资源循环利用。规范废旧木材的回收渠道，建立废旧木材和废旧木制品回收、加工、利用体系，在有条件的地区和大中城市周边地区培育木材旧货市场，开展废旧木材分类回收和再生利用试点，实施废旧木材再生利用产业化工程，重点做好建筑木料、废旧木家具、一次性木制品和木制包装物的回收使用和再生利用。四是发展木材代用，优化木材消费结构。提倡、鼓励生产和使用木材代用品，优先采用经济耐用、可循环利用、对环境友好的绿色木材代用材料及其制品，减少木材的不合理消费。积极发展人造板以及农作物剩余物、竹等资源加工产品替代木材产品，实施环保型代木工程。在城乡建设中优先选用可循环使用的非木质材料，推广使用钢、竹模板和脚手架等非木质施工器材；在林区、牧区推广非木结构建筑；在包装、运输业继续推广塑料、金属、竹材等非木质包装和木塑复合包装；在铁路和采矿业提高金属、水泥支护和轨枕的比例。限制以天然林木为原料的一次性木制品和木制包装物的生产和使用，限制食品、饮料、酒类等消费品的过度木质包装行为。

推进木材节约和代用工作的保障措施，一是认真制订规划，完善法规标准。各地区、各有关部门要把木材节约和代用作为一项长期的战略性工作，由发展改革委牵头制订《木材节约和代用发展规划》，并纳入同级国民经济和社会发展总体规划及资源综合利用专项规划。要通过制订切实可行的发展木材节约和代用工作计划落实规划。要加快促进木材节约和代用的法制建设，对生产、建设、消费等各个领域的木材节约和代用做出明确规定。严格市场准入管理，建立和完善木材节约和代用标准、检验、认证和监督体系，对相关从业人员进行职能技能鉴定，建立技能型人员职业资格制度。二是加强政策引导，加大技术支持力度。研究制订国家鼓励、禁止和限期淘汰的木材节约和代用技术、设备、产品指导目录。把木材节约和代用作为完善资源综合利用优惠政策的重要内容,由发展改革委牵头会同有关部门研究提出《木材节约和代用技术政策大纲》,综合运用财政、税收、价格等经济杠杆,鼓励发展木材节约和代用,限制不合理生产、使用木材和浪费木材的行为。充分发挥企业主体作用,加快科技成果产业化。各地区、各有关部门对木材节约和代用新技术、新工艺、新产品的研究开发和推广应用,对木材节约和代用的重点投资项目要给予必要的支持。要大力推广节柴灶、集中供热等节能方式,积极扶持发展沼气、太阳能、风能等新能源,减少薪材对森林资源的低值消耗。三是搞好宣传教育,正确引导舆论。加大宣传教育力度,将木材节约和代用作为资源节约的重要内容纳入中小学教材,从小培养公民的节材意识。将木材节约和代用宣传纳入新闻媒体公益性宣传范围,加强舆论引导和监督,对严重浪费木材资源的行为予以曝光,不断增强全民节约木材和合理使用木材代用品的自觉性。要进一步加强国内外信息交流与技术合作,总结借鉴木材节约和代用好的经验及做法。四是明确职责任务,加强组织领导。要进一步加强对木材节约和代用工作的组织领导和协调,落实责任,不断完善木材节约和代用的管理体系和工作机制。由发展改革委会同林业局等有关部门,按照职责分工和有关要求,制定促进木材节约和代用的具体落实措施。要建立和完善木材节约和代用的信息统计及发布制度,充分发挥现有相关机构和行业协会的作用。

本章参考文献:

[1] 中共中央、国务院关于加快林业发展的决定。
[2] 全国绿化委员会办公室:2005年全国绿化报告。
[3] 国务院关于进一步做好退耕还林还草工作的若干意见。
[4] 国务院关于进一步完善退耕还林政策措施的若干意见。
[5] 国务院退耕还林条例。
[6] 国家发展改革委等部门《关于加快推进木材节约和代用工作的意见》。

第 11 章 结构调整优化与农业可持续发展

合理的结构是保证农业可持续发展的重要条件之一。我国农业生产结构仍然存在较大差距，其基本表现是农业生产结构与市场对农产品的需求结构不相适应，现行农业生产结构不能很好地满足新阶段城乡居民收入提高后对农产品的多样化、优质化、专用化消费需求。因此，必须进一步调整和优化农业结构，促进农业可持续发展。本章在前面几章讨论农业各个部门结构调整的基础上，从总体上进一步讨论农业结构调整和优化问题。

11.1 农业结构调整优化的一般问题

20世纪90年代后期以来，我国农业发展进入了一个新阶段。农业发展新阶段面临的一个基本问题是：农产品供给绝对短缺的状况已经得到了消除，数量问题已基本得到了解决，但结构矛盾比较突出。目前我国的农产品结构，总体来讲是"四多、四少"，即大路产品多，低档产品多，普通产品多，原料型产品多；优质产品少，高档产品少，专用品种少，深加工产品少。农业生产结构与市场需求结构不相适应，不能满足城乡居民收入水平提高后对农产品的多样化、优质化、专用化、营养化消费需求，也不能适应加入WTO后农业参与国际竞争的要求。品质差，质量低，是目前我国农产品生产和供给中存在的主要问题。因此，对农业结构进行战略性调整，是我国农业发展新阶段的一项重要任务。

11.1.1 农业结构调整优化的内涵

在我国农业发展的历程中，大的结构调整已进行了不止一次，因为结构调整本身就是发展的内容。但是，这一次农业发展进入新阶段后的结构调整与过去相比，在背景、内容和所要解决的主要问题上都有显著不同。从背景上讲，这一次结构调整是在农产品全面短缺时代结束、农产品供给总量基本平衡和结构性、地区性相对过剩的条件下启动的，是在发展社会主义市场经济、市场对农业发展的约束作用增强的条件下启动的，是在加入WTO农业开放程度大大提高、农业面临国外农产品直接竞争的条件下启动的，结构调整的宏观背景发生了极大变化。从内容上讲，这一次结构调整不仅包括产业结构、产品结构、区域布局结构、生产要素结构和贸易结构等生产力层面的调整，也包括经济体制、经营方式、市场结构、城乡经济结构等生产关系层面的调整，是对农业结构的一次全方位、战略性、全局性和根本性调整。从所要解决的主要问题讲，这一次结构调整的核心是使农业适应市场，提高农业的整体素质和效益，而不再是简单的"数量扩张"。调整不是简单地多种点什么、少种点什么的问题，而是全面提高农产品质量，优化农村产业结构，优化农业区域布局，实现农业的可持续发展，实现城乡经济的协调发展。通过调整，不仅要解决当前农产品卖难和农民增收困难的问题，而且要立足于农业和农村经济的长远发展；不仅要着眼于农业和农村的自身发展，而且要考虑国民经济发展的全局。

根据上述结构调整的内涵，各地在确立农业结构调整的总体思路和目标体系时，正确的做法是：不是着眼于具体的结构比例即多种点什么、少种点什么，而应着眼于农业对市场的适应，着眼于农民收入的增加，着眼于农业生产率和效益的提高，着眼于农业整体素质和竞争力的提高，着眼于农业经营方式的优化，着眼于农业的可持续发展，着眼于城乡经济的一体化。

11.1.2 农业结构调整优化的层次

总体讲来，农业结构的调整和优化要体现在以下六个层次：

一是部门层次上的调整和优化。即调整农、林、牧、渔业的产业构成，增加对收入弹性大的产业的资源配置，扩大市场需求空间大的产业的生产规模，缩减没有市场需求增量的产业的生产，使农业生产结构在整体上适应城乡居民收入水平提高后食物消费结构整体性不断转换的需要。一般而言，动物性食品具有较大的需求收入弹性，健康、安全、享受等生活质量类产品有着更大的需求收入弹性。发展经验表明，食物消费结构由谷物类产品主导转向动物性产品主导再转向生活质量类产品主导，是收入水平提高后城乡居民食物消费结构的两次重大转换，这两次重大转换带动着农业产业结构不断升级。与消费结构的整体性转换相应，农业在产业结构变革的推进上就要不断增加动物性食品及其后向关联产业即饲料产业的生产，进而不断增加生活质量类产业的生产，这是我国农业生产总体结构优化的基本方向。

二是产品层次上的调整和优化。即调整各个生产部门内部的资源配置，优化部门内部的生产结构，使本部门所生产出来的产品与市场对本部门的需求相一致。就畜牧业来讲，牛肉等红肉类产品有着较高的需求收入弹性，随着收入水平的提高，人们会增加对此类产品的需求，增加这些产品的生产就成为优化畜牧业产品结构的基本方向；城乡居民收入水平提高后对畜产品需求的增加则会拉动种植业中饲料生产的扩大，收入水平提高后还会增加对果品、花卉、蔬菜及瓜类等产品的消费，不断增加这些产品的生产也就成为种植业结构优化的基本要求。

三是品质层次上的调整和优化。即调整每一种产品生产的资源配置，优化每一种产品内部的生产结构，实现产品的品质与市场的需求相一致。消费规律说明，生活水平较低时，人们对农产品的需求主要是追求数量，因为此时数量不足是主要矛盾，数量上的满足就使生活有了保障；随着生活水平的提高，人们对农产品的需求会逐渐转向追求品质，因为此时的主要矛盾已不再是数量不足而是如何提高生活质量，品质就会逐渐取代数量而成为市场对农产品需求的主旋律。适应这一变化规律，在数量短缺问题基本解决以后，我国农产品的生产就必须在结构上突出品质，把提高品质作为农产品生产的结构灵魂。增加高品质农产品的生产，增强能够满足多样化、专用化、优质化和营养化消费需求的农产品的供给能力。农产品品质的提高，农业生产产中结构的调整是重要的，但仅仅通过产中的努力还是不够的，还应发展农产品的产后加工。发展经验表明，农产品的产后加工尤其是精加工和深加工，是提高农产品品质的重要途径。因此，大力发展农产品加工业，提高农产品的产后加工程度和层次，也是我国农业结构调整和优化的基本方向。

四是上市层次上的调整和优化。即调整农产品的上市时间，均衡农产品在旺季和淡季的市场供应，实现农产品上市的时间结构与市场对农产品的需求相一致。农业的特性决定了农产品的生产具有强烈的季节性，但农产品的消费需求则没有季节性。这样，农产品的季节性生产和经常性消费之间就形成了一对矛盾。生产的季节性导致的集中上市，往往使旺季供过于求、价格下跌，淡季则供不应求、价格上涨，这是引发农产品市场供求矛盾的一个基本原因。在不少情况下，一些农产品的生产在总量上虽然并未超过消费需求量，但由于不能做到均衡上市，从而造成了旺季"卖难"和淡季"买难"并存的市场矛盾，造成了供求不平衡的市场波动。对于这些情况，从理论上讲，只要调整上市结构，做到均衡供应，问题就会迎刃而解，这就提出了优化农产品上市结构的必要性。由于农产品是生物性产品，如果保存得不好，其使用价值会随着时间的推移而逐渐丧失以至于完全消失。因此，实现农产品均衡上市的核心是解决产后储藏保鲜问题。可见，大力发展农业产后储藏业，提高农产品储藏保鲜水平，以优化农产品的上市时间结构，也是我国农业结构调整和优化的一项基本内容。

五是贸易层次上的调整和优化。即利用国际市场，调整国内农产品的市场供求关系，实现国际国内双重资源格局下的农业生产结构优化。进入新阶段后，我国农业发展的一个显著标志是融入世界的程度将会不断加深，农产品国内市场与国际市场将会逐渐一体化。这为我们利用国际资源调整国内农产品供求关系提供了充分的机会，也为我们按照比较优势原则配置农业生产提供了广阔的空间。我们可以充分利用国际市场，寻求和实现国际国内两种资源和两个市场的有效转换，大力增加具有比较优势的产品的生产，适当缩减不具备比较优势的产品的生产，再通过进出口贸易调整供求关系，实现在参与国际市场运作状态下的农产品供求平衡。这说明，在农业发展新阶段，我国农业生产结构的调整在战略和战术上都不能局限于国内，而要放眼于世界。仅仅从国内资源和国内市场出发调整农业生产结构，不可能实现农业生产结构的真正优化。因此，调整农业生产结构时充分考虑国际资源和国际市场，综合国际国内因素筹划调整方案，是新阶段对我国农业结构优化提出的一个基本要求。在开放经济下，农业比较优势的表现会与封闭经济下有很大不同。利用国际市场调整和优化结构，就需要按比较优势原则重新确立我国农业在开放经济条件下的比较优势，把结构优化真正建立在发挥比较优势的基础之上。

六是区域层次上的调整和优化。即调整农业生产的区域布局尤其是农作物的区域布局，按照资源的比较优势配置生产项目，打破"小而全"的生产模式，克服机械地照抄照搬、结构雷同的做法，突出优势，积极发展特色农业，逐步形成规模化、专业化的生产格局。

11.1.3 农业结构调整优化的主要原则

农业结构调整优化是一项综合性很强的工作。调整过程不仅涉及参与农业结构调整的各个经济主体的利益，而且涉及与农产品生产、加工、销售以及农业产前等有关部门的关系。因此，在具体调整过程中，一定要因地制宜，从实际出发，稳步推进，不能急于求成，更不能拔苗助长。为了保证农业结构调整的顺利进行，必须坚持一些基本原则。从农业结构调整的基本目标和主要任务看，农业结构的具体调整应该坚持以下主要原则。

一是面向市场的原则。农业结构调整必须要面向市场需求，这是结构调整应始终坚持的一个基本原则。面向市场的具体含义是：根据市场需求确定生产什么和生产多少。市场需要什么就生产什么，市场需要多少就生产多少，市场什么时候需要就什么时候生产，通俗讲就是"以销定产"。面向市场，在层次上讲不仅要面向本地市场，而且要面向区域市场和全国市场，在全球经济一体化的趋势下还要面向世界市场。在国内市场中，不仅要考虑城市市场，而且要考虑农村市场；不仅要考虑发达地区市场，而且要考虑不发达地区的市场和落后地区的市场；不仅要考虑高收入阶层市场，而且要考虑中等收入阶层和低收入阶层市场。在国际市场中，不仅要考虑周边国家的市场，而且要考虑欧美等国的市场；不仅要考虑鲜活农产品市场，而且要考虑农产品的加工品市场。

面向市场调整结构，首先应在理念上摈弃过去在计划经济和农产品短缺时代形成的"以产定销"观念。由于在数量短缺情况下，市场供求的主要矛盾是供给不足，农产品基本不存在"卖难"问题，生产什么就卖什么，生产多少就能卖多少。然而，这种"以产定销"的经营观念和模式，绝对不能适应目前的农业结构调整实践。如上所述，我国目前的农业结构调整是在发展市场经济和农产品相对过剩的条件下启动的，市场对农业发展的约束作用日益增强，价值实现是农产品市场的主要矛盾。在这样的背景下，如果只顾生产、不顾市场，不分析市场行情，生产与市场脱节，所生产出来的产品肯定卖不出去，结构调整肯定成功不了。因此，结构调整不能简单化地追求某个产品的种植面积扩大了多少，产量增加了多少，而要把重点放在市场的开拓上，放在农业对市场的适应上，要把在结构调整中农民得到了多少实惠、增加了多少收入作为衡量结构调整成效的基本标准。

面向市场调整结构，最关键的是要了解和掌握市场。只有了解和掌握了市场，才能有效地驾驭市场。为此，结构调整必须对市场进行广泛地调查，收集准确的市场需求信息，通过对市场信息的整理分析，把握市场的现状和走势。关于市场的调查和分析，我们将在"市场调查和定位"等章节中详细讨论。由于市场需求是多种多样的，市场需求信息也是千变万化的，市场信息的收集整理也是需要付出成本的，一家一户分散经营的农民，仅仅依靠自身的力量难以获得及时真实可靠的市场信息，这就制约了农民经营决策的科学性，使单家独户的农民很难成功地进入市场。解决这种一家一户的小生产与社会化大市场之间的矛盾，需要政府为农民提供及时有效的市场信息服务，引导和帮助农民顺利进入市场，在目前农村中介服务组织发育不足的情况下，政府的这种市场信息服务功能就显得尤为重要。为农民提供及时有效的市场信息服务，是政府在农业结构调整中的一项重要职责。

引导农民进入市场，面向市场调整结构，需要采取有效的形式。从目前情况看，"订单农业"是把农户的生产与市场有机结合起来的一种有效形式，这种形式既有利于维护农民的生产经营主体地位，又有利于发挥政府的宏观指导和引导作用，不受条件的限制，具有广泛的适应性。积极培育"龙头企业"，采取"公司＋农户"的方式引导农民进入市场，也是一种行之有效的形式，推广这种形式，要特别注意在"龙头企业"和农户之间形成利益共享、风险共担的经营机制，以保护农民的利益不受侵害。另外，要积极发育农村中介服务组织，培育农村经纪人队伍，充分发挥他们在连接农户与市场方面的积极作用。

二是因地制宜的原则。从实际出发，因地制宜，是组织农业生产的一个基本原则，也是组织农业结构调整的一个重要原则。所谓从实际出发，因地制宜，就是从本地区、本单位的自然资源条件出发，从本地区、本单位的区位特点出发，通过分析自己的资源优势和经济优势，确定自己的比较优势和区位优势，在自身优势的基础上来定位农业结构调整的目标和方向，制定农业结构调整的模式。由于我国是一个幅员辽阔、地形地貌比较复杂的国家，从山地到高原、从丘陵到平原，各种地形都有；从气候带的分布看，我国地跨热带、亚热带、暖温带、温带、寒温带和局部特殊气候带等不同气候带，温度、湿度、光照、降雨量等差异很大。因此，我国农业具有明显的区域性特点。即使在同一个区域内，由于自然资源分布的不均衡性，各个地区、各个单位甚至企业之间，也会存在差异。这种差异性，是农业结构调整要因地制宜的客观基础。如果不从本地区的实际出发，不按照自身的比较优势来从事农业结构调整，农业结构调整是不可能获得成功的。不因地制宜的结果，是农业资源的生产效率不能得到充分发挥，还会直接导致农业结构调整在具体项目上的雷同或重复。目前我国农业结构调整中一些地区出现的雷同甚至简单重复现象，就是没有真正从各自的实际出发，没有从各自的比较优势出发，没有真正因地制宜的表现。农业结构调整的趋同或重复，不仅会浪费农业资源，而且会加剧市场竞争，这对农业结构调整的顺利推进和农业的健康发展是不利的。所以，各地在农业结构调整中，必须坚持因地制宜的原则，必须从当地的实际条件出发，从当地的具体情况出发，从当地的比较优势出发。只有从实际出发，因地制宜，充分利用了当地的资源，发挥了当地的比较优势，才能形成具有各自特色的农业结构模式，才能实现农业结构调整的健康顺利进行。

三是不改变家庭承包经营的原则。农业实行家庭承包经营，符合生产关系要适应生产力发展要求的规律，使农民获得充分的生产经营自主权，能够极大地调动农民的生产经营积极性，解放和发展农村生产力；符合农业生产自身的特点，可以使农户根据市场、气候、环境和农作物生长情况及时做出决策，保证农业生产顺利进行，也有利于农户自主剩余劳动力和剩余劳动时间，扩大生产门路，增加收入。这种经营方式，不仅适应以手工劳动为主的传统农业，也能适应采用先进科学技术和生产手段的现代化农业，具有广泛的适应性和旺盛的生命力，必须长期坚持。进行农业结构调整，必须坚持家庭承包经营这个基础不动摇，要在家庭承包经营的基础上从事农业结构调整，不允许以任何理由或借口侵犯农民的土地承包经营权。不经过合法程序，在农业结构调整过程中，不得擅自改变土地承包关系。在农业结构调整过程中，生产布局的调整，产品结构的调整，产业结构的调整，生产技术的调整，经营形式的调整等，都可能会涉及与农户土地承包经营的关系，一些农民会由于各种各样的原因而不接受或暂时不接受调整方案。对于这些情况，可以通过示范或引导，但不能强迫命令，绝对不能用调整土地承包关系收回土地承包经营权等方式推行农业结构调整。事实上，农业结构调整与家庭承包经营并不矛盾，二者能够实现有机的统一。

四是维护农民主体地位的原则。政府和农民在农业结构调整中都扮演着重要角色，正确认识和把握两者之间的关系以及各自在结构调整中的作用，是顺利推进农业结构调整工作的基础。目前，我国农业和农村经济发展的宏观环境已经发生了根本性变化，农产品绝对短缺的时代已经全面结束，以家庭承包经营为基础的农村经营制度已经牢固确立，社会主义市场经济体制已经基本形成，以加入世界贸易组织为标志的我国经济融入世界经济的进程也在加快。适应这些变化，就需要彻底抛弃传统经济体制下所形成的政府与农民关系的僵化模式，不断调整和优化政府与农民之间的关系，建立能适应社会主义市场经济和全球经济一体化要求的新型的政府与农民的关系。这种新型关系的核心，概要讲，就是农民按照市场需求自主地组织生产经营活动，政府通过调控市场对农民的生产经营活动加以宏观引导，并对农民的生产经营活动给予必要的支持和保护。这种新型关系反映在农业结构调整上，就是农民是结构调整的主体，政府对结构调整进行引导、服务和宏观调控。这是处理结构调整中政府与农民关系的基本点。

农业结构调整中为什么要以农民为主体？这是由农民的商品经济地位和农民在结构调整中的具体作用等因素决定的。首先，在市场经济条件下，农民是一个独立的商品经济主体，是自负盈亏的商品生产经营者。作为独立的商品生产经营者，农民有权对生产什么、生产多少以及如何生产等问题进行自主决策，并要独立承担决策的风险和负责生产经营活动的盈亏结果。其次，以家庭承包经营为基础、统分结合的农村基本经营制度，赋予了农民的生产经营自主权，在法律制度上确立了农民的生产经营主体地位。再次，农业结构调整的方案要靠农民去具体实施和落实，农业结构调整的具体过程要靠农民去完成，离开了农民的广泛积极参与，结构调整无法进行，更不可能获得成功。另外，农民的生产经营积极性还直接与农民主体地位的维护情况有关。实践证明，只有充分尊重和维护农民的主体地位，才能有效调动农民的积极性，发挥农民的创造性。因此，农业结构调整一定要尊重农民的主体地位，确立农民的主体地位，维护农民的主体地位。

尊重农民的主体地位，具体讲，就是要尊重农民的土地承包权、生产决策权、自主经营权、产品处置权和经营收益权，就是要维护农民的这些权利不受侵犯。从目前情况看，农民的主体地位还很脆弱，一些地方在结构调整过程中还经常发生侵害农民自主权的事情，比如强迫农民种这种那，强迫农民接受统一的调整方案等，这就要求我们要高度认识尊重和维护农民主体地位的重要性，加大培育农民主体地位工作的力度，切实尊重农民的生产经营自主权。

尊重农民的主体地位，在结构调整实践中，要特别注意不能代替农民决策，更不能对农民强迫命令。政府应帮助农民分析市场行情、提供技术服务，指导农民种，引导农民调，帮助农民销，但不能代替农民决策，当农民还不能理解和接受调整方案时，应允许农民思考和选择，不能把政府的意志强加在农民头上，甚至用行政命令强迫农民。违背农民意愿，侵犯农民自主权，挫伤农民积极性，绝对不可能获得结构调整和农业发展的成功。

五是积极发挥政府作用的原则。在结构调整中，农民的生产经营活动要用市场上的信息进行决策，所生产出来的产品要在市场上销售。然而，市场信息是千变万化的，市场信息的收集整理也是需要付出成本的。一家一户分散经营的农民，仅仅依靠自身的力量难以获得及时真实可靠的市场信息，这就制约了农民经营决策的科学性，使单家独户的农民很难成功地进入市场。解决这种一家一户的小生产与社会化大市场之间的矛盾，需要政府为农民提供及时有效的市场信息服务，引导和帮助农民顺利进入市场。在目前农村中介服务组织发育不足的情况下，政府的这种市场信息服务功能就显得尤为重要。目前我国农民的文化科技素质还比较低，商品经济的意识还比较差，驾驭市场经济的能力还比较弱，独立进行科学的生产经营决策的能力还不够强，这些都可能会使农民的结构调整行为出现盲目性。实践中就有不少农民对结构调整较为茫然，不知道调什么和如何调。这就需要政府通过科学的产业政策和发展规划，对农民的生产经营活动进行宏观指导和引导，为农民的结构调整活动指出方向，使农民的微观调整活动与国家的宏观产业发展方向有机地统一起来，减少结构调整的盲目性和农业发展的波动性。另外，在结构调整中，还有许多一家一户农民办不了、办不好或办起来不经济的事情，比如交通、通讯、水利、营销设施、关键的技术措施等，这些公共产品则需要政府来提供，农民也希望政府能给结构调整提供必要的财政和金融支持。总之，农业结构调整离不开政府的引导、服务和调控。农业结构的顺利推进，必须有效地发挥政府的引导、服务和宏观调控作用。

在农业结构调整中，政府的作用是引导、服务和宏观调控。这些作用的具体表现是：制定结构调整和农业发展规划以及农村产业政策，把农民的微观活动引导到发展规划的框架之内；为农民提供市场和科技服务，培育农民的竞争能力，引导农民顺利地进入市场；规范市场秩序，完善市场交易规则，培育和建立市场体系；提供公共服务，尤其是基础设施建设服务；在财政、金融、资本市场等领域为农业结构调整提供必要的资金支持，对农民的生产经营活动给予必要的支持和保护。

结构调整中维护农民的主体地位与发挥政府的引导、服务和宏观调控作用这两个方面并不矛盾，二者相辅相成，是一个有机整体。一方面，农民的主体地位是政府引导、服务和调控作用的前提和基础，政府的引导、服务和调控作用必须建立在农民是主体的基础之上，离开了农民这个主体，政府的引导、服务和调控作用就失去了对象，也失去了意义；另一方面，政府的引导、服务和调控作用是农民主体地位和目标实现的条件，没有这个条件，农民的主体地位得不到保障，农民的生产经营目标难以实现。强调农民的主体地位，并不意味着政府撒手不管，无所作为；强调政府的引导、服务和宏观调控，也不意味着政府包办一切，代替农民决策，甚至对农民进行强迫命令。要把二者有效地结合起来，有机地统一起来，不可偏废，更不能对立。处理二者关系的关键点是要准确把握政府的作用，在实践中要特别注意防止两种倾向：一是政府"越位"，管一些不该管的事；另一是政府"缺位"，即不到位，该做的事没有做，或没有做好。这两种倾向都不利于农业结构调整的顺利推行，必须坚决克服。

在结构调整中，政府作用的发挥还要讲究方式。政府的有关部门要从实际出发，因地制宜，切实转变工作作风、工作方式和方法，树立求真务实、勤于服务的工作作风，善于用引导、示范、服务的办法，指导农民调整结构，要善于总结典型的经验，把推广经验、用典型引路当作当前指导农业结构调整的有效办法。

11.2 人多地少国家农业结构调整的经验

我国农业结构的调整，必须从我国的具体情况出发，这一点是毫无疑问的。然而，在进行具体的调整实践时，借鉴国际上成功的经验，尤其是与我国农业资源天赋相近的国家的成功经验，是非常必要的。我国农业资源天赋的特征是人多地少，世界上与这一特征相近的国家或地区有日本、荷兰、韩国等，这些国家的农业发展都经历了现代化过程，积累了较为丰富的农业结构调整的经验，这些经验在发展理论上具有一般意义。

11.2.1 人多地少国家农业发展的结构优势

认识人多地少国家农业发展的结构优势，是认识和利用人多地少国家农业结构规律的基础。与人少地多类型的国家相比，人多地少国家的农业发展具有自身的结构优势。

我们先从静态上观察荷兰、日本、韩国等典型人多地少国家农业结构的现状及其特征。

（1）荷兰农业结构的现状特征。荷兰是一个人口密度极高的国家。国土总面积 4.15 万平方公里，其中陆地面积约 3.4 万平方公里，大致与我国海南岛的面积相等，陆地的人口密度为每平方公里近 500 人，其中作为核心经济区的南荷兰、北荷兰两省的人口密度分别高达每平方公里 1172 人和 935 人，人口密度最小的德伦特省每平方公里也达 175 人。所以，荷兰的农业属于典型的人多地少型的农业。

按照荷兰的产业分类标准,农业由种植业和畜牧业组成,种植业又分为大田种植业和园艺业两大类。就大田种植业、园艺业和畜牧业三个层次讲,荷兰农业的结构主体是畜牧业,结构份额超过了55%,即农业活动的多于一半是畜牧业生产;其次是园艺业,结构份额大约为35%,即农业生产活动的1/3以上来源于园艺业;大田种植业所占份额只有10%,而谷物种植业所占份额则还不到1%,谷物生产在荷兰农业中已经微不足道。畜牧业是荷兰农业的最重要部门。

在畜牧业中,奶类所占份额较大,畜牧业产值的1/3以上来自于奶类生产,农业总产值的1/5左右来自于奶类生产。荷兰的畜牧业大体上分为普通畜牧业(养牛业、养羊业)和集约型畜牧业(养猪业、养禽业),二者的结构比例大约为70:30。普通畜牧业以高度发达的养牛业为主体,其中奶牛业尤为发达,平均每头奶牛的年产奶量接近7000公斤。奶牛饲养采用半年散养、半年舍饲的间隔交替方式,即在散养的半年时间里,牛日夜在牧场上吃草,在舍饲的半年时间里,75%的饲料是青贮饲料和干草。在集约型畜牧业中,养猪业和养鸡业已实现了工厂化。肉鸡饲养的平均规模已超过了2.7万只,每平方米鸡舍可饲养20多只仔鸡,45天左右即可上市,一年可连续8次饲养仔鸡上市;蛋鸡饲养的平均规模超过了1万只;猪的存栏头数达到了人均1头,出栏率为180%,每年屠宰2000万头,平均胴体重85公斤左右。

园艺业是荷兰农业中高度发达的部门。在园艺业中,花卉所占份额很大,包括花卉球茎在内,花卉生产占园艺业的比重超过了一半;蔬菜业也很发达,其产值占园艺业的约1/3;由于地势低凹,荷兰的水果业不很发达,水果消费主要依靠进口。从生产方式上看,荷兰的园艺业以温室生产为主,露地生产为辅,温室大约有40%用于蔬菜生产,35%用于花卉生产,20%用于水果生产。温室的生产设备和生产过程都实现了高度的现代化,生产过程的控制绝大多数由计算机自动进行,室内的温度、湿度、光照、二氧化碳浓度、植物所需要的各种营养成分等都与电脑装置相联系,由电脑自动控制,实现了电脑化。温室生产也实现了高度集约化,是典型的高投入、高产出、高效益模式,每平方米玻璃温室的建造成本约相当于每亩45万元人民币,这一投资水平大约是大田生产的50~60倍,但其收益是大田生产的70~80倍。由于高度的集约化经营,园艺业仅用6%的农用地就生产出了35%的农业总产值,其比较土地生产率超过了6,是种植业生产的24倍。园艺业尤其是温室园艺业,堪称是荷兰集约型农业的典范。

大田种植业是荷兰农业中相对萎缩的部门。在大田种植业中，谷物生产所占份额很小，其在农业中的地位已经微不足道，谷物产值不及蔬菜产值的 1/10，也只有花卉产值的 1/20；马铃薯是种植业生产的主体，其产值占种植业产值的 56％以上，是谷物产值的近 6 倍，马铃薯在品质改良、栽培管理和产后加工等方面都走在世界前列，荷兰因此被称为"马铃薯王国"。为了满足国内需求，谷物、豆类、油料以及发展畜牧业所需要的大量饲料等，主要依靠进口，每年进口粮食 440 万～650 万吨，其中小麦 220 万～270 万吨，粮食自给率为 30％左右，小麦自给率大致为 45％。

荷兰农业的地域结构表现出了明显的专业化格局。全荷兰在地域上由西向东形成了三个主要生产带：西部沿海是园艺生产带，花卉生产主要集中在这一地带；中部是奶牛生产带，奶牛的饲养主要集中于这一地带；东部和南端是集约化的畜牧业生产带，猪和鸡的饲养主要集中在这一地带。种植业生产则散布于西南、北部及中部围海新垦之地，在这些地区，种植业生产也是高度专业化的。

在农户层次，荷兰大部分是专业农户（场），"多种经营"的农户（场）和兼业农户（场）的比例很小，并且在继续减少。一般地，一个农户只经营一种产品，如专司乳牛饲养、专司谷物种植、专司花卉栽培、专司黄瓜栽培等。农户生产的专业化在温室花卉生产中表现得尤其为最，通常一个农户的几万平方米花卉温室，只生产两三个品种，且每个品种往往只生产一种颜色，如只生产红色的玫瑰或白色的玫瑰。高度的专业化生产，不仅极大地提高了农业的劳动生产率和农业的管理水平，更重要的是提高了农产品的市场竞争力，使荷兰成为世界上仅次于美国和法国的农产品出口大国，在净出口规模上荷兰甚至超过了法国，位居仅次于美国的农产品净出口大国。

（2）日本农业结构的现状特征。日本人口密度超过了每平方公里 340 人，且农用地占国土面积的比例很小，不及 15％。因此，日本的人多地少型农业特征是非常明显的。

日本的农业部门划分有广义和狭义两种方法。广义的农业包括种植业、畜牧业、林业及水产业四个部门，简称农林水产业；狭义的农业则仅包括种植业和畜牧业两个部门。在一般的文献中，多采用狭义的划分方法。

在目前的日本农业中，按照狭义的划分方法，种植业所占比重在 65％左右，畜牧业所占比重在 35％左右。在种植业中，蔬菜及水果类产品的生产占较大比重，谷物生产所占份额不是很大；在畜牧业中，肉类生产、奶类生产、蛋类生产都得到了大致相同的发展，但肉类生产所占份额相对要大一些，其次是奶类生产。如果按谷物和薯类、园艺类、畜牧类三个层次分析，则三者在农业总体中各占 1/3 左右，这就是日本农业结构的基本现状。

（3）韩国农业结构的现状特征。韩国的人口密度很高，平均每平方公里超过 450 人。所以，韩国的农业也是在人多地少的资源背景下发展起来的，具有典型的人多地少发展特征。

韩国农业的内容也分为广义的农林水产业和狭义的农业，狭义的农业由种植业和畜牧业组成。在广义农业中，农业所占比重为 85％ 左右，林业和水产业所占比重为 15％ 左右。在狭义农业中，种植业所占比重为 70％ 左右，畜牧业所占比重为 30％ 左右。种植业的主体是谷物生产和园艺生产，在谷物生产中水稻处于绝对重要的位置，在保证大米自给的政策下，韩国的稻谷年产量仍维持在 700 万吨以上的水平，占谷物总产量的 93％，水稻单产每公顷接近 6500 公斤，处于世界领先水平，由于高度重视水稻生产，韩国实现了大米自给，但小麦、玉米、大麦等几乎全部依靠进口；种植业中园艺类产品的生产占有一定比重，蔬菜和水果的产量已经基本可以满足国内市场的需求，其中苹果和梨还可供出口。在畜牧业中，养牛业得到了政府的大力鼓励和支持，畜产品中牛奶和鸡蛋基本上可以自给，但牛肉、猪肉和鸡肉等肉类产品每年都需要从国外进口。

如果从农户生产层次上反映韩国农业的生产结构，则韩国多于一半的农户主要从事水稻生产；从事肉牛生产的农户占 1/4 左右，从事养鸡业的农户接近 5％；从事大棚蔬菜生产的农户约 4％，从事水果类生产的农户约为 7％。总括起来讲，韩国农户中有 55％ 左右从事谷物生产，1/3 左右从事畜牧业生产，1/8 左右从事园艺业生产。

尽管上述几个人多地少国家农业结构的具体比例不尽相同，但如果换个角度，从土地密集型产品和非土地密集型产品方面观察农业生产结构，则它们所揭示出来的农业结构优势领域是相同的。

所谓"土地密集型产品"，是指单位产品中包含土地要素较多的产品，换句话说，是指需要占用较多的土地要素才能生产出来的产品；所谓"非土地密集型产品"，是指单位产品中包含土地要素较少的产品，换句话说，是指不需要占用较多的土地要素就能生产出来的产品或可以对土地进行集约使用而生产出来的产品。在这一定义下，谷物种植及棉花、油料、薯类等大田作物属于土地密集型产品，这类作物的种植属于土地密集型产品的生产；而蔬菜、花卉、水果等园艺类产品的生产，由于可以在一年内重复多次使用土地，则属于非土地密集型产品的生产，或称为劳动密集型产品的生产，这些产品属于非土地密集型产品；畜牧业生产尤其是养猪、养鸡等，由于可以更为密集地使用土地空间，也属于非土地密集型产品的生产，由此而得的产品则属于非土地密集型产品。

按照新的结构划分标准，对上述几个国家的农业生产结构进行归并整理，农业中土地集约型产品和土地密集型产品的结构比例分别为：荷兰 90∶10，日本 67∶33，韩国 45∶55。

由这几个典型国家的农业结构特征，可以概括出人多地少类型国家农业结构的优势领域，即人多地少类型国家发展农业的优势领域不是土地密集型产品的生产，而是非土地密集型产品或可以集约使用土地的产品的生产，即土地集约型产品的生产。

11.2.2 人多地少国家农业优势领域的形成原理

为什么人多地少类型国家的农业发展能够形成如上所述的优势领域？我们认为，可以从两个方面对这一带有规律性的现象做出解释，即人多地少类型国家农业优势领域的形成原理有两个，一个是资源诱导原理，另一个是需求拉动原理。

(1) 资源诱导原理对农业发展优势领域的解释。所谓资源诱导原理，是指在市场经济规则下，资源的供给结构决定了农业投入要素的相对价格水平，投入要素的相对价格水平诱导着社会生产者按照经济理性原则组合各种要素的投入比例，用相对廉价的要素替代相对昂贵的要素，即多用价格比较低的生产要素，少用价格比较高的要素，以保证生产经营最佳经济效果的实现，即利润最大化目标的实现。

在人多地少类型的国家，农业资源供给结构的基本格局是：土地要素短缺，劳动力要素充裕。换句话说，人多地少类型国家土地要素的短缺程度要高于劳动力要素。根据资源诱导原理，在要素市场上，由于土地的供给比劳动更为稀缺，土地要素的价格就会相对高于劳动力要素，即土地要素会有着相对较高的价格，要素的这种相对价格结构会诱导追求利润最大化的农业生产经营者更注意节约使用土地要素。节约使用土地要素的有效方式就是集约使用土地，提高土地的使用率和生产率，使单位面积土地能生产出较多的产品。由于不同农业生产经营项目对土地的利用程度不同，一些生产项目如谷物等大田作物的种植对土地的利用率就较低，另一些生产项目如蔬菜、花卉、养殖等对土地的利用率就较高，在温室栽培和工厂化饲养的情况下这些生产项目对土地的集约使用程度更高，因此，节约土地、集约使用土地的结果，就是非土地密集型产品生产的增加，非土地密集型产品生产的增加又推动此类产品在农业结构中所占的份额不断增大，非土地密集型产品或集约使用土地产品就成为农业发展的结构优势领域。

资源的天赋结构对农业结构优势形成的诱导作用，可以从美国和日本这两个国家农业发展的历史过程得到实践证明。美国和日本农业资源的天赋结构明显不同，前者是典型的人少地多型，后者是典型的人多地少型。在美国，劳动力的相对价格高于可耕地，且劳动力与可耕地的比价是不断上升的，1960年与1880年相比上升了近1倍；在日本，劳动力的相对价格低于可耕地，且劳动力与可耕地的比价是不断下降的，1960年与1880年相比下降了99.5%。由于要素相对价格不同，1880年一个日本农民为购买1公顷可耕地必须工作的天数是美国农场工人购买同样数量可耕地工作天数的9倍，到1960年，这个倍数扩大到30倍，即一个日本农民必须工作30倍于美国农场工人的时间才能买到1公顷可耕地。要素结构差异决定的要素相对价格的差异，使美国和日本的农业沿着两条不同的道路发展，美国更注重劳动替代型技术的创新和使用，日本则更注重土地集约型技术（又称土地替代型技术）的创新和使用。结果是，日本农业发展的优势领域一直集中在土地集约型技术适用的产品的生产方面，美国农业发展的优势领域则一直集中在劳动替代型技术适用的产品的生产方面。

由此可见，土地集约型产品的生产作为人多地少国家农业发展的结构优势领域，是由人多地少国家农业资源的天赋结构决定的，因而是不以人的意志为转移的客观规律。

（2）需求拉动原理对农业发展优势领域的解释。农业发展优势领域的形成，除了资源天赋结构的决定作用外，还与市场对农产品需求的变化有关。需求对农业结构优势领域形成的拉动作用，被称为农业结构优势领域形成的"需求拉动原理"。

农产品是人类生存和发展最基本的消费资料。在一个具体的时期内，城乡居民愿意而且能够购买的农产品数量就是农产品的市场需求。农产品需求的形成直接决定于城乡居民的购买能力，而购买能力的形成又决定于城乡居民的收入水平。因此，随着收入水平的不断提高，农产品需求会不断增加，这是拉动农业生产不断扩大的基本力量。由于不同农产品的消费功能不同，消费者对不同农产品需求的迫切程度就相应不同，这使不同农产品具有了不同的需求收入弹性。而需求收入弹性的大小又决定了新增购买能力的需求定位，收入弹性大的产品会吸收较多的新增购买能力，收入弹性小的产品只能吸收较少的新增购买能力，收入弹性为负的产品则会释放过去的购买力。购买力增量的这种组合会引起购买力结构的变化，而购买力结构的变化会拉动农产品需求结构发生变化，需求结构的变化则会进一步拉动农业生产结构的变化。所以，收入水平的提高不仅会拉动农业生产的总量扩大，而且会拉动农业生产的结构变化。

农产品需求结构变化的基本规律是，随着收入的增加，收入弹性大的产品在农产品总需求中所占的比重不断增大，收入弹性小的产品在农产品总需求中所占的比重不断缩小。一般来讲，农产品中谷物类产品尤其是大宗谷物产品的需求收入弹性较小，畜产品、蔬菜、水果等产品的需求收入弹性较大，花卉等体现生活质量的产品需求收入弹性更大。有关经典计量研究结果表明，在发达国家，谷物的需求收入弹性为 $0.3\sim0.5$，蔬菜为 $0.6\sim0.3$，肉类为 $0.7\sim0.4$；在发展中国家，谷物的需求收入弹性为 $0.2\sim0.5$，蔬菜为 $0.7\sim0.9$，肉类为 $1.3\sim1.5$，牛奶及奶产品为 $1.1\sim1.8$，蔬菜和畜产品的收入弹性都明显大于谷物。因此，随着收入的增加，谷物类产品的需求在农产品总需求中所占的比重就呈减小态势，畜产品、蔬菜、水果、花卉等产品的需求在农产品总需求中所占的比重就呈增大态势。需求结构变化拉动生产结构变化，谷物类产品的生产在农产品总生产中所占的比重就呈减小态势，畜产品、蔬菜、水果、花卉等产品的生产在农产品总生产中所占的比重就呈增大态势。由于谷物类产品属于土地密集型产品（或称粗放使用土地的产品），蔬菜、水果、花卉、畜产品等产品属于非土地密集型产品或可以集约使用土地的产品，这样，需求结构变化拉动的生产结构变化从另一个角度表述就是：土地密集型产品的生产在农产品总生产中所占的比重呈减小态势，非土地密集型产品或集约使用土地类产品的生产在农产品总生产中所占的比重呈增大态势。因此，需求结构变化就使农业发展的优势领域逐渐向土地集约型产品的生产集中。

应该把握的是，资源诱导原理和需求拉动原理对农业发展所形成的土地集约型产品优势领域的解释在适用对象上是有区别的，前者主要适用于人多地少国家，后者则同时适用于人多地少和人少地多两种发展类型。对于人少地多国家来讲，随着经济发展水平的提高，资源的天赋结构会发生变化，土地的稀缺程度会提高，这会推动土地使用集约程度的提高，使农业发展的优势领域发生变化，但这种发展类型的农业结构优势领域主要是由需求拉动形成的；而对于人多地少的国家或地区，农业发展优势领域的形成在静态上是由资源天赋结构决定的，在动态上是由需求结构强化的。资源诱导和需求拉动的共同作用，使土地集约型产品的生产成为人多地少国家农业发展的优势领域。

11.2.3 人多地少国家农业结构的成长规律

在从静态层面剖析了人多地少国家农业结构的优势领域后，我们还需要从动态层面揭示人多地少国家农业结构优势领域的形成过程，即认识人多地少国家农业结构成长的规律。

1. 人多地少类型国家或地区农业结构成长的阶段性

上述人多地少国家农业结构优势领域的形成都经历了一个不断演化的过程，这个过程的内涵是人多地少国家以土地集约型产品的生产为结构优势的不断强化。

荷兰农业结构的历史演化充分体现了土地密集型产品的结构份额不断减小、土地集约型产品的结构份额不断增大的趋势。这种趋势是具体通过大田种植业的增长速度不断降低、园艺业和畜牧业的增长速度不断提高来表现的。根据统计，1950—1960 年间，荷兰大田种植业的年均增长速度为 4.4%，园艺业的年均增长速度为 3.9%，畜牧业的年均增长速度为 4.9%，大田种植业的增长速度是园艺业的 113%，是畜牧业的 90%；1970—1980 年间，大田种植业的年均增长速度降为 2.3%，园艺业的年均增长速度升至 5.8%，畜牧业的年均增长速度微降为 4.6%，大田种植业的增长速度只是园艺业的 40%，也只是畜牧业的 50%。1970—1980 年的 10 年与 1950—1960 年的 10 年相比，大田种植业与园艺业的相对增长速度下降了 65%，与畜牧业的相对增长速度下降了 44%。增长速度相对下降的直接结果是大田种植业在农业总产值中所占的比重减小，相应地，园艺业和畜牧业在农业总产值中所占的比重增大。即土地密集型产品生产的重要性下降，土地集约型产品生产的重要性上升，农业结构向能集约使用土地的生产偏倾。

日本农业结构的历史演化也体现出了土地密集型产品份额不断减小、土地集约型产品份额不断增大的趋势。日本农业结构的明显变化出现在第二次世界大战之后，变化的基本内容是：

（1）粮食生产的重要性下降。粮食的播种面积和总产量都大幅度减少，按谷物计算，1950 年为 1575 万吨，1960 年为 2025 万吨，1965 年为 1865 万吨，1970 年为 1690 万吨，1980 年为 1620 万吨，1985 年为 1586 万吨，1996 年为 1379 万吨。1996 年与 1960 年相比，粮食产量减少了 32%，平均每年减少 1.5%。粮食生产的减少，降低了日本的粮食自给率。从 1960 年到 1998 年，日本粮食自给率由 82% 下降到 27%，下降了 55 个百分点；以热量计算的食物自给率由 79% 下降到 40%，下降了近 40 个百分点。到目前，除大米自给率维持在 95% 以上外，其他粮食的自给率都非常低，如小麦为 9%，大豆为 3%，饲料为 25%。而大米的高自给率则是完全通过政府的高额补贴实现的，高额补贴使日本国内的大米价格高出国际市场 6 倍之多，不仅加重了消费者的负担，也引起了贸易伙伴的强烈不满，更不良的后果是扭曲的价格信号误导了农业的资源配置，降低了农业资源的配置效率。如果取消边境保护，由市场力量决定价格，则沉淀于稻米生产的资源会大量转移到其他农产品的生产，粮食生产在整个日本农业中的位势还会下降。因为如上所述，人多地少国家或地区的粮食生产在农业中本来就不具有结构优势，经济发展使人均收入水平提高后，粮食生产既有的优势也会不断降低和消失，粮食生产的减少不在于市场不需要粮食，而是粮食生产本身已经失去了优势。所以，日本通过价格保护的手段维持其稻米生产，实际上是一种反市场的做法，这种做法阻碍了农业结构的进步，降低了农业资源的利用效率，最终降低了日本农业的整体素质和竞争能力。

（2）蔬菜和水果生产的重要性上升。蔬菜和水果是战后日本农业中发展快速的部门。蔬菜的总产量 1931—1940 年平均每年为 660 万吨，1985 年已增加到 1622 万吨，增长了近 1.5 倍。蔬菜生产不仅数量增长快，而且质量有很大提高，生产方式也实现了现代化，温室生产已经成为日本蔬菜生产的主体，可以保证一年四季供应新鲜蔬菜。在农业总产值中，蔬菜所占比重持续上升，1950 年只有 6.8%，1960 年为 8.3%，1970 年增加到 15%，1980 年增加到 18.5%，1985 年即上升到 20% 左右。目前日本蔬菜的自给率已超过 85%，在所有农产品的自给率中居于首位。水果产量 1931—1940 年平均每年为 120 万吨，1985 年便增加到 575 万吨，增长了近 3.8 倍，其中柑橘增长最快，日本的"红富士"苹果成为风靡世界水果。在农业生产总值中，水果所占比重亦持续上升，1950 年只有 3.6%，1960 年为 6.3%，1970 年增加到 8.5%，1980

年为 7.1%，1985 年为 8%。目前日本水果的自给率大约为 50%。蔬菜和水果已占农业生产总值的 1/4 以上，成为日本农业的三大支柱之一（另外两个支柱是水稻及旱田生产、畜牧业）。

(3) 畜牧业生产的重要性也在上升。畜牧业曾是日本农业中比较落后的部门，战后也得到了较快发展。畜牧业的发展一方面表现在牲畜头数有了很大增加，1992 年与 1950 年相比，牛增长了 1.1 倍，猪增长了 17 倍，鸡增长了 19 倍；另一方面表现在畜产品产量的迅猛增加，1992 年与 1950 年相比，肉增长了 30 倍，奶增长了 24 倍，蛋增长了 19 倍，目前猪肉的自给率已超过 60%，乳制品的自给率超过 70%。畜牧业在农业总产值中所占的比重 1950 年为 7.3%，1960 年为 16.7%，1970 年为 21.9%，1980 年上升到 29.9%，1990 年在 30% 以上。畜牧业尤其是养猪、养鸡业，基本上已经完全集约化，成为高度利用土地资源的"设施型"畜牧业，资本对土地的替代已经达到了极高水平。

韩国农业结构变化的基本趋势是谷物比重下降，温室蔬菜、果类和畜牧业比重上升。在 20 世纪 80 年代以前，谷物生产曾有较大增长。谷物总产量 1961 年为 593 万吨，1977 年曾达到 854 万吨，以后即呈下降态势，1997 年下降到 760 万吨。粮食自给率相应地由 1961 年的 91.4% 降低到 1995 年的 28%，降低幅度达 70%。韩国的谷物主要是水稻，由于政府长期对稻谷实行保护政策，水稻生产增长较快，1950 年为 271 万吨，1977 年曾高达 850 万吨，20 世纪 80 年代以来亦呈下降态势，但政府仍采取保护政策，1997 年稻谷产量仍维持在 710 万吨，占谷物总产量的 93%。其他粮食如小麦、玉米、大麦等则几乎全部依靠进口。蔬菜和水果生产增长较快，温室生产逐渐取代了传统露天生产方式而成为蔬菜生产的主导，目前主要蔬菜已基本上可以满足国内需求，水果中苹果和梨尚可供出口。畜牧业也是在结构变化中不断强化的部门，畜禽饲养成长为农业的一个重要支柱，但畜产品在总体上仍不能满足国内需求，除牛奶和鸡蛋基本上可以自给外，牛肉、猪肉和鸡肉等每年都需要进口。

2. 人多地少类型国家农业结构成长的主线

上述几个典型人多地少国家农业结构变化中各个部门具体比重的增减幅度尽管不尽相同，但它们所表现出来的基本趋势却是共同的，这就是：大田种植业的比重下降，园艺业和畜牧业的比重都上升，其中能够集约使用土地的设施园艺业和设施畜牧业的比重上升趋势更明显。

相同的趋势揭示出了人多地少类型国家农业结构成长的主线，这条主线的内容是：随着经济发展水平的提高，人多地少国家的农业中，土地密集型产品生产的重要性不断下降，其所占比重不断减小；土地集约型产品生产的重要性不断上升，其所占比重不断增大。这就是人多地少型经济农业结构长期成长的基本规律。

3. 人多地少类型国家农业结构成长规律的理论诠释

人多地少型经济农业结构长期成长的基本规律的形成，同样是如前所述的"资源诱导原理"和"需求拉动原理"两个基本原理共同作用的结果。

在"资源诱导原理"层面，经济发展和城市化对可耕地的大量占用，更提升了农业土地要素的稀缺程度。如从1950年到1990年的40年里，经济的高速增长导致的农地非农化使日本、韩国和我国台湾的耕地面积分别减少了52%、42%和35%。于是，集约和更集约地使用土地，就成为增加农业产出的有效途径。对土地集约使用程度的提高，提升了土地集约型产品生产的重要性，土地集约型产品在农业总产品中的比重就相应不断上升，这在农业实践中就具体表现为蔬菜、水果、花卉、畜禽饲养等生产部门的扩张和结构份额的增大。

在"需求拉动原理"层面，经济发展推动收入水平提高后，人们的食物消费结构发生了改变，谷物类的消费量减少，蔬菜、水果、肉类、奶类、蛋类等的消费量增加，花卉的消费量也增加。以日本为例，1985年与1960年相比，日本国民食物消费结构发生了显著变化，人均每日谷物消费量由421克减少到307克，减少了近30%；蔬菜消费量由164克增加到262克，增加了60%；果实消费量由33克增加到141克，增加了3.3倍；肉类消费量由17克增加到72克，增加了3.2倍；牛奶及奶制品消费量由35克增加到117克，增加了2.4倍。对谷物消费量的减少，抑制了谷物市场空间的扩大，使谷物生产相对甚至绝对减少；对蔬菜、水果、肉类、蛋类、奶类等消费量的增加，推动了这些产品市场空间的扩大，使这些产品的生产绝对增加。结果，消费需求结构的变化就拉动了生产结构的相应变化。

11.2.4 人多地少国家农业结构调整的主要模式

在人多地少国家农业结构调整中，所谓的模式实际上表现为不同的经济主体或因素在结构调整和变化中所发挥的具体作用。

1. 市场在农业结构调整中的作用

上述几个典型人多地少国家的实践都表明,市场在农业结构成长过程中发挥着重要作用。这种作用的集中点是:市场是农业结构调整和成长的导向和拉动力量。

在市场经济条件下,消费者对农产品的消费需求是通过市场购买表现出来的。市场购买的归并,不仅具有总量,而且具有结构。这种总量和结构信息,通过市场体系传递给生产系统和生产者,农业生产者按照市场需求进行生产,形成与需求结构相适应的农业生产结构,需求结构因此而成为农业生产结构变化的导向和拉动力量。从上述几个典型国家的结构调整和成长实践看,尽管政府都具有程度不同的干预行为,但总体上讲,农业结构的调整和成长都是在市场的这样一个作用过程下实现的。

市场信号向生产系统的传递要以市场体系为管道,完善的市场体系是市场实现对生产结构调节作用的保证。市场体系不完善,市场信息的传递就会受阻,要么信息在传递过程中散失或失真,要么信息在传递过程中时滞,这都不利于市场对生产结构调节作用的有效发挥。所以,建立完善的市场体系,对于市场与生产之间的有效连接和农业结构的顺利成长是非常重要和必要的。正是基于这一点,上述几个典型国家对市场体系的建设都非常重视。重视市场体系建设,不断完善市场体系,是上述几个典型国家农业结构调整模式的基本内容。

在市场体系建设中,荷兰的农产品"拍卖市场"很具特色,在农业结构调整和农业发展中发挥了重要作用。荷兰的农产品拍卖历史久远,起源于19世纪,20世纪获得了长足发展,目前"拍卖市场"的拍卖过程已全部实现了电子化。"拍卖市场"的具体运作程序是:农户将所生产的产品按照质量标准规定进行分类、分级和包装并经检验合格后,送入拍卖大厅,购买者(一般是大批发商)按照规则进行竞价,出价高者获得产品,成交后市场内部系统自动结算货款和配发产品。拍卖市场的交易效率很高,如花卉拍卖市场每天清晨6点开市,10点以前即拍卖完毕,水产品则在8点以前就拍卖完毕。拍卖市场实现计算机联网控制,在某个市场拍卖的产品也可在其他市场成交。拍卖是荷兰农产品一级市场交易的主要方式,全国95%的花卉和80%以上的蔬菜、水果是通过拍卖市场销售的,马铃薯、水产品等也大都通过拍卖市场销售。拍卖市场还是专业性的,即一个拍卖市场只拍卖一类产品,如著名的阿尔斯梅尔拍卖市场就专门拍卖花卉，据称该市场是荷兰也是世界最大的花卉拍卖行，占地 71.5 万平方米，相当于 120 个足球场，是由 5000 多个花农或花卉公司组成的股份联合体，连接着 500 多个大批发商和 150 多家出口公司，具有冷藏面积 3 万平方米，平均每天成交 5 万笔，卖出 1400 万枝鲜切花，绿色观叶植物 150 万盆，产品扩散到全荷兰、欧洲乃至全世界，从这里拍卖成交的花卉当天就可以在巴黎、伦敦、罗马，第二天就可以在纽约、东京、我国香港的超级市场和花店里同消费者见面，实现了真正的高效率。拍卖市场在农业结构调整和农业发展中发挥的主要作用是：实现了生产者与购买者的直接见面，有效地解决了农户农产品的销售问题，尤其是保鲜周期很短的农产品的销售问题，使农户与市场直接连接起来；用严格的质量标准引导农户实现标准化生产，提高了农产品的质量和农业的标准化水平；拍卖过程公开、公平，充分自由竞争，可以形成合理的价格，有助于保护农民的利益，合理真实的价格信号还有助于调节市场供求，实现资源的优化配置；拍卖结束后成交产品的货款即时结算，如果按期货方式拍卖可以在期前或期中付款，这使农产品销售货款能及时回到农民手中，不发生拖欠，保证了农户再生产的资金运转和经济效益的实现。

2. 农民在农业结构调整中的作用

农民是农业结构调整的具体实践者，是农业结构调整的主体，这是上述几个典型国家农业结构调整和成长模式的一个重要内容。

从理论上讲，农民的主体地位是由农民的商品经济地位和农民在结构调整中的具体作用等因素决定的。首先，在市场经济条件下，农民是一个独立的商品经济主体，是自负盈亏的商品生产经营者，有权对生产什么、生产多少以及如何生产等问题进行自主决策，并独立承担决策的风险和负责生产经营活动的盈亏结果；其次，农业结构调整的方案要靠农民去具体实施和落实，农业结构调整的具体过程要靠农民去完成，离开了农民的广泛积极参与，结构调整无法进行，更不可能获得成功。另外，农民的生产经营积极性还直接与农民主体地位的维护情况有关。只有充分尊重和维护农民的主体地位，才能有效调动农民的积极性，发挥农民的创造性。

上述几个典型国家农业结构调整的实践表明，尊重农民的主体地位，具体讲，就是要尊重农民的土地所有权和使用权、生产决策权、自主经营权、产品处置权和经营收益权，就是要维护农民的这些权利不受侵犯。

另外，为了提高农民的社会地位和维护农民的政治权利，也为了提高农民的集体谈判能力和集体行动能力，农民还通过组织起来的方式，实现集体行动。从几个典型国家看，都存在着农民的政治组织，农民组织与政府之间不只是对立关系，更重要的是合作关系。农民组织的集体行动，放大了农民在社会经济生活中的作用，保护了农民的合法权益。

3. 合作经济组织在农业结构调整中的作用

合作经济组织是推动农业结构调整和成长的一支重要力量，是农业结构调整的积极参与主体，在农业结构调整和成长中扮演着重要角色，这是几个典型国家农业结构调整和成长模式的基本内容。

荷兰的农业合作十分发达，合作社是推动农业发展的主要力量，也是进行农业结构调整的基本载体。上述的农产品拍卖行，在性质上就是合作社，是合作社的一种形式。荷兰的农业合作社不仅存在于农业生产领域，而且广泛存在并发挥作用于农产品加工、销售、贸易、和农业信贷、农业生产资料供应等领域。荷兰农业合作制度的基本点是：合作社完全基于农民之间的协定，完全基于自愿原则，完全按照民主方式进行管理，参加合作社的农民对自身的生产决策和生产过程享有完全的责任和独立性；合作社完全独立于政府，其活动不受政府的干预；合作社实行多重会员制，即一个农民可以同时是几个合作社的社员；合作社的层次分为基层合作社、地区合作社和全国性合作社，为了保护合作社的利益，全部农业合作社都被组织于"全国农业合作局"（NCR）。全国农业合作局的职责主要是代表合作社的利益，协调合作社之间的关系，协调合作社与其他经济组织之间的关系，推动合作社事业的发展。合作社在农业技术交流、农产品加工销售等方面发挥着重要作用，如3个奶类合作社的经营额就占领了全国80%的牛奶供销市场，2个合作拍卖行几乎销售了全国所有的花卉，1个淀粉用马铃薯合作社占领了全国100%的市场，1个种用马铃薯合作社在全国市场中占有70%的份额。荷兰绝大多数农产品都是通过合作社销售的。通过合作社的加工、销售活动，使农户与合作社之间形成了紧密联系。

日本的农业合作也很发达。与荷兰农业合作主要是专业合作不同的是，日本的农业合作主要是综合性的合作，其基本载体是"农协"。农协的产生可以追溯到明治维新以后，当时一些经营茶叶、生丝、蚕种等商品生产的农民，自发地组织起"同业组合"从事商品的共同销售，这便出现了生丝销售合作社和茶叶销售合作社，同时也出现了由农民自发组织起来的共同购买生产资料的合作社。明治政府为了巩固小农制度，于1899年制定了"农会法"，根据农会法成立了市町村农会、郡农会、府县农会和全国农会，从而形成了全国性的组织系统。1900年又制定了"产业组合法"，也从下到上形成了全国性的产业组合组织系统，该系统主要是经营信用、销售、采购等业务。1943年日本政府颁布了"农业团体法"，把两个组织合并为一个组织即"农业会"。第二次世界大战以后，"农业会"又进行了改组，恢复了原有的合作组织的民主原则。1947年日本政府通过了"农业协同组合法"，此后在全国普遍建立了"农业协同组合"，简称为"农协"。从性质上讲，农协是一个群众性的经济合作组织，是在农民自愿的基础上联合起来的，但同时，国家的很多农业政策又通过农协来推行，农协又是贯彻农业政策的重要社会支柱和有力助手。因此，日本的农协具有双重性质，这是日本的农业合作社不同于其他资本主义国家之处。日本农协在农业结构调整和农业发展中的作用主要有六个方面：第一，营农指导，即对农户的生产和农村社会生活起指导和组织作用；第二，直接经营，即直接经营一些专业化生产项目，解决农户的种畜、种苗，使农户的生产进一步专业化；第三，信贷业务，即利用自身的信贷系统机构，吸收农户的闲置资金，然后贷给资金短缺的农户，为农户提供金融服务；第四，商品供应，即为农户提供生产资料和生活资料采购服务；第五，加工销售，即从事农产品收购、加工业务，农户生产出来的产品的绝大多数由农协收购和运输，农协还建有农产品批发、加工、包装和储存中心，为农户提供加工和储存设施，如谷物烘干和加工、蔬菜和水果分级包装、畜禽屠宰、牛奶加工等车间以及各类罐头工厂和各种仓库；第六，提供与农民生活有关的服务。总之，在日本农业结构调整和成长过程中，农协发挥了重大作用。

应该特别指出的是，几个典型国家的实践表明，在农业结构调整和成长过程中，通过合作的方式不仅给农民提供了生产、加工和销售领域的服务，而且提供了良好的金融服务。在日本，农协直接经营信贷业务，直接为农民提供信贷和其他金融服务，有效地保证了农民对借入资金的需要。在荷兰，专门成立有"农民合作银行"（Rabobank），该行成立于1896年，是世界上最早的农民合作金融组织之一，现已发展成为荷兰的第二大银行并跻身于世界400家大银行之列。农民合作银行在性质上属于合作社，作为农民的金融合作社或信贷合作社，它与农民的生产合作社、加工合作社、销售合作社和生产资料供应合作社等并无实质区别。农民合作银行的职能是为其社员提供信贷支持和其他金融服务，其信贷资金完全来源于所吸收的存款和经营活动。政府并不向农民合作银行注入信贷资金，也不干预农民合作银行的经营活动，政府的作用是允许农民合作银行的存在,并为其发展提供必要的社会环境。农民合作银行在农民的信贷和金融服务方面发挥了支柱作用,目前荷兰农民的全部信贷中,90%以上来源于农民合作银行,农民可以迅速地从农民合作银行借到所需的资金,有效地保证了农民的经营活动对资金的需求。实践证明,农户由于经营规模小,盈利能力有限,加之受自然风险和市场风险的双重影响,从商业金融机构很难得到充足的资金支持,但农业的正常运行,尤其是现代商品农业的健康运转,没有外部的资金支持,仅靠农户的自我积累,是难以实现的,农业需要来自外部的资金支持,农民需要良好的金融服务,这是发展农业的基本条件,农民合作金融组织为农民所提供的金融服务对促进农业健康发展和农业结构顺利调整是必要的和有效的。建立农民合作金融制度,为农民提供良好的金融服务,是几个典型国家农业结构调整模式的一个重要内容。

4. 政府在农业结构调整中的作用

几个典型人多地少国家的实践表明,政府在农业结构调整中扮演着重要角色,发挥着重要作用。政府作用的方式分为直接作用和间接作用两种,以间接作用为主。政府作用的内容主要有六个方面:

一是政策导向。即政府通过制定政策和贯彻执行政策,影响农民的资源配置和生产行为,使农业结构调整按照政策规定的基本方向进行。如为了阻止稻米生产优势的过快丧失,提高稻米的自给率,日本、韩国都曾对稻米生产采取高度保护措施,在稻米生产出现过剩和财政因农业补贴而包袱沉重时,又出台了"稻田转作"政策,鼓励农户将稻田用做其他作物的生产。如日本规定每0.1公顷的水稻改作大豆、小麦或饲料作物,最高可获得补贴7.9万日元,平均为5.5万日元,原稻谷产量越高,得到的补贴就越多。从本质上讲,由于人多地少国家或地区粮食生产不具有比较优势,通过价格保护鼓励生产导致了资源配置的扭曲,又通过限制生产来消除资源配置扭曲后的产品过剩,这种由鼓励生产、奖励增产到限制生产、奖励减产的政策转变,本身就说明了对不具备比较优势的生产的保护政策是不可取的。然而值得注意的是,日本于1999年7月通过的新农业基本法即《食品·农业·农村基本法》,对提高粮食和食品的自给率又给予了较多重视,明确提出了立足国内增加粮食生产、兼顾粮食进口和储备的方针,具体目标是,到2010年,以热量计算的食品自给率要由当时的40%提高到45%,粮食的自给率要由当时的27%提高到30%,这一政策导向会对今后日本农业发展和农业结构调整方向产生新的影响。

二是市场建设。市场机制是农业结构调整和成长的内在力量，而市场体系则是农业结构调整和成长顺利进行的基本条件。重视市场体系建设，为市场机制发挥作用提供条件，是政府在农业结构调整中的一项基本职能。如在荷兰，政府十分重视市场体系建设，制定严格的市场准入制度和公平的交易制度，维护市场秩序，对市场交易活动进行严格管理，为农业结构调整和发展提供了良好的市场环境。荷兰的市场体系十分完善，农产品交易系统非常发达，形成了有效的农产品营销制度。农产品营销活动紧紧围绕消费者的需求和市场变化进行，以产品链为核心，每一种农产品都形成了自身的产品链，沿着产品链把产前、产中和产后的各项活动联结为一个有机整体。完善的市场体系，公平的交易环境，有效的交易方式，快捷的物流系统，促进了农业结构的顺利成长和农业的健康发展。

三是产品监督。农业结构调整的一个重要方向是标准化生产。生产的标准化，要求生产者按照统一的质量标准进行生产和管理，不同农产品质量标准的制定和修订，主要是政府的行为。政府通过制定质量标准并监督标准的执行，引导农业生产向标准化发展。另外，农产品的卫生检疫、食品安全检疫等产品监督工作，也是政府职能的一个基本组成部分。

四是贸易推动。为本国或本地区的优势农产品寻找国际市场，推动农产品的出口，是政府在农业结构调整中承担的又一项职责。如前所述，按照比较优势生产，一些产品的生产量就会大于国内需求量，如果不能借助于国际市场进行产品转换，则结构的顺利成长就遇到了障碍。具体的贸易活动，尽管是经营者的事情，但政府在推动国际贸易方面有着自身的优势。所以，几个典型国家的政府都利用自身的行为积极地推动农产品国际贸易。如荷兰农业部的一项重要职能就是主管农业对外贸易，开拓国际市场，农业部的"贸易与工业司"在国外36个重点城市设立了农业参赞处（代表处），专门了解国际市场行情，并且出版了许多精美的宣传材料，介绍荷兰农业状况、各种农产品及其加工品、农业机械和设备、有关的公司，公布各种会议及展销会消息等，对推动农产品出口产生了非常积极的作用。另外，为了保证农业行政管理部门对农产品对外贸易活动的管理，大多数国家或地区都赋予农业部门管理农产品对外贸易的职能，对农业进行产前、产中和产后的一体化行政管理，这为农业与贸易的结合提供了组织制度条件。如荷兰尽管国家很小，但却有着强大的农业行政管理机构，作为中央政府管理农业的行政机构的农业部，在"本部"工作的人员有1万人，另有7000人在"执行机构"里工作。农业部的职能包括了"从田间到餐桌"的全过程,农产品的生产、加工、营销及国际贸易,农业生产资料的供应及农业资源环境保护,农业教育、科研和推广,农业技术服务,农产品质量监督,农业政策以及对农民的财政支持等,都由农业部统一管理。一体化的行政管理,减少了摩擦和消耗,提高了办事效率,维持了农业的产业链,这在组织制度上为农产品生产、加工和销售的连接提供了很大的便利,非常有利于农业结构的成长。

五是提供公共产品。主要包括与结构调整有关的农村道路建设、农村能源建设、农业水利设施建设、农村通信设施建设和农业气象服务等。公共产品对于提高农业的生产能力和结构调整与适应能力是不可缺少的,而这些产品在使用上的非排他性决定了其主要应由政府提供的特性。

六是科技支持。发展农业教育、科技和推广事业,为农业结构调整提供强有力的科技支撑,是政府在农业结构调整中的一项主要职责。在荷兰,有着相当发达的农业教育、科研和推广系统,农业教育、科研和推广被誉为荷兰农业发展和一体化经营的三个支柱。政府对农业教育、科研和推广非常重视,把发展农业教育、科研和推广事业作为政府的重要职责。农业教育已经形成了十分完善的体系,由初等、中等、高等和大学四个层次组成,初等农业教育学制4年,学生在6年普通初级学校毕业后,可选择进入初等农业学校学习,初等农业教育主要提供农业基础,每个年轻农场主都必须经过初等农业教育训练;初等农业教育结业后,学生可选择进入中等农业学校学习,也可以选择农业教育以外的学校学习,中等农业教育学制为2~4年,学生要选择一个专业,主要训练学生掌握与农业有关的各种职业技能,许多学生正是通过中等农业教育而成为独立的农场主的;高等农业教育由5所农业学院(Collage)承担,其训练涉及农业经营、研究和农业组织等领域,学制一般4~5年,学生毕业后可获得相当于其他国家学士的学位;大学农业教育由瓦赫宁根大学承担,这是农业教育的最高层次,学制一般5~6年,毕业后可获得相当于其他国家硕士的学位,再继续深造4年可获得博士学位。除正规农业教育外,荷兰的农业职业教育和技术培训也很发达,培训系统几乎覆盖了农村的每个角落,同业农民之间还有自发组织的"学习俱乐部",相互切磋和交流经验。教育使荷兰农民具有了很高的素质,大多数农民都能讲流利的英语,能够跟上世界农业科技发展的步伐,这是荷兰农业具有高竞争力的基石所在。农业科研由农业实验站、区域研究中心、研究所和大学等部分组成,各自的研究方向和重点不同,分工明确,并相互协作,研究经费充足,设备先进,许多研究领域在世界上享有很高的声誉。研究成果及时推广于农民，很快就转化为生产力。农业科研和推广为农民提供了雄厚的科技支持，有效地推动了农产品科技含量的提高，科技进步对荷兰农业增长的贡献率已超过了80%，这是荷兰农业具有持续竞争力的根本原因所在。政府对农业教育和科研给予了充足的经费支持，据荷兰农业部1996年的"背景报告"，国家在这一年向农业部的拨款是31.3亿荷兰盾，其中用于"科学和知识传播"的经费高达13亿荷兰盾（当时约合8.3亿美元），占全部拨款的41.5%，这笔用于"科学和知识传播"的经费，如果按农用地分摊，则每亩达到28美元，如果按农场分摊，则每个农场可以达到3000美元。政府强有力的财政支持，是荷兰农业教育和科技发达的主要因素，而农业教育和科技的发达又支撑了农业的发达。

11.2.5 人多地少国家农业结构调整经验的基本点

根据上述的分析，我们可以把人多地少国家农业结构调整的经验概括为九个方面：

第一、市场机制是农业结构调整和成长的基本导向和推动力量，农业结构的健康成长需要一个完善的市场环境。

第二、比较优势是农业结构调整和成长的基本原则，农业结构调整要充分遵循比较优势原则，根据比较优势配置资源和组合生产。

第三、土地密集型产品不是人多地少型经济的结构优势，人多地少型经济要把农业发展的重点放在土地集约型产品的生产和经营上，即土地集约型产品是人多地少国家农业发展的结构优势。

第四、土地集约型产品在农业生产总值中的结构份额不断增大，土地密集型产品在农业生产总值中的结构份额不断减小，是农业结构成长的长期趋势。

第五、国际自由贸易是比较优势原则充分发挥作用的条件，只有通过国际产品转换，才能实现在比较优势原则下农产品生产、供给与消费需求的均衡。因此，要最大限度地推进农产品贸易自由化。

第六、政府出于粮食安全的考虑对不具有比较优势的土地密集型的粮食生产进行保护，在很大程度上误导了农业资源配置，扭曲了农业生产结构，降低了农业资源的总体效率，并使财政背上了沉重包袱。削减对粮食生产的保护，成为农业政策改革的主要内容。

第七、农民是结构调整的主体，农业结构调整要尊重农民的自主权，维护农民的经济利益。

第八，合作社为分散经营的农户提供生产资料供应、技术推广、产品加工和销售、金融等各个方面的服务，并提高了农民的谈判能力，在农业结构调整中发挥着非常重要的不可替代的作用，是推进农业结构调整优化和农业健康发展的重要力量。

第九，政府在农业结构调整中要发挥积极作用，政府的作用主要表现在政策引导、市场建设、产品监督、出口推动、公共产品供给和科技支持等方面。

我国人多地少，人口密度每平方公里超过了100人，如果扣除了沙漠地带和不适于人类居住生活的区域，则每平方公里超过了150人，在沿海人口稠密区，人口密度更大，如江苏、山东、河南的人口密度每平方公里接近500人，安徽的人口密度每平方公里接近450人，都属于人口高密度地区。所以，上述人多地少国家农业结构调整的经验对我国具有明确的借鉴意义。

11.3 农业结构调整优化的基本模式

由于各地区自然条件、地域特点、生产习惯、经济发展水平等方面的差异，其农业结构调整的重点必然不同，从而也决定了各地在结构调整的模式选择上不尽相同。

11.3.1 沿海创汇农业区的结构模式

沿海地区由于地理位置优越，已经成为我国现代经济发展最重要、最集中的地区，在农业生产方面具有突出的特点：一是自然条件优越，土地资源质量较好。我国沿海地区是世界上最重要的季风气候区，从南到北，跨有热带、亚热带、暖温带和温带等几个温度带，夏季普遍高温多雨，热、水、土条件有良好的配合，有利于农作物的生长。这里又是我国的平原、丘陵区，土地以平川、丘陵和中低山为主，质量明显好于中部和西部。全区土地总面积约130万平方公里，其中平原面积占34.5%，大大高于全国平原占国土面积12%的比重；高山、高原的比重很小，大大低于全国的平均比重。而且土地比较肥沃，耕地比重较大，自然资源丰富，为发展农、林、牧、渔各业生产提供了比较有利的条件。同时，沿海地区具有濒临海洋的优势，辽阔的海域中有大量的海洋水产资源可供捕捞利用，漫长的海岸带上有广阔的沿海滩涂可以开发利用。二是经济实力比较强，农业资金投入渠道多。沿海地区经济发达，工业化程度高，地方财力和集体经济实力都很强，农业资金投入渠道较多。除了国家对沿海农业进行资金投入外，沿海地方政府、乡村集体和农民自己都拿出一部分资金用于发展农业，不少地区还实行了"以工补农""以工建农"。三是农业开发程度较高，生产水平较先进。沿海区域农业开发历史悠久，土地开垦程度高，平原的大部地区垦殖指数高达60%以上，耕地利用比较充分，水面利用也达到一定程度。全区劳动力充裕，技术素质较好，具有精耕细作、农林牧渔综合发展的优良传统，对现代农业科学技术的接受能力较强，农业生产水平较高，农作物的单位产量、农产品的商品率和农业的集约化程度都明显高于其他地区。四是地理位置和社会条件好，发展外向型农业优势多。沿海地区地处海滨，城镇密集，水陆交通方便，中部贯穿欧亚大陆桥，南部毗邻港澳，邻近东南亚，农产品的国内外市场广阔，具有内地难以具备的农牧渔"鲜活产品"对外贸易的条件，有利于外向型农业的发展。

由于上述的有利条件，该区对农业结构的调整和优化已取得了一定的成果，从其调整的模式来看，主要有如下几种：

（1）市场、运销带动型模式。是指市场与流通在农业结构调整中发挥着决定性作用的模式选择。从山东苍山县的实践经验来看，市场运销带动型模式是一种市场促动生产发展和结构调整，生产催化市场发育和机制完善的模式。该县狠抓蔬菜运销和市场建设，积极组织十万农民搞运销，而且发育了两个大市场，保证了蔬菜销售，使全县蔬菜面积发展到65万亩，总产量7亿公斤，占农业总产值的43%，农民人均纯收入有一半来自蔬菜。当规模较大的蔬菜产业发展起来以后，又很快孕育出了产地市场，市场形成后又带动当地生产更迅速、更大规模、更稳定地发展。

（2）加工、出口带动型模式。系指通过农产品加工和出口带动来推动农业生产结构调整的模式选择。如山东安丘市大力发展农产品加工和合资、独资出口企业，目前全市加工企业已达972家，年加工能力150多万吨，出口55万吨，出口交货值20多亿元。其中蔬菜出口45万吨，占全市蔬菜总产量的25%。由于加工出口的强力拉动，该市的农业结构发生了深刻的变化，粮经比例达到了1∶1.2，全市农民人均纯收入中有近60%是得益于农业结构的调整。

（3）科技、示范带动型模式。是指通过科技示范实现农民自发型产业结构调整的模式。目前在沿海地区尤其是东南沿海发达地区，发展高产优质高效农业，主要是在粮食作物内部增加优质稻谷的种植面积。如广东省，目前优质稻谷种植面积已占水稻面积的 60% 以上。在种植业内部，则是多发展一些高经济价值的工业加工原料和蔬菜、水果等。在大农业层次，大力发展畜禽、水产养殖业等。江苏太仓市新湖镇，在保证完成 1400 万公斤粮食生产的前提下，大力发展蔬菜和畜禽、水产养殖业，在示范效应的带动下，农民纷纷实现结构调整，使得农民从农业上获得的纯收入大幅增加。此外，建立高科技工业园区、发展产业化经营等也不失为沿海农业结构调整中出现的一些具有代表性的模式。

在全国农业结构调整的大环境中，沿海地区将不适宜粮食种植的耕地退出，大力发展外向型经济，建立高技术含量、高投入、高效益的创汇农业区，无疑适应了该区经济发展的要求，同时对整个国家经济的发展起到了十分重要的作用。首先，沿海地区多为对外开放的窗口，发展外向型农业，多出口一些劳动密集型的国际市场价格较高的农产品及其加工品，进口一部分价格相对低廉的农产品，既可以扩大我国农业对外开放的程度，弥补我国农业资源的不足，又可以提高农业的整体效益。同时，建立创汇农业区，可以加快我国农业与国际市场的接轨，提高我国加入 WTO 的适应度和竞争能力。其次，沿海地区利用自己的有利条件，大力发展出口创汇农业，扩大农副产品及其加工品的出口，可以大大提高出口创汇能力，增加外汇收入，从而为我国的现代化建设积累更多的外汇资金，促进国家外汇收支平衡。此外，在沿海地区发展外向型农业，将其产品交给国际市场检查，参与国际市场的竞争，从而可以推动沿海农业的技术进步，提高沿海农业经营管理水平，使其向国际水准靠拢，推进沿海农业现代化。但是，在实际调整过程中，建立创汇农业区也有其不足的一面：由于沿海地区是我国的工业基地，随着工业化进程的加快，可用于农业生产的耕地面积正日益减少，在此基础上发展创汇农业，无疑会牺牲效益比较低下的粮食种植，从而使得沿海地区的粮食供求缺口日益扩大。

11.3.2 传统粮棉主产农业区的结构模式

长期以来，粮棉主产区提供大量商品粮棉，为全国经济发展做出了较大贡献。但由于粮棉生产比较效益低，在很大程度上造成多数粮棉主产区整体经济发展比较慢，形成了"粮棉大县、工业小县、财政穷县"的格局。因此，结合该区的区域特征，寻找合理的农业结构调整和优化模式，对于改变粮棉主产区的这种状况，促进该区农业和农村经济发展有着十分重要的意义。

传统粮棉主产区，是由地理、土壤、气候、技术、经济、交通等诸多因素决定，并在长期的历史进程中自然形成的，是我国农村经济的重要组成部分。

（1）农业自然条件优越，具有发展种植业的优势。以长江流域为例，该区地处中亚热带与北亚热带，气候温暖湿润，生长期长，对粮棉作物生产很有利。主要农作区冬季最冷，月平均气温多数地区在0℃以上，一般有利于越冬作物的生长。大部分地区可以发展双季稻，实施麦（薯、油、肥、菜）—稻—稻一年三熟制。该区耕作土壤条件良好，全国水田面积的2/3集中于这里，其水田面积占全区耕地总面积的比重超过60%。从土壤质量看，质量好、肥力高的一级耕地面积占耕地总面积的50%，比全国平均水平高出8个多百分点。在粮棉主产区中，湖南、江西是我国耕地年生产力水平最高的地区，其年生产力水平分别较全国平均水平高出90%和76%，连本区耕地生产力最低的安徽省也比全国平均水平高出28%。

（2）粮棉产量高，社会贡献大。首先，我国居民尤其是南方居民以稻米为基本口粮，全国城镇居民的口粮消费中，稻米也占了60%~65%。也就是说，居民口粮消费中，稻米占了绝对优势。而仅就长江流域地区的粮食主产区而言，其稻米产量就占全国总产量的2/3，人均占有粮食400公斤以上。此外，粮棉主产区不仅提供其自身所需要的粮棉资源，而且为全国提供了广阔的商品粮棉。该区粮食商品率高，平均为20%~40%，从而保证了其他区域粮棉的供给，为其他区域农业优势产业的建立与发展提供了坚实的后盾，同时维持了社会的稳定和发展。

（3）发展粮棉生产是本区自身的优势。一方面，粮棉主产区具有发展粮棉生产的资源优势。如土地资源、水利资源、气候资源、劳动力资源等都比其他地区有利，适宜发展粮棉生产。另一方面，粮棉主产区具有发展粮棉生产的技术优势。这些地区生产粮棉历史悠久，传统的耕作技术精良，对现代科学技术的应用推广也易于接受，有利于农业技术改造和更新，比较容易获得科技生产力作用所产生的积极效应。

（4）粮棉生产是粮棉主产区农民收入的稳定来源。改革开放以来，粮棉主产区农民开辟了一些新的收入来源，但从总体构成来分析，目前农民从事粮棉生产仍然是主要就业门路，由此获得的纯收入中一般占一半甚至2/3以上，而且比较稳定。今后较长时期内粮棉主产区的粮棉生产及其产业延伸，仍将是大多数农民收入的主要来源，还可能比其他产业更加稳定。

(5) 产业结构层次较低，二、三产业发展滞后。大多数粮棉主产区在粮棉需求不断增长的情况下，努力保持了粮棉生产的稳步发展。所提供的商品粮棉也日趋增加。但是，由于所提供的商品粮棉只是原粮原棉，基本上没有进行转化和加工增值；除了粮棉生产之外，也没有较为充分地发展第二、第三产业，结果导致整个产业结构始终停留在较低的层次上。尽管我国大多数粮棉主产区产业结构正在升级，然而升级的过程显得过于缓慢。以县域为单位计算，多数粮棉大县基本上还处于以第一产业为主导的地步，第二、第三产业所占比重相差更多，一般要比全国平均水平低 30 个百分点以上。粮棉主产区的这一区域特征显示，我国传统粮棉主产区在农业结构调整中应继续发展其粮棉生产的优势，着重在粮棉的品种和质量结构、生产经营规模以及粮棉加工等方面下功夫。

传统粮棉主产农业区结构可选择的基本模式是：

(1) 基地带动型模式。根据各地的资源优势，确立适宜的粮棉品种，进行规模化、商品化种植，从而提高产品的产量和质量，是传统粮棉主产区农业结构调整的有用尝试。这一模式一般从"一村一品""一乡一品"开始发展，逐步形成具有一定规模的农产品商品基地。然后通过基地发展，推动当地农业结构调整，并逐步形成了一批专业大户，搞活城乡市场。从而使粮棉主产区的农业发展与市场化进程相适应。

(2) 市场牵动型模式。为产品找市场，以市场导向生产是关键。一些地方在对市场调查论证的基础上，明确以"四好"为标准，即把外观形象好、内在品质好、食用口感好、市场销路好的品种列为优先安排种植的品种。同时突出发展特优产品，满足市场需要，收到了很好效果。

(3) 政策推动型模式。通过价格政策，对优质产品实施优价，有利于拉动农产品质量的提高。一些地方对一部分农产品实行了优质优价政策，这一政策在实际执行过程中为农业结构的调整指引了方向，推动了农业结构的调整。

(4) 龙头企业联动型模式。在结构调整中，围绕本区农产品原料优势，通过对农产品进行加工转化增值，不仅增加了农民收入和财政收入，而且还可以刺激农产品生产发展，特别是刺激粮棉稳定增产，不断优化产业结构。这一调整目标多通过培植"龙头"企业而实现。此外，通过发展农业产业化经营、农副食品加工业等有利形势，带动传统粮棉主产区结构调整也是本区所探索出的与其经济、自然条件相适应的有效模式。

确保稳定粮棉田面积，在充分发挥其粮棉生产优势的基础上，调优种植结构、产品结构和产业结构，是传统粮棉主产区农业结构调整的合理选择。首先，粮棉主产区继续发展粮棉生产有利于全国其他区域将资源转向其优势产业的生产（如沿海经济发达地区发展出口创汇农业、西部生态环境脆弱地区和江河源头地区，实施退耕还林、退耕还草、退田还湖的战略方针，建立高效生态农业区），促进了全国农业资源的合理使用，并有助于解决各区域农业结构趋同的现象。其次，粮棉主产区发挥传统优势，更有利于从根本上保障城乡居民的粮食需求，进而保持社会的稳定和发展。粮棉主产区本身具有粮棉生产的比较优势，正是这一优势决定了其在我国粮食安全中的地位和作用。我国是粮食生产大国，同时也是粮食消费大国以及人口大国，我国的粮食必须达到一定的自给水平，而这一自给水平只有也只能通过粮食主产区生产的发展来达到。也就是说，只有粮食主产区稳定粮田面积，提高粮食产量，我国的粮食安全才有保障。另外，粮食主产区通过对粮食品种结构、质量结构进行调整，可以改善产品品质，从而有效地解决卖粮难问题。再次，传统粮棉主产区的这一结构调整方式，有利于实现该区的规模化经营，以及促进乡镇企业、农副产品加工业的迅速发展，进而带动经济的持续健康发展。然而，在粮棉主产区的结构调整过程中，也存在一些不利我国经济发展的因素。例如，盲目调减高产粮食种植面积，把农业结构调整片面地理解为对粮食生产面积的缩减和多种经营产品的增加，以及第一产业向二、三产业的转型，致使粮食面积下降很猛和高产粮食作物大量被砍，直接威胁粮食生产的发展和供给安全。

11.3.3 城郊市场农业区的结构模式

城郊即主要处于大中城市与一般农业地区的结合部的地区，由于该区的农业生产，在地理位置和经济、社会活动上都与城市紧密联系在一起，都直接受到城市及其扩展的影响和制约，因而在实际调整过程中也有很大的不同。

城郊市场农业区的区域特征主要是：

（1）土地资源极其紧缺。城市郊区各种职能高度集聚，土地使用强度大大高于一般农村地区，从而造成土地资源的紧缺。此外，由于城市规模的不断扩充，城郊耕地资源被占用，减少的趋势不可逆转。城市发展导致城市规模进一步扩大，中心职能加强，城郊建设全面展开，从而加剧了土地资源，尤其是郊区耕地资源的非农化和紧缺。

（2）地理位置优越。大中城市都坐落在地势平坦或较为平坦的地带，水陆交通方便，信息畅通。城郊地区处于大中型城市的周围，属于城市与广大乡村的结合部。有利的地理位置为城郊农业发展带来了有利的条件：第一，大工业较先进的科学技术和现代化装备，可以较优先地应用于城郊农村生产各个领域，使得城郊农村农、工、建、运、商等各业的生产先进于一般农村。第二，由于紧靠城市，交通发达，其生产的各种产品的流通、环节大大减少，节省了许多流通费用，增强了产品的竞争能力。另外，由于紧靠城市和交通方便，许多工业部门生产的农业生产资料，可以迅速到达消费者手中。第三，市场需求信息反映快，生产者能较快地捕捉住与自己相关的市场信息和反馈信息，从而可以有目的地搞生产、减少生产的盲目性和风险性。

（3）农业生产面向城市市场，以副食品生产为主。城郊农业最主要的职能是为中心城市提供所需的农产品，农业的资源配置和生产结构都体现了这一基本职能。

（4）农业的集约经营程度和现代化水平较高，领先于全国一般农区。从上海郊区来看，近几年，每年投入农业的资金在10亿元以上，在原来具有精耕细作传统的基础上，又增加了先进的设施、机械，注入了先进的科学技术，因而不断提高了单位面积产量。

（5）城郊农业发展中的生态环境具有脆弱性。城市地区经济的快速发展，对城乡现代化建设产生了巨大的推动作用，城乡经济发展水平和居民生活水平得到了很大的提高。但与此同时，经济发展对农业生态环境的破坏也是明显的，主要表现在：①城市工业向郊区的转移以及乡镇工业的快速发展，使工业"三废"污染向郊区农村地区蔓延。尤其是乡镇工业布局较为分散、技术相对落后、资金不足，从而造成郊区大气、河流水系环境质量严重下降。②农用化学品的大量使用降低了农产品的质量。农业在发展过程中对于化学品的使用产生了越来越大的依赖性，结果是造成耕地、水系的污染，农产品内在质量的下降。

城郊农业，一方面要生产城市人民巨大需求的蔬菜、瓜果、肉类、蛋类、牛奶、水产品等副食品，及一部分优质粮油、工业原料、花卉和特色农产品；另一方面要为城市发展提供建设空间和更好的生态环境，如绿色空间、新鲜空气和旅游、度假、休闲等场所；还有一个方面就是农业生产受到城市工业、科技、经济和社会的较强辐射，而具有较高的生产力水平。有鉴于此，城郊区在农业结构调整中应坚持以城市市场为导向，建立市场农业区。城郊市场农业区结构可选择的基本模式是：

(1) 休闲农业带动型模式。主要是指城郊农民利用农业的自然属性，开发休闲农业、观光农业、体验农业等新的农业项目，以满足城市居民休闲、度假、观光等享乐的需要。如北京怀柔建设了旅游观光采摘精品农业园区，按照不同采摘时间，布局名优特稀新品种，并进行高质量，高效益，高水平规划设计，以带动农业结构的调整与重组。再如上海所形成的初具规模的集生产、休闲、观光、旅游一体的南汇桃花节、宝山长兴岛柑橘节、崇明国家级森林公园、浦东孙桥农业开发区、长风公园国际花卉节等。这些新型农业的出现，不仅使郊区农业的自身结构得到了很好的调整，使林果、花卉、蔬菜和特色农副产品从单一生产型逐步走向生产、生态、生活休闲型，而且为城市居民提供了休闲娱乐的场所。

(2) 主导产品带动型模式。城郊农民通过对农业生产环境的改良，借助各种生物农业技术，对传统农作物实施品质更新和功能改造，赋予农产品以新的性能，从而使其更好地满足人类健康生活的需要。然后再以该产品为核心，组建区域主导产业，带动农业结构调整。近年来，上海把注重生产名特优新农副产品和常规农副产品相结合，已形成一批各具地方特色的农副产品，包括无污染农产品、医疗用农产品、观赏性农产品等，如松江的肉鸡、青浦的肉鸭、金山的肉类制品、南汇的三黄鸡、奉贤的黄桃、宝山长兴的柑橘、崇明的甜玉米、东海农场的玫瑰等。这些新型农业及农产品的发展，使郊区的农业结构上了一个新的层次。

(3) 产业化经营带动型模式。实施农业产业化经营，建基地、兴龙头是农业结构调整的有效形式。通过产业化经营，促进生产专业化、经营集约化、产品商品化，推动农业向现代化方向发展。

11.3.4 山地林业区的结构模式

我国是多山的国家，丘陵山地面积约92.84亿亩，占国土总面积的66%。丘陵山区人口约4.7亿，占全国总人口的45%。山区地形复杂，但资源丰富，发展潜力很大。一是自然资源特别是森林资源十分丰富。我国山区现有森林面积1.17亿公顷，占全国森林面积的90%；森林蓄积量81.42亿公顷，占全国总蓄积量的80%以上。山区蕴藏着丰富的土地、生物、水能、矿物和旅游等资源，同时，也是我国水果、茶叶、木本粮油、林副产品、土特产品及药材的主要生产基地及风景名胜区和森林公园的所在地。据统计，山区有3万多种高等植物；4000多种脊椎动物（分别占世界总数的12%和10%以上）；约有8000种木本植物，其中乔木2000多种，竹类300多种，木本粮食树约400种；药用植物3000多种；有上百种营养价值很高的干鲜果和野生浆果，以及木本香料、木本纤维和木本工业原料，如生漆、五倍子、白蜡等；还有5000多种牧草。山区还是我国木材的主要生产基地。山区人均耕地0.1公顷，比全国平均水平高10%，而人均林地近0.4公顷，大大高于全国0.1公顷的平均数。山区不仅有充足的土地和林业综合开发资源，而且还有大量草原可以进行合理开发利用。另外，山区林业开发收益稳定且持续时间长，生产经营方式灵活，覆盖面和收入的稳定性都优于其他许多农业项目。二是气候资源丰富，具有多样性。我国山区不仅有纬度南北向差异，而且也有山体垂直立体分布，全国山区南北纬度相差20多度，具有从温带到热带的气候，我国3万多种种子植物和1000多种脊椎动物，绝大多数都可在山区找到。我国山区直接受到世界最大陆地和最大海洋影响，天气多变，干旱、雨涝、冰雹、冷害和病虫害交错出现，生产上基本靠天吃饭，极不稳定。三是山区森林资源分布不均，林种结构不够合理。在我国山区中，东北和西南天然林资源丰富，森林蓄积量分别占全国总蓄积量的32%和40%，是目前主要的林业生产基地。东南部丘陵山地森林资源也比较多，是主要的人工林分布地区。在林种结构方面，各个林种的面积占全国森林面积的比例是：用材林为73.2%，经济林为10.2%，防护林为9.1%，薪炭林为3.4%，竹林为2.9%，特用林为1.2%。除用材林以外，其他各林种的比例都比较少。

山区林业是山区其他产业的基础和龙头，在山区结构调整中，调整林业结构是关键。山区森林植物资源丰富，山区农业结构调整以林为主的模式是山区资源特点所决定的，是山区农业持续发展的必然选择。从其调整的模式来看，主要有如下几种：

（1）科技林业带动型模式。此种调整模式就是要把科技要素融入山区农业生产中，提高林产品的科技含量。所以山区的农业结构调整，要落实科技进山，振兴山区农业。科技进山必须坚持以下原则：即把精耕细作与先进适用技术相结合，实行集约化经营，坚持生物措施与工程措施相结合，综合运用农业科技成果；坚持因地制宜，分类指导，多模式、多点示范，使多点辐射效益开花结果。把开发智力与开发资源结合起来，实现技术、资金、物质、政策的配套效益，真正把山区农业的"造血"机能启动起来。技术扩散必须坚持全局梯度转移与局部跳跃相结合，形成技术由中心向四周，由高梯度向低梯度的转移,以促进山区结构调整。此模式通过增加科技投入来提高具有竞争优势的林产品的质量,并通过强化这些产品的商品化处理和储运手段,来进一步挖掘其潜力,使其林产品在农产品市场上占有更大份额。山区情况复杂,问题多,影响其农业结构调整的因素虽以林业为主,但其他的客观影响因素也多,在结构调整过程中要兼顾农业其他部门的利益,以林为主,走综合发展之路。

(2) 林产品加工产业链拓展连动型模式。未来林业的竞争某种程度上讲是林产品加工业的竞争。林产品加工业作为连接最终消费的林业生产的后向产业,对解决人们对林产品日益多样化、多层次和加速变化的新的消费需求,有着特别重要的现实意义。从实践看,凡是林产品加工业搞得好的地方,既增加了农民收入,又充分利用了农村劳动力资源,并带动了农村第三产业的发展。因此,此模式要求林产品加工业与其产前、产后部门联合起来,培育和壮大林业产业化的龙头企业。首先,要充分发挥龙头企业对林产品加工业的连动作用。运用灵活机制,发展高科技、精加工业型龙头企业,形成国际竞争力的产业体系。同时,创造良好的投资环境,广泛吸收社会闲散资金和国外资本,形成多元化的投资主体,加快林业产业化龙头企业建设。其次,加工企业要和农民建立稳定的合同关系和利益联结机制,形成真正的利益共同体,从而最大限度地降低市场波动给农民带来的损失,增加农民收入。同时为了保证加工企业获得稳定的规格和质量符合标准的加工原料,一定要注意森林的抚育,要先造林,后用林,加工业的取材量不能超过林业增加量。

(3) 中介组织连带型模式。此模式是针对社会经济环境相对闭塞的某些山区农业结构调整而言的。即通过中介组织的带动解决农民的小生产与大市场的矛盾,从而减低山区农民生产的外部成本的模式选择。一个完善的中介组织其内容主要包括三位一体的联合机制:一是农户间横向经济联合组织——社区性合作经济组织,负责农户间的经济联合与协调。二是农户间纵向经济联合组织——林业合作社与林业企业。其负责组织从事相同或相关经营的农户作为一个整体共同进入市场,抵御市场风险。林业企业则是强化农户进入市场的中间联络体系。三是农户实现市场交割的组织载体——林业市场与林业信息中介。林业市场中介负责林产品的市场交易,林业信息中介为双方交易提供准确、及时、有效的信息。

我国山区的资源条件及现状决定了我国山区农业综合开发的优势在林业,对山区农业结构进行调整,无疑为山区经济发展、促进山区脱贫致富具有十分重要的作用。不仅如此,合理发展山区林业还有助于实现退耕还林,治理水土流失，保护山区自身的发展环境。通过发展科技林业，提高林产品的科技含量，不仅适应了我国现代化建设发展的需要，而且也有效地解决了我国林产品质差及科技含量低的矛盾。但发展科技林业对科学技术依赖性强，而且我国农户特别是山区农户文化素质不同，接受新知识的能力差，因此，科技林业的发展存在着一定的障碍。通过发展林产品加工业，并将其产业链加以拓展，既有利于促进该区相应林产品生产能力的提高及林业经济的进一步发展，又有利于促进山区产业结构的合理和优化，对山区农业结构的调整具有很明显的推动作用。

本章参考文献：

［1］冯海发主编：《我国农业结构调整：理论与实践》，人民日报出版社，2001年版。

［2］冯海发：《人多地少国家和地区农业结构调整的做法和经验》，农业部软科学研究课题报告，1999年。

第 12 章 土地利用保护与农业可持续发展

土地不仅是农业生产而且是整个经济社会发展最重要的生产资料，马克思就曾把土地看作是财富之母。与其他生产资料相比，土地具有位置不可移动和数量不可增加的特点，这些特点决定了土地是更为稀缺的资源。合理利用和保护土地，不仅对于农业可持续发展，而且对于整个经济社会的可持续发展，都具有非常重要的意义。

12.1 土地在农业可持续发展中的地位和作用

土地是指地球上的陆地、水面以及与之相联系的一切自然环境条件，它不是一个简单的平面概念，而是一个包括土壤、地质、地貌、水文、气候、生物、植被等因素的自然综合体。在农业生产中，土地资源是指在种植业、畜牧业、林业和渔业等生产中已经开发利用和尚未开发利用的土地数量和质量的总称，诸如耕地、荒地资源、林地资源、草地资源、水面资源、滩涂资源等。

土地是人类生息、发展和进行生产活动必不可少的物质条件和自然基础。土地作为人们生存的空间，是人类不能缺少的生存条件。土地作为劳动者立足的处所和进行劳动的工作场所，是不可缺少的再生产条件。土地又是物质和能量的重要源泉，人们不仅要在土地上取得它所拥有的物质和能量，而且还要凭借它去接受来自宇宙的物质和能量。在物质生产中，人的劳动可以创造财富，但是劳动并不是所生产的使用价值即物质财富的唯一源泉，正如马克思在《资本论》中转述英国古典经济学家威廉·配弟的名言："劳动是财富之父，土地是财富之母。"土地作为生产所需的物质和能量的来源，在人类生产发展的任何阶段都是不可替代的。人类的劳动只有同合并于土地的自然力结合，才能创造出财富。没有土地，没有作为劳动对象和劳动资料的自然界，人们就不可能进行任何生产，人类也就不可能生存下去。

土地虽然是一切社会生产活动所共同需要的基本条件，但在不同的生产部门和经济活动中，土地所起的作用是不同的。在非农业部门，土地不直接加入到劳动生产过程，只是作为工作和居住的场所，作为空间操作的基础，起立足点的作用。而在农业生产中，土地则具有更为重要的特殊意义和作用。首先，农业是直接利用植物和动物的生命力以及与太阳能进行生产的部门，农业生产的实质是把太阳能转化为化学能，把无机物转化为有机物。农业中直接利用太阳能的多少，除了与植物本身的性能有关外，更主要的是决定于接受阳光的面积。因而，农业生产必须在广阔的土地上进行，需要占用大量面积的土地。即是说，植物栽培、营造林木、放牧畜群、发展渔业等，都必须在广大面积的土地上进行。其次，农作物的生产过程，对土地具有特殊的依赖性。农作物的生长发育和提供产品，不仅要以土地作为生长基地，而且更为重要的是要通过土地吸取生命活动所需要的一切营养物质。土地这个凝结自然力的综合体，是农作物吸收营养的源泉，它能够不断供给和调节农作物生长发育所需要的养分、水分、空气和热量。

人的劳动作用于土地，可以改善土壤中水、肥、气、热的状况，但不能直接向农作物输送物质和能量。只有通过土地这个载体，通过土地这个媒介物，劳动的作用才能传导给农作物。从这个意义上讲，土地本身就起着生产工具的作用。所以，土地在农业生产中，既是劳动对象，接受劳动的作用；又是劳动手段，把劳动的作用传递给农作物。土地直接参与农产品的生产过程，与农产品的产量和质量有着十分密切的关系。土地的自然特征，如物理学、化学、生物学等属性，直接影响着农业生产，土地以它的自然特性直接参与农业生产过程。非农业部门使用土地，对土地的肥力等自然属性没有任何要求和选择。农业生产则不同，它十分注重土地的肥力及其他自然属性。再次，农业中的第二性生产，即动物生产，既要以第一性生产即农作物生产为基础，又要以土地作为生产场所。尽管由于科学技术的发展，世界上已经出现了工厂化农业、无土栽培、水培法等，但这些都丝毫不能改变土地是农业生产最基本的且不可替代的生产要素的事实。

作为农业基本生产资料的土地，与其他生产资料相比，有着本身独有的特点。

第一，土地面积是有限的。土地是大自然的产物，不是劳动的产物，它的面积是有限的。土地面积的有限性表现在两个方面：其一，数量不可增加。其他任何生产资料，都是人类劳动的产物，因而它们都可以随着社会生产力的发展，通过人们的不断创造来增加。但是，土地作为大自然本身的产物，是不能够通过人们的劳动进行创造和增加的。正如马克思所说：在农业中"不能像工业生产中那样随意增加效率相同的生产工具的数量，即肥沃程度相同的土地数量"。人们的劳动虽然可以把荒山、荒地、沙漠、沼泽、海涂等变成良田，但这仅仅是改变土地本身的存在方式，或是改变各类土地面积在土地总面积中的比重，这种改变只是社会对土地利用程度的提高和利用结构的改变，却丝毫未能引起土地总面积的增加。其二，作用不可替代。其他任何生产资料，随着本身的被消耗，毁坏的、陈旧的逐渐会被完好的、崭新的所代替；随着社会生产力的发展，落后的、低效率的生产资料会被先进的、高效率的所代替。而土地的作用，是不能被任何东西所取代的。土地的数量不可增加，作用不能替代，决定了其面积是有限的。这一特点，决定了土地是农业生产的最珍贵的生产资料。农业生产必须十分珍惜土地和保护土地，提高土地的利用率。

第二，土地的位置是固定的。其他任何生产资料，都可以随着生产活动的需要，不断变换其位置，然而土地则是天然固定的，每一块土地占有不变的空间位置，人们无法随意移动它。土地位置的固定，使其他一切与土地相联系的自然条件和经济条件也随之固定。这一特点，决定了农业生产具有明显的地域性。发展农业生产，必须坚持因地制宜的原则。

第三，土地的生产力是可以提高的。其他任何生产资料，随着它在生产中的不断使用和消耗，其实物形态会逐渐被磨损，使用价值会逐渐降低，最后终究要全部报废。但土地则不同，土地在使用过程中，只有使用得好，其肥力是可以不断提高的。土地肥力，按其形成和作用，可以分为自然肥力和人工肥力、经济肥力和有效肥力。自然肥力，在土地未经耕作时就存在了，它是在土壤自然发展过程中，由土质、气候、生物、地形等自然因素长期作用形成的，与人类的劳动无关。人工肥力，是通过人们的适时耕种、施肥、排灌以及土壤改良等人为的因素形成的。在农业生产实践中，自然肥力和人工肥力融合在一起，共同形成了土地的经济肥力。这种经济肥力被作物吸收利用的部分，就称为有效肥力。土壤肥力是土地生产力的自然物质基础，随着土壤肥力的提高，土地生产力就会不断提高。土地的这一特点，同时也为农业实行集约经营提供了客观可能性。

土地在农业生产中的地位、作用及特点，向我们提出了合理利用土地的要求。土地的有限性，要求我们发展农业生产必须充分利用和用好一切可以利用的土地资源。为此，首先要用好现有的一切农业用地，提高土地生产率；其次要尽可能合理地把各种土地资源都用到农业生产中来，扩大各类农业用地，提高土地利用率；再次要对劣等地和暂时尚难以利用的土地进行科学改造，使其能够发挥作用；最后要十分珍惜和爱护土地，节约各项非农业用地，保护珍贵的土地资源。土地位置的固定性，要求我们在发展农业生产时，必须坚持因地制宜、因时制宜的原则，发挥各个地区的优势，扬长避短，合理布局农业，形成在比较优势基础上的区域专业化农业。土地肥力的可提高性，要求我们把提高土地生产率作为合理利用土地的一个重要途径，同时必须把用地与养地相结合，用地建立在养地的基础上，通过培肥土地，提高土地生产能力，实行农业的可持续发展。

我国是一个人多地少国家。根据国土资源部土地利用调查结果，2005年我国拥有耕地12206.67万公顷，园地1128.78万公顷，林地23504.70万公顷，牧草地26270.68万公顷，其他农用地2553.27万公顷，居民点及独立工矿用地2572.84万公顷，交通运输用地223.32万公顷，水利设施用地358.95万公顷，其余为未利用地。耕地不断减少是我国土地利用中的一个突出矛盾。据统计，截至2005年10月31日，全国耕地面积保有量为18.31亿亩，比2004年净减少542.4万亩，人均耕地由2004年的1.41亩降为1.4亩，只有世界人均水平的40%。"十五"期间，由于我国经济社会快速发展和生态建设力度加大，加之农业结构调整，全国耕地面积净减少9240万亩，由2000年10月底的19.24亿亩减至2005年10月底的18.31亿亩，年均净减少耕地1848万亩。其中，建设占用耕地1641万亩，灾毁耕地381万亩，生态退耕8065万亩，因农业结构调整减少耕地1293万亩，共计减少耕地11380万亩。同期土地整理复垦开发补充耕地2140万亩。在2005年度减少的耕地面积中，建设占用318.2万亩，灾毁耕地80.2万亩，生态退耕585.5万亩，因农业结构调整减少耕地18.5万亩，4项共减少耕地1002.4万亩，同期土地整理复垦开发补充耕地460万亩。2005年当年新增建设用地427.4万亩，与上年基本持平。其中，东部当年新增建设用地分别为242.4万亩，占当年全国新增建设用地的57%。未批先建占用耕地的面积仍有近31万亩。虽然建设项目用地占补平衡基本得到落实，占优补劣依然存在，严管土地的任务依然十分繁重。同时，土地污染等导致土地质量下降的形象也很严重。因此，实现我国农业的可持续发展，必须高度重视土地利用和保护问题，把土地合理利用和保护作为促进农业可持续发展的中心环节。

12.2 耕地数量保护

保护耕地是合理利用和保护土地的核心。耕地保护包括数量保护和质量保护两个方面，其中数量保护是基础，没有耕地的数量也就谈不上耕地的质量。从目前情况看，我国耕地数量保护的压力很大。根据《国民经济和社会发展第十一个五年规划纲要》，到 2010 年，我国耕地保有量目标为 18 亿亩。如上所述，2005 年我国耕地保有量为 18.31 亿亩，这意味着，在今后 5 年内，只有 3100 万亩可减耕地的余地，相较于"十五"期间全国耕地面积净减少 9240 万亩而言，这个数字是相当少的。因此，必须下决心保护耕地，为农业可持续发展提供坚实基础。

我国已经形成了较为完善的耕地数量保护政策体系。保护耕地，必须不折不扣地贯彻落实这些政策及法律法规规定。

12.2.1 严格执行《土地法》

《土地法》对土地及耕地保护做出了明确规定，这些规定是土地保护的法律依据。土地法中关于土地和耕地保护的规定主要是：

国家保护耕地，严格控制耕地转为非耕地。国家实行占用耕地补偿制度。非农业建设经批准占用耕地的，按照"占多少，垦多少"的原则，由占用耕地的单位负责开垦与所占用耕地的数量和质量相当的耕地；没有条件开垦或者开垦的耕地不符合要求的，应当按照省、自治区、直辖市的规定缴纳耕地开垦费，专款用于开垦新的耕地。省、自治区、直辖市人民政府应当制定开垦耕地计划，监督占用耕地的单位按照计划开垦耕地或者按照计划组织开垦耕地，并进行验收。县级以上地方人民政府可以要求占用耕地的单位将所占用耕地耕作层的土壤用于新开垦耕地、劣质地或者其他耕地的土壤改良。

省、自治区、直辖市人民政府应当严格执行土地利用总体规划和土地利用年度计划，采取措施，确保本行政区域内耕地总量不减少；耕地总量减少的，由国务院责令在规定期限内组织开垦与所减少耕地的数量与质量相当的耕地，并由国务院土地行政主管部门会同农业行政主管部门验收。个别省、直辖市确因土地后备资源匮乏，新增建设用地后，新开垦耕地的数量不足以补偿所占用耕地的数量的，必须报经国务院批准减免本行政区域内开垦耕地的数量，进行易地开垦。

国家实行基本农田保护制度。下列耕地应当根据土地利用总体规划划入基本农田保护区，严格管理：（一）经国务院有关主管部门或者县级以上地方人民政府批准确定的粮、棉、油生产基地内的耕地；（二）有良好的水利与水土保持设施的耕地，正在实施改造计划以及可以改造的中、低产田；（三）蔬菜生产基地；（四）农业科研、教学试验田；（五）国务院规定应当划入基本农田保护区的其他耕地。各省、自治区、直辖市划定的基本农田应当占本行政区域内耕地的80％以上。基本农田保护区以乡（镇）为单位进行划区定界，由县级人民政府土地行政主管部门会同同级农业行政主管部门组织实施。

各级人民政府应当采取措施，维护排灌工程设施，改良土壤，提高地力，防止土地荒漠化、盐渍化、水土流失和污染土地。

非农业建设必须节约使用土地，可以利用荒地的，不得占用耕地；可以利用劣地的，不得占用好地。禁止占用耕地建窑、建坟或者擅自在耕地上建房、挖砂、采石、采矿、取土等。禁止占用基本农田发展林果业和挖塘养鱼。

禁止任何单位和个人闲置、荒芜耕地。已经办理审批手续的非农业建设占用耕地，一年内不用而又可以耕种并收获的，应当由原耕种该幅耕地的集体或者个人恢复耕种，也可以由用地单位组织耕种；一年以上未动工建设的，应当按照省、自治区、直辖市的规定缴纳闲置费；连续二年未使用的，经原批准机关批准，由县级以上人民政府无偿收回用地单位的土地使用权；该幅土地原为农民集体所有的，应当交由原农村集体经济组织恢复耕种。承包经营耕地的单位或者个人连续二年弃耕抛荒的，原发包单位应当终止承包合同，收回发包的耕地。

在城市规划区范围内，以出让方式取得土地使用权进行房地产开发的闲置土地，依照《中华人民共和国城市房地产管理法》的有关规定办理。

国家鼓励单位和个人按照土地利用总体规划，在保护和改善生态环境、防止水土流失和土地荒漠化的前提下，开发未利用的土地；适宜开发为农用地的，应当优先开发成农用地。国家依法保护开发者的合法权益。

开垦未利用的土地，必须经过科学论证和评估，在土地利用总体规划划定的可开垦的区域内，经依法批准后进行。禁止毁坏森林、草原开垦耕地，禁止围湖造田和侵占江河滩地。

根据土地利用总体规划，对破坏生态环境开垦、围垦的土地，有计划有步骤地退耕还林、还牧、还湖。

开发未确定使用权的国有荒山、荒地、荒滩从事种植业、林业、畜牧业、渔业生产的，经县级以上人民政府依法批准，可以确定给开发单位或者个人长期使用。

国家鼓励土地整理。县、乡（镇）人民政府应当组织农村集体经济组织，按照土地利用总体规划，对田、水、路、林、村综合整治，提高耕地质量，增加有效耕地面积，改善农业生产条件和生态环境。地方各级人民政府应当采取措施，改造中、低产田，整治闲散地和废弃地。

因挖损、塌陷、压占等造成土地破坏，用地单位和个人应当按照国家有关规定负责复垦；没有条件复垦或者复垦不符合要求的，应当缴纳土地复垦费，专项用于土地复垦。复垦的土地应当优先用于农业。

任何单位和个人进行建设，需要使用土地的，必须依法申请使用国有土地；但是，兴办乡镇企业和村民建设住宅经依法批准使用本集体经济组织农民集体所有的土地，或者乡（镇）村公共设施和公益事业建设经依法批准使用农民集体所有的土地的除外。

建设占用土地，涉及农用地转为建设用地的，应当办理农用地转用审批手续。省、自治区、直辖市人民政府批准的道路、管线工程和大型基础设施建设项目、国务院批准的建设项目占用土地，涉及农用地转为建设用地的，由国务院批准。在土地利用总体规划确定的城市和村庄、集镇建设用地规模范围内，为实施该规划而将农用地转为建设用地的，按土地利用年度计划分批次由原批准土地利用总体规划的机关批准。在已批准的农用地转用范围内，具体建设项目用地可以由市、县人民政府批准。

征收下列土地的，由国务院批准：（一）基本农田；（二）基本农田以外的耕地超过35公顷的；（三）其他土地超过70公顷的。

征收农用地的，应当依照规定先行办理农用地转用审批。其中，经国务院批准农用地转用的，同时办理征地审批手续，不再另行办理征地审批；经省、自治区、直辖市人民政府在征地批准权限内批准农用地转用的，同时办理征地审批手续，不再另行办理征地审批，超过征地批准权限的，应当依照本条第一款的规定另行办理征地审批。

国家征收土地的，依照法定程序批准后，由县级以上地方人民政府予以公告并组织实施。被征收土地的所有权人、使用权人应当在公告规定期限内，持土地权属证书到当地人民政府土地行政主管部门办理征地补偿登记。

征收土地的，按照被征收土地的原用途给予补偿。征收耕地的补偿费用包括土地补偿费、安置补助费以及地上附着物和青苗的补偿费。征收耕地的土地补偿费，为该耕地被征收前三年平均年产值的六至十倍。征收耕地的安置补助费，按照需要安置的农业人口数计算。需要安置的农业人口数，按照被征收的耕地数量除以征地前被征收单位平均每人占有耕地的数量计算。每一个需要安置的农业人口的安置补助费标准，为该耕地被征收前三年平均年产值的四至六倍。但是，每公顷被征收耕地的安置补助费，最高不得超过被征收前三年平均年产值的十五倍。

依照规定支付土地补偿费和安置补助费，尚不能使需要安置的农民保持原有生活水平的，经省、自治区、直辖市人民政府批准，可以增加安置补助费。但是，土地补偿费和安置补助费的总和不得超过土地被征收前三年平均年产值的三十倍。国务院根据社会、经济发展水平，在特殊情况下，可以提高征收耕地的土地补偿费和安置补助费的标准。

征地补偿安置方案确定后，有关地方人民政府应当公告，并听取被征地的农村集体经济组织和农民的意见。被征地的农村集体经济组织应当将征收土地的补偿费用的收支状况向本集体经济组织的成员公布，接受监督。禁止侵占、挪用被征收土地单位的征地补偿费用和其他有关费用。地方各级人民政府应当支持被征地的农村集体经济组织和农民从事开发经营，兴办企业。

经批准的建设项目需要使用国有建设用地的，建设单位应当持法律、行政法规规定的有关文件，向有批准权的县级以上人民政府土地行政主管部门提出建设用地申请，经土地行政主管部门审查，报本级人民政府批准。建设单位使用国有土地，应当以出让等有偿使用方式取得；但是，下列建设用地，经县级以上人民政府依法批准，可以以划拨方式取得：（一）国家机关用地和军事用地；（二）城市基础设施用地和公益事业用地；（三）国家重点扶持的能源、交通、水利等基础设施用地；（四）法律、行政法规规定的其他用地。

以出让等有偿使用方式取得国有土地使用权的建设单位，按照国务院规定的标准和办法，缴纳土地使用权出让金等土地有偿使用费和其他费用后，方可使用土地。新增建设用地的土地有偿使用费，30％上缴中央财政，70％留给有关地方人民政府，都专项用于耕地开发。

建设单位使用国有土地的，应当按照土地使用权出让等有偿使用合同的约定或者土地使用权划拨批准文件的规定使用土地；确需改变该幅土地建设用途的，应当经有关人民政府土地行政主管部门同意，报原批准用地的人民政府批准。其中，在城市规划区内改变土地用途的，在报批前，应当先经有关城市规划行政主管部门同意。

建设项目施工和地质勘查需要临时使用国有土地或者农民集体所有的土地的，由县级以上人民政府土地行政主管部门批准。其中，在城市规划区内的临时用地，在报批前，应当先经有关城市规划行政主管部门同意。土地使用者应当根据土地权属，与有关土地行政主管部门或者农村集体经济组织、村民委员会签订临时使用土地合同，并按照合同的约定支付临时使用土地补偿费。临时使用土地的使用者应当按照临时使用土地合同约定的用途使用土地，并不得修建永久性建筑物。临时使用土地期限一般不超过二年。

有下列情形之一的，由有关人民政府土地行政主管部门报经原批准用地的人民政府或者有批准权的人民政府批准，可以收回国有土地使用权：（一）为公共利益需要使用土地的；（二）为实施城市规划进行旧城区改建，需要调整使用土地的；（三）土地出让等有偿使用合同约定的使用期限届满，土地使用者未申请续期或者申请续期未获批准的；（四）因单位撤销、迁移等原因，停止使用原划拨的国有土地的；（五）公路、铁路、机场、矿场等经核准报废的。

乡镇企业、乡（镇）村公共设施、公益事业、农村村民住宅等乡（镇）村建设，应当按照村庄和集镇规划，合理布局，综合开发，配套建设；建设用地，应当符合乡（镇）土地利用总体规划和土地利用年度计划，并依照规定办理审批手续。

农村集体经济组织使用乡（镇）土地利用总体规划确定的建设用地兴办企业或者与其他单位、个人以土地使用权入股、联营等形式共同举办企业的，应当持有关批准文件，向县级以上地方人民政府土地行政主管部门提出申请，按照省、自治区、直辖市规定的批准权限，由县级以上地方人民政府批准；其中，涉及占用农用地的，依照本法第四十四条的规定办理审批手续。

乡（镇）村公共设施、公益事业建设，需要使用土地的，经乡（镇）人民政府审核，向县级以上地方人民政府土地行政主管部门提出申请，按照省、自治区、直辖市规定的批准权限，由县级以上地方人民政府批准；其中，涉及占用农用地的，依照规定办理审批手续。

农村村民一户只能拥有一处宅基地，其宅基地的面积不得超过省、自治区、直辖市规定的标准。农村村民建住宅，应当符合乡（镇）土地利用总体规划，并尽量使用原有的宅基地和村内空闲地。农村村民住宅用地，经乡（镇）人民政府审核，由县级人民政府批准；其中，涉及占用农用地的，依照规定办理审批手续。农村村民出卖、出租住房后,再申请宅基地的,不予批准。

农民集体所有的土地的使用权不得出让、转让或者出租用于非农业建设;但是,符合土地利用总体规划并依法取得建设用地的企业,因破产、兼并等情形致使土地使用权依法发生转移的除外。

在土地利用总体规划制定前已建的不符合土地利用总体规划确定的用途的建筑物、构筑物,不得重建、扩建。

有下列情形之一的,农村集体经济组织报经原批准用地的人民政府批准,可以收回土地使用权:(一)为乡(镇)村公共设施和公益事业建设,需要使用土地的;(二)不按照批准的用途使用土地的;(三)因撤销、迁移等原因而停止使用土地的。依照第(一)项规定收回农民集体所有的土地的,对土地使用权人应当给予适当补偿。

12.2.2 全面落实《基本农田保护条例》

国务院于 1998 年 12 月发布了《基本农田保护条例》,对基本农田保护做出了详细规定。主要内容是:

国家实行基本农田保护制度。基本农田,是指按照一定时期人口和社会经济发展对农产品的需求,依据土地利用总体规划确定的不得占用的耕地。基本农田保护区,是指为对基本农田实行特殊保护而依据土地利用总体规划和依照法定程序确定的特定保护区域。

基本农田保护实行全面规划、合理利用、用养结合、严格保护的方针。县级以上地方各级人民政府应当将基本农田保护工作纳入国民经济和社会发展计划,作为政府领导任期目标责任制的一项内容,并由上一级人民政府监督实施。任何单位和个人都有保护基本农田的义务,并有权检举、控告侵占、破坏基本农田和其他违反本条例的行为。

国务院土地行政主管部门和农业行政主管部门按照国务院规定的职责分工,负责全国的基本农田保护管理工作。县级以上地方各级人民政府土地行政主管部门和农业行政主管部门按照本级人民政府规定的职责分工,负责本行政区域内的基本农田保护管理工作。乡(镇)人民政府负责本行政区域内的基本农田保护管理工作。

各级人民政府在编制土地利用总体规划时,应当将基本农田保护作为规划的一项内容,明确基本农田保护的布局安排、数量指标和质量要求。县级和乡

（镇）土地利用总体规划应当确定基本农田保护区。

省、自治区、直辖市划定的基本农田应当占本行政区域内耕地总面积的80％以上，具体数量指标根据全国土地利用总体规划逐级分解下达。

下列耕地应当划入基本农田保护区，严格管理：（一）经国务院有关主管部门或者县级以上地方人民政府批准确定的粮、棉、油生产基地内的耕地；（二）有良好的水利与水土保护设施的耕地，正在实施改造计划以及可以改造的中、低产田；（三）蔬菜生产基地；（四）农业科研、教学试验田。根据土地利用总体规划，铁路、公路等交通沿线，城市和村庄、集镇建设用地地区周边的耕地，应当优先划入基本农田保护区；需要退耕还林、还牧、还湖的耕地，不应当划入基本农田保护区。

基本农田保护区以乡（镇）为单位划区定界，由县级人民政府土地行政主管部门会同同级农业行政主管部门组织实施。划定的基本农田保护区，由县级人民政府设立保护标志，予以公告，由县级人民政府土地行政主管部门建立档案，并抄送同级农业行政主管部门。任何单位和个人不得破坏或者擅自改变基本农田保护区的保护标志。基本农田划区定界后，由省、自治区、直辖市人民政府组织土地行政主管部门和农业行政主管部门验收确认，或者由省、自治区人民政府授权设区的市、自治州人民政府组织土地行政主管部门和农业行政主管部门验收确认。划定基本农田保护区时，不得改变土地承包者的承包经营权。

地方各级人民政府应当采取措施，确保土地利用总体规划确定的本行政区域内基本农田的数量不减少。基本农田保护区经依法划定后，任何单位作和个人不得改变或者占用。国家能源、交通、水利、军事设施等重点建设项目选址确实无法避开基本农田保护区，需要占用基本农田，涉及农用地转用或者征用土地的，必须经国务院批准。

经国务院批准占用基本农田的，当地人民政府应当按照国务院的批准文件修改土地利用总体规划，并补充划入数量和质量相当的基本农田。占用单位应当按照占多少，垦多少的原则，负责开垦与所占基本农田的数量与质量相当的耕地；没有条件开垦或者开垦的耕地不符合要求的，应当按照省、自治区、直辖市的规定缴纳耕地开垦费，专款用于开垦新的耕地。

占用基本农田的单位应当按照县级以上地方人民政府的要求，将所占用基本农田耕作层的土壤用于新开垦耕地、劣质地或者其他耕地的土壤改良。

禁止任何单位和个人在基本农田保护区内建窑、建房、建坟、挖砂、采石、采矿、取土、堆放固体废弃物或者进行其他破坏基本农田活动。禁止任何单位和个人占用基本农田发展林果业和挖塘养鱼。

禁止任何单位和个人闲置、荒芜基本农田。经国务院批准的重点建设项目占用基本农田的，满一年不使用而又可以耕种并收获的，应当由原耕种该幅基本农田的集体或者个人恢复耕种，也可以由用地单位组织耕种；一年以上未动工建设的，应当按照省、自治区、直辖市的规定缴纳闲置费；连续两年未使用的，经国务院批准，由县级以上人民政府无偿收回用地单位的土地使用权；该幅土地原为农民集体所有的，应当交由原农村集体经济组织恢复耕种，重新划入基本农田保护区。承包经营基本农田的单位或者个人连续两年弃耕抛荒的，原发包单位应当终止承包合同，收回发包的基本农田。

国家提倡和鼓励农业生产者对其经营的基本农田施用有机肥料，合理施用化肥和农药。利用基本农田从事农业生产的单位和个人应当保持和培肥地力。

县级人民政府应当根据当地实际情况制定基本农田地力分等定级办法，由农业行政主管部门会同土地行政主管部门组织实施，对基本农田地力分等定级，并建立档案。农村集体经济组织或者村民委员会应当定期评定基本农田地力等级。县级以上地方各级人民政府农业行政主管部门应当逐步建立基本农田地力与施肥效益长期定位监测网点，定期向本级人民政府提出基本农田地力变化状况报告以及相应的地力保护措施，并为农业生产者提供施肥指导服务。县级以上人民政府农业行政主管部门应当会同同级环境保护行政主管部门对基本农田环境污染进行监测和评价，并定期向本级人民政府提出环境质量与发展趋势的报告。

经国务院批准占用基本农田兴建国家重点建设项目的，必须遵守国家有关建设项目环境保护管理的规定。在建设项目环境影响报告书中，应当有基本农田环境保护方案。

向基本农田保护区提供肥料和作为肥料的城市垃圾、污泥的，应当符合国家有关标准。因发生事故或者其他突然性事件，造成或者可能造成基本农田环境污染事故的，当事人必须立即采取措施处理，并向当地环境保护行政主管部门和农业行政主管部门报告，接受调查处理。

在建立基本农田保护区的地方，县级以上地方政府应当与下一级人民政府签订基本农田保护责任书；乡（镇）人民政府应当根据与县级人民政府签订的基本农田保护责任书的要求，与农村集体经济组织或者村民委员会签订基本农田保护责任书。基本农田保护责任书应当包括下列内容：（一）基本农田的范围、面积、地块；(二)基本农田的地力等级；(三)保护措施；(四)当事人的权利与义务；(五)奖励与处罚。

县级以上地方人民政府应当建立基本农田保护监督检查制度，定期组织土地行政主管部门、农业行政主管部门以及其他有关部门对基本农田保护情况进行检查，将检查情况书面报告上一级人民政府。被检查的单位和个人应当如实提供有关情况和资料，不得拒绝。县级以上地方人民政府土地行政主管部门、农业行政主管部门对本行政区域内发生的破坏基本农田的行为，有权责令纠正。

违反条例规定，有下列行为之一的，依照《中华人民共和国土地管理法》和《中华人民共和国土地管理法实施条例》的有关规定，从重给予处罚：(一)未经批准或者采取欺骗手段骗取批准，非法占用基本农田的；(二)超过批准数量，非法占用基本农田的；(三)非法批准占用基本农田的；(四)买卖或者以其他形式非法转让基本农田的。

违反条例规定，应当将耕地划入基本农田保护区而不划入的，由上一级人民政府责令限期改正；拒不改正的，对直接负责的主管人员和其他直接责任人员依法给予行政处分或者纪律处分。违反条例规定，破坏或者擅自改变基本农田保护区标志的，由县级以上地方人民政府土地行政主管部门或者农业行政主管部门责令恢复原状，可以处 1000 元以下罚款。违反条例规定，占用基本农田建窑、建房、建坟、挖砂、采石、采矿、取土、堆放固体废弃物或者从事其他活动破坏基本农田，毁坏种植条件的，由县级以上人民政府土地行政主管部门责令改正或者治理，恢复原种植条件，处占用基本农田的耕地开垦费一倍以上两倍以下的罚款；构成犯罪的，依法追究刑事责任。侵占、挪用基本农田的耕地开垦费，构成犯罪的，依法追究刑事责任；尚不构成犯罪的，依法给予行政处分或者纪律处分。

12.2.3 加强农村宅基地管理

国土资源部 2004 年 12 月制定了加强农村宅基地管理的意见，进一步规范了农村宅基地管理工作，主要规定是：

严格实施规划，从严控制村镇建设用地规模。各地要结合土地利用总体规划修编工作，抓紧编制完善乡(镇)土地利用总体规划，按照统筹安排城乡建设用地的总要求和控制增量、合理布局、集约用地、保护耕地的总原则，合理确定小城镇和农村居民点的数量、布局、范围和用地规模。经批准的乡（镇）土地利用总体规划，应当予以公告。国土资源管理部门要积极配合有关部门，在已确定的村镇建设用地范围内，做好村镇建设规划。

按规划从严控制村镇建设用地。要采取有效措施，引导农村村民住宅建设按规划、有计划地逐步向小城镇和中心村集中。对城市规划区内的农村村民住宅建设，应当集中兴建农民住宅小区，防止在城市建设中形成新的"城中村"，避免"二次拆迁"。对城市规划区范围外的农村村民住宅建设，按照城镇化和集约用地的要求，鼓励集中建设农民新村。在规划撤并的村庄范围内，除危房改造外，停止审批新建、重建、改建住宅。

加强农村宅基地用地计划管理。农村宅基地占用农用地应纳入年度计划。省（区、市）在下达给各县（市）用于城乡建设占用农用地的年度计划指标中，可增设农村宅基地占用农用地的计划指标。农村宅基地占用农用地的计划指标应和农村建设用地整理新增加的耕地面积挂钩。县（市）国土资源管理部门对新增耕地面积检查、核定后，应在总的年度计划指标中优先分配等量的农用地转用指标用于农民住宅建设。省级人民政府国土资源管理部门要加强对各县（市）农村宅基地占用农用地年度计划执行情况的监督检查，不得超计划批地。各县（市）每年年底应将农村宅基地占用农用地的计划执行情况报省级人民政府国土资源管理部门备案。

改革和完善农村宅基地审批管理办法。各省（区、市）要适应农民住宅建设的特点，按照严格管理，提高效率，便民利民的原则，改革农村村民建住宅占用农用地的审批办法。各县（市）可根据省（区、市）下达的农村宅基地占用农用地的计划指标和农村村民住宅建设的实际需要，于每年年初一次性向省（区、市）或设区的市、自治州申请办理农用地转用审批手续，经依法批准后由县（市）按户逐宗批准供应宅基地。对农村村民住宅建设利用村内空闲地、老宅基地和未利用土地的，由村、乡（镇）逐级审核，批量报县（市）批准后，由乡（镇）逐宗落实到户。

严格宅基地申请条件。坚决贯彻"一户一宅"的法律规定。农村村民一户只能拥有一处宅基地，面积不得超过省（区、市）规定的标准。各地应结合本地实际，制定统一的农村宅基地面积标准和宅基地申请条件。不符合申请条件的不得批准宅基地。

农村村民将原有住房出卖、出租或赠予他人后，再申请宅基地的，不得批准。

规范农村宅基地申请报批程序。农村村民建住宅需要使用宅基地的，应向本集体经济组织提出申请，并在本集体经济组织或村民小组张榜公布。公布期满无异议的，报经乡（镇）审核后，报县（市）审批。经依法批准的宅基地，农村集体经济组织或村民小组应及时将审批结果张榜公布。

规范审批行为，健全公开办事制度，提供优质服务。县（市）、乡（镇）要将宅基地申请条件、申报审批程序、审批工作时限、审批权限等相关规定和年度用地计划向社会公告。

健全宅基地管理制度。在宅基地审批过程中，乡（镇）国土资源管理所要做到"三到场"。即受理宅基地申请后，要到实地审查申请人是否符合条件、拟用地是否符合规划等；宅基地经依法批准后，要到实地丈量批放宅基地；村民住宅建成后，要到实地检查是否按照批准的面积和要求使用土地。各地一律不得在宅基地审批中向农民收取新增建设用地土地有偿使用费。

加强农村宅基地登记发证工作。市、县国土资源管理部门要加快农村宅基地土地登记发证工作，做到宅基地土地登记发证到户，内容规范清楚，切实维护农民的合法权益。要加强农村宅基地的变更登记工作，变更一宗，登记一宗，充分发挥地籍档案资料在宅基地监督管理上的作用，切实保障"一户一宅"法律制度的落实。要依法、及时调处宅基地权属争议，维护社会稳定。

积极推进农村建设用地整理。县市和乡（镇）要根据土地利用总体规划，结合实施小城镇发展战略与"村村通"工程，科学制定和实施村庄改造、归并村庄整治计划，积极推进农村建设用地整理，提高城镇化水平和村镇土地集约利用水平，努力节约使用集体建设用地。农村建设用地整理，要按照"规划先行、政策引导、村民自愿、多元投入"的原则，按规划、有计划、循序渐进、积极稳妥地推进。

加大盘活存量建设用地力度。要因地制宜地组织开展"空心村"和闲置宅基地、空置住宅、"一户多宅"的调查清理工作。制定消化利用的规划、计划和政策措施，加大盘活存量建设用地的力度。农村村民新建、改建、扩建住宅，要充分利用村内空闲地、老宅基地以及荒坡地、废弃地。凡村内有空闲地、老宅基地未利用的，不得批准占用耕地。利用村内空闲地、老宅基地建住宅的，也必须符合规划。对"一户多宅"和空置住宅，各地要制定激励措施，鼓励农民腾退多余宅基地。凡新建住宅后应退出旧宅基地的，要采取签订合同等措施，确保按期拆除旧房，交出旧宅基地。

加大对农村建设用地整理的投入。对农民宅基地占用的耕地，县（市）、乡（镇）应组织村集体经济组织或村民小组进行补充。省（区、市）及市、县应从用于农业土地开发的土地出让金、新增建设用地土地有偿使用费、耕地开垦费中拿出部分资金，用于增加耕地面积的农村建设用地整理，确保耕地面积不减少。

严格日常监管制度。要进一步健全和完善动态巡查制度，切实加强农村村民住宅建设用地的日常监管，及时发现和制止各类土地违法行为。要重点加强城乡接合部地区农村宅基地的监督管理。严禁城镇居民在农村购置宅基地，严禁为城镇居民在农村购买和违法建造的住宅发放土地使用证。

强化乡（镇）国土资源管理机构和职能，充分发挥乡（镇）国土资源管理所在宅基地管理中的作用。积极探索防范土地违法行为的有效措施，充分发挥社会公众的监督作用。对严重违法行为，要公开曝光，用典型案例教育群众。

12.2.4　重视农村"旧村"复垦

农村"旧村"复垦潜力很大，是增加耕地的重要途径，应高度重视这一工作。

改革开放以来，我国农村经历了一浪又一浪的"建房热"。农民把修建房屋作为生活消费的头等大事，收入积累首先用于修建房屋，大多数农民的住房都普遍更新了一次，部分富裕农民甚至更新了两三次。农民建房的习惯是，新房修建不是在原有住房的基地上进行，而是重新选择宅基地。新房建成并搬入居住后，旧房基本废弃，旧房占据的土地也随之废弃。这样，随着农民新建房屋数量的不断增加，农村废弃的旧宅基地越来越多。在一些地方，整个旧村全部废弃，或形成了存在大量空闲宅基地和闲置土地的"空心村"。据河南省有关部门的调查，全省农村普遍存在"空心村"现象，浪费耕地达150万亩。正阳县兰青乡杨楼村共2100人，分散居住在21个自然村，村庄总占地面积达1500亩，中心位置的一个自然村目前仅有20多人居住，严重"空心化"。

"旧村"复垦和整治是增加耕地面积的重要途径。农村建房所用土地，绝大多数是条件较好的耕地。因此，对农村"旧村"进行有计划的复垦，可以增加大量耕地。河南省的调查就表明，若在全省开展"旧村"复垦和整治，可增加耕地150万亩，按河南人均1.2亩耕地的现有标准计算，等于增加了120多万人的耕地，增加了12亿斤粮食的生产能力。如果将复垦出的耕地进行置换，不仅可以解决全省5年内的建设用地指标，还可以节约耕地开垦费、有偿使用费 150 亿元，潜力和效益都相当可观。一些调查也发现，一般的自然村通过"旧村"复垦和整治，至少可以增加 50 亩耕地。"旧村"复垦和整治是增加粮食生产的有效措施。与一般土地相比，农村居民点大多处在交通方便、地势平坦、采光好、土壤肥沃的地方，所占用的耕地具有较高的综合生产能力。通过"旧村"复垦和整治，恢复这部分耕地的生产能力，对增加粮食和其他农产品的生产是有利的，也有助于增加农民收入。"旧村"复垦和整治还有助于改善和优化农村居住和生活环境。废弃的旧房屋和宅基地与新建房屋并邻而立，新建村庄内遗留一个杂乱无章的"空心村"，极大影响了农村村落的美观，影响了农村的居住和生活环境。一些农民群众形容这种现象为："外面像个村，进村不是村，老屋没人住，荒地杂草生。"改善农村居住和生活环境，建设社会主义新农村，是农村全面建设小康社会的重要内容。通过"旧村"复垦和整治，可以使农村村庄面貌变得美观，农村居住和生活环境得到改善，提高农民的生活质量。

我国土地复垦水平较低，农村"旧村"复垦还未受到应有重视。据统计，目前我国因各种人为因素废弃的土地约 2 亿亩，其中可复垦为耕地的为 9500 万亩。目前发达国家土地复垦率一般在 50% 以上，而我国只有 6%。因此，我国通过复垦增加耕地面积的潜力很大。应把土地复垦列入保护和增加耕地工作的重要议事日程，大力开展农村"旧村"的复垦和整治，提高我国的土地复垦水平。

做好农村"旧村"复垦工作，首先要解决好认识问题。要从保护和增加耕地、增强粮食生产能力、促进农业可持续发展、改善农村生活环境和建设农村小康社会的角度认识农村"旧村"复垦工作的必要性和重要性，在思想上真正重视这项工作。其次要建立和完善复垦制度。要明确农村"旧村"复垦责任，建立在县级政府领导下、乡级政府具体负责的"旧村"复垦工作制度，建立农村废弃宅基地必须限期复垦的约束机制，使"旧村"复垦工作制度化、规范化。第三要增加复垦资金投入。国家要加大对农村"旧村"复垦的资金支持力度，土地复垦专项资金应拿出一部分重点用于"旧村"复垦，农业综合开发资金应设立专门的"旧村"复垦项目。各级地方政府也要增加"旧村"复垦资金投入。要广泛吸引社会投资，建立"谁复垦、谁使用、谁受益"的利益机制，调动农民复垦的积极性，吸引更多的农民投资参与"旧村"复垦。第四要加强农村村镇建设规划。把村镇改造与土地复垦有机结合起来，使农村居民点向中心村和小城镇集中、工业向园区集中，提高村镇建设对土地的利用率，尽可能减少村镇建设对耕地的浪费。

12.3 耕地质量保护

耕地质量是耕地生产力的基础。保护耕地质量，就是保护农业生产力；提高耕地质量，就是提高农业生产力。

12.3.1 积极治理耕地污染

耕地污染是合理利用和保护土地面临的一个重要问题。由于长期以来对耕地的过度开发以及大量使用污水灌溉、化肥、农药和地膜等，使耕地遭受严重污染。目前，耕地污染已成为制约粮食生产和农业可持续发展的重要因素。需要高度重视耕地污染问题，采取有效措施积极治理耕地污染，为保护和提高粮食综合生产能力、实现农业可持续发展提供坚实基础。

我国耕地污染主要包括由工业"三废"引起的重金属污染，以及化肥、农药和农膜污染等。

(1) 重金属污染。耕地中重金属污染主要来源于直接工业污染和污水灌溉。尤其近年来农业生产缺水严重，污水灌溉成了城市郊区农田灌溉的补充水源，在某些地区有时甚至成为农田灌溉的唯一水源。这些污水大多未经处理，因而造成耕地大面积污染。据调查，目前我国约有65%的污灌耕地遭到不同程度的重金属和有机物污染，部分耕地重金属含量已超过土壤环境质量Ⅱ级标准。据中国科学院地理科学与资源研究所对北京市的土壤取样调查，北京市土壤存在着较严重的重金属超标问题，尤其是污水灌溉区和城郊更为突出。在广州近郊，因污水灌溉而污染的农田已达4万多亩，因施用含污染物的底泥而污染的农田达2万亩，污染面积占到郊区耕地总面积的46%。广东省生态环境与土壤研究所的调查结果显示，在南海、顺德采集的土壤样本汞超标率分别达到69.1%和37.5%，顺德、中山等地的土壤样本镉超标率达到40%。据广东省农业部门对广州、韶关、茂名、梅州、湛江5个市部分基本农田保护区土壤环境质量监测，土壤重金属超标的农田面积达100万亩，占整个监测区域面积的80%；部分农田土壤镉污染严重，最高检出值超标5.5倍。河南2000年基本农田保护区采集的110个土壤样品，重金属检出率为100%；2002—2003年500个土壤采样监测发现，铅、镉、汞、砷等8种元素检出率均为100%。

目前全国重金属污染耕地已达 3 亿亩，污水灌溉污染耕地 3250 万亩，固体废弃物堆存占地和毁田 200 万亩，合计约占耕地总面积的 1/5。

（2）化肥污染。我国耕地普遍存在化肥使用过量现象。2002 年全国农用化肥施用量达 4339.4 万吨，比 1978 年增长近 4 倍；平均每亩耕地面积近 30 公斤，是 20 世纪 50 年代的 100 多倍。部分地区如江苏、福建、湖北、山东等，化肥施用量每亩超过 40 公斤，大大高于发达国家每亩 15 公斤的安全上限。同时，化肥的有效利用率很低，浪费严重。目前我国化肥平均利用率仅为 40% 左右，与发达国家 50%～60% 的水平还有很大差距。化肥的长期过量使用，使土壤中化肥残留物大量积存，硝酸盐含量超标，对耕地造成污染。

（3）农药污染。我国农药施用量逐年上升，2002 年全国农药使用总量达 131.2 万吨，比 1978 年增加 1.2 倍，其中高毒农药占农药施用总量的 70%，国家明令禁止的一些高毒高残留农药仍在部分地区生产和使用。北京市近年来高毒农药使用量每年仍有 200～250 吨；广东省对蔬菜生产基地的监测结果表明，国家明令禁止的剧毒农药甲胺磷，在一些生产基地的检出率达 34.2%，克百威的检出率达 43.4%，造成耕地和农产品的严重污染。我国农药的作物利用率也普遍不高，平均仅为 30%～40%，大量农药残留在土壤中。据调查，目前全国受农药污染的耕地约为 2.4 亿亩，占耕地总面积的 15%。

（4）农膜污染。我国农业生产中农膜的使用量大幅增长，2002 年全国农膜使用量已达 154 万吨，是 1991 年的近 3 倍，部分地区如安徽、山东等省的农膜使用量增幅超过 3 倍以上。目前，除部分集约化农业生产基地使用可降解农膜外，其他大部分农膜均不可降解，常年残留在土壤中，残留率高达 40% 以上。据测算，我国每年约有 50 多万吨农膜残留在土壤中，对耕地造成严重损害。由于残膜不能降解回收，对农田产生严重的"白色污染"。由于地膜覆盖可以保水、保温，增加种子出芽率，目前已在农业生产中得到广泛推广。在一些地区，棉花种植绝大部分都便用了地膜，玉米、甜菜、工业番茄等种植地膜的使用率也达到了 60%～70%。农户科技意识不强，不重视清理田间残膜，造成耕地"白色污染"日益严重。如在新疆巴州，300 多万亩土地中有一半以上使用了地膜。据有关部门测算，目前每亩地的残膜留量已达到 4～5 公斤，有些地块甚至高达 15 公斤。一亩地残膜达到 15 公斤，意味着把这些残膜铺展开来，可以在土地上平铺四五层。

耕地污染对农产品产量、质量、出口及生态环境等都产生了不利影响。

一是造成农作物减产。有关研究表明，当农膜残留率达到每亩 4～20 公斤时,将严重影响农作物的生长,产量将减少20%左右。目前我国的农膜残留率平均每亩为5公斤,新疆某些地区的农膜残留量每亩最高达18公斤,地膜污染造成的直接经济损失数以亿计。农药和有机物污染、放射性污染、病原菌污染等其他类型的土壤污染所导致的经济损失也非常严重。如天津蓟运河畔的农田,曾因引灌三氯乙醛污染的河水而导致数万亩小麦受害,直接经济损失数千万元。另据估算,全国每年因重金属污染而减产粮食1000多万吨,被重金属污染的粮食每年也多达1200万吨,合计经济损失超过200亿元。

二是导致农产品质量下降。耕地污染严重导致农产品品质下降,瓜果不甜、饭菜不香、棉麻纤维变短,食品中有害的硝酸盐含量上升。耕地遭受污染,会使污染物在农作物体中积累,并通过食物链传递到人体和动物体中,引发癌症和其他疾病,危害人畜健康。目前我国居民消费量较大的几种主要蔬菜(尤其是叶菜和根菜)的硝酸盐含量已严重超标,对人类健康构成潜在威胁。据调查,污灌地区发生腹泻症状者比对照区高出近60%;镉污染严重地区的农民常有肾脏受损、血清磷降低、尿液钙磷损失明显、尿镉值高等症状,贫血、高血压、糖尿、腰酸背痛等疾病也很普遍。大多数城市近郊耕地生产出的粮食、蔬菜、水果等农产品中镉、铬、砷、铅等重金属含量超标或接近临界值。如沈阳某污灌区被污染的耕地多达近4万亩,生产的粮食遭受严重的镉污染,稻米的含镉浓度高达每公斤0.4~1.0mg,这已经达到或超过诱发"痛痛病"的平均含镉浓度。北京、上海等大中城市蔬菜的硝酸盐超标现象十分普遍。广东省韶关市疾病预防控制中心近年对市区出售的蔬菜进行铅、镉含量检测,结果发现抽检的16个品种169份样品中,铅、镉超标率分别为50.2%和87.6%,其中铅含量超标最高达4.8倍,镉含量超标最高达5.7倍。

三是制约农产品出口。耕地污染使农产品中重金属、硝酸盐、亚酸盐、农药残留等有毒有害物质含量超标,出口受到明显影响。据商务部调查,我国90%的农产品出口企业都曾受到过技术壁垒的影响。由于种植业产品质量与耕地质量密切相关,在所有农产品中受影响最大,种植业产品所受损失最大。农产品质量不合格严重影响了我国农产品的国际市场竞争力。另外,由于耕地质量恶化,投入多产出少,增大了农产品单位成本,一定程度上抵销了我国农产品在国际竞争上的成本和价格优势。

四是引发人畜疾病。耕地中的有毒物质,可通过环境界面的交换和迁移,致使水体和大气环境质量恶化,危害生物生存,许多持久性有毒有害污染物长期低浓度暴露,可引发人畜疾病,危及健康,并可能长达数代人。

五是影响土壤生态环境。耕地污染可直接影响土壤生态系统结构和功能，使生物种群变化和群落结构改变，耕地生物多样性减少，土壤肥力下降，土地退化加剧，甚至丧失其农业用途。如塑料残膜降解时间长，在土壤里完全分解需要30年左右的时间。残膜对农业生产危害很大，主要表现在种子播到残膜上不能发芽，而发芽后的小苗，因根系不能钻透残膜扎不了根，也会很快死亡；浇灌时，盐碱不容易透过残膜，致使土地盐渍化程度加重。

治理耕地污染要采取有效措施。如下所述：

一是保护耕地要做到保护数量和保护质量并举。我国耕地短缺，保护耕地不仅包括数量保护，而且包括质量保护。粮食生产的基本资源是耕地，增加粮食生产，确保国家粮食安全，必须首先保护好耕地。耕地保护除了在数量上不减少或不过多减少外，还应提高耕地质量。消除耕地污染，就是提高耕地质量的重要措施。从长远看，随着工业化和城镇化发展，耕地数量减少是不可逆转的趋势，提高耕地质量对保护耕地和粮食综合生产能力具有重要意义。耕地污染治理了，质量提高了，生产能力增强了，农产品就可以增产，这等于增加了耕地面积。治理耕地污染，消除耕地污染，提高耕地质量，就能起到增加耕地面积的作用，就是增加耕地面积。因此，必须提高对消除耕地污染重要性的认识，把治理耕地污染列入耕地保护的重要议事日程，认真抓好耕地污染治理工作，坚决制止污染耕地行为。

二是加强耕地污染的调查和监测工作。耕地污染具有隐蔽性和滞后性，不像水污染、大气污染那样可通过感官就能发现，一般要通过对土壤样品进行专门的分析化验和农作物的残留检测，甚至通过研究对人畜健康状况的影响才能确定。因此，国土资源部门、环保部门、农业部门等应加强耕地污染的调查和监测工作，采取联合行动，定期开展全国土壤环境质量普查，加强对耕地环境质量评价和监测标准的研究，加强对土壤的环境监测，对耕地土壤中有害物残留情况进行定期、定点、定品种的监测与分析。

三是加强耕地污染治理工作。应把治理耕地污染作为统筹城乡发展的具体措施，作为保护和提高我国粮食综合生产能力的重要途径。国土资源等部门应制定耕地污染防治的长期战略和对策。严格监管农业污水灌溉，农灌水必须达到标准，坚决杜绝用污染水灌溉农田。加强耕地污染控制和治理技术的研究和开发，选择适宜地区进行土壤污染治理示范。控制工业污染排放，减少工业活动对耕地的污染。

四是加强对耕地化学品施用量、施用方式及施用时间的规范管理。农业科技推广服务部门，要给农民提供科学施肥、科学使用农药和农膜的知识和技术。要积极研究和推广可降解农膜，提高农膜回收率。要加强对农药生产和使用的管理，推广生物农药和低毒、低残留农药，坚决禁止高毒、高残留农药的生产和施用。

五是调整农业生产方式。大力发展生态农业、有机农业，鼓励和推广集约化、无污染的农业生产方式，保护和有效利用耕地资源。

12.3.2 保护东北黑土地

作为世界上三大黑土带之一的我国东北平原黑土带，正面临着严重退化的威胁，很多地方土壤质量下降，影响到东北农业可持续发展。

东北平原黑土带位于松嫩平原中部，总面积约 1100 万公顷，其中黑土耕地约 815 万公顷，占东北地区耕地总面积的 32.5%。黑土地的粮食产量占东北地区粮食总产量的 44.4%。黑土带是东北玉米带的核心，也是重要的肉、乳生产带，玉米产量和出口量分别占全国的 1/3 和 1/2。目前东北黑土区的水土流失面积占总面积的 34%；近 50 年来，黑土层平均流失了一半，表层有机质含量减少了 1/3 至 1/2，长此以往东北黑土将流失殆尽。此外，吉林省 30 厘米以下的薄层黑土面积已占黑土总面积的 42%，其中小于 20 厘米的"破皮黄"已占 14.6%。

东北平原土壤肥沃，以黑钙土为主，特别是松辽流域黑土带，面积约 100 万平方公里，主要分布在黑龙江、吉林、辽宁和内蒙古四省区的 191 个县（市、区、旗）。近年来，由于自然环境恶化和人为因素，导致黑土地生态状况恶化。水利部松辽水利委员会的统计数字显示：目前每年流失的黑土层厚度为 0.7~1 厘米，黑土层已由开垦初的 80~100 厘米下降到 20~30 厘米，而形成 1 厘米厚的黑土大约需要 300~400 年时间，流失速度百倍于成土速度，一些地方粮食生产能力已经弱化。东北黑土地退化的最主要原因是水土流失，土壤由于各种原因受到侵蚀，黑土跑掉了，导致黑土层越来越薄，土壤有机质含量越来越低。

东北黑土区地形特点为坡缓、坡长，黑土土壤疏松、抗腐能力弱。由于过度垦殖、超载放牧、乱砍滥伐等不合理开发利用，一旦降雨集中，导致该区生态环境逐渐恶化，水土流失就非常严重。目前东北黑土区水土流失总面积为 27.59 万平方公里，占总土地面积的 27.09%，其中主要是水蚀、风蚀及冻融。

在环境恶化、水土流失的同时，不合理的耕作方式、耕作制度是东北黑土地的第二大影响因素。20 世纪 80 年代初实行家庭联产承包后，土地分散到农户经营，很多地区原有的农机队都解体了，大型农机设备被分卖一空，一家一户式的小规模经营作业又很难统一起来，导致大面积土地 20 多年无法深翻，造成土壤犁底层上升，形成锯齿形的耕层，土壤保水能力差，肥力下降严重。垦殖强度过高也是造成黑土地退化的原因。1000 多公顷土地，基本上都种玉米，而且一种就是几十年，必然会对地力形成伤害。在土壤有机质含量减少、土地板结、土壤肥力下降严重的情况下，很多农民为了单一追求高产量而盲目施肥，农家肥的使用量大幅度减少，客观上又加剧了黑土地退化。

中国科学院东北地理与农业生态研究所有关专家进行模拟性试验后表明：黑土水土流失 10 厘米以内粮食产量下降幅度较小，对于现有耕层为 30 厘米的黑土地域，短时限内的黑土水土流失不会严重威胁区域内粮食生产。但从长远看，如果不采取积极有效措施，一旦黑土层全部流失掉，将会严重威胁粮食生产。美国印第安纳州一项长达 10 年的长期研究表明，与侵蚀较轻的地块比较，严重侵蚀的地块玉米和大豆产量分别降低 9%～18%、17%～24%。一般严重侵蚀的地块，大约在 15 年之内就会流失掉 2.5 厘米的表土，而自然土壤需要 1000 年才能形成 3.1 厘米厚的表土。综合国内研究结果，黑土表层剥蚀速率为每年 0.1～1.0 厘米，区域和地块之间差异较大。按此剥蚀速率计算，如果不采取积极应对措施，东北侵蚀区的黑土层最长只能维系 200～400 年，短的仅能存在 20～40 年。从现实来讲，如果不采取有效措施，目前东北水土流失严重的黑土区，50 年后的粮食产量将下降到当前产量的 60% 左右。

保护黑土地，首先要尽快建立有关黑土地养护的政策法规，使得这项工作有法可依、有章可循，逐步走上规范化、制度化的轨道。在部分地区进行有利于保护黑土地和实现土地用养相结合的农作物轮作制度试点。其次要大力营造生态防护林，从源头上改善东北黑土区的生态环境。尽快扭转盲目扩大耕地面积的趋势，在宜林地区实行退耕还林、退牧还林。在退耕还林过程中，可尽量选择那些不宜耕种的中低产田，这样不仅可以使生态环境逐步得到恢复，也不至于使粮食产量受到太大影响。第三，提倡保护性耕作方式，避免恶性开发造成的土地贫瘠。建立免耕播种、少耕深松、化学除草、秸秆还田和田间覆盖等技术措施组成的保护性耕作制度，能有效地建立土壤水库，增加土壤保蓄水肥能力。第四，推行测土配方施肥。通过测土配方施肥，可以清楚地知道不同的地块缺乏什么元素，从而选择不同的肥料科学施用。第五，鼓励农民多施用有机肥，种植绿肥，加大作物根茬、秸秆还田数量，积极培肥地力。第六，应用科学适用的种植方式和经营管理模式，改顺坡垄为横坡垄，实行等高耕种。

12.3.3 发展和增施有机肥料

增施有机肥料是提高耕地质量的有效和重要措施。我国有机肥资源丰富，种类繁多。据2002年统计推算，我国畜禽粪便资源量约20.4亿吨，堆沤肥资源约20.2亿吨，秸秆类资源约7亿吨，饼肥资源2000多万吨，绿肥约1亿多吨，这些有机肥料资源不仅含有大量的氮磷钾及中微量元素，总养分（折纯量）约7000万吨，是2003年全国化肥施用总量4412万吨（纯养分）的1.56倍。科学合理地施用有机肥不仅可以改良土壤、培肥地力，改善作物外观品质和内在品质，而且可以减轻我国化肥供应的压力，降低化肥工业的能源消耗，节约农业生产成本。

施用有机肥料是我国农业生产的优良传统和重要经验。要适应我国农业发展的新形势和新任务，抓紧研究制定鼓励发展有机肥料的政策措施，创新技术，完善标准，国家从税收、信贷、运输等环节对有机肥料产业发展给予政策支持。抓紧建立有机肥资源综合利用示范区（点）和有机肥产业化试点，建立绿肥良种繁育与加工基地、秸秆快速腐熟菌剂开发基地，大力促进有机肥产业化。

12.4 湿地保护

湿地是一种宝贵的自然资源，具有巨大的环境调节功能和生态效益，有"地球之肾"之美誉，在保护生物多样性、维持淡水资源、均化洪水、调节气候、降解污染物和为人类提供生产、生活资源等方面发挥着重要作用。我国湿地资源丰富，但重视保护不够。建立人与自然和谐相处的关系，需要重视湿地保护，加强湿地资源保护工作。

12.4.1 湿地资源面临的问题

我国是湿地资源类型丰富的国家。据有关部门新近完成的首次全国湿地资源调查，目前我国单块面积大于100公顷的湿地总面积为3848万公顷（不包括水稻田等某些人工湿地），自然湿地面积占国土面积的比例为 3.77%，比世界平均水平低 2.3 个百分点，是全球湿地类型最丰富的国家。

但长期以来，湿地资源保护没有受到足够重视，围湖造田、围海造地、滩涂开垦、环境污染、生物资源过度利用等，使宝贵的湿地面积不断减少，功能下降。与 20 世纪 50 年代相比，我国自然湿地面积已减少了 26%。东北地区是我国湿地的重要分布区，但目前却面临着湿地面积大幅度萎缩、功能退化的威胁。东北地区湿地主要分布在三江平原、松嫩平原、辽河下游平原、大小兴安岭、长白山区等。中国工程院重大咨询项目"东北地区有关水土资源配置、生态与环境保护和可持续发展的若干战略问题研究"报告显示，东北地区沼泽湿地面积已由 20 世纪 50 年代的 11.4 万平方公里减少到 6.5 万平方公里，减少了 42.4%。嫩江下游湿地包括列入国家级自然保护区的扎龙、向海和莫莫格湿地，都不同程度萎缩和富营养化。三江平原的湿地面积由 20 世纪 50 年代初期的 5.35 万平方公里减少到 1.3 万平方公里。辽东湾河口湿地也呈严重退化趋势。

目前，我国湿地资源仍面临许多威胁。一是盲目开垦和改造。在 376 块重点调查湿地中，有 114 块已遭到或正面临盲目开垦和改造的威胁，占 30.3%。湿地开垦、改变天然湿地用途和城市开发占用天然湿地，是造成天然湿地面积减少、功能下降的主要原因。一些地方直接把建设用地转向湿地，甚至打着合理利用湿地的旗号大搞破坏湿地和侵占湿地的营利性开发活动，对湿地资源造成了很大破坏。二是污染加剧。在 376 块重点调查湿地中，有 98 块正面临环境污染的威胁，占 26.1%。主要集中在沿海地区、长江中下游湖区以及东部人口密集区的库塘湿地。污染源主要是大量工业废水、生活污水的排放，油气开发等引起的漏油、溢油事故，以及农药、化肥引起的面源污染等。三是生物资源过度利用。在 376 块重点调查湿地中，有 91 块正面临生物资源过度利用的威胁，占 24.2%。主要集中在沿海地区、长江中下游湖区、东北沼泽湿地区。四是泥沙淤积严重。在 376 块重点调查湿地中，有 30 块正面临水土流失引起的泥沙淤积的威胁。

12.4.2 湿地保护重视不够的主要原因

一是对湿地的价值认识不全面。湿地尽管有经济价值，但更重要的是生态价值和社会价值。长期以来，我国对湿地的生态功能和社会价值缺乏系统评价和研究，往往只看到占湿地总价值很少部分的经济价值，未能全面认识湿地巨大的生态功能和社会价值，从而影响了对湿地保护和利用的重视。根据科学研究，湿地的生态价值和社会价值要比其直接的经济价值高得多。我国科学家近来对一些重要湿地进行了评价，如黑龙江省扎龙湿地的总价值为146亿元，其中直接使用价值为15亿元，包括动植物产品价值、旅游价值和科研价值等，非使用价值高达131亿元，占湿地总价值的90%左右，是直接使用价值的近9倍，包括湿地的各种生态效益和功能以及社会效益等。认识湿地，首先要认识湿地生态功能和社会价值。保护湿地，就是要保护湿地的这种生态功能和价值，使湿地在维护生态平衡方面发挥更大作用。

二是对湿地的管理权属不清。首先，在国家土地分类中没有把湿地作为一个专门的土地类型，而是把湿地中的河流、湖泊归为不同的土地类型，自然湿地中很重要的沼泽湿地则被归为未利用地。由于没有为湿地设立专门的土地类型，湿地就没有明确的法律地位，在国家许多宏观规划中，特别是全国土地保护和利用规划，无法把湿地作为重点保护对象纳入国家的保护范围，十分不利于湿地保护。其次，湿地保护与管理牵涉面广，涉及部门多。采油、旅游、捕鱼等都在向湿地要产品、要效益，出现问题又难以协调和解决。湿地的景观效益、生态效益等，没有明确的管理部门。许多地方对湿地存在着交叉管理和多头管理现象，有经济效益和利益抢着管，没有利益和要承担责任就往外推，影响了湿地保护。

12.4.3 加强湿地保护和管理的措施

一是提高对湿地保护重要性的认识。湿地保护的重要性是由湿地的生态功能和价值决定的。研究表明，湿地具有多方面的生态功能和价值。第一，湿地为水生动物、水生植物提供了优良的生存场所，也为多种珍稀濒危野生动物，特别是水禽提供了必需的栖息、迁徙、越冬和繁殖场所；第二，许多湿地处于地势低洼地带，与河流相连，是天然的调节洪水的理想场所，防旱功能也十分明显；第三，湿地固定了地球陆地生物圈35%的碳素，总量为770亿吨，是温带森林的5倍，单位面积红树林沼泽湿地固定的碳是热带雨林的10倍，在全球碳循环过程中有极其重要的地位，对因二氧化碳排放过多导致的全球气温变暖有抑制作用；第四，湿地具有很强的降解污染功能，被誉为"地球之肾"；第五，湿地有很强的防浪固岸作用。据测算，全球生态系统总价值为33万亿美元，仅占陆地面积6%的湿地生态系统价值就高达5万亿美元。我国生态系统总价值为7.8万亿元人民币，而占国土面积3.77%的湿地生态系统价值就达2.7万亿元，所占比例高达35%，即我国生态系统总价值的1/3以上源自湿地，单位湿地面积生态系统价值非常高。湿地的这些生态功能和价值，是人类社会生存和发展的宝贵财富。有关部门要充分利用各种渠道，加强湿地生态功能和价值的宣传，广泛普及有关湿地的科学知识，提高全社会对湿地保护重要性的认识，提高全民的湿地保护意识。

二是把湿地保护纳入国家生态建设总体规划。加强对湿地保护的总体规划，把湿地保护作为国家生态建设规划的重要内容。加强湿地自然保护区建设，把建设湿地自然保护区作为加强湿地保护工作的重要途径和措施，有计划地设置等级不同的湿地自然保护区。加大对湿地保护的投资，改变湿地保护投资过少、与湿地保护的要求不相适应的状况。据统计，我国平均每公顷湿地保护的资金投入累计不足5元。湿地调查与监测、保护区及示范区建设、污水治理、执法手段与队伍建设等方面都缺乏专门的资金支持，许多湿地保护项目和行动因经费短缺而难以实施。应在国家财力增长的基础上，不断增加湿地保护资金，把湿地保护纳入政府公共财政范围，使湿地保护资金规模与湿地保护所承担的生态建设需要相适应。引导和鼓励社会资金投入湿地保护事业，扩大湿地保护资金来源渠道，形成以政府投资为主、社会投资积极参与的湿地保护资金筹措体系。

三是加强湿地保护的法律法规建设。调整国家土地分类，把湿地作为一个专门的土地类型，从而明确湿地的法律地位。调整湿地保护的部门关系，明确湿地保护和管理的主要权责部门，建立一个部门为主、相关部门参与的湿地保护管理行政机制，加强部门之间的协调合作，尽快改变目前存在的多头管理、责任不清、管理不到位等现象。加强地方尤其是县、乡两级湿地保护管理机构建设，使湿地保护管理工作能有效深入到基层。

四是加强湿地保护的科学研究和科技支撑。建立健全湿地科研机构，开展广泛深入的研究工作。建立健全湿地定期调查和动态监测体系及湿地生态效益评价指标体系，组织相关力量对湿地生态效益进行全面评价，掌握湿地资源与环境动态，为湿地保护、合理利用与管理提供科学依据。

五是实施好全国湿地保护工程实施规划。2006年2月，国务院批准了《全国湿地保护工程实施规划（2005—2010年）》。该规划提出，五年内计划投资90亿元，优先启动湿地保护、湿地恢复、可持续利用示范和能力建设等4

项重点建设工程,通过加大湿地自然保护区建设和管理,使我国 50% 的自然湿地、70% 的重要湿地得到有效保护,基本形成自然湿地保护网络体系。由国家林业局、科技部、国土资源部、农业部、水利部、建设部、国家环保总局、国家海洋局等 8 个部门编制的《全国湿地保护工程实施规划（2005—2010年）》,根据《全国湿地保护工程规划（2002—2030 年）》的要求,明确了我国湿地保护的任务目标、建设重点和具体措施,将全国湿地保护按地域划分为东北湿地区、黄河中下游湿地区、长江中下游湿地区、滨海湿地区、东南和南部湿地区、云贵高原湿地区、西北干旱半干旱湿地区和青藏高原湿地区等 8 个湿地保护类型区域。考虑到我国湿地保护现状和建设内容的轻重缓急,计划在 2005—2010 年,优先考虑已建的国家级保护区和国家重要湿地区域范围内的地方级保护区;在典型和重要区域开展湿地恢复、可持续利用等方面的示范项目;对能力建设也只选择目前保护管理、监测、科研、宣教等急需开展的一些项目。

《实施规划》安排 4 项重点建设工程:

一是湿地保护工程。重点对已建的国家级自然保护区、国家重要湿地区域范围及周边敏感区域内已建的地方级保护区及少量新建保护区进行建设,计划从现有的 473 个湿地类型的自然保护区中,选择 222 个投资建设,包括国家级保护区、国家重要湿地区域范围内的地方级及少量新建保护区 141 个,另外还建设 13 个野生稻保护小区,对 4 个人为干扰特别严重的国家级湿地自然保护区的核心区实施移民。

二是湿地恢复工程。重点对国家级自然保护区和国家重要湿地区域内的退化湿地进行恢复,计划恢复各类湿地 58.8 万公顷。在吉林向海、黑龙江扎龙、黑龙江洪河、山东黄河河口、黄河禹门口—潼关段河滩、河北白洋淀、衡水湖、新疆塔里木河下游、内蒙古黑河下游居延海、太湖、滇池、山东南四湖等急需补水的重要湿地实施生态示范工程。实施湿地污染控制工程,包括选择污染严重、生态价值又大的江苏阳澄湖、溱湖、新疆环博斯腾湖、乌梁素海开展富营养化湖泊湿地生物控制示范,选择大庆、辽河和大港油田开展湿地保护示范工程。实施湿地生态恢复和综合整治工程,包括退耕（养）还泽（滩）示范工程 11 万公顷,湿地植被恢复工程 31.6 万公顷,栖息地恢复工程 24.3 万公顷,红树林恢复工程 1.8 万公顷。

三是以建立不同类型湿地开发和合理利用成功模式的可持续利用示范工程。在典型地区建立国家级农牧渔业综合利用示范区、农（牧渔）业湿地管护区、南方人工湿地高效生态模式研究示范区。开展滨海湿地养殖优化和生态养殖工程示范建设。陆续建立红树林合理利用示范区、湿地公园示范区等。

四是实施加强与湿地资源调查监测、科技研究和宣传教育等有关的机构的能力建设工程，完善湿地资源调查、监测和宣教培训体系。

实施好这些规划，将大大提升我国的湿地保护和利用水平。

本章参考文献：

[1] 中华人民共和国土地管理法。
[2] 基本农田保护条例。
[3] 国土资源部关于加强农村宅基地管理的意见。
[4] 《我国湿地保护工程正式启动实施》，《人民政协报》，2006年2月14日。

第 13 章 水资源开发利用与农业可持续发展

对于生物来说，水是生命之源；对于农业来说，水利是命脉；对于一个国家来说，水是重要的战略资源。在农业生态系统乃至整个生态系统中，水资源及其开发利用占有重要地位。促进农业可持续发展，必须重视水资源开发利用问题。

13.1 水资源在农业可持续发展中的地位和作用

我国是一个水资源十分短缺的国家。据估算，我国年水资源总量约为 2.8 万亿立方米，居世界第四位，但人均水资源拥有量不足 2200 立方米，为世界人均水资源占有量的 1/4，居世界第 109 位，是世界上 13 个缺水的国家之一。按国际标准，人均拥有水量 2000 立方米为严重缺水边缘，人均拥有水量 1000 立方米为最起码要求，我国已接近严重缺水边缘。我国北方地区人均水资源拥有量只有 990 立方米，不到世界人均水平的 1/8。目前全国 640 个城市中缺水城市达 300 多个，严重缺水的有 114 个；每年因缺水少产粮食 700 亿—800 亿公斤，造成的直接经济损失达 2000 亿元。据预测，2010 年、2030 年、2050 年全国缺水量将分别达到 1000 亿立方米、4000~4500 亿立方米和 6000~7000 亿立方米。我国沿海地区水资源缺乏问题尤为突出。这些地区城市经济发达，人口稠密，水资源承载能力不足，人均水资源拥有量仅为全国人均水平的 1/4。据估计，到 2010 年，我国沿海城镇人口将从目前的 2 亿增加到 3 亿以上，年需新增供水能力 110 亿立方米，届时沿海城市淡水资源紧缺的矛盾势必影响到城市的可持续发展。

农业是我国的用水大户，用水量占全社会总用水量的 70% 左右。在不同水域，农业用水都占相当大比重。据水利部调查，农业用水所占比重松辽河片为 72.1%，海河片 71.6%，黄河片 76.9%，淮河片 73.1%，长江片 55.5%，珠江片 64.5%，东南诸河片 57.8%，西南诸河片 84.8%，内陆河片 93.9%。

所以，水资源不足对农业的影响更大，水资源状况与农业的发展休戚相关。总体上看，我国水资源单位面积耕地占有量小，农业用水短缺形势严峻，按亩均计算只有 1300 立方米，只有世界平均水平的一半。农业用水每年匮缺 300 亿立方米，农村有几千万人口饮水困难。旱灾已成为我国覆盖面最广、成灾损失最大的灾害，而且受灾面积逐年扩大。据统计，20 世纪 50 年代全国农作物受旱面积为 2 亿亩，60 年代达 3 亿亩，进入 70 年代以后扩大到 4 亿亩，目前全国耕地实际灌溉面积仅 40%，每年有 60% 的耕地无水灌溉，灌区缺水约 300 亿立方米。水资源短缺对农业的影响是巨大的，因缺水所造成的歉收损失相当严重，1995 年黄河断流使山东省粮食减产 270 万吨，相当于 900 万人口一年的消费量。今后，随着我国经济的高速增长以及工业化和城市化水平的提高，已经明显不足的水资源还要不断地向工业等非农产业转移，而且未来 30 年内，我国人口还将不断增加，人口的增加一方面会直接扩大用水需求，另一方面又会加大对农产品需求的压力，进而加剧农业用水短缺的矛盾。

我国水资源地域分布极不均衡，整体表现为南多北少，东多西少。长江以南地区，水资源量占全国的 80%，而耕地仅占 30%，人口占 54%，人均水资源达 3487 立方米，亩均水资源达 4317 立方米。长江以北地区，水资源仅占全国的 20%，但耕地却占全国的 70%，人均水资源仅 770 立方米，亩均水资源仅 470 立方米，这是造成我国西北和华北地区资源性缺水的主要原因。与此同时，水资源的时间分布也极不均衡。我国水资源主要通过降雨、降雪等方式自然循环补充，但由于我国地域辽阔，加上固有气候条件，70%~90% 的降水集中在 6—9 月份，而且多发生于南方，从而一方面造成大部分地区的季节性缺水，另一方面多雨的季节又经常造成南涝北旱。

我国水资源短缺与粗放低效利用的状况并存。水资源利用方式粗放，存在严重的结构型、生产型和消费型浪费，用水效率不高，节水潜力巨大。据统计，2003 年我国万元 GDP 用水量为 465 立方米，是世界平均水平的 4 倍；由于输水方式、灌溉方式、农田水利基础设施、耕作制度、栽培方式等方面的问题，我国农业用水的利用率很低，农业灌溉用水有效利用系数为 0.4~0.5，只相当于发达国家的一半左右，农业用水利用效率也很低，每单位净耗水的粮食生产效率不足 1 公斤/立方米，和一些发达国家单位净耗水 2~3 公斤/立方米的水平相比差距很大；全国工业万元增加值用水量为 218 立方米，是发达国家的 5~10 倍；水的重复利用率为 50%，而发达国家已达 85%；我国城市供水管网漏损率达 20% 左右，仅城市便器水箱漏水一项每年就损失上亿立方米；

我国在污水处理回用、海水、雨水利用等方面也处于较低水平。

在我国有限的水资源中，污染比较严重。由于在工业化、城市化和农业现代化进程中，许多地区忽视资源和环境保护，致使水资源污染日益严重。目前，我国每年大约排放 600 亿吨污水，其中的工业废水处理率仅 68%，生活污水处理率不到 10%，大部分污水未经处理直接排入江河湖海。除此以外，还有来自农业自身的污染。化肥和化学农药在农业生产中发挥了巨大作用，长期以来，农业病虫草鼠害的防治主要依靠化学农药，目前，我国每年应用的化学农药以有效成分计达 20 万吨。而我国化肥施用量则已跃居世界第一位，每公顷耕地高达 210 公斤。但是，化肥和化学农药使用后都只有一部分对农作物产生作用，其余部分则残留于土壤、水体及大气环境中。据测算，农药使用后只有约 10%~30% 对农作物产生作用，化肥有效利用率只有 40%。长期以来，由于在农业生产中不合理地或过量地施用化肥和化学农药，也造成了对农业资源和生态环境包括水资源的污染。

目前，全国 80% 的江河湖泊受到不同程度的污染，全国约 70% 的淡水资源因被污染而不能直接使用。据水利部公布的 2004 年水质监测资料，2004 年我国河流水质总体状况是：I 类水河长占 6.3%，II 类水河长占 27.2%，III 类水河长占 25.9%，IV 类水河长占 12.8%，V 类水河长占 6.0%，劣 V 类水河长占 21.8%。全年符合和优于 III 类水的河长占总评价河长的 59.4%，比 2003 年减少 3 个百分点。各水资源一级区中，西南诸河、西北诸河、长江、珠江和东南诸河 5 个区水质较好，符合和优于 III 类水的河长占 97%~63%；黄河、海河、松花江、辽河和淮河 5 个区水质较差，符合和优于 III 类水的河长占 46%~31%。省界水体水质状况是：全国 229 个省界断面的水质，符合和优于地表水 III 类标准的断面数占总评价断面数的 39.3%，水污染严重的劣 V 类占 34.5%。总体看，省界水体的水质状况不容乐观。省界断面的主要超标项目是氨氮、高锰酸盐指数、化学需氧量、五日生化需氧量、氟化物、挥发酚、总磷等。湖泊水质状况是：在评价的 50 个湖泊中，水质符合和优于 III 类水的湖泊有 18 个，部分水体受到污染的 13 个，水污染严重的 19 个；对 49 个湖泊的营养状态进行评价，17 个湖泊处于中营养状态，32 个湖泊处于富营养状态。国家重点治理的"三湖"情况是：太湖 16.5% 的面积为 III 类水，75.3% 的面积为 IV 类水，8.2% 的面积为劣 V 类水；中营养水平的面积占 23%，富营养占 77%。滇池水质以 V 类为主，占评价面积 69%，劣于 V 类水质占评价面积的 31%，全湖处于富营养状态。巢湖的东半湖巢湖市第一水厂湖区水质为 IV

类，中庙湖区水质为Ⅴ类，西半湖水质为劣Ⅴ类，湖水处于富营养状态。水库水质状况是：在评价的 322 座水库中，水质优良（优于和符合Ⅲ类水）的水库有 265 座，占评价水库总数的 82.3%；水质未达到Ⅲ类水的水库有 57 座，占评价水库总数的 17.7%，其中水质为劣Ⅴ类水的水库有 14 座。主要超标项目为总磷、总氮和高锰酸盐指数。对 238 座水库的营养状态进行评价，2/3 的水库处于中营养状态，1/3 的水库处于富营养状态。

因此，合理开发利用水资源，节约水资源，提高水资源利用率和生产率，对我国农业的可持续发展以及整个经济社会的可持续发展，都是非常重要的。

13.2 大力发展节水农业

发展节水农业是合理开发利用水资源、促进农业可持续发展的重要途径和措施。从我国水资源短缺且农业是用水大户的实际情况出发，我们必须大力发展节水农业。

13.2.1 节水农业发展趋势

节水农业不仅节水、节能、减少耕地占用、提高水土资源的利用效率，而且管理方便，省工省时，大大提高了工作效率，实现了节水、高产、高效的目标。以色列是世界上节水农业发展水平最高的国家，其微灌面积已占总灌溉面积的 40%，其余为喷灌，并普遍推广了自动控制系统，约 80% 的喷灌系统配有施肥装置。在以色列，滴灌一般用于精密耕作地，其灌水利用率达 95%，微喷灌用于果园，灌水利用率为 85%，喷灌用于大田作物，灌水利用率为 70%～80%；同时，60% 的城市污水处理后用于灌溉，1985 年有 15% 的农业用水来源于劣质水、咸水及城市污水，预计到 2010 年将提高到 37%。美、英、法等国也都大力推行喷灌、滴灌、微灌、渗灌等先进的节水灌溉技术。美国喷灌面积占全部灌溉面积的 45% 以上，其中圆形和平移式大型自动喷灌机灌溉面积占 65% 左右；罗马尼亚全国耕地面积 80% 以上的灌溉面积是喷灌，大多数是移动管道式喷灌。20 世纪 70 年代中期全世界滴灌和微喷灌面积仅 5.66 万公顷，90 年代初期已达 160 万公顷。

我国从 20 世纪 50 年代末开始节水灌溉技术设备的引进、开发、研究与应用。与世界发达国家相比，我国节水农业的道路还很漫长，任务十分艰巨。我国发展节水农业的潜力很大。如上所述，我国农业用水的利用率只有40%左右，仅为发达国家的一半；单方水的粮食生产能力不到1公斤，远低于发达国家2公斤以上的水平。在我国农业用水中，如果2470亿立方米的水损中有1330亿立方米的水通过节水措施得以充分利用，在总用水量不变的情况下，可增加灌溉面积6000万公顷，年多产粮食4000多亿公斤。在宁夏青铜峡灌区试点项目区，仅改造末级渠系，亩均用水量即可减少20%。如果全国402处大型灌区全部实施节水改造，亩均灌溉毛定额由现在的641立方米降低到507立方米，灌溉水利用率由目前的43%提高到54%，每年即可节约灌溉用水300多亿立方米；新增和改善农田节水灌溉面积2.3亿亩，每年可节约灌溉用水220多亿立方米。两项合计，每年可增加灌溉供水量520多亿立方米，相当于一条黄河的径流量。实践证明，通过合理使用自然降水和灌溉水资源，我国农业灌溉水利用率和自然降水利用率可提高10个百分点，可节约水资源1130～1180亿立方米；通过全面普及灌溉节水、旱作节水和生物性节水技术，每年可节水1300～1550亿立方米。按亩均水资源量470立方米计算，相当于新增灌溉面积5.17～5.81亿亩。由此可见，解决我国农业水资源短缺问题的根本出路是发展节水农业，创建高效节水型农业持续发展模式。

13.2.2　节水农业的技术措施

节水农业是由一系列节水农业技术支撑的。发展节水农业，必须因地制宜地开发和选用节水农业技术。节水农业的技术措施主要有以下种类：

（1）土壤水开发利用技术。即利用土壤的物理和化学特性，通过相应措施保持土壤水分，实现节水。主要有：

①地膜秸秆覆盖技术。地膜秸秆覆盖改变了土壤—植物—大气间的能量交换和水分传输过程，改善了农田小气候，创造了作物适宜的水分和温度环境，不仅增温保墒节水增产，而且提高水分生产率。河南一些沙地试验站田间试验结果表明，西瓜地膜覆盖和花生秸秆覆盖较不覆盖潮湿雏形土耕层水分含量增加4.8%～14.6%和4.5%～38.5%，0～40厘米土层蓄水量增加5.9%～23.4%，花生增产31.8%，且保水效果显著。

②水肥耦合技术。根据土壤肥力和农业生态学原理，通过合理施肥，培肥土壤肥力，以肥调水，以水保肥，肥水结合，充分发挥水肥的协同效应和相互

促进机制，提高作物的抗旱能力和水分利用效率。河南一些沙地试验站长期田间试验结果表明，在氮磷肥不变的基础上，土壤耕层蓄水量与有机肥施用量呈显著正相关，水分利用率也随之而增加。同时，土壤耕层有效养分明显提高，在每公顷 30～90 吨有机肥范围内，有机质、全氮、水解氮、速效钾和阳离子代换量的增长率分别为 72.2%～127.8%、25.9%～36.7%、33.1%～66.9%、7.8%～39.2%、9.5%～32.7%。

③优化作物布局与耐旱品种筛选。通过调整作物布局，建立不同根系农作物的间套轮作，可以较充分地利用不同层次的土壤水分，提高土壤水利用效率和单位土地生物学产量，形成不同区域适应性的高效种植模式，达到增产、节水与高效相结合。实验表明，在合理间套轮作下，一般农田水分利用效率明显提高，产量增加 15%～30%。选用抗旱、节水、高产品种，一般比原主栽品种增产 10%～25%，水分利用效率提高 1.5～2.25 公斤。目前，我国已进行抗旱、丰产性鉴定的作物品种 100 多个，在耐旱、节水、增产、高效和提高土壤水分利用率等方面都有良好结果。

④少耕免耕节水技术。少耕免耕耕作法具有土壤结构好、耗能少、增加土壤有机质、维持土壤生态良性循环等优点，同时提高土壤贮水量，减少水分蒸发。据美国内布拉斯加州统计资料，常规耕作水分蒸发损失为 88%，而免耕法只有 57%，土壤贮水率增加 10%～20%，作物产量每公顷可增加 900 公斤左右。

(2) 节水灌溉技术。目前世界上采用的节水灌溉技术很多，主要有低压管道输水灌溉技术、渠道防渗技术、喷灌技术、微灌（包括滴灌、微喷灌、涌泉灌）技术、膜上灌技术、地下灌溉技术等等。研究和生产实践表明，这些技术紧紧抓住了农业节水中的三个重要环节，即输送环节、灌溉环节和农产环节，因而具有节水、节地、节能、增产、省工省时等多项功能。如低压管道输水大大减少了输水过程中的渗漏、蒸发损失，水的输送有效利用率达 95% 以上，并减少耕地占用，提高输水速度，缩短灌溉时间；渠道防渗与土渠相比，可减少渗漏损失 60%～90%；喷灌与地面灌溉相比，大田作物节水 30%～50%，增产 10%～30%；微灌与膜上灌比较常规节水 50%～80% 和 40%～60%；地下灌溉可减少表土蒸发损失，灌溉水利用率较高，一般可增产 10%～30%。

(3) 抗旱、保水制剂节水技术。利用高分子化合物的吸水、保水功能，制成的抗旱剂、壮根剂、保水剂等，可达到抑制作物生长发育中过度的水分蒸腾，防止奢侈耗水，减轻干旱危害，促进作物根系下扎提高土壤深层水分利用。目前，我国已研制成功壮丰安、氟铃脲、复合包衣剂、黄腐酸及多功能抑蒸抗旱剂和 ABT 生根粉等多种保水剂、壮根剂、抗旱剂，在农业生产中起到了良好的节水、保墒和增产效果。试验表明，"壮丰安"可促使小麦等作物增强抗旱、抗寒、抗倒伏等多种功效，增产 10%～15%。小麦、玉米经保水剂拌种，出苗率提高 20%～30%，增产 15%～25%；喷黄腐酸可使作物叶片蒸腾速率降低 19%～27%，田间耗水量减少 7%～9%，增产 9%～12%，水分利用效率提高 25%～35%；用 ABT 生根粉拌种或浸种，可提高土壤储水利用率 20%以上。

13.2.3　节水农业的发展模式

根据我国农业资源和水资源特点及其农业发展实际，应逐步建立和发展不同特色的抗旱型、立体型、免耕型、复合型、设施型等集约高效节水型农业持续发展模式。

（1）抗旱型节水农业模式。抗旱型节水农业模式就是利用抗旱作物品种为主植作物或抗旱作物品种与相对耗水作物优化搭配，通过一系列的土壤保水增墒技术，如地膜秸秆覆盖、保水剂、壮苗剂和抗旱剂的施用，以及农田保墒节水技术等，达到增产、高效、节水的种植模式。这种模式适用于干旱半干旱地区及半湿润地区易旱区。

（2）立体型节水农业模式。立体型节水农业是根据区域农业资源的时间、空间分布特征和农作物生产特性，建造不同农作物立体种植群落，以充分地利用大气水—地表水—土壤水—地下水，提高水资源的利用效率，达到节水增产和用水高效的目的，实现农田系统资源、环境和经济效益的整体提高。这种模式适用于光热资源充足、降水夏秋较多、地下水质量好、可以一年几熟的地区。

（3）设施型节水农业模式。设施型节水农业模式是利用当代先进的科学技术，建立温室、大棚或弓棚，高效利用光热、水、土等农业资源，集节水、节地、节能、高产、高效和优质为一体的集约化、规模化和产业化的高效集约种植模式。这种模式具有较为广泛的适用性。

（4）免耕型节水农业模式。免耕型节水农业是指采用保护地栽培措施，如保护性耕作或带状耕作，在尽量不翻转土壤或带状耕作的条件下播种施肥、尽可能保留茎叶残存覆盖地表及用化学药剂除草和防治病虫害，以达到保水、增产，并维持良性生态循环的一种先进的农业生产模式，具有不破坏土壤结构、增加土壤有机质、减少地面蒸发、提高土壤保蓄性能、耗能少等多种功能。这种节水农业模式在发达国家发展很快。就我国而言，今后可在黄土高原水土流失区进行试验研究与推广应用。

（5）复合型节水农业模式。复合型节水农业是指农业生态系统中，根据农田生态环境改善，或提高单位土地经济效益，或为充分利用其水土生物资源等建造起来的农、林、牧相结合的综合利用模式。如农林复合型、农果复合型、农牧复合型等都是充分利用当地水土资源的复合型节水农业持续发展模式。农林复合型是以农田生态防护为主充分利用地下水—土壤水—大气水的生态农业模式，主要有农桐间作、农条间作及农田林网等多种类型，起到了防风固沙、改善农田小气候、保障农业生产、提高水资源利用效率等多种功效，实现了系统效益的整体提高。农果复合型是以增加经济收入为主、充分利用光、热、水、土资源的区域农业生态模式，如农枣、农柿、农葡、农桃（梨）等间作方式，既提高了单位土地效益，又增强了农田保土保水性能，同时提高土壤水、大气水、地下水利用效率。农牧复合型也是一种以提高单位经济效益为目的的生态农业模式，如草基鱼塘式、稻鱼结合式等，实现了农牧业协同发展和经济、生态效益的同步提高。

（6）集水型节水农业模式。集水型节水农业即集水农业，是指在干旱和半干旱丘陵地区，通过雨水汇集利用技术，将较大强度降水所产生的地表径流汇集起来，在需要的时候供给作物利用的农业生产方式，又称雨水汇集农业。雨水高效利用在美国、以色列、澳大利亚和印度等已取得成功经验。以色列在中部山区利用汇集雨水发展喷灌、滴灌等节水农业，取得了极大的社会、经济和生态效益。20 世纪 80 年代以来，我国陕西、山西、甘肃、内蒙古、宁夏等地相继开展了人工汇集雨水利用研究，储存了较为系列的雨水汇集技术。通过雨水汇集发展集水农业，一方面，可较好利用降水资源，解决人畜用水问题；另一方面，可利用雨水汇集积存的水发展喷灌、微灌等高效节水农业。

13.2.4 加快发展节水农业的措施

从我国目前的实际情况看，发展节水农业的重点，一是大力推进节水灌溉。这是发展节水农业的突破口和主战场。目前我国节水灌溉面临的主要问题是灌溉设施和技术落后。现有的灌溉工程设施普遍存在建设标准低、配套差、老化失修等问题。全国402处大型灌区，完成投资不足设计投资的50%，建筑物配套率不足70%，骨干工程损坏率达40%。连接田间地头的小型农田水利设施短缺，斗渠以下田间灌排工程配套很差，渠系破损、淤塞严重。基础设施落后，使得灌溉渠道输水损失成为灌溉用水浪费的大头。据水利部调查，渠道输水损失占整个灌溉用水损失的80%以上。发展节水灌溉，重点是完善灌溉基础设施、推广先进灌溉技术和实行灌溉用水定额管理。要加强农业灌溉等水利基础设施建设，把其作为提高农业综合生产能力的重要内容，增加资金投入，加大建设力度，大力推进节水型骨干灌排体系的建设与改造和末级渠系节水改造，坚持骨干工程与田间工程改造相结合、改善基础设施条件与提高管理水平相结合，提高农业灌溉基础设施水平，为灌溉节水奠定坚实基础。要大力推广节水灌溉技术，尽快改变传统的大水漫灌方式，因地制宜地推行漫灌改畦灌、漫灌改沟灌、秋灌改春灌以及膜下滴灌、覆膜抑蒸等节水灌溉技术，有条件的地方应大力推行既节水又增产的喷灌技术。加大农业节水灌溉设备国家标准的制修订和实施力度，推广农业节水灌溉设备应用。要严格实行灌溉用水定额管理制度，科学制定和分配用水指标，利用价格杠杆对超定额用水进行限制，将灌溉用水节约指标化、制度化。二是大力发展旱作农业。在丘陵、山区和干旱地区积极开展雨水积蓄利用，支持农村水窖建设，加快推进保护性耕作，推广旱作农业技术，发展旱作节水农业，提高天然降雨利用率。三是积极发展生物节水农业。生物性节水即通过提高植物水分利用效率和耐旱性实现节水，是实现进一步大量节约农业用水的关键环节和最终潜力所在。要重视节水作物品种的研究和推广，广泛培育节水耐旱新品种和新类型，因地制宜地增加节水作物品种和扩大节水作物种植面积。

加快发展节水农业的举措如下：

一是科学制定农业节水综合发展规划。为适应水资源日趋紧缺的现实，制定农业节水规划首先要更新观念，即农业用水原则必须从"以需定供"转变为"以供定需"，据此研究确定不同区域水资源的承载力，提出与之相适应的农业发展规模与速度，以实现农业水资源供需的基本平衡。其次，应建立广义的水资源概念，即不但要重视可控的地表水和地下水，而且要重视整个天然降水，建立与水资源相适应的农业结构，即节水型农业结构。第三，要正确选择节水农业技术。应把节水灌溉技术和旱作技术放在同等重要位置，争取部分旱作高产，以减少对灌溉的依赖。在节水灌溉方面，当前应把实现灌区管理现代化和解决输水过程中的水的损失放在首要地位，在灌溉方法上，根据我国国情，近中期在有条件的地方应积极推行喷微灌，但就全国范围看仍应以改进地面灌溉为主。

二是实施常规灌溉水替代策略。为减缓农业用水的紧张局面，应积极探索走常规灌溉水替代的道路，其中，最大的替代并可进一步挖掘的水源是降水；其次则是污水和微碱水。将处理后的工业废水和生活污水（再生水）在农业灌溉中加以利用，是继管道输水、采用先进的局部灌水方法之后灌区节水下一个发展阶段的主体技术之一，有些发达国家利用再生水灌溉面积已占到全部灌溉面积的30%。在未来的发展中，应结合防污体系的建立，将再生水用于农业灌溉作为解决我国未来水资源紧缺的一项重大措施来对待，切实加强研究与示范，逐步扩大推行。

三是建立有限灌溉制度。节水农业涵盖了节水灌溉农业、有限灌溉农业和旱作农业三种类型，随着科学技术进步及水资源进一步紧缺，有限灌溉将成为缺水区今后发展节水农业的主要趋向，应给以充分重视并着手推行。有限灌溉的理论依据是：水分亏缺并不总是降低产量，许多作物和果木在一定生育阶段适度干旱对节水和增产反而有利。在大田条件下建立有限灌溉制度，最终要走精确的按需灌溉之路，精确灌溉是以作物实际需水为依据，以信息技术为手段对农田进行"非充分"供水。为此，必须掌握可靠仔细的作物需水规律资料，运用信息化技术提供作物水分亏缺程度参数，应用先进的灌水方法真正按照农作物实时需要准确定量供水。

四是重视生物节水技术，培育节水耐旱新品种。从长远来看，当水的流失、渗漏、蒸发得到有效控制，水的时空调节得到充分利用之后，生物性节水即提高植物水分利用效率和耐旱性就显得更为重要，可视为实现进一步大量节约农业用水的关键环节和最终潜力所在。为挖掘植物自身的高效用水，关键在于选育出抗旱节水新品种和新类型。要适当调整育种目标，把品种的节水或抗（耐）旱性放在和产量、品质、熟性等同甚至优先的地位。加大对抗旱、节水品种培育和推广工作的投入，并对抗旱、节水农产品的生产和销售给予适当的扶持。科学已经证明，耐旱性是一个可遗传性状，当前的育种工作应从以下几点入手：第一，挖掘抗旱节水种质资源；第二，重视不同层次上节水耐旱育种的相互关系，将常规育种与基因工程育种紧密结合起来；第三，当前将获得耐旱节水转基因植物研究的重点放在林草植物上更为可行；第四，加强生物节水基础研究，明确不同节水耐旱机制所起作用大小，以寻求起关键作用的节水耐旱主效基因。除了培育节水、抗（耐）旱品种，还可以从栽培技术方面着手。

今后应重视节水栽培技术的研究推广，要在完善和推广现有的农田覆盖、少耕免耕、化学抗旱剂和保水剂的应用等节水保水栽培技术的基础上，进一步研究推广更先进、经济、适用的节水栽培技术。鉴于生物节水研究对未来农业节水可能产生的巨大推动作用，应考虑纳入国家科技规划，给予长期稳定支持。

五是要建立完善促进节水农业发展的政策体系。继续推进大中型灌区节水改造，积极开展农业末级渠系节水改造试点。在丘陵、山区和干旱地区积极开展雨水积蓄利用，支持农村水窖建设，推广旱作农业技术，发展旱作节水农业，扩大节水作物品种和种植面积。加大农业节水灌溉设备国家标准的制修订和实施力度，推广农业节水灌溉设备应用。扩大政府对农民购买节水设备的补助规模，加大对农民开展小型农田水利基础设施建设的支持力度。逐步推进农业水价改革试点，依法全面整顿农业供水末级渠系的水价秩序，取消水费计收中的搭车收费，制止截留挪用，切实减轻农民负担。加快推进保护性耕作，提高天然降雨利用率，增强旱区节水抗旱能力。

13.3 大力开发非传统水资源

今后，水资源开采利用的难度将越来越大，单纯依靠传统水资源难以满足未来我国用水的需求，因此，必须高度重视开发雨水、海水、大气水等非传统水资源。

13.3.1 非传统水资源的主要领域

非传统水资源主要包括雨水利用、污水净化、海水利用、海水淡化、开发空中水资源等。

（1）雨水利用潜力巨大。不少国家广泛利用雨水，其规模可大可小，用途多种多样，方式千变万化。美国加州建设有规模庞大、功能完善的"水银行"，将丰水季节的雨水和地面水通过地表渗水层灌入地下，蓄积在地下水库中，供旱季抽取使用。日本、德国大力发展屋顶及居住区地面的雨水收集系统，供生活杂用及绿地灌溉之用。我国雨水在时间和空间上分布很不均匀，如果能够把雨季和丰水年的水蓄积起来，既可以防涝防洪，又可以解决旱季和枯水年的缺水之苦。北京年均降雨量为 595 毫米、平均每年新增建筑面积 500 万平方米，如果有 80% 的建筑设有雨水收集设施，北京每年就可以留下 238 万吨的雨水，能有效缓解目前用水紧张的局面，如果能够建立地面集雨系统，效果将更为明显。我国西部、北部地区的一些省份在建设农田水窖方面创造了一些经验，但总的来看，我国在雨水利用方面还是十分落后，还应提高认识，加强研究，把它列入水资源开发利用的议事日程。

（2）净化后的城市污水可成为新的水资源。城市污水是污染源，必须进行净化处理，但净化后可以成为新的水资源，而且是不受季节影响、多用途的水资源。以色列 100% 的生活污水和 72% 的城市污水得到了回用，现有 200 多个污水回用工程，规模最小为每天 27 立方米，最大为每天 20 万立方米，处理后的污水 42% 用于农业灌溉、30% 用于地下水回灌；美国城市污水回用量达每天 260 万立方米，其中 62% 的再生水用于农业灌溉、30% 用于工业，其余用于城市设施和地下水回灌。目前我国城市污水排放量每年大约为 414 亿立方米，如果污水回用率平均达到 10%，即可解决全国城市缺水量的一半以上。我国尚缺少必要的法规政策和经济激励措施，城市污水回用未得到应有的重视，城市污水管网建设严重滞后，污水二级处理率不到 15%，回收率更低。为此，必须把城市污水再生利用纳入城市总体规划以及城市水资源合理分配与开发利用计划，加强城市污水收集与处理设施建设，开发有关技术，出台相关法规政策，推动城市污水回收再利用。

（3）海水利用在沿海地区能发挥重要作用。海水可用于工业冷却、冲洗厕所，经淡化后还可用作生活饮用水。在淡水资源奇缺的中东地区，现已把海水淡化作为提供淡水的唯一途径。沙特现已发展 23 个大型现代化工厂，淡化水量达 236.4 万立方米，基本解决了长期困扰的淡水问题。在国内，青岛市利用海水的历史较长，华电青岛发电有限公司（青岛发电厂）、青岛碱业股份有限公司、海晶化工集团公司等单位利用海水都有几十年的历史。目前青岛年海水利用总量已达 8 亿多立方米，直接利用海水涉及电力、化工、水产品加工等七个行业、十几家企业。据测算，青岛市年利用海水折合淡水约为 4000 多万立方米。海水利用的领域也在逐步扩大。海水冲厕应用技术研究课题目前已经完成并通过专家验收。建筑面积 20 万平方米的海水冲厕示范小区正在改造配套建设中。2004 年全国有 8 个省（直辖市）直接利用海水共计 234 亿立方米，主要作为火（核）电的冷却用水。其中广东和浙江两省利用海水最多，分别为 105 亿和 64 亿立方米。目前，我国沿海城市一半以上缺水，海水淡化和海水利用应作为解决沿海和岛屿水资源不足的重要途径，应提前做好相应的规划，并进行海水资源开发利用研究和实践，在充分吸取国内外经验基础上，设计和建造适宜于我国需求的海水淡化系统。

（4）开发空中水资源是一条有效途径。在适当的气候条件下进行人工增雨，将空中的水资源化作人间的水资源，已经被国内外经验和理论证明是开发水资源的一条有效途径。随着高新技术的发展，人们对大气资源的掌控和驾驭能力提高，数字雷达、闪电定位仪、卫星接收系统和人工增雨系统得到了普遍使用，人工降雨技术日臻成熟。据测算，人工降雨投入和产出效益比在1∶30以上。我国应该采取一定措施，从战略的角度重视大气水的开发利用，从全国的角度制定大气水开发利用规划，并把它纳入全国用水规划中，开发新技术，加强各地人工降雨作业的协调。

13.3.2 大力发展海水淡化

贫水国家解决水短缺的根本出路在于造水，努力增加新的水源。如上所述，海水淡化是获得新水源的重要途径。我国是一个海洋大国，陆地海岸长达1.8万公里，面积在500平方米以上的海岛7272个、海岛岸线长达1.4万公里，拥有300多万平方公里的蓝色国土，相当于陆地国土面积的1/3。有11个省区市面临海洋，有众多城市位于海滨。人们已认识到，21世纪是海洋世纪，海洋将成为人类持续发展的淡化水、食品、能源和战略金属的重要战略基地。就海水淡化来说，目前世界海水淡化日产量已突破3200万吨，年销售额近百亿美元，而且海水淡化已从沙漠地带走向城市，成为沿海城市解决淡水不足的首选措施。我国目前日产淡化水仅3万吨，不到世界总产量的千分之一，发展海水淡化的空间很大。

海水淡化最早开始于20世纪70年代，起初生产成本很高，只有中东地区少数富裕而缺水的国家掌握这种技术。到20世纪末，海水淡化技术进一步发展，成本大大下降，与长距离输送淡水的成本相差无几，海水淡化技术就逐渐为越来越多的国家所采用。目前，海水淡化技术已日趋成熟，通过海水淡化的途径来获取淡水资源已经成为国际上一种比较先进和成熟的淡水获取方式。世界海水淡化日产水量已经突破3200万吨，供养的人口超过1亿人。位于中东地区的一些海水淡化厂日产淡化水规模已超过30万吨，开展海水淡化的城市也逐渐从沙漠地带走向城市，尤其成为沿海城市解决淡水不足的首选措施。

早在1958年，我国就开始了海水淡化工程技术的研究工作。近20年来，已经实施了一批中小工程。目前我国已有海水淡化工程 20 多项,其中山东黄岛发电厂、河北黄骅发电厂、大连石油七厂、天津经济技术开发区、山东烟台市、河北王滩电厂是已投产和将投产的较大规模的海水淡化企业。小型的以膜法为主,较大型的以蒸馏法为主,累计生产能力在日产 3 万吨左右。我国海水淡化工程技术,经过 40 余年的持续攻关,已经日益成熟。现在个别地区,如天津的海水淡化技术不仅可以满足工业用水需要,而且已经达到生活用水的标准。随着技术的逐渐成熟,造水成本日趋降低。以天津大港发电厂为例,大港发电厂 10 多年来共利用海水 270 亿立方米,平均每吨水成本已降至 6 元左右,而要采用天津的滦河水并且达到用水标准,平均每吨水需要 9 元。随着科技的发展,海水淡化的成本有望进一步降低。目前,天津、大连、烟台等沿海城市的海水淡化事业已取得了成功,可以作为进一步发展的基础,它们的经验是非常可贵的。天津市的海水淡化工作已有十多年的历史。该市的淡化水日产近 1 万吨;占全国总产量的三分之一,正在积极建设多个海水淡化工程。目前已具备自主设计、制造日产万吨级反渗透淡化装置能力。所生产的淡化水不仅可以满足工业用水需要,而且已达生活用水标准,比之天然淡水毫不逊色。特别是淡化水吨成本已降到 6 元左右,最近又达到 5.32 元,而天津市使用的滦河水要达到生活用水标准,平均每吨成本为 9 元。即是说经济上也是合算的。这一点与国际海水淡化成本的大幅降低趋势是一致的。国际上从 20 世纪 70 年代的几美元一吨,已降到 20 世纪末的近 50 美分一吨。天津市的有关研究人员指出,如果采用循环经济办法,与其他产业结合,成本还能进一步降低。

于 2003 年 11 月建成的大连石油化工公司海水淡化处理厂,采用三级膜分离技术进行海水淡化处理,日生产淡水 5500 吨,用于工业锅炉软化水,是目前投入运营的国内最大的海水淡化装置。1994 年以来,大连市已经建成海水淡化装置 5 座,日生产淡水 1.4 万立方米,海水淡化总量占全国海水淡化总量的 1/3。大连市是资源性严重缺水城市,人均水资源占有量仅为全国人均水资源占有量 1/4,金州以南地区人均水资源占有量只是全国人均水资源占有量的 1/16。有 1906 公里海岸线的大连,自 20 世纪 70 年代便开展海水淡化技术的研究开发,目前这一技术得到较快发展,经过反渗透海水淡化技术生产的淡水完全达到饮用水标准;低温多效海水淡化技术也走出实验室即将投入生产。长海县位于辽东半岛东部的黄海北部海面,由 142 个岛坨礁组成,全县 8 万人口分散居住在不同海域岛屿上。受海岛地质所限,淡水资源极其贫乏,人均占有淡水量不足 500 立方米。海岛居民吃水要限时定量。1994 年 4 月,大连市政府投资1300万元,为长海县大长山岛建成一座日处理海水1000立方米的反渗透海水淡化厂,这是大连市为解决居民饮水而建的第一座海水淡化厂。2001年,经过扩建,形成目前日产淡水2000立方米规模,岛上2.6万居民再也不为吃水发愁了。继大长山岛海水淡化工程后,大连市又于2000年年初在长海县獐子岛建成一座日产1200立方米淡水的海水淡化装置,为岛上6000多居民解决了吃水困难。

大连市还积极鼓励和支持工业企业发展海水淡化项目,用于工业企业锅炉、冷却用水。2001年以来,先后有华能大连电厂、大连石油化工公司和大连港集团等企业建成3座海水淡化装置,日海水淡化总量8700立方米。随着海水淡化技术的成熟和生产成本的降低,大连市将继续开发海水淡化工程项目,推动节水型社会发展。目前,大连市正着手规划与电厂配套的10万吨海水淡化工程,项目投产后,将有效解决企业生产用水及居民生活用水短缺难题。

目前,国际上海水淡化应用的技术主要是热法和膜法,又分别称为蒸馏法和反渗透法。蒸馏法就是将海水变成蒸汽,蒸汽冷却而得到高纯度淡水。根据蒸发冷却的方式不同,蒸馏法又分成多级闪蒸和多效蒸馏两种。其中,多级闪蒸是将热海水突然减压,产生蒸汽而得到淡水。目前世界最大规模工程在沙特阿拉伯,日产45万吨;多效蒸馏是在蒸汽冷却的同时,持续蒸发进而得到淡水,代表性工程在西班牙,日产3.5万吨。反渗透法就是在一定压力下(60公斤/平方厘米),将海水压入反渗透膜,这种膜只允许海水中的水分子透过,而将绝大部分盐分子截住,从而得到淡水。目前世界上最大在建工程在以色列,日产33万吨。

目前,制约海水淡化的主要因素是成本问题。海水淡化的吨水成本根据不同的规模、工艺而有差别,总的说成本在每吨4.5元—8.0元之间。对于反渗透海水淡化,影响成本最大的因素是电力费用,其次是药剂费和膜更换费用。对于低温多效蒸馏和多级闪蒸海水淡化,影响成本最大的因素是蒸汽费用,其次是电力费用。随着技术水平的不断提高,海水淡化成本会进一步降低,这会大大扩展社会对海水淡化的需求,从而促进海水淡化更快发展。

我国海水淡化技术起步虽早,但研究水平及创新能力、装备的开发制造能力、系统设计和集成等方面与国外仍有较大差距,关键设备仍依赖进口。下一步必须围绕制约海水淡化成本降低的关键问题,研发具有自主知识产权的海水淡化新技术、新工艺、新装备和新产品,提高关键材料和关键设备的国产化率,增强自主建设大型海水淡化工程的能力。总之,从长远看,海水淡化是解决水资源短缺的重要途径,必须大力发展海水淡化,不断提高海水淡化水平,充分发挥海水淡化在解决水资源问题中的积极作用。

本章参考文献:

[1] 郑家喜:《农业可持续发展:水资源的约束与对策》,《农业经济问题》,2000年第9期。

[2] 《关于海水淡化》,《人民日报》2005年08月18日。

[3] 水利部:2004年中国水资源公报。

[4] 武继承、游保全、汪立刚:《我国高效节水型可持续农业发展模式选择》,《中国人口、资源与环境》,2001年第2期。

[5] 郭慧滨、史群:《国内外节水灌溉发展简介》,《节水灌溉》,1998年第5期。

[6] 许一飞:《国外农业高效用水的研究应用及发展趋势》,《节水灌溉》,1998年第2期。

[7] 李光永:《以色列农业高效用水研究》,《节水灌溉》,1998年第3期。

[8] 李英能:《我国节水农业发展模式研究》,《节水灌溉》,1998年第2期。

第 14 章　草原保护与农业可持续发展

草原是我国重要的绿色生态屏障。在农业生态系统乃至整个生态系统中，草原也占有重要地位。保护和利用好草原，对实现生态平衡和农业可持续发展十分重要。

14.1　草原在农业可持续发展中的地位和作用

草原是世界上主要生态系统之一，其面积占全球陆地面积的 1/4，被誉为"地球的衣被"。这样一个巨大生态系统，在地球生物圈中的位置是不可取代的。草原对改善生态环境，维护生物多样性，发展现代畜牧业和现代农业，促进社会的持续发展至关重要。

我国是世界第二草原大国。草原面积近 4 亿公顷（60 亿亩），占国土面积的 41%，大约是耕地面积的 3 倍、林地面积的 1.8 倍，是我国第一大生态系统。我国不仅草原面积大，草原类型也繁缛多样，按照新的草原分类系统，全球 48 个大类中我国就有 39 个。草原类型多，决定了我国草原的生物多样性及生态重要性。草原是我国最为重要的陆地生态系统，具有防风固沙、涵养水源、保持水土、净化空气以及维护生物多样性等重要生态功能。我国天然草原大多位于黄河、长江、澜沧江、怒江、雅鲁藏布江、辽河和黑龙江等几大水系的源头和上中游地区，面积大，分布广，对减少地表水土冲刷和江河泥沙淤积，降低水灾隐患具有不可替代的作用。如果说森林是垂直屏障的话，草原则是水平屏障。草原是我国国土面积最大的绿色生态屏障，是畜牧业发展的重要物质基础和农牧民赖以生存的基本生产资料，也是维护生物多样性的种质基因库。

草原是具有多种功能的特殊资源，在国民经济发展和生态环境建设中具有重要的地位和作用。草原是我国面积最大的生态屏障，是绿化国土的主体，保护和建设好草原，是西部大开发的重要组成部分，事关国土治理和生态安全。草原大多分布在边疆和少数民族聚居区，是牧民赖以生存的基本生产资料，草原畜牧业是牧区经济的支柱产业，关系到民族团结和边疆安定。依法有效保护、建设和合理利用草原，对于加快牧区畜牧业发展，提高广大牧民生活水平，促进民族地区经济繁荣和社会进步，加快西部地区发展，缩小东西部地区差距，加强民族团结，保持社会稳定，具有重大意义。

草原的生态意义在实施西部大开发战略中更加突出。西部的落后从根本上说就是资源保护、开发和合理利用上的落后，因而加强生态建设和环境保护是西部大开发的主要内容之一。西部地区草原面积占农田、森林和草原等大绿色植被生态环境的79%，西北地区达到85%，青海、西藏等省区都在90%以上。四川草原地处长江、黄河上游和源头，占全省面积的43%。内蒙古草原是欧亚大陆草原的重要组成部分，总面积13.2亿亩，占自治区土地面积的74.5%，其中可利用草原面积10.2亿亩，占草原总面积的77.3%。保护和建设草原，是实施国家西部大开发的重要组成部分，直接关系到长江、黄河中下游地区的生态安全。可以说，加强西部草原的保护和建设是实施西部大开发战略的切入点，对维护国家特别是北方地区生态安全具有极其重要的现实作用与战略意义。

由于全球气候变暖以及长期以来草原开垦、超载放牧、乱采滥挖、违法征占等自然和人为因素的影响，草原植被遭到严重破坏，导致草原退化、沙化、盐碱化、石漠化面积不断扩大，严重影响生态安全。目前我国90%的可利用天然草原不同程度地退化，其中中度以上退化草原面积已占半数。青海省原有草地36.45万平方公里，因自然因素和病虫鼠害及人为影响，已有10万多平方公里草地退化、沙化。其中中度以上退化草地面积7.33万平方公里，占草地总面积的20.1%；严重退化草地面积4.4万平方公里，占12.1%；沙化草地面积1.93万平方公里，占5.3%；因草原鼠害等造成植被消失、土地裸露的黑土滩面积已达到3.33万平方公里，占9.1%。自20世纪80年代以来，平均每年新增退化草地2800平方公里，但平均每年采取封育、灌溉、施肥、补播等措施治理面积仅1200平方公里。据1998年的统计，长江源区退化草场面积为21.9%~46.5%，其中严重退化草场为18.9%~27.2%，近10%的退化草地已成为次生裸地，黄河源区更为严重，退化草地达50%以上。草场退化一般表现为草地群落的平均盖度下降，中优良牧草的数量和比例下降，而杂草和毒草的比例明显上升。草地退化还带来鼠害猖獗、草地生产力急剧下降等严重问题。同20世纪80年代相比，目前草原单位面积产草量平均下降了10%~40%，局部地区达到50%~90%。海西、海北、果洛地区严重退化草场的产值平均百亩不足 50 元。严重的草地退化、沙化，给当地畜牧业生产带来很大困难，也导致了草原的生态失衡。内蒙古全区草原"三化"面积就达 5.8 亿亩，占全区可利用草原面积的 56.3%，并且每年还以 1000 万亩的速度继续扩大。呼伦贝尔草原是我国迄今保护相对较好的天然草地，是享誉国内外的"草原明珠"，作为世界草地资源研究和生物多样性保护的重要基地，备受国际社会的关注。但呼伦贝尔草原的生态系统也遭到破坏，退化面积已达 399.3 万公顷，占可利用草原面积的 40.2%。西藏全区退化草地面积达 4282.2 万公顷，占全区草地面积的 52.2%，比 20 世纪 80 年代末增加了 35%。由于优良草地大量被开垦为农田，农耕地区向草原蚕食，50 多年来西北地区草原面积减少了大约 20%，而这 20% 的草原都是优良草地，它所内涵的生产力至少相当全部草原的 50%。草原水土流失已成为江河泥沙的重要来源。草原生态环境的恶化，不仅严重制约着畜牧业的可持续发展，而且威胁着国家的生态安全。加强草原保护、建设与管理，对于维护和改善生态环境，加快牧区经济发展，提高广大牧民生活水平，促进民族地区经济繁荣和社会进步具有十分重要的战略意义。因此，遏制草原生态环境继续恶化，保护和恢复草原生态平衡，已经成为国土治理的重大课题。

"十五"期间，各地大力加强草原保护建设，充分调动农牧民的积极性和创造性，依法治草，科技兴草，取得明显成效。草原法规政策不断完善，草原家庭承包制稳步推进，全国草原承包面积已达到可利用草原面积的 70%，草原科技水平进一步提高，草原畜牧业生产方式逐步转变，草原保护建设步伐加快。截至 2004 年年底，全国人工种草累计保留面积达到 1130 万公顷，草原改良面积 1300 万公顷，草原围栏 3000 万公顷，种子田面积 45 万公顷，生产草种 11 万吨，有 20% 的可利用草原实施了禁牧、休牧和划区轮牧。草原植被得到有效恢复，草原生态环境逐步好转。

做好草原保护建设利用工作，必须遵循自然和经济规律，必须严格执行草原法等法律法规，进一步落实和完善草原家庭承包制，大力推行基本草原保护、草畜平衡、禁牧休牧轮牧制度，积极引导草原畜牧业生产方式转变，大力推进草原和草业的科技进步，认真实施好退牧还草、京津风沙源治理、饲草料基地建设等重大工程，认真做好草原防灾减灾，切实加强草原监督管理。

14.2 实施草畜平衡管理

草畜不平衡，草原超载过牧，是导致草原生态恶化的直接原因。保护、建设和利用草原，必须严格实施草畜平衡管理，使草原载畜量与草原的产草能力相平衡，这是保护草原的根本性措施。

为了加强草原保护和建设，农业部制定了草畜平衡管理办法，并自 2005 年 3 月 1 日起施行。草畜平衡管理办法的重要内容是：

国家对草原实行草畜平衡制度。草畜平衡是指为保持草原生态系统良性循环，在一定时间内，草原使用者或承包经营者通过草原和其他途径获取的可利用饲草饲料总量与其饲养的牲畜所需的饲草饲料量保持动态平衡。

开展草畜平衡工作应当坚持以下原则：（一）加强保护，促进发展；（二）以草定畜，增草增畜；（三）因地制宜，分类指导；（四）循序渐进，逐步推行。

农业部主管全国草畜平衡监督管理工作。县级以上地方人民政府草原行政主管部门负责本行政区域内的草畜平衡监督管理工作。县级以上人民政府草原行政主管部门设立的草原监督管理机构负责草畜平衡的具体工作。县级以上人民政府草原行政主管部门应当加强草畜平衡的宣传教育培训，普及草畜平衡知识，推广草畜平衡技术，实现草原资源的永续利用。县级以上人民政府草原行政主管部门应当加强草原保护建设，稳定和提高草原生产能力；支持、鼓励和引导农牧民实施人工种草，储备饲草饲料，改良牲畜品种，推行舍饲圈养，加快畜群周转，降低天然草原的放牧强度。

农业部根据全国草原的类型、生产能力、牲畜可采食比例等基本情况，制定并公布草原载畜量标准。省级或地（市）级人民政府草原行政主管部门应当根据农业部制定的草原载畜量标准，结合当地实际情况，制定并公布本行政区域不同草原类型的具体载畜量标准，同时报农业部备案。县级人民政府草原行政主管部门应当根据农业部制定的草原载畜量标准和省级或地（市）级人民政府草原行政主管部门制定的不同草原类型具体载畜量标准，结合草原使用者或承包经营者所使用的天然草原、人工草地和饲草饲料基地前五年平均生产能力，核定草原载畜量，明确草原使用者或承包经营者的牲畜饲养量。

草畜平衡核定每 5 年进行一次。草原使用者或承包经营者对核定的草原载畜量有异议的，可以自收到核定通知之日起 30 日内向县级人民政府草原行政主管部门申请复核一次，县级人民政府草原行政主管部门应当在 30 日内做出复核决定。县级以上人民政府草原行政主管部门制定草原载畜量标准或者核定草原载畜量时,应当充分听取草原使用者和承包经营者的意见,组织专家进行论证,确保草原载畜量标准和草原载畜量核定决定的科学性和合理性。县级以上地方人民政府草原行政主管部门应当建立草畜平衡管理档案。

县级人民政府草原行政主管部门应当与草原使用者或承包经营者签订草畜平衡责任书,载明以下事项:(一)草原现状:包括草原四至界线、面积、类型、等级,草原退化面积及程度;(二)现有的牲畜种类和数量;(三)核定的草原载畜量;(四)实现草畜平衡的主要措施;(五)草原使用者或承包经营者的责任;(六)责任书的有效期限;(七)其他有关事项。草畜平衡责任书文本样式由省级人民政府草原行政主管部门统一制定,报农业部备案。

牲畜饲养量超过核定载畜量的,草原使用者或承包经营者应当采取以下措施,实现草畜平衡:(一)加强人工饲草饲料基地建设;(二)购买饲草饲料,增加饲草饲料供应量;(三)实行舍饲圈养,减轻草原放牧压力;(四)加快牲畜出栏,优化畜群结构;(五)通过草原承包经营权流转增加草原承包面积;(六)能够实现草畜平衡的其他措施。

县级以上地方人民政府草原行政主管部门应当加强草原资源动态监测工作,根据上一年度草原产草量的测定结果及对其他来源的饲草饲料量的估算,分析、预测本行政区域内当年草原载畜能力,指导草畜平衡工作。

县级以上地方人民政府草原行政主管部门应当每年组织对草畜平衡情况进行抽查。草畜平衡抽查的主要内容:(一)测定和评估天然草原的利用状况;(二)测算饲草饲料总量,即当年天然草原、人工草地和饲草饲料基地以及其他来源的饲草饲料数量之和;(三)核查牲畜数量。

草原使用者或承包经营者因饲草饲料量增加的,可以在原核定的载畜量基础上,相应增加牲畜饲养量。

违反草畜平衡规定的,依照省、自治区、直辖市人民代表大会或其常务委员会的规定予以纠正或处罚。

14.3 严格执行草原法

草原法是对草原进行保护、建设和利用的法律依据。合理利用和保护草原,必须严格执行草原法的规定。草原法中关于草原建设、保护和利用的主要规定是:

国家对草原实行科学规划、全面保护、重点建设、合理利用的方针，促进草原的可持续利用和生态、经济、社会的协调发展。各级人民政府应当加强对草原保护、建设和利用的管理，将草原的保护、建设和利用纳入国民经济和社会发展计划。各级人民政府应当加强保护、建设和合理利用草原的宣传教育。任何单位和个人都有遵守草原法律法规、保护草原的义务，同时享有对违反草原法律法规、破坏草原的行为进行监督、检举和控告的权利。

国家鼓励与支持开展草原保护、建设、利用和监测方面的科学研究，推广先进技术和先进成果，培养科学技术人才。国家对在草原管理、保护、建设、合理利用和科学研究等工作中做出显著成绩的单位和个人，给予奖励。

国务院草原行政主管部门主管全国草原监督管理工作。县级以上地方人民政府草原行政主管部门主管本行政区域内草原监督管理工作。乡（镇）人民政府应当加强对本行政区域内草原保护、建设和利用情况的监督检查，根据需要可以设专职或者兼职人员负责具体监督检查工作。

草原属于国家所有，由法律规定属于集体所有的除外。国家所有的草原，由国务院代表国家行使所有权。任何单位或者个人不得侵占、买卖或者以其他形式非法转让草原。

国家所有的草原，可以依法确定给全民所有制单位、集体经济组织等使用。使用草原的单位，应当履行保护、建设和合理利用草原的义务。依法确定给全民所有制单位、集体经济组织等使用的国家所有的草原，由县级以上人民政府登记，核发使用权证，确认草原使用权。未确定使用权的国家所有的草原，由县级以上人民政府登记造册，并负责保护管理。集体所有的草原，由县级人民政府登记，核发所有权证，确认草原所有权。依法改变草原权属的，应当办理草原权属变更登记手续。

依法登记的草原所有权和使用权受法律保护，任何单位或者个人不得侵犯。集体所有的草原或者依法确定给集体经济组织使用的国家所有的草原，可以由本集体经济组织内的家庭或者联户承包经营。

在草原承包经营期内，不得对承包经营者使用的草原进行调整；个别确需适当调整的，必须经本集体经济组织成员的村（牧）民会议 2/3 以上成员或者 2/3 以上村（牧）民代表的同意，并报乡（镇）人民政府和县级人民政府草原行政主管部门批准。集体所有的草原或者依法确定给集体经济组织使用的国家所有的草原由本集体经济组织以外的单位或者个人承包经营的，必须经本集体经济组织成员的村（牧）民会议 2/3 以上成员或者 2/3 以上村（牧）民代表的同意，并报乡（镇）人民政府批准。

　　承包经营草原，发包方和承包方应当签订书面合同。草原承包合同的内容应当包括双方的权利和义务、承包草原四至界限、面积和等级、承包期和起止日期、承包草原用途和违约责任等。承包期届满，原承包经营者在同等条件下享有优先承包权。承包经营草原的单位和个人，应当履行保护、建设和按照承包合同约定的用途合理利用草原的义务。草原承包经营权受法律保护，可以按照自愿、有偿的原则依法转让。草原承包经营权转让的受让方必须具有从事畜牧业生产的能力，并应当履行保护、建设和按照承包合同约定的用途合理利用草原的义务。草原承包经营权转让应当经发包方同意。承包方与受让方在转让合同中约定的转让期限，不得超过原承包合同剩余的期限。

　　草原所有权、使用权的争议，由当事人协商解决；协商不成的，由有关人民政府处理。单位之间的争议，由县级以上人民政府处理；个人之间、个人与单位之间的争议，由乡（镇）人民政府或者县级以上人民政府处理。当事人对有关人民政府的处理决定不服的，可以依法向人民法院起诉。在草原权属争议解决前，任何一方不得改变草原利用现状，不得破坏草原和草原上的设施。

　　国家对草原保护、建设、利用实行统一规划制度。国务院草原行政主管部门会同国务院有关部门编制全国草原保护、建设、利用规划，报国务院批准后实施。县级以上地方人民政府草原行政主管部门会同同级有关部门依据上一级草原保护、建设、利用规划编制本行政区域的草原保护、建设、利用规划，报本级人民政府批准后实施。经批准的草原保护、建设、利用规划确需调整或者修改时，须经原批准机关批准。

　　编制草原保护、建设、利用规划，应当依据国民经济和社会发展规划并遵循下列原则：（一）改善生态环境，维护生物多样性，促进草原的可持续利用；（二）以现有草原为基础，因地制宜，统筹规划，分类指导；（三）保护为主、加强建设、分批改良、合理利用；（四）生态效益、经济效益、社会效益相结合。

　　草原保护、建设、利用规划应当包括：草原保护、建设、利用的目标和措施，草原功能分区和各项建设的总体部署，各项专业规划等。草原保护、建设、利用规划应当与土地利用总体规划相衔接，与环境保护规划、水土保持规划、防沙治沙规划、水资源规划、林业长远规划、城市总体规划、村庄和集镇规划以及其他有关规划相协调。草原保护、建设、利用规划一经批准，必须严格执行。

国家建立草原调查制度。县级以上人民政府草原行政主管部门会同同级有关部门定期进行草原调查；草原所有者或者使用者应当支持、配合调查，并提供有关资料。国务院草原行政主管部门会同国务院有关部门制定全国草原等级评定标准。县级以上人民政府草原行政主管部门根据草原调查结果、草原的质量，依据草原等级评定标准，对草原进行评等定级。

国家建立草原统计制度。县级以上人民政府草原行政主管部门和同级统计部门共同制定草原统计调查办法，依法对草原的面积、等级、产草量、载畜量等进行统计，定期发布草原统计资料。草原统计资料是各级人民政府编制草原保护、建设、利用规划的依据。

国家建立草原生产、生态监测预警系统。县级以上人民政府草原行政主管部门对草原的面积、等级、植被构成、生产能力、自然灾害、生物灾害等草原基本状况实行动态监测，及时为本级政府和有关部门提供动态监测和预警信息服务。

县级以上人民政府应当增加草原建设的投入，支持草原建设。国家鼓励单位和个人投资建设草原，按照谁投资、谁受益的原则保护草原投资建设者的合法权益。国家鼓励与支持人工草地建设、天然草原改良和饲草饲料基地建设，稳定和提高草原生产能力。

县级以上人民政府应当支持、鼓励和引导农牧民开展草原围栏、饲草饲料储备、牲畜圈舍、牧民定居点等生产生活设施的建设。县级以上地方人民政府应当支持草原水利设施建设，发展草原节水灌溉，改善人畜饮水条件。

县级以上人民政府应当按照草原保护、建设、利用规划加强草种基地建设，鼓励选育、引进、推广优良草品种。新草品种必须经全国草品种审定委员会审定，由国务院草原行政主管部门公告后方可推广。从境外引进草种必须依法进行审批。县级以上人民政府草原行政主管部门应当依法加强对草种生产、加工、检疫、检验的监督管理，保证草种质量。

县级以上人民政府应当有计划地进行火情监测、防火物资储备、防火隔离带等草原防火设施的建设，确保防火需要。

对退化、沙化、盐碱化、石漠化和水土流失的草原，地方各级人民政府应当按照草原保护、建设、利用规划，划定治理区，组织专项治理。大规模的草原综合治理，列入国家国土整治计划。

县级以上人民政府应当根据草原保护、建设、利用规划，在本级国民经济和社会发展计划中安排资金用于草原改良、人工种草和草种生产，任何单位或者个人不得截留、挪用；县级以上人民政府财政部门和审计部门应当加强监督管理。

草原承包经营者应当合理利用草原，不得超过草原行政主管部门核定的载畜量；草原承包经营者应当采取种植和储备饲草饲料、增加饲草饲料供应量、调剂处理牲畜、优化畜群结构、提高出栏率等措施，保持草畜平衡。草原载畜量标准和草畜平衡管理办法由国务院草原行政主管部门规定。

牧区的草原承包经营者应当实行划区轮牧，合理配置畜群，均衡利用草原。国家提倡在农区、半农半牧区和有条件的牧区实行牲畜圈养。草原承包经营者应当按照饲养牲畜的种类和数量，调剂、储备饲草饲料，采用青贮和饲草饲料加工等新技术，逐步改变依赖天然草地放牧的生产方式。在草原禁牧、休牧、轮牧区，国家对实行舍饲圈养的给予粮食和资金补助。

县级以上地方人民政府草原行政主管部门对割草场和野生草种基地应当规定合理的割草期、采种期以及留茬高度和采割强度，实行轮割轮采。

遇到自然灾害等特殊情况，需要临时调剂使用草原的，按照自愿互利的原则，由双方协商解决；需要跨县临时调剂使用草原的，由有关县级人民政府或者共同的上级人民政府组织协商解决。

进行矿藏开采和工程建设，应当不占或者少占草原；确需征用或者使用草原的，必须经省级以上人民政府草原行政主管部门审核同意后，依照有关土地管理的法律、行政法规办理建设用地审批手续。

因建设征用集体所有的草原的，应当依照《中华人民共和国土地管理法》的规定给予补偿；因建设使用国家所有的草原的，应当依照国务院有关规定对草原承包经营者给予补偿。因建设征用或者使用草原的，应当交纳草原植被恢复费。草原植被恢复费专款专用，由草原行政主管部门按照规定用于恢复草原植被，任何单位和个人不得截留、挪用。草原植被恢复费的征收、使用和管理办法，由国务院价格主管部门和国务院财政部门会同国务院草原行政主管部门制定。需要临时占用草原的，应当经县级以上地方人民政府草原行政主管部门审核同意。临时占用草原的期限不得超过2年，并不得在临时占用的草原上修建永久性建筑物、构筑物；占用期满，用地单位必须恢复草原植被并及时退还。

在草原上修建直接为草原保护和畜牧业生产服务的工程设施，需要使用草原的，由县级以上人民政府草原行政主管部门批准；修筑其他工程，需要将草原转为非畜牧业生产用地的，必须依法办理建设用地审批手续。直接为草原保护和畜牧业生产服务的工程设施，是指：（一）生产、贮存草种和饲草饲料的设施；（二）牲畜圈舍、配种点、剪毛点、药浴池、人畜饮水设施；（三）科研、试验、示范基地；（四）草原防火和灌溉设施。

国家实行基本草原保护制度。下列草原应当划为基本草原，实施严格管理：（一）重要放牧场；（二）割草地；（三）用于畜牧业生产的人工草地、退耕还草地以及改良草地、草种基地；（四）对调节气候、涵养水源、保持水土、防风固沙具有特殊作用的草原；（五）作为国家重点保护野生动植物生存环境的草原；（六）草原科研、教学试验基地；（七）国务院规定应当划为基本草原的其他草原。

国务院草原行政主管部门或者省、自治区、直辖市人民政府可以按照自然保护区管理的有关规定在下列地区建立草原自然保护区：（一）具有代表性的草原类型；（二）珍稀濒危野生动植物分布区；（三）具有重要生态功能和经济科研价值的草原。

国家对草原实行以草定畜、草畜平衡制度。县级以上地方人民政府草原行政主管部门应当按照国务院草原行政主管部门制定的草原载畜量标准，结合当地实际情况，定期核定草原载畜量。各级人民政府应当采取有效措施，防止超载过牧。

禁止开垦草原。对水土流失严重、有沙化趋势、需要改善生态环境的已垦草原，应当有计划、有步骤地退耕还草；已造成沙化、盐碱化、石漠化的，应当限期治理。对严重退化、沙化、盐碱化、石漠化的草原和生态脆弱区的草原，实行禁牧、休牧制度。

国家支持依法实行退耕还草和禁牧、休牧。对在国务院批准规划范围内实施退耕还草的农牧民，按照国家规定给予粮食、现金、草种费补助。退耕还草完成后，由县级以上人民政府草原行政主管部门核实登记，依法履行土地用途变更手续，发放草原权属证书。

禁止在荒漠、半荒漠和严重退化、沙化、盐碱化、石漠化、水土流失的草原以及生态脆弱区的草原上采挖植物和从事破坏草原植被的其他活动。在草原上从事采土、采砂、采石等作业活动，应当报县级人民政府草原行政主管部门批准；开采矿产资源的，并应当依法办理有关手续。经批准在草原上从事上述所列活动的，应当在规定的时间、区域内，按照准许的采挖方式作业，并采取保护草原植被的措施。在他人使用的草原上从事上述所列活动的，还应当事先征得草原使用者的同意。

在草原上种植牧草或者饲料作物，应当符合草原保护、建设、利用规划；县级以上地方人民政府草原行政主管部门应当加强监督管理，防止草原沙化和水土流失。在草原上开展经营性旅游活动，应当符合有关草原保护、建设、利用规划，并事先征得县级以上地方人民政府草原行政主管部门的同意，方可办理有关手续。在草原上开展经营性旅游活动，不得侵犯草原所有者、使用者和承包经营者的合法权益，不得破坏草原植被。

草原防火工作贯彻预防为主、防消结合的方针。各级人民政府应当建立草原防火责任制，规定草原防火期，制定草原防火扑火预案，切实做好草原火灾的预防和扑救工作。

县级以上地方人民政府应当做好草原鼠害、病虫害和毒害草防治的组织管理工作。县级以上地方人民政府草原行政主管部门应当采取措施，加强草原鼠害、病虫害和毒害草监测预警、调查以及防治工作，组织研究和推广综合防治的办法。禁止在草原上使用剧毒、高残留以及可能导致二次中毒的农药。

除抢险救灾和牧民搬迁的机动车辆外，禁止机动车辆离开道路在草原上行驶，破坏草原植被；因从事地质勘探、科学考察等活动确需离开道路在草原上行驶的，应当向县级人民政府草原行政主管部门提交行驶区域和行驶路线方案，经确认后执行。

国务院草原行政主管部门和草原面积较大的省、自治区的县级以上地方人民政府草原行政主管部门设立草原监督管理机构，负责草原法律、法规执行情况的监督检查，对违反草原法律、法规的行为进行查处。草原行政主管部门和草原监督管理机构应当加强执法队伍建设，提高草原监督检查人员的政治、业务素质。草原监督检查人员应当忠于职守，秉公执法。

草原监督检查人员履行监督检查职责时，有权采取下列措施：（一）要求被检查单位或者个人提供有关草原权属的文件和资料，进行查阅或者复制；（二）要求被检查单位或者个人对草原权属等问题做出说明；（三）进入违法现场进行拍照、摄像和勘测；（四）责令被检查单位或者个人停止违反草原法律、法规的行为，履行法定义务。

国务院草原行政主管部门和省、自治区、直辖市人民政府草原行政主管部门，应当加强对草原监督检查人员的培训和考核。有关单位和个人对草原监督检查人员的监督检查工作应当给予支持、配合，不得拒绝或者阻碍草原监督检查人员依法执行职务。草原监督检查人员在履行监督检查职责时，应当向被检查单位和个人出示执法证件。

对违反草原法律、法规的行为，应当依法做出行政处理，有关草原行政主管部门不做出行政处理决定的，上级草原行政主管部门有权责令有关草原行政主管部门做出行政处理决定或者直接做出行政处理决定。

草原行政主管部门工作人员及其他国家机关有关工作人员玩忽职守、滥用职权，不依法履行监督管理职责，或者发现违法行为不予查处，造成严重后果，构成犯罪的，依法追究刑事责任；尚不够刑事处罚的，依法给予行政处分。截留、挪用草原改良、人工种草和草种生产资金或者草原植被恢复费，构成犯罪的，依法追究刑事责任；尚不够刑事处罚的，依法给予行政处分。

无权批准征用、使用草原的单位或者个人非法批准征用、使用草原的，超越批准权限非法批准征用、使用草原的，或者违反法律规定的程序批准征用、使用草原，构成犯罪的，依法追究刑事责任；尚不够刑事处罚的，依法给予行政处分。非法批准征用、使用草原的文件无效。非法批准征用、使用的草原应当收回，当事人拒不归还的，以非法使用草原论处。非法批准征用、使用草原，给当事人造成损失的，依法承担赔偿责任。

买卖或者以其他形式非法转让草原，构成犯罪的，依法追究刑事责任；尚不够刑事处罚的，由县级以上人民政府草原行政主管部门依据职权责令限期改正，没收违法所得，并处违法所得一倍以上五倍以下的罚款。

未经批准或者采取欺骗手段骗取批准，非法使用草原，构成犯罪的，依法追究刑事责任；尚不够刑事处罚的，由县级以上人民政府草原行政主管部门依据职权责令退还非法使用的草原，对违反草原保护、建设、利用规划擅自将草原改为建设用地的，限期拆除在非法使用的草原上新建的建筑物和其他设施，恢复草原植被，并处草原被非法使用前三年平均产值六倍以上十二倍以下的罚款。

非法开垦草原，构成犯罪的，依法追究刑事责任；尚不够刑事处罚的，由县级以上人民政府草原行政主管部门依据职权责令停止违法行为，限期恢复植被，没收非法财物和违法所得，并处违法所得一倍以上五倍以下的罚款；没有违法所得的，并处五万元以下的罚款；给草原所有者或者使用者造成损失的，依法承担赔偿责任。

在荒漠、半荒漠和严重退化、沙化、盐碱化、石漠化、水土流失的草原，以及生态脆弱区的草原上采挖植物或者从事破坏草原植被的其他活动的，由县级以上地方人民政府草原行政主管部门依据职权责令停止违法行为，没收非法财物和违法所得，可以并处违法所得一倍以上五倍以下的罚款；没有违法所得的，可以并处五万元以下的罚款；给草原所有者或者使用者造成损失的，依法承担赔偿责任。

未经批准或者未按照规定的时间、区域和采挖方式在草原上进行采土、采砂、采石等活动的，由县级人民政府草原行政主管部门责令停止违法行为，限期恢复植被，没收非法财物和违法所得，可以并处违法所得一倍以上二倍以下的罚款；没有违法所得的，可以并处二万元以下的罚款；给草原所有者或者使用者造成损失的，依法承担赔偿责任。

违反规定，擅自在草原上开展经营性旅游活动，破坏草原植被的，由县级以上地方人民政府草原行政主管部门依据职权责令停止违法行为，限期恢复植被，没收违法所得，可以并处违法所得一倍以上二倍以下的罚款；没有违法所得的，可以并处草原被破坏前三年平均产值六倍以上十二倍以下的罚款；给草原所有者或者使用者造成损失的，依法承担赔偿责任。

非抢险救灾和牧民搬迁的机动车辆离开道路在草原上行驶或者从事地质勘探、科学考察等活动未按照确认的行驶区域和行驶路线在草原上行驶，破坏草原植被的，由县级人民政府草原行政主管部门责令停止违法行为，限期恢复植被，可以并处草原被破坏前三年平均产值三倍以上九倍以下的罚款；给草原所有者或者使用者造成损失的，依法承担赔偿责任。

在临时占用的草原上修建永久性建筑物、构筑物的，由县级以上地方人民政府草原行政主管部门依据职权责令限期拆除；逾期不拆除的，依法强制拆除，所需费用由违法者承担。临时占用草原，占用期届满，用地单位不予恢复草原植被的，由县级以上地方人民政府草原行政主管部门依据职权责令限期恢复；逾期不恢复的，由县级以上地方人民政府草原行政主管部门代为恢复，所需费用由违法者承担。

未经批准，擅自改变草原保护、建设、利用规划的，由县级以上人民政府责令限期改正；对直接负责的主管人员和其他直接责任人员，依法给予行政处分。

对违反本法有关草畜平衡制度的规定，牲畜饲养量超过县级以上地方人民政府草原行政主管部门核定的草原载畜量标准的纠正或者处罚措施，由省、自治区、直辖市人民代表大会或者其常务委员会规定。

14.4 积极推进退牧还草

自 2003 年起，我国实施退牧还草工程，这是促进我国草业生态环境改善和优化的重大举措。

14.4.1 实施退牧还草工程的意义

所谓退牧还草工程，是指通过围栏建设、补播改良以及禁牧、休牧、划区轮牧等措施，恢复草原植被，改善草原生态，提高草原生产力，促进草原生态与畜牧业协调发展而实施的一项重要生态建设工程。

退牧还草工程规划的目标和重点范围是：从 2003 年起，用 5 年时间，在蒙甘宁西部荒漠草原，内蒙古东部退化草原，新疆北部退化草原和青藏高原东部江河源草原，先期集中治理 10 亿亩，约占西部地区严重退化草原的 40%。力争 5 年内使工程区内退化的草原得到基本恢复，天然草场得到休养生息。

实施退牧还草工程意义十分重大。第一，实施退牧还草工程有利于构建和谐社会。促进人与自然和谐相处，是构建和谐社会的重要内容。草原作为我国面积最大的绿色生态屏障，其生态状况不仅与牧区农牧民的生产生活息息相关，而且与全国的生态环境有着直接的关系。保护草原，就是保护自然资源，就是保护生态系统和我们的生存环境。实施退牧还草工程，改善草原生态，有利于维护自然环境，对构建牧区和谐社会，促进人与自然和谐相处，实现生产发展、生活富裕、生态良好的目标，具有不可替代的重要作用。第二，实施退牧还草工程是促进牧区经济发展的重要途径。草原畜牧业是牧区经济发展的支柱产业，而草原又是牧区畜牧业发展的物质基础。由于我国牧区传统的畜牧业生产经营方式相对粗放，经济增长很大程度上依赖牧畜数量的增加，导致草原超载过度放牧问题日益严重，再加上乱采滥挖、乱开滥垦等人为破坏草原行为以及气候变化的影响，造成我国天然草原大面积退化、沙化、盐碱化，草原生产能力不断下降，严重制约了草原畜牧业和牧区经济的发展。实施退牧还草工程，一方面，通过禁牧、休牧、划区轮牧、补播改良等措施，能够有效恢复草原植被，提高天然草原生产能力；另一方面，通过开展棚圈、人工饲草基地建设，推行牲畜舍饲半舍饲圈养，能够促进草原畜牧业生产方式的转变，引导农牧民积极调整蓄群结构，改良畜牧品种，加快出栏周转。工程的实施，对增强草原畜牧业可持续发展能力，提高生产效益，增加农牧民收入，繁殖牧区经济，实现共同富裕，具有重要意义。第三，实施退牧还草工程是维护国家生态安全的战略举措。我国西部地区天然草原分布于江河源头和上中游地区以及沙漠边缘地带，面积大，范围广，是我国重要的绿色生态屏障。这些地区的草原植被状况，不仅关系到本区域天然草原环境持续恶化，生态功能日益衰退，导致水土流失加剧、江河湖泊泥沙淤积、沙尘天气和洪涝灾害频繁发生、大面积农田被毁等一系列生态问题，对国家的生态安全构成严重威胁。作为我国生态建设的一项重要工程，退牧还草工程的实施，对于恢复草原植被，改善草原生态环境，扭转草原生态环境持续恶化局面，具有十分重要的作用。

退牧还草工程实施以来成效显著，取得了显著的生态、经济和社会效益。项目区草原植被得到明显恢复，草原生态环境持续恶化的势头得到初步遏制；促进了草原畜牧业生产方式的转变，畜牧业综合生产能力明显提高；农牧民的生态保护和可持续发展意识明显增强，保护草原和参与工程建设的积极性显著提高。宁夏项目区的草原植被覆盖率和产草量明显增加，草原沙化趋势得到一定的遏制，干草原、荒漠草原、草原化荒漠的植被盖度分别增加了 50%、20%、25%；内蒙古项目区草地平均覆盖率由禁牧、休牧以前的 6%～30% 提高到 8%～42%，多数地区提高 10 个百分点以上，鄂尔多斯市可达到 30 个百分点；四川项目区草原植被覆盖率从 45% 提高到 58%，平均每亩年减少水土流失 190 公斤，工程区内地上生物量比工程区外每亩增加近 61 公斤；新疆阿勒泰地区荒漠草原植被覆盖度平均提高 1.7 个百分点，亩产鲜草提高 2.4 公斤；甘肃禁牧区植被覆盖率平均提高 5%～10%，休牧区平均提高 5%～7%，牧草绝对高度平均提高 10 厘米以上。总之，实施退牧还草工程代价小、效果好，不仅有效带动了后续产业的发展，促进了农牧民增收，而且不存在"反弹"问题，被广大基层干部和农牧民称为德政工程、民心工程。

退牧还草必须坚持生态优先的原则，促进草原生态建设与牧区经济社会的协调发展；必须坚持以人为本，充分调动广大农牧民参与工程建设的积极性；必须完善管理机制，不断提高工程建设的质量和效益；必须转变草原畜牧业生产方式，实现草原资源的永续利用；必须依靠科技进步，提高工程建设的科技含量；必须大力发展后续产业，巩固工程建设成果；必须加强组织领导，为工程实施提供强有力的组织保障。

为使退牧还草工程继续扎实深入实施，要切实把退牧还草工作抓紧抓好，抓出成效，让广大农牧民满意。要进一步加强对实施退牧还草工程的组织领导，主要是切实加强工程的组织实施和监督管理扎实做好项目前期工作，严格执行各项管理制度，加快工程建设进度，加强工程的监督检查，抓好工程竣工验收和后期管护工作；要严格实行各项草原保护制度，继续落实和完善草原家庭承包制，实行基本草原保护制度、草畜平衡制度、禁牧休牧轮牧制度，加大草原鼠虫害的防治力度；积极扶持和促进后续产业发展，在改善草原生态环境的同时，还要切实解决牧区经济发展和农牧民增收的问题进一步加强对退牧还草工程的宣传为退牧还草工程的实施创造良好的舆论氛围和社会环境。

14.4.2 退牧还草工程实施管理规定

为了加强退牧还草工程的实施管理，推进工程项目组织实施管理制度化规范化，提高工程项目的质量和投资效益，农业部于 2005 年 4 月制定了关于进一步加强退牧还草工程实施管理的意见，对退牧还草工程实施工作做出了规范。主要内容是：

退牧还草工程是指通过围栏建设、补播改良以及禁牧、休牧、划区轮牧等措施，恢复草原植被，改善草原生态，提高草原生产力，促进草原生态与畜牧业协调发展而实施的一项草原基本建设工程项目。

各级农牧行政主管部门和工程项目建设单位应当加强草原资源保护利用和监督管理。通过工程项目的实施，进一步完善项目区草原家庭承包责任制，建立基本草原保护、草畜平衡和禁牧休牧轮牧制度；适时开展草原资源和工程效益的动态监测；搞好技术服务，积极开展饲草料贮备、畜种改良和畜群结构调整，提高出栏率和商品率，引导农牧民实现生产方式的转变；稳定和促进农牧民增加收入，使工程达到退得下、禁得住，恢复植被，改善生态的目标。

工程实施应坚持统筹规划，分类指导，先易后难，稳步推进。在生态脆弱区和草原退化严重的地区实行禁牧，中度和轻度退化区实行休牧，植被较好的草原实行划区轮牧；坚持依靠科技进步，提高禁牧休牧、划区轮牧、舍饲圈养的科技含量。推广普及牲畜舍饲圈养的先进适用技术，加快草原畜牧业生产方式转变；坚持以县（市、旗、团场）为单位确定禁牧和休牧的区域，以村为基本建设单元，集中连片，形成规模；坚持以生态效益为主，经济效益和社会效益相结合。统筹人与自然的和谐发展，实现草原植被恢复与产业开发、农牧民增收的有机统一，促进经济社会全面协调可持续发展。

退牧还草工程项目实行目标、任务、资金、粮食、责任五到省，由省级人民政府对工程负总责。各省区应将工程建设的目标、任务、责任分别落实到市、县、乡各级人民政府，建立地方各级政府责任制。县级农牧部门负责具体实施。

退牧还草工程年度建设任务下达后，由各省级农牧部门会同有关部门按照工程实施的原则，组织项目县（市、旗、团场）编制项目实施方案。实施方案应严格按照国家确定的目标、年度建设计划编制。

项目实施方案由省级农牧部门会同有关部门联合报送农业部。经农业部审核后，由省级人民政府批复。经核准批复的实施方案作为项目检查验收的依据。

禁牧、休牧、划区轮牧小区施工作业设计，应做到图、文、表齐全，科学合理。各项目建设任务应落实到村、到户，落实到每一块草场。对项目区应当进行实地测量，利用全球定位系统（GPS）对每个项目点登记四至经纬，并纳入数据库，由农业部及有关省区实施卫星遥感监控。

实施退牧还草工程应积极推行项目法人责任制（项目领导责任制）、招标投标制、工程监理制和合同制。对围栏材料必须实行公开招投标，工程监理应由具有草原工程监理资质的监理单位承担。草原改良所需草种应依照《政府采购法》采取集中采购或分散采购。

项目建设单位必须建立项目目标管理责任制。应由专人负责工程建设管理，严格执行农业部颁发的《禁牧休牧技术规程（试行）》等九个技术规程，把好工程质量关。

各级农牧部门应当依照《农业建设项目监督检查规定》，加强项目实施的监督管理，建立健全项目管理的责任制。农业部负责对项目实施的指导与监督管理，不定期地对项目进行检查。省级农牧部门要建立项目跟踪检查管理制度，按季度向农业部报送工作总结和工程进度，并于工程项目立项实施的次年1月15日前，向农业部报送本省级年度项目建设工作总结，同时抄报有关部委。

项目县（市、旗、团场）应与农牧户签订禁牧、休牧、划区轮牧合同书，明确责任、权利与义务，确定实施方式、起止时间和实施面积。

各级农牧部门应依照《建设工程文件归档整理规范》的规定，加强工程项目建设信息统计和资料管理工作。实施方案及其批复、项目建设阶段性总结、检查验收资料、资金审批和审计报告、工程监理报告、技术资料、统计数据、图片照片和录像资料及有关项目管理办法、工程质量标准等，应当及时归档保存，严格管理。

各省区应加强工程的科技保障，积极组织开展科技咨询指导工作。有条件的应成立专家组，加强对工程建设的技术论证、咨询、培训和指导，积极推广先进成熟的实用科技成果，提高科技含量。

工程项目建设资金应严格按照国债资金管理办法和批复的建设内容及年度投资计划使用。

各省区农牧部门要积极争取有关部门落实项目配套资金。

各级农牧部门应切实发挥指导监督作用，会同有关部门督促工程建设单位，加快建设进度，保证工程质量，尽快发挥工程项目投资效益。

各级农牧部门应加强对退牧还草工程任务完成情况、工程进度情况和工程质量情况的监督检查，发现问题，应要求项目单位及时整改。

工程项目建设完工后，项目建设单位要及时完成资金决算，做好验收准备工作。省级农牧部门要按照《西部地区天然草原退牧还草工程项目验收细则》的规定，及时组织项目竣工验收。农业部在省级验收的基础上，抽取一定比例的项目进行核验。对验收不合格的，要限期整改。

对没有不可抗拒的原因未按期完成任务，工程建设未达到国家有关技术标准要求，未经批准随意变更计划及建设内容，违反有关政策和规定，不发或少发退牧还草粮食补助，项目管理存在严重问题，弄虚作假、欺下瞒上、谎报工程建设情况的项目，停止安排退牧还草工程建设任务。按照有关规定予以处理。情节严重的，还应依据有关规定追究当事人、项目负责人、相关单位和有关领导的责任。

各级草原监理机构应依法加强对禁牧、休牧、划区轮牧的监督管理，加强对项目区内围栏等基础设施的管护，保护建设成果。

各省区要依据《草畜平衡管理办法》的规定，结合项目区实际情况，定期核查项目建设户草原载畜量，加强草畜平衡和划区轮牧的技术指导与管理，帮助牧民提高草原利用水平。

各级草原资源生态监测站（点）应加强对项目建设区的植被构成、生产能力、自然灾害、生物灾害等草原基本状况的动态监测，及时向农牧部门提供动态监测和预警信息。

工程项目验收后，各省区应加强对禁牧、休牧草场的管理，积极鼓励和支持采取划区轮牧、轮割轮采等方式科学利用草原，严禁超载过牧。

禁牧草原达到解禁标准后才能合理利用，并应提前做出解禁草原的利用方案。利用解禁后的草原和在非休牧期利用草原，应当严格按照核定的载畜量，控制放牧牲畜数量。

14.4.3 退牧还草陈化粮供应监管规定

根据国务院关于退牧还草和京津风沙源治理工程禁牧舍饲供应陈化粮用作饲料粮的有关政策规定，国家发展改革委、国家粮食局、国务院西部开发办、财政部、农业部、国家林业局、国家工商行政管理总局、中国农业发展银行八部门 2003 年 7 月 1 日联合下发了《退牧还草和禁牧舍饲陈化粮供应监管暂行办法》，对退牧、禁牧地区陈化粮供应工作做出了明确规定，主要是：

陈化粮供应实行省级人民政府负责制。地方政府负责陈化粮供应工作的组织协调和监管，负责制定陈化粮供应具体办法和监管措施，并报国家粮食局备案。

省级人民政府指定一名专门领导负责陈化粮供应工作，并由地方西部办、财政、农业、林业、粮食、工商和农发行等有关部门共同组成陈化粮供应监管领导小组（以下简称领导小组），落实责任，切实加强对陈化粮供应工作的监管力度。

陈化粮是指经全国清仓查库统一组织鉴定后确认的 2001 年 3 月底的库存陈化粮。待陈化粮销售处理完后，将另行制定饲料粮供应办法。

退牧还草饲料粮（指陈化粮）补助暂定标准：（一）蒙甘宁西部荒漠草原、内蒙古东部退化草原、新疆北部退化草原按全年禁牧每亩每年补助饲料粮 11 斤，季节性休牧按休牧 3 个月计算，每亩每年补助饲料粮 2.75 斤。（二）青藏高原东部江河源草原按全年禁牧每亩每年补助饲料粮 5.5 斤，季节性休牧按休牧 3 个月计算，每亩每年补助饲料粮 1.38 斤。（三）饲料粮补助期限为 5 年。

京津风沙源治理工程禁牧舍饲项目饲料粮（指陈化粮）补助标准：（一）内蒙古北部干旱草原沙化治理区及浑善达克沙地治理区每亩地每年补助饲料粮 11 斤。（二）内蒙古农牧交错带治理区、河北省农牧交错区治理区及燕山丘陵山地水源保护区每亩地每年补助饲料粮 5.4 斤。（三）饲料粮补助期限为 5 年。

退牧还草大户补助的陈化粮数量超过其实际需要的，或当地库存陈化粮不足的，可适当调换一部分口粮给退牧还草者，按照 1 斤陈化粮折 0.64 斤口粮兑付。具体兑付的数量、品种等由省级人民政府确定。口粮供应参照退耕还林粮食供应办法执行。

地方各级粮食行政管理部门根据省级人民政府确定的陈化粮供应管理办法，编制陈化粮供应计划和方案，负责补助陈化粮供应工作的具体组织实施，并委托国有粮食购销企业承担粮食的发放、兑付业务。

由省级人民政府根据当地粮食库存实际情况、牲畜养殖习惯以及农牧户的实际需要，确定陈化粮供应的品种和比例。

补助粮源原则上以地方现有商品库存中的陈化粮为主，必要时，也可用地方储备粮中的陈化粮。

各地农业（畜牧）部门要及时向同级粮食部门提供退牧还草任务分配情况和验收情况，以便粮食部门提前组织好粮源，及时兑付。

各地粮食部门根据县级农业（畜牧）部门提供的退牧还草验收证明，按照"组织到乡，兑付到户"的要求，及时向退牧还草者兑付陈化粮。第一年可分两次兑付，第二年起，可根据实际情况一次兑付或两次兑付。每次兑付的数量由省级人民政府确定。

承担供粮任务的企业，必须在供应给农牧民的陈化粮包装袋上注明"陈化粮"。必要时，也可进行加工处理后再供应，以防止供应的陈化粮被倒卖到口粮市场。加工的具体方案由省级人民政府确定。

承担供粮任务的企业，不准克扣或变相克扣补助粮供应数量，不准供应不符合饲料粮标准的陈化粮；不准倒卖陈化粮；不得回购供应的陈化粮。

各地政府要加强对农牧民的宣传工作，让农牧民了解国家有关政策，决不能将补助的陈化粮作为口粮出售。

陈化粮供应实行严格的计划管理。（一）省级粮食部门要认真核算本省年度陈化粮需求量，会同省级财政部门、农发行共同制定年度陈化粮粮源组织及供应方案，报国家粮食局、财政部和农发行批准后方可执行。（二）申请新一年陈化粮供应计划时，须同时上报上年度本省陈化粮供应计划执行情况。

各级粮食部门要按照国家粮食统计制度的有关规定，及时、准确、真实地反映陈化粮供应进度，加强对陈化粮供应情况的统计监督。陈化粮供应折成口粮兑现的，要在统计表中如实反映，具体办法另行规定。

陈化粮补助款按每斤 0.45 元计算，由中央财政承担。粮食调运费用由地方财政负担。价差亏损处理按《陈化粮处理若干规定》和国家有关政策执行。

各级政府要高度重视陈化粮供应工作，严肃供粮纪律，加强内部监督，健全管理制度。各地应设立监督举报箱，公布举报电话，进一步加大监督检查的力度。

各级粮食行政管理部门要加强对辖区内粮食企业的监督检查。对有下列行为之一的，要依法进行查处，并追究责任人；情节严重的，取消其退牧还草粮食供应资格：（一）未按国家有关规定定向供应陈化粮的；（二）回购补助陈化粮的；（三）克扣或变相克扣补助粮数量的；（四）擅自将补助粮折算成现金或代金券支付的；（五）其他没有按本办法规定履行职责的。

工商行政管理等部门要加强对陈化粮供应工作的监督检查。对倒卖陈化粮和擅自改变陈化粮用途的行为，按有关规定处理。

各地领导小组要对补助陈化粮较多的农牧户实施重点监管，严防陈化粮流入口粮市场。

各地粮食供应监督检查经费由地方政府承担。

14.5 加强草原鼠害防治

鼠害对草原生产能力、生态环境以及牧区经济发展和牧民生活都造成了巨大危害，需要采取更加积极有效的措施，加强草原鼠害防治工作。

14.5.1 我国草原鼠害现状

我国草原鼠害，不仅危害范围广，受害面积大，而且受害程度高。据农业部统计，全国草原鼠害发生面积已达6.93亿亩，占草原总面积的11.8%；其中严重发生面积4.08亿亩，占草原总面积的近7%。鼠害分布范围已遍及青海、甘肃、宁夏、新疆、西藏、四川、内蒙古等13个具有草原畜牧业的省区，尤以长江、黄河源头地区严重。如青海草原鼠害发生面积和严重发生面积占草原总面积的比重分别为25.4%和19.2%，宁夏为60%和36%，甘肃为30%和15%，西藏为26%和22%。在四川若尔盖草原，鼠害面积已占到全县可利用草原面积的81.9%。

危害草原的鼠类多达70余种，主要害鼠为鼢鼠、鼠兔、沙鼠、田鼠、黄鼠、跳鼠、小家鼠等10多种，其中以鼢鼠和鼠兔的分布最广、数量最多、危害也最为严重。鼠害的平均密度，按每公顷草原面积有效洞口数计算，在严重危害区域，鼢鼠类洞口数9个以上，沙鼠类160多个，田鼠类1100个，鼠兔类多达 1300 个。青海省草原重度以上危害面积占总危害面积的比重已超过了 12%，其中猖獗危害级面积占重度以上危害面积的 7%。黄河源头的玛多县，全县人口不过一万多人，而草原老鼠则多达上亿只，"鼠口"是人口的近万倍。川西北草原是我国五大牧区之一，四川省农科院近 10 年的调查表明，2 亿亩的川西北草原上现有鼠兔 20 亿只，平均每亩超过了 10 只。在黄河源区草原鼠害所形成的"黑土滩"上，每公顷面积鼠兔的平均洞口数为 4168 个，有效洞口数为 1167 个，鼠兔密度高达每公顷 374 只，鼠害程度已经相当严重。

14.5.2　草原鼠害造成的主要危害

草原鼠害所造成的危害是多方面的，不仅严重破坏了草原，影响牧区生产和牧民生活，而且直接危及国家的生态安全。

一是鼠害使草原退化，生产能力明显下降。据农业部估算，鼠害所造成的草原鲜草损失平均每公顷达 450 公斤，全国每年共损失鲜草 122.4 亿公斤。在宁夏，鼠害使天然草地质量下降 60%，每公顷鲜草损失 821 公斤，人工草地每公顷损失 328 公斤，全区每年损失牧草 6.21 亿公斤。在青海，鼠害使每公顷草原鲜草损失 525 公斤，20 世纪 90 年代末期与 80 年代相比，单位面积草原产草量下降了 10%～40%，局部地区下降达 50%～90%。甘肃每年因鼠害损失牧草 20 多亿公斤，平均每公顷损失 120～500 公斤。四川若尔盖草原，每亩可食牧草产量由 20 世纪 70 年代初的 700～800 公斤下降到现在的 320 公斤，严重退化的草原亩产牧草仅为 80 公斤。

二是鼠害影响牧区经济发展，使牧民增收困难。鼠害既破坏草原使草原产草能力下降，又与家畜争食优良牧草，从而使草原载畜量减少，给牧区和牧民造成了很大的经济损失。计算表明，全国每年因鲜草损失给牧区造成的直接经济损失高达 24.5 亿元。宁夏每年损失的牧草相当于 38 万只羊单位的饲草量，折合经济价值 1.14 亿元。甘肃每年损失的牧草相当于 130 万只羊单位的饲草量，折合经济价值 3.9 亿元。青海的海西、果洛等牧区，鼠害草场的牧业经济效益不断下降，菜牛、羊平均胴体重比 20 世纪 80 年代分别下降了 26% 和 24.3%，严重鼠害草场的产值平均每百亩已不足 50 元。川西北草原仅鼠兔造成的牧草损失每年就达 10 亿公斤以上，经济损失 2 亿多元。在一些严重危害地区，牧民已经丧失了生存环境，形成了"生态移民"。产草量下降还加剧了草畜矛盾，导致草原超载过牧，进一步加大了草原压力，影响草原生态平衡。

三是鼠害破坏草原生态环境，直接危及国家生态安全。鼠害对草原生态的破坏相当严重。多数害鼠终年打洞造穴，挖掘草根，推出地表土丘，覆盖植被，破坏草皮和地表土层，造成地面塌陷、水土流失、砾石裸露和沙化，严重的则形成寸草不生的次生裸地即"黑土滩"。据典型调查测算，高原鼠兔、酚鼠每挖推1个土丘（鼠坑），就会造成2000平方厘米左右的次生裸地，1只鼠每年可打洞并推出土丘15~20个，每年可破坏草原近4平方米。目前仅四川、青海、甘肃三省的草原次生裸地就达9900万亩，青海省草原次生裸地面积已占草原总面积的8.7%，甘肃省草原退化面积的37%由鼠害造成。鼠害已经成为草原生态的一大公害。鼠害对草原生态的破坏，还直接威胁到国家的生态安全。首先是江河源头区水涵养能力降低，仅青南的退化草地每年就少涵养水分3亿立方米，少拦截径流量4800万立方米。其次是江河输沙量增加，青南退化草地每年少拦截流沙4080万吨，每年向长江、黄河输送泥沙1亿多吨，宁夏鼠害草原形成的沙化和水土流失每年向黄河输入泥沙2亿吨。第三是对江河的补水量减少，草原破坏使甘肃补给黄河的水量减少了15%。第四是江河水源受到污染，害鼠粪便随流失的泥沙进入河流，将致病菌扩散，污染了水源。目前三江源地区草原鼠害面积已达32400平方公里，占三江源区总面积的10.34%，其中黄河源地区鼠害面积18452平方公里，长江源地区鼠害面积7452平方公里，澜沧江源地区鼠害面积6496平方公里，这种状况无疑给中下游地区造成了极大的隐患。

四是鼠害还传播疾病，影响牧民身体健康。多数害鼠携带病原体，不少病原体可使人致病，直接危害牧民健康。近些年，宁夏、甘肃、四川、内蒙古、陕西、黑龙江等地时有鼠间鼠疫和人间鼠疫发生，数起人病死亡，社会影响较大。

14.5.3 加强草原鼠害防治工作的措施

鉴于草原鼠害的严重程度和所造成的多方面危害，需要采取更加积极有效的措施，切实加强草原鼠害防治工作，提高草原鼠害防治工作水平。

一是提高对防治草原鼠害重要性的认识。草原鼠害防治，关系到生态环境建设，关系到西部大开发。应把草原鼠害防治作为西部大开发和生态环境建设的重要内容来抓，建立基本的工作责任制度和工作绩效制度，做到有人抓、经常抓、持续抓，有人干、经常干、持之以恒地干。要建立一支专业技术人员与群众防治相结合的固定防治队伍，发动广大科技人员和牧民积极投身防治工作。防治工作要与草原生态建设、牧区发展经济和牧民增加收入密切结合，以防治促发展，以发展保防治。

二是增加鼠害防治资金投入。资金短缺，是草原鼠害防治工作面临的一个基本问题。随着财力的不断增强，国家和各级地方政府都应增加草原保护建设的资金投入，形成资金投入适度增长的稳定机制，为草原鼠害防治提供保证。要科学使用投资，加强正在实施的"草原无鼠害示范区"工作。要建立鼠害防治资金的使用监督机制和项目验收机制，提高资金的使用效率和效果，国家的专项资金必须专款专用，有效使用，不能挪用，绝不能把专项防治资金变成基层机构的"人头费"。要通过政策引导和扶持，调动广大牧民和社会投资草原的积极性，吸引社会资金投入草原鼠害防治。

三是建立有效的草原鼠害防治技术体系。鼠害防治是一项技术性很强的工作，要从实际出发，充分发挥科技和群众的力量，形成生物防治技术、人工防治技术和药物防治技术有机结合的防治技术体系。生物防治技术具有不破坏生态环境和防治效果好的优点，应该成为草原鼠害防治技术体系的主体。在生物技术防治方面，各地已经有了很好的实践。甘肃省山丹县，科技人员发明了"招鹰墩"，招引老鹰防治鼠害，每个招鹰墩高 3.5～4 米，造价仅 200 元，每隔 500 米分布 1 个，全县已建成 1200 个，1 只成年鹰一天可捕鼠 20～30 只，1 个招鹰墩可有效控制 400 亩草原鼠害，建起招鹰墩后，原先鼠害严重的 60 万亩草原如今重现生机。青海省玛多县，采取鹰架招鹰灭鼠，目前已架设 8000 多根鹰架，鹰类在鹰架上的居住率已达 30% 以上，防鼠效果明显。各地要不断完善和推广这些行之有效的生物防治技术，发动科技人员和群众积极探索新的生物防治技术和方法。药物防治是草原鼠害防治的基本手段，要汲取过去使用剧毒药物破坏了草原生物链的教训，绝对禁止在草原上使用剧毒、高残留以及可能导致二次中毒的农药，杜绝药物技术对生态环境的破坏，提高药物防治技术的安全性。有条件的地方，也可发动群众人工灭鼠。青海省海北州的人工灭鼠就收到了显著成效。该州 2001 年制作了 2.8 万个弓箭，组织 1450 名农牧民在全州展开捕杀鼢鼠工作，一年捕捉地下鼠 49.2 万只，完成控制面积 157.8 万亩，挽回损失牧草 2679.4 万公斤，可饲养 1.8 万只绵羊，产生经济效益 268 万元，每只 2 元药用价值的鼢鼠骨架还使 1450 名农牧民受益 98.4 万元。各种技术有机结合和卓有成效的防治工作，使该州成为目前全国第一个无草原鼠害地区。

四是加强草原生态保护建设。要遵循自然生态规律,科学利用草原,严格对草原实行以草定畜、草畜平衡制度,不过牧,不超载。要禁止不合理的草原资源开发,尤其是要严禁对草原资源的掠夺性开发。推行冬夏草场分区轮牧、节制放牧、围栏禁牧、打草圈养、发展人工草场、人为养护草原、插播优良草种等措施,减轻草原压力,平衡草原生态系统,提高草原自身对鼠害的防治功能。要通过完善草原承包责任制,调动广大牧民利用草原、保护草原、建设草原的积极性,增强广大牧民爱护、保护和建设草原的责任心。

五是吸引社会力量投入草原鼠害防治工作。制定相应优惠政策和鼓励措施,吸引一些有志于从事草原生态建设事业的企业、团体或个人,共同参与草原鼠害治理,增加投资来源,扩大防治力量,推动全社会生态环境意识的提高。

14.6 实施围封转移战略

所谓"围封转移战略",是指以"围封禁牧、收缩转移、集约经营"为主要内容的草原建设思路。这种战略首由内蒙古锡林郭勒盟提出和实施,并收到了较好效果。

14.6.1 围封转移战略的规划布局和总体构想

锡林郭勒盟位于内蒙古自治区中部。锡林郭勒草原是内蒙古草原的主体部分,可利用草场面积18万平方公里,占全区可利用草场面积的26.5%。1999—2001年,锡林郭勒盟连续三年遭受了历史罕见的严重自然灾害,以旱灾为主、多灾并发,导致草原严重退化沙化,沙尘暴频繁发生,生态环境急剧恶化。经过深刻灾后反思,盟委、行署于2001年7月提出实施以"围封禁牧、收缩转移、集约经营"为主要内容的围封转移工程的思路,并开展了试点工作。11月,盟委、行署制定下发了《关于实施围封转移战略的决定》。2002年年初,锡林郭勒盟实施围封转移战略总体规划正式编制完成并付诸实施。依据总体规划,按照"四区、四带、十二基点"的布局,区别不同植被类型和建设重点,采取了不同的保护和治理措施。

"四区",即围封禁牧区、沙地治理区、休牧轮牧区和退耕还林还草区。围封禁牧区，主要是生态极度恶化的荒漠半荒漠草原地带。主要治理措施是有计划、分步骤地实行围封禁牧，将禁牧区的牧户以嘎查为单位整体搬迁到城镇周围及其他具备"五通"条件的地方发展舍饲养殖，或从事二、三产业。本区规划面积3557万亩，占全盟草场总面积的11.75；涉及5个旗县14个苏木镇的1.16万户、4.73万人，占全盟农牧业人口的9.4%。沙地治理区，主要是浑善达克沙地、乌珠穆沁沙地和其他小块沙地。主要治理措施是扩大围栏面积，实行季节性休牧；以户为单位建设高产饲草料地和棚圈设施，发展舍饲半舍饲养殖；失去基本生产生活条件的实行生态移民；采取封飞造等综合措施，对严重退化沙地草场和流动沙丘进行重点治理。本区规划面积5290万亩，占全盟草场总面积的17.4%；涉及8个旗市的27个苏木镇的1.15万户、4.53万人，占全盟农牧业人口的9.7%。休牧轮牧区，主要是生态条件相对较好的草甸草原和典型草原地带以及通过治理恢复较好的草场。主要治理措施是全面实行春季休牧，推行草场围栏化，加强棚圈、水利等基础设施建设，逐步实行划区轮牧。本区规划面积19599万亩，占全盟草场总面积的64.5%；涉及8个旗市的57个苏木镇的2.79万户、10.83万人，占全盟农牧业人口的21.4%。退耕还林还草区，主要是农区。主要治理措施是大力退耕还林还草，加快荒山荒坡造林绿化，搞好小流域综合治理，以扩大饲草料种植面积和发展农区畜牧业为主要内容，加快调整种养结构。规划面积1941万亩，占全盟草场总面积的6.4%；涉及6个旗县的24个乡镇的8.1万户、30.5万人，占全盟农牧业人口的60.2%。

"四带"，即建设"两横两纵"四条绿色生态屏障。第一横，沿浑善达克沙地南缘，西起西苏旗，东至多伦县，全长420公里；第二横，沿省道101线，西起西苏旗，穿越荒漠半荒漠草原地带，东至锡林浩特市，全长473公里；第一纵，沿国道207线，接省道101线，南起太仆寺旗，穿越农区、沙区和东北部草原，北至乌拉盖开发区，全长787公里；第二纵，沿国道208线和集二铁路，南起西苏旗，穿越荒漠半荒漠草原地带，北至二连浩特市，全长229公里。主要治理措施是，在浑善达克沙地南缘宽1~10公里、公路两侧各围封1000米，因地制宜建设草、灌、乔相结合的绿色防护带。

"十二基点"，即对十二个旗县市所在地的城区周围全面实行围封禁牧，建设草、灌、乔结合的城市生态防护体系。

规划确定了"九年三步"的总体目标。第一步，从2002年到2004年，3000万亩草场实行围封禁牧，2.5亿亩草场实行春季休牧，2000万亩草场实行划区轮牧，120万亩农田退耕还林还草；"四带""十二基点"绿色生态防护体系基本成型。累计治理面积达2亿亩以上，占全盟总面积的80%。项目区农牧民生产生活得到妥善安置，在恢复草原生态和转变生产经营方式上初步发挥示范引路作用。第二步，从2005年到2007年，在巩固第一步建设成果的基础上，全盟草场春季全部休牧，逐年扩大轮牧面积。基本遏制生态恶化趋势，农牧业集约化、产业化程度明显提高，初步实现"绿起来、富起来"，并为北京举办绿色奥运做出积极贡献。第三步，从2008年到2010年，巩固提高前六年的建设成果，基本实现草原生态、生产条件和人民生活明显改善，经济结构明显优化，对外开放水平明显提高，地区经济实力和竞争力明显增强的目标。

14.6.2 围封转移战略采取的主要措施

实施围封转移战略采取的主要措施包括：

第一，坚持把草原生态保护和建设放在经济工作的首位。按照"保护优先，加快建设，科学利用，依法管理"的方针，突出重点，集中连片，综合治理，精心组织实施沙源治理、生态移民、舍饲禁牧、退耕还林等生态建设工程。

（1）普遍推行休牧和轮牧。为保护牧草正常生长和繁殖，在牧草返青期（3月25日—4月5日，5月25日—6月5日）实行季节性休牧。在草原植被较好的地区推行划区轮牧。提前落实休牧范围和休牧时间，及时发布休牧公告，抓好饲草料的调剂调拨，加强技术培训，推行"设施具备、长草短喂、饲料粉碎、营养搭配"措施，做到"推广技术，培训到人"。

（2）实行禁牧和生态移民。在生态脆弱区和草原退化严重的地区实行围封禁牧，有计划、分步骤地将人畜迁移出来，使植被自然恢复。2004年禁牧面积1764.1万亩，比2002年扩大了1089.2万亩。多伦县、太仆寺旗和正蓝旗农区实行全境禁牧，面积1128万亩。2001年以来，不断加大生态移民、搬迁移民和扶贫移民力度，围封禁牧区和其他项目区共实施移民搬迁7236户32912人。坚持"先生产，后生活"的原则，搞好移民区规划、论证，切实做到水源可靠，具备"五通"，并与城镇的发展布局衔接靠拢。

（3）加强灌溉饲草料地建设。在土壤、水源条件适宜的地方种植青贮玉米，为牲畜冬春补饲和休牧、禁牧提供保证。2002—2004年，全盟青贮种植面积分别达到55.69万亩、67.31万亩和71.22万亩，产量分别达到8.6亿公斤、15.4亿公斤和18.3亿公斤。狠抓林网配套、整地、籽种调运调换、施肥、水电、机械、资金七落实，确保适时播种，全收全贮。

（4）大力推进沙源治理和退耕还林工程。坚持封、飞、造结合，草、灌、乔结合，生物措施、工程措施相结合，认真实施沙源治理工程。严格执行国家关于退耕还林还草的政策规定，明确任务，落实责任，保证了工程质量。2002—2004年，完成退耕还林90万亩，完成配套荒山造林89.5万亩。"四带"完成建设面积383.6万亩，占规划总面积的109.6％。"十二基点"完成建设面积208.7万亩，占规划建设面积的101％。

（5）全面实行草畜平衡制度。根据区域内草原在一定时期提供的饲草饲料量，确定牲畜饲养量，实行草畜平衡。2003年年初出台了《锡林郭勒盟草畜平衡实施细则（试行）》，广泛深入地宣传草畜平衡的方法、步骤和政策，与全部牧户签订了草畜平衡责任书。2004年又对《草畜平衡实施细则》进行了修改完善，进一步明确了政府、部门、牧民的责任、权利和义务。

第二，以结构调整为主线，大力推进农牧业生产经营方式转变。为实现改善生态环境和增加农牧民收入的双赢目标，着力转变传统的农牧业生产经营方式，推动农牧业向集约化、产业化、组织化方向迈进，巩固生态保护和建设的成果，增强畜牧业抵御自然风险和市场风险的能力。这方面主要采取了六项措施：

（1）狠抓农牧业基础设施建设。以"大雪不成灾、大旱不亏本"为目标，重点加强了灌溉饲草料地、棚圈、围栏、青贮窖等基础建设。

（2）实施家畜品种优化工程。根据草场特点和环境条件，压减土种牛羊和其他劣质畜种数量，大力发展奶牛、优质肉牛和小尾寒羊，加大地方良种肉羊的提纯复壮、多元杂交和黄牛冷配力度。

（3）改进饲养管理方式，提高经营水平。根据不同畜种的繁育特性，合理确定畜群内部基础母畜、后备母畜和种公畜比例，狠抓提前配种、分期接羔、早期断奶、母仔分群，大幅度提高接冬羔和早春羔数量，大搞舍饲半舍饲精养，发展肉羊快速育肥，加快畜群周转。

（4）大力推进产业化经营。以肉、乳、绒毛、蔬菜、饲草料为主导产业，着力培育龙头企业，扶持壮大肉类加工企业，发展优势农畜产品基地，基本形成奶牛、西门塔尔肉牛、乌珠穆沁肉羊、苏尼特肉羊、绿色蔬菜、饲草料种植等区域化布局。

（5）加强农牧民科技培训。围绕围封转移关键性问题和技术难点开展技术攻关，大力推广"三牧"、舍饲圈养、节水灌溉、饲草料种植、疾病监测和防治等方面的适用技术。通过集中办班、入户指导、现场观摩、外出学习、科技人员与农牧户结对子等形式，提高培训的针对性和实效性，使农牧民开眼界、学技术、换脑筋，提高实际操作能力。

（6）加大农村牧区人口的转移力度。制定了《关于加快农村牧区人口转移的若干措施》，在户籍、就业、子女入学、社会保障等方面对进城农牧民实行优惠政策。

第三，加强组织领导。一是成立了盟、旗两级实施围封转移战略领导小组，组建了常设办事机构和专门办事机构，形成了一级抓一级、层层抓落实的领导工作机制。在全国率先建立健全了盟、旗、苏木三级草原监理专业队伍，与嘎查级群众管护组织形成了专群结合的草原监理管护体系。二是加强项目和资金管理。实行领导责任制、项目合同制、项目监理制、项目招投标制、项目报账制和竣工验收制，按照严格执行专户、专人、专账和资金封闭运行的"三专一封闭"制度，加强监督检查，保证项目资金规范、安全、高效使用。三是狠抓基层领导班子和干部队伍建设。着眼于提高基层组织推进农牧业生产经营方式转变的素质和能力，对苏木乡和嘎查村的领导班子进行全面的整顿提高。引导基层干部解放思想、开阔视野，组织他们赴发达地区考察学习，选树各类典型，在全盟宣传推广。

14.6.3 围封转移战略取得的成效

实施围封转移战略以来，草原生态建设取得了令人鼓舞的成效。一是草原植被得到初步恢复。2002年以来，盟草原站、自治区草勘院利用卫星遥感、卫星定位系统、地理信息系统（简称3S系统）和地面人工测评办法监测，与非休牧区相比，禁牧、休牧区牧草高度、盖度、产量都有明显提高。二是基础设施得到加强。围栏草场面积增加，人工种草年生产能力提高，青贮玉米年生产能力稳定在15亿公斤以上，畜棚、畜圈总面积增加，人畜饮水设施、牧业机械化程度都得到有效加强。基础设施建设为春季休牧、禁牧舍饲、抗灾保畜奠定了基础，为引进良种、发展奶牛业创造了良好条件。三是农牧业生产经营方式转变效果明显。禁牧、休牧区以放牧为主的饲养方式正在向舍饲半舍饲转变；牲畜良改化程度明显提高，早接羔、早出栏、多出栏、快周转的饲养管理方式得到普遍推广。多数移民区形成了奶牛饲养、牛羊育肥、蔬菜苗木饲草料种植三种主导产业，实现了迁得出、稳得住，发展生产，安居乐业。四是畜牧业效益提升，农牧民收入恢复性增长。畜牧业出现数量适度压缩，质量稳步提高，效益明显提升的好势头，年末牲畜存栏一直在900万头只左右，但改良种畜、优质基础母畜比重提高，既减轻了对草场的压力，又提高了畜牧业的效益，增加了农牧民收入。

14.6.4 进一步实施好围封转移战略

目前，锡林郭勒草原的生态形势仍然十分严峻，保护和建设草原生态环境任重道远。总结几年来实施围封转移战略工作，以下几个方面还有待进一步完善和加强。一是尽管明确提出各类生态建设项目在布局和运作上要坚持突出重点、集中连片、综合治理，但由于草原退化沙化面积大，应该治理的区域跨度大，各类项目资金使用要求严格，在实际操作中难以捆绑使用、集中投入，发挥最佳效益。二是对一些生态严重恶化地区，恢复生态最好的办法是将人畜彻底搬出来，草场实行长期禁牧，但受资金短缺和牧民思想观念、生产技能等条件制约，实施起来困难很多。三是农牧业产业化、工业化、城镇化水平不高，对农牧民吸纳带动能力不强，农牧民转移出来之后的生产生活空间太小。

针对存在的问题，进一步实施好围封转移战略，要在继续实施好总体规划的同时，重点在以下三个方面力求突破。一是进一步集中整合围封转移项目布局。生态移民投入要进一步向城镇周边集中，基础设施建设投入进一步向具备"五通"条件的地方集中，沙源治理投入进一步向"几带"集中，各类生态项目要进一步向既有生态效益又有经济效益和社会效益的地方集中。对生态严重恶化地区牧民逐步搬迁转移，草场逐步彻底禁牧，政府不再搞水电路等基础建设，建设若干个"封闭性生态保护区"。将省际大通道和浑善达克沙地北缘带绿色生态屏障建设纳入围封转移总体规划，与原有的"四带"工程统筹规划，同步推进。二是进一步加大转移农牧民的力度。2005—2007年，全盟实施移民搬迁7.5万人。盟旗两级财政每年拿出不低于当年财政收入2%的资金，采取贷款贴息等形式，重点支持农牧民进城就业。今后每年从新上煤电和矿产开发项目贡献的财政收入中拿出更大比例的资金，用于扶持牧民转变生产经营方式和进城创业就业。三是加快推进产业化、工业化、城镇化，最大限度地带动农牧民增收。加大对农牧业产业化基地建设的投入力度，引导和支持农牧民调整结构，靠发展订单农牧业增加收入。加快发展工业经济，尽快壮大地方财政实力，增强各级政府支持生态建设和农牧业发展的投入能力，吸纳更多的农牧民进入企业就业。打破城乡体制性障碍，加快发展城镇经济、加强城镇公共基础设施建设，增强集聚辐射功能和对农村牧区经济社会发展的带动示范作用。

14.7 转变畜牧业增长方式

畜牧业增长方式是影响草原生态的一个重要因素。转变畜牧业增长方式，使畜牧业由传统的粗放型增长方式转变为集约型增长方式，是推进草原生态建设的有效途径和措施。在此方面，内蒙古乌兰察布市（原乌兰察布盟）进行了有益探索。

长期以来，我国牧区经济发展一直面临着增加牲畜数量与草原生态保护的矛盾。造成这一矛盾的直接原因是畜牧业生产经营方式落后，传统的大面积常年过量放牧方式，直接破坏了草原生态系统，导致了草原退化等生态问题。内蒙古乌兰察布市（原乌兰察布盟）从实际出发，转变畜牧业生产经营方式，变过去的粗放散养为禁牧舍饲圈养，不仅使畜产品产量大幅度增加，而且使草原生态状况得到了有效改善，走出了一条草原生态建设与畜牧业发展"双丰收"的路子。

乌兰察布市地处内蒙古自治区中部，是京津风沙的主要来源。全市11个旗县中，就有8个被列入京津风沙源治理工程项目区，是京津风沙源治理的重点地区，生态建设任务很重。为了改善生态环境，从1994年起，在国家投资不多的情况下，该市就开始了生态建设的艰苦探索。原盟委、行署做出了"进一退二还三"的决策，即每建1亩水旱高标准农田，退下2亩旱坡薄地，还林还草还牧。通过缩减耕地、调整结构和集约经营，恢复植被，改善生态，发展畜牧业，实现生态建设和畜牧业共同发展。2000年以来，随着国家西部大开发战略的实施，该市有关旗县先后被列入黄河中上游退耕还林（草）试点示范县、京津风沙源治理工程、天然林保护工程等项目区。在国家投资支持下，该市的生态建设和畜牧业发展步入了新阶段，取得了显著成绩。

为了跳出增加牲畜头数与草原生态保护矛盾的怪圈，实现畜牧业发展和草原生态建设的有机统一，该市从转变生产经营方式入手，把转变畜牧业增长方式作为草原生态建设和畜牧业发展的突破口，实行集约型的畜牧业生产经营方式。具体做法：

一是大力实施禁牧舍饲。在农区和半农半牧区每年4月1日至10月1日全面实行禁牧，牧区实行休牧和划区轮牧。同时将水土流失和风蚀沙化严重地区的人口全部迁移出来，对这些地区实行封育治理。

二是科学调整畜种结构。适应禁牧和休牧的要求，大力发展对野外放牧依赖性小、适宜舍饲圈养的牲畜品种，减少传统放牧品种。根据市场需求状况，将畜种结构调整的重点放在大力发展奶牛和寒羊上面。在促进奶牛业发展方面，采取群众集、企业借、银行贷、财政贴等多种办法，解决农牧民养奶牛的资金问题；建立奶牛养殖园区，在园区内配套建奶站、技术服务站、饲料加工厂等，为养殖户提供完善服务；建立奶牛风险基金，以农户自筹和旗县财政支助方式为养殖户投保，规避养殖风险。这些措施收到了明显效果，奶牛饲养量大幅度增加，一大批农牧民通过养奶牛富裕起来。在促进寒羊业发展方面，采取农户自筹1/3、金融部门贷款1/3、扶贫和财政资金补贴1/3的"三三制"方式，解决购种畜资金；建立科技特派员制度，为农牧民提供技术培训和指导服务；发展加工业和运销业，解决产品销路问题。目前，寒羊养殖已覆盖全市95%的干旱山丘地区和95%的贫困户，成为全市畜牧业的一个主导产业。

三是注重基础设施建设。加大牲畜圈棚、水源工程、饲草料机具、青贮窖等的建设力度，累计建设牲畜圈棚10万多间、水源工程1551处、青贮窖6万多处，购置牧草收割机、打捆机、粉碎机等机具4660台（套），建成种苗基地5285万亩，为舍饲圈养提供良好的配套设施。四是建立高产饲料基地。结合退耕还牧和结构调整，把一些耕地直接用于种植青贮玉米，为舍饲圈养提供充足的饲料。种植高产饲料的经济效益相当可观，1亩地种粮食收入最多也就500元，种青贮饲料每2亩可养1头奶牛，综合收入可达8000元，是种粮收入的8倍。

禁牧舍饲圈养，实现了畜牧业生产经营方式的根本转变，促进了草原生态建设，也促进了畜牧业发展，收到了草原生态恢复和养畜量增加的双重效果，实现了生态效益和经济效益的统一。从实际情况看，禁牧、休牧和轮牧后，草地的草密度和草种都明显增加，植被很快恢复。天然草场草盖度增加了20%~50%，草高度增加15厘米，产草量增加1~2倍。产草量的增加，推动了养畜量的增加和出栏率的提高，全市农业增加值中畜牧业所占比重已突破45%，农牧民收入中来源于畜牧业的部分超过50%，形成了畜牧业、草业、生态三位一体、良性互动发展的格局。

乌兰察布市的实践充分说明，通过转变畜牧业增长方式实现草原生态状况的根本好转和草原生态系统的良性循环，实现畜牧业发展和草业生态建设的有机统一和良性互动，是完全可行的，也是非常有效的。这条路子符合科学发展观的要求，适合牧区发展的实际，是广大牧区实现经济和生态共同发展的好路子，是实现农业可持续发展的好路子。

本章参考文献：

［1］《农业部关于进一步加强退牧还草工程实施管理的意见》，《农民日报》，2005年4月25日。
［2］《我国已实施退牧还草2.9亿亩》，《农民日报》，2005年8月24日。
［3］《退牧还草如何平衡生态》，《人民日报》，2003年3月26日。
［4］中华人民共和国草原法。
［5］农业部：草畜平衡管理办法。
［6］国家发展改革委、国家粮食局、国务院西部开发办、财政部、农业部、国家林业局、国家工商行政管理总局、中国农业发展银行：退牧还草和禁牧舍饲陈化粮供应监管暂行办法。

第 15 章　水土保持建设与农业可持续发展

对土地的严格依赖性是农业生产的根本特征。农业生产活动对土地的依赖性，不只像工业和服务业那样只是把土地作为空间支点，除了地理位置和空间支点外，更需要土地的内在质量即土壤肥力。水土保持就是与土地质量和土壤肥力密切相关的活动。因此，实现农业可持续发展，必须重视水土保持与建设。

15.1　水土流失对农业可持续发展的影响

水土保持和建设的对象是水土流失，即要防止和防治水土流失。水土流失是影响生态环境的一个重要因素，也是影响农业可持续发展的一个重要因素。

水土流失对农业可持续发展的影响，主要从以下几个方面表现出来：第一，水土流失可以使土壤肥力下降；第二，水土流失可以使耕地面积减少；第三，水土流失可以使水库淤积和河床升高；第四，水土流失可以使植被减少；第五，水土流失可以使水源受到污染。由清澈变为浑浊。

我国是世界上水土流失最为严重的国家之一，由于特殊的自然地理和社会经济条件，使水土流失成为主要的环境问题。我国的水土流失具有以下特点：一是分布范围广、面积大。我国水土流失面积356万平方公里，占国土面积37%，其中水力侵蚀面积165万平方公里，风力侵蚀面积191万平方公里，在水蚀和风蚀面积中，水蚀风蚀交错区面积26万平方公里。二是侵蚀形式多样，类型复杂。水力侵蚀、风力侵蚀、冻融侵蚀及滑坡、泥石流等重力侵蚀特点各异，相互交错，成因复杂。西北黄土高原区、东北黑土漫岗区、南方红壤丘陵区、北方土石山区、南方石质山区以水力侵蚀为主，伴随有大量的重力侵蚀；青藏高原以冻融侵蚀为主；西部干旱地区风沙区和草原区风蚀非常严重；西北半干旱农牧交错带则是风蚀水蚀共同作用区。三是土壤流失严重。据统计，我国每年流失的土壤总量达50亿吨。长江流域年土壤流失总量24亿吨，其中上游地区达15.6亿吨；黄河流域黄土高原区每年进入黄河的泥沙多达16亿吨。

据《2004年青海省环境状况公报》，截至2004年年底，全省水土流失总面积达35.43万平方公里，占土地总面积的49.07%。除裸岩、冰川、雪山、戈壁、沙漠等难治理地类外，现有宜治理水土流失面积15.24万平方公里，占全省水土流失总面积的43.01%。主要水土流失类型有水力侵蚀、风力侵蚀和冻融侵蚀。其中水力侵蚀5.28万平方公里、风力侵蚀15.07万平方公里、冻融侵蚀15.08万平方公里，分别占水土流失总面积的14.9%、42.5%和42.6%。严重的水土流失造成土壤肥力下降，农作物产量降低，人地矛盾突出。据调查，青海省坡耕地平均每年每平方公里流失表土4500吨，水土流失致使坝库、河道、渠道泥沙淤积严重，全省每年因泥沙淤积损失库容200万～300万立方米，年平均输入河道泥沙11495万吨，其中黄河流域年均输沙量8814万吨，长江流域年均输沙量1232万吨。

据水利部发布的《2004年中国水土保持公报》，2004年全国土壤侵蚀量达16.22亿吨，相当于从12.5万平方公里的土地上流失掉1厘米厚的表层土壤。其中我国南水北调中线工程水源区、东北黑土区、青海三江源头区和长江上游这四大区域水土流失状况非常严重，亟须加快防治步伐。从对全国11条主要江河流域监测结果看，水土流失分布范围广，全国绝大多数省区市都存在不同程度的水土流失问题；水土流失主要来源于坡耕地；开发建设活动破坏地貌和植被，产生大量弃土弃渣，造成水土流失。公报显示，2004年，南水北调中线工程水源区丹江口水库上游流域水土流失面积3.95万平方公里，占水源区土地总面积的41.5%。东北黑土区水土流失总面积27.59万平方公里，占总土地面积的26.8%，不仅有水力侵蚀，也有风力侵蚀，还有冻融侵蚀。青海三江源头区共有水土流失面积9.50万平方公里，占土地总面积的31.1%。

严重的水土流失，给经济社会发展和人民群众的生产、生活带来多方面的危害。一是耕地减少，土地退化严重。近50年来，我国因水土流失毁掉的耕地达4000多万亩，平均每年100万亩以上。因水土流失造成退化、沙化、碱化草地约100万平方公里，占草原总面积的50%。进入20世纪90年代，沙化土地每年扩展2460平方公里。二是泥沙淤积，加剧洪涝灾害。由于大量泥沙下泄，淤积江、河、湖、库，降低了水利设施调蓄功能和天然河道泄洪能力，加剧了下游的洪涝灾害。黄河年均约4亿吨泥沙淤积在下游河床，使河床每年抬高8～10厘米，形成著名的"地上悬河"，增加了防洪的难度。1998年长江发生全流域性特大洪水的原因之一就是中上游地区水土流失严重、生态环境恶化，加速了暴雨径流的汇集过程。三是影响水资源的有效利用，加剧了干旱的发展。黄河流域3/5~3/4的雨水资源消耗于水土流失和无效蒸发。为了减轻泥沙淤积造成的库容损失，部分黄河干支流水库不得不采用蓄清排浑的方式运行，使大量宝贵的水资源随着泥沙下泄，黄河下游每年需用200亿左右立方米的水冲沙入海，降低河床。四是生态恶化，增加了贫困地区群众脱贫的难度。植被破坏，造成水源涵养能力减弱，土壤大量"石化""沙化"，沙尘暴加剧。同时由于土层变薄，地力下降，群众贫困程度加深。我国90%以上的贫困人口生活在水土流失严重地区。

除了特殊的自然地理、气候条件外，从目前情况看，人为因素也是加剧水土流失的主要原因：一是过伐、过垦、过牧；二是开发建设时忽视保护；三是水资源不合理开发利用，导致生态环境恶化。

15.2 我国水土保持的目标和任务

我国既是世界上水土流失严重的国家之一，又是世界上开展水土保持具有悠久历史并积累了丰富经验的国家。

从20世纪初开始，我国就进行了对水土流失规律的初步探索，为开展典型治理提供了依据。新中国成立后，我国政府十分重视水土保持工作，在长期实践的基础上，总结出了以小流域为单元、全面规划、综合治理的经验。1991年全国人大颁布了《中华人民共和国水土保持法》，使水土保持步入了依法防治的轨道。1998—2000年国务院先后批准实施了《全国生态环境建设规划》《全国生态环境保护纲要》，对21世纪初期的水土保持生态建设做出了全面部署，并将水土保持生态建设作为实施可持续发展战略和西部大开发战略的重要组成部分。20世纪90年代末以来，我国实行积极的财政政策，利用国债资金开展了大规模的生态建设，在长江上游、黄河中游以及环北京等水土流失严重地区，实施了水土保持重点建设工程、退耕还林工程、防沙治沙工程等一系列重大生态建设工程。同时，注重安排生态用水，在塔里木河及黑河流域下游和扎龙湿地成功地实施了调水，对于改善生态环境，恢复沙漠绿洲，遏制沙漠化起到了积极的作用。

通过50多年长期不懈的努力，我国的水土保持取得了显著成效。全国累计治理水土流失面积86万平方公里，其中修建基本农田1300万公顷，营造水土保持林4300万公顷，经济林和果树林470万公顷，种草430万公顷，建成数百万座小型水利水保工程。黄河中游地区经过多年的连续治理,每年减少入黄河泥沙 3 亿吨。通过水土保持措施累计保土 426 亿吨,增产粮食 24923 亿公斤,基本解决了水土流失治理区群众的温饱问题,生态效益、经济效益和社会效益都十分显著。

我国水土保持经过半个多世纪的发展,走出了一条具有中国特色综合防治水土流失的路子。其主要做法:

一是预防为主,依法防治水土流失。通过贯彻执行《水土保持法》,建立健全了水土保持配套法规体系和监督执法体系;规定了"预防为主"的方针,加强执法监督,禁止陡坡开荒,加强对开发建设项目的水土保持管理,控制人为水土流失。

二是以小流域为单元,科学规划,综合治理。水土保持始终坚持制定科学的水土保持规划,以小流域为单元,根据水土流失规律和当地实际,实行山、水、田、林、路综合治理,对工程措施、生物措施和农业技术措施进行优化配置,因害设防,形成水土流失综合防治体系。

三是治理与开发利用相结合,实现三大效益的统一。在治理过程中,把治理水土流失和开发利用水土资源紧密结合起来,突出生态效益,注重经济效益,兼顾社会效益,实现三大效益的统一,使群众在治理水土流失、保护生态环境的同时,取得明显的经济效益,进而激发其治理水土流失的积极性。

四是优化配置水资源,合理安排生态用水,处理好生产、生活和生态用水关系。同时,在水土保持和生态建设中,充分考虑水资源的承载能力,因地制宜,因水制宜,适地适树,宜林则林,宜灌则灌,宜草则草。

五是依靠科技,提高治理的水平和效益。水土保持十分重视理论与实践、科技与生产相结合,充分发挥科学技术的先导作用。加强国际合作与交流,积极引进国外先进技术、先进理念、先进管理模式和先进管理经验,注重科技成果的转化,大力研究推广各种实用技术,采取示范、培训等多种形式对农民群众进行科普教育,增强农民的科学治理意识和能力,从而提高治理的质量和效益。

六是建立政府行为和市场经济相结合的运行机制。通过制定优惠政策,实行租赁、承包、股份合作、拍卖"四荒"使用权等多种形式,调动社会各界的积极性,建立多元化、多渠道、多层次的水土保持投入机制,形成全社会广泛参与治理水土流失的局面。

七是广泛宣传,提高全民的水土保持意识。采取政府组织、舆论引导、教育介入等多种形式,广泛、深入、持久地开展《中华人民共和国水土保持法》等有关法律法规和水土流失危害性的宣传,提高全民的水土保持意识。

目前,我国水土保持仍然面临着严峻的挑战。一是水土流失防治任务十分艰巨,全国有近200万平方公里水土流失面积需要治理。二是从水土流失发展趋势看,水土流失严重、生态环境恶化的局面尚未得到根本遏制,现代化、城市化、西部大开发以及人口的增长将对生态环境构成很大的压力。三是一些地区由于水土流失,导致土地退化或沙化,土地资源更为短缺,人地矛盾十分突出。防治水土流失、保护水土资源、改善生态环境,仍然是一项十分重要而紧迫的任务。

根据水利部的规划,水土保持生态建设是我国21世纪经济和社会发展的一项重要的基础工程。我国水土保持的目标和任务是:

近期目标与任务:从2000—2010年,每年综合治理水土流失面积5万平方公里,到2010年新增治理水土流失面积55万平方公里,七大流域特别是长江、黄河中上游水土流失严重地区的重点治理工程初见成效,森林覆盖率达17%,大江大河减少泥沙10%(南方)至20%(北方),在全国水土流失区基本建立水土保持预防监督体系和水土流失监测网络,水土保持法律法规进一步完善,基本遏制水土流失和生态环境恶化的趋势。

中期目标与任务:从2011—2030年,使全国60%以上适宜治理的水土流失地区都得到不同程度的治理,重点治理区生态环境开始走上良性循环轨道,森林覆盖率达20%以上,大江大河减沙20%(南方)至30%(北方),全国建立起健全的水土保持预防监督体系和动态监测网络,形成完善的水土保持法律法规体系,全面制止各种人为造成的新的水土流失。

远期目标与任务:从2031—2050年,全国建立起适应经济社会可持续发展的良性生态系统,适宜治理的水土流失区基本得到整治,水土流失和沙漠化基本得到控制,坡耕地基本实现梯田化,宜林地全部绿化,"三化"草地得到恢复,全国生态环境明显改观,人为水土流失得到根治,大部分地区基本实现山川秀美。

15.3 加强水土保持工作的对策措施

为实现上述水土保持的战略目标和任务,必须采取一系列有效的对策措施。

15.3.1 严格执行水土保持的法律法规

我国已经形成了较为完善的水土保持法律法规体系。这些法律法规，为做好水土保持工作提供了重要依据。

1. 《水土保持法》关于水土保持的规定

《水土保持法》是我国开展水土保持工作的基本法律，其对水土保持的规定主要是：

水土保持是指对自然因素和人为活动造成水土流失所采取的预防和治理措施。一切单位和个人都有保护水土资源、防治水土流失的义务，并有权对破坏土地资源、造成水土流失的单位和个人进行检举。

国家对水土保持工作实行预防为主，全面规划，综合防治，因地制宜，加强管理，注重效益的方针。

国务院和地方人民政府应当将水土保持工作列为重要职责，采取措施做好水土流失防治工作。

国务院水行政主管部门主管全国的水土保持工作。县级以上地方人民政府水行政主管部门，主管本辖区的水土保持工作。

国务院和县级以上地方人民政府的水行政主管部门，应当在调查评价水土资源的基础上，会同有关部门编制水土保持规划。水土保持规划须经同级人民政府批准。县级以上地方人民政府批准的水土保持规划，须报上一级人民政府水行政主管部门备案。水土保持规划的修改，须经原批准机关批准。

县级以上人民政府应当将水土保持规划确定的任务，纳入国民经济和社会发展计划，安排专项资金，并组织实施。县级以上人民政府应当依据水土流失的具体情况，划定水土流失重点防治区，进行重点防治。

从事可能引起水土流失的生产建设活动的单位和个人，必须采取措施保护水土资源，并负责治理因生产建设活动造成的水土流失。

各级人民政府应当加强水土保持的宣传教育工作，普及水土保持科学知识。

国家鼓励开展水土保持科学技术研究，提高水土保持科学技术水平，推广水土保持的先进技术，有计划地培养水土保持的科学技术人才。

各级人民政府应当组织全民植树造林，鼓励种草，扩大森林覆盖面积，增加植被。应当根据当地情况，组织农业集体经济组织和国营农、林、牧场，种植薪炭林和饲草、绿肥植物。有计划地进行封山育林育草、轮封轮牧、防风固沙、保护植被。禁示毁林开荒、烧山开荒和在陡坡地、干旱地区铲草皮、挖树兜。

禁止在 25 度以上陡坡地开垦种植农作物。省、自治区、直辖市人民政府可以根据本辖区的实际情况，规定小于 25 度的禁止开垦坡度。禁止开垦的陡坡地的具体范围由当地县级人民政府划定并公告。已在禁示开垦的陡坡地上开垦种植农作物的，应当在建设基本农田的基础上，根据实际情况，逐步退耕、植树种草，恢复植被，或者修建梯田。

开垦禁止开垦坡度以下、5 度以上的荒坡地，必须经县级人民政府行政主管部门批准，开垦国有荒坡地，经县级人民政府水行政主管部门批准后，方可向县级以上人民政府申请办理土地开垦手续。

采伐林木必须因地制宜地采用合理采伐方式，严格控制皆伐，对采伐区和集材道采取防止水土流失的措施，并在采伐后及时完成更新造林任务，对水源涵养林、水土保持林、防风固沙林等防护林只准进行抚育和更新性质的采伐。在林区采伐林木的，采伐方案中必须有按照前款规定制定的采伐区水土保持措施。采伐方案经林业行政主管部门批准后，采伐区水土保持措施由水行政主管部门和林业行政主管部门监督实施。

在 5 度以上坡地上整地造林，抚育幼林，垦复油茶、油桐等经济林木，必须采取水土保持措施，防止水土流失。

修建铁路、公路和水工程，应当尽量减少破坏植被，废弃的砂、石、土必须运至规定的专门存放地堆放，不得向江河、湖泊、水库和专门存放地以外的沟渠倾倒；在铁路、公路两侧地界以内的山坡地，必须修建护坡或者采取其他土地整治措施；工程竣工后，取土场、开挖面和废弃的砂、石、土存放地的裸露土地，必须植树种草，防止水土流失。

开办矿山企业、电力企业和其他大中型工业企业，排弃的剥离表土、矸石、尾矿、废渣等必须存放在规定的专门存放地，不得向江河、湖泊、水库和专门存放地以外的沟渠倾倒；因采矿和建设使植被受到破坏的，必须采取措施恢复表土层和植被，防止水土流失。

在山区、丘陵区、风沙区修建铁路、公路、水工程，开办矿山企业、电力企业和其他大中型工业企业，在建设项目环境影响报告书中，必须有水行政主管部门同意的水土保持方案。

在山区、丘陵区、风沙区依照矿产资源法的规定开办乡镇集体矿山企业和个体申请采矿，必须持有县级以上地方人民政府水行政主管部门同意的水土保持方案，方可申请办理采矿批准手续。

建设项目中的水土保持设施，必须与主体工程同时设计、同时施工、同时投产使用。建设工程竣工验收时，应当同时验收水土保持设施，并有水行政主管部门参加。

各级地方人民政府应当采取措施，加强对采矿、取土、挖砂、采石等生产活动的管理，防止水土流失。在崩塌滑坡危险区和泥石流易发区禁止取土、挖砂、采石。崩塌滑坡危险区和泥石流易发区的范围，由县级以上地方人民政府划定并公告。

县级以上人民政府应当根据水土保持规划，组织有关行政主管部门和单位有计划地对水土流失进行治理。

在水力侵蚀地区，应当以天然沟壑及其两侧山坡地形成的小流域为单元，实行全面规划，综合治理，建立水土流失综合防治体系。在风力侵蚀地区，应当采取开发水源、引水拉沙、植树种草、设置人工沙障和网格林带等措施，建立防风固沙防护体系，控制风沙危害。

国家鼓励水土流失地区的农业集体经济组织和农民对水土流失进行治理，并在资金、能源、粮食、税收等方面实行扶持政策。

各级地方人民政府应当组织农业集体经济组织和农民，有计划地对禁止开垦坡度以下、五度以上的耕地进行治理，根据不同情况，采取整治排水系统、修建梯田、蓄水保土耕作等水土保持措施。

水土流失地区的集体所有的土地承包给个人使用的，应当将治理水土流失的责任列入承包合同。

荒山、荒沟、荒丘、荒滩可以由农业集体经济组织、农民个人或者联户承包水土流失的治理。对荒山、荒沟、荒丘、荒滩水土流失的治理实行承包的，应当按照谁承包治理谁受益的原则，签订水土保持承包治理合同。承包治理所种植的林木及其果实，归承包者所有，因承包治理而新增加的土地，由承包者使用。

国家保护承包治理合同当事人的合法权益。在承包治理合同有效期内，承包人死亡时，继承人可以依照承包治理合同的约定继续承包。

企业事业单位在建设和生产过程中必须采取水土保持措施，对造成的水土流失负责治理。本单位无力治理的，由水行政主管部门治理，治理费用由造成水土流失的企业事业单位负担。建设过程中发生水土流失防治费用，从基本建设投资中列支；生产过程中发生的水土流失防治费用，从生产费用中列支。

在水土流失地区建设的水土保持设施和种植的林草，由县级以上人民政府组织有关部门检查验收。对水土保持设施、试验场地、种植的林草和其他治理成果，应加强管理和保护。

国务院水行政主管部门建立水土保持监测网络，对全国水土流失动态进行监测预报，并予以公告。县级以上地方人民政府水行政主管部门的水土保持监督人员，有权对本辖区的水土流失及其防治情况进行现场检查。被检查单位和个人必须如实报告情况，提供必要的工作条件。地区之间发生的水土流失防治的纠纷，应当协商解决；协商不成的，由上一级人民政府处理。

违反规定，在禁止开垦的陡坡地开垦种植农作物的，由县级人民政府水行政主管部门责令停止开垦、采取补救措施，可以处以罚款。

企业事业单位、农业集体经济组织未经县级人民政府水行政主管部门批准，擅自开垦禁止开垦坡度以下、5度以上的荒坡地的，由县级人民政府水行政主管部门责令停止开垦、采取补救措施，可以处以罚款。

在县级以上地方人民政府划定的崩塌滑坡危险区、泥石流易发区范围内取土、挖砂或者采石的，由县级以上地方人民政府水行政主管部门责令停止上述违法行为、采取补救措施，处以罚款。

在林区采伐林木，不采取水土保持措施，造成严重水土流失的，由水行政主管部门报请县级以上人民政府决定责令限期改正、采取补救措施，处以罚款。

企业事业单位在建设过程和生产过程中造成水土流失，不进行治理的，可以根据所造成的危害后果处以罚款，或者责令停业治理；对有关责任人员由其所在单位或者上级主管机关给予行政处分。

罚款由县级人民政府水行政主管部门报请县级人民政府决定。责令停业治理由市、县人民政府决定；中央或者省级人民政府直接管辖的企业事业单位的停业治理，须报请国务院或者省级人民政府批准。

个体采矿造成水土流失，不进行治理的，按规定处罚。

以暴力、威胁方法阻碍水土保持监督人员依法执行职务的，依法追究刑事责任；拒绝、阻碍水土保持监督人员执行职务未使用暴力、威胁方法的，由公安机关依照治安管理处罚条例的规定处罚。

造成水土流失危害的，有责任排除危害，并对直接受到损害的单位和个人赔偿损失。赔偿责任和赔偿金额的纠纷,可以根据当事人的请求,由水行政主管部门处理;当事人对处理决定不服的,可以向人民法院起诉。当事人也可以向人民法院起诉。由于不可抗拒的自然灾害,并经及时采取合理措施,仍然不能避免造成水土流失危害的,免予承担责任。

2. 《〈水土保持法〉实施条例》对水土保持的规定

《〈水土保持法〉实施条例》对《水土保持法》的条款做出了进一步细化,主要内容是:

一切单位和个人有权对有下列破坏水土资源、造成水土流失的行为之一的单位和个人,向县级以上人民政府水行政主管部门或者其他有关部门进行检举:(一)违法毁林或者毁草场开荒,破坏植被的;(二)违法开垦荒坡地方的;(三)向江河、湖泊、水库和专门存放地以外的沟渠倾倒废弃砂、石、土或者尾矿废渣的;(四)破坏水土保持设施的;(五)有破坏水土资源、造成水土流失的其他行为的。

水土流失防治区的地方人民政府应当实行水土流失防治目标责任制。

县级以上人民政府应当将批准的水土保持规划确定的任务,纳入国民经济和社会发展计划,安排专项资金,组织实施,并可以按照有关规定,安排水土流失地区的部分扶贫资金、以工代赈资金和农业开展基金等资金,用于水土保持。

水土流失重点防治区按国家、省、县三级划分,具体范围由县级以上人民政府水行政主管部门提出,报同级人民政府批准并公告。

水土流失严重的省、自治区、直辖市,可以根据需要,设置水土保持中等专业学校或者在有关院校开设水土保持专业。中小学的有关课程,应当包含水土保持方面的内容。

山区、丘陵区、风沙区的地方人民政府,对从事挖药材、养柞蚕、烧木炭、烧砖瓦等副业生间的单位和个人,必须根据水土保持的要求,加强管理,采取水土保持措施,防止水土保持和生态环境恶化。

在水土流失严重、草场少的地区,地方人民政府及其有关主管部门应当采取措施,推行舍饲,改变野外放牧习惯。

地方人民政府及其有关主管部门应当因地制宜,组织营造薪炭林,发展小水电、风力发电,发展沼气,利用太阳能,推广节能灶。

《水土保持法》施行前已在禁止开垦的陡坡地上开垦种植农作物的,应当在平地或者缓坡地建设基本农田，提高单位面积产量，将已开垦的陡坡耕地逐步退耕，植树种草；退耕确有困难的，由县级人民政府限期修成梯田，或者采取其他水土保持措施。

依法申请开垦荒坡地的，必须同时提出防止水土流失的措施，报县级人民政府水行政主管部门或者其所属的水土保持监督管理机构批准。

在林区采伐林木的，采伐方案中必须有采伐区水土保持措施。林业行政主管部门批准采伐方案后，应当将采伐方案抄送水行政主管部门，共同监督实施采伐区水土保持措施。

在山区、丘陵区、风沙区修建铁路、公路、水工程，开办矿山企业、电力企业和其他大中型工业企业，其环境影响报告书中的水土保持方案，必须先经水行政主管部门审查同意。在山区、丘陵区、风沙区依法开办已乡镇集体矿山企业和个体申请采矿，必须填写"水土保持方案报告表"，经县级以上人民政府水行政主管部门批准后，方可申请办理采矿批准手续。建设工程中的水土保持设施竣工验收，应当有水行政主管部门参加并签署意见。水土保持设施经验收不合格的，建设工程不得投产使用。

《水土保持法》施行前已建或者在建并造成水土流失的生产建设项目，生产建设单位必须向县级以上地方人民政府水行政主管部门提出水土流失防治措施。

县级以上地方人民政府应当组织国有农场、林场、牧场和农业集体经济组织及农民，在禁止开垦坡度以下的坡耕地，按照水土保持规划，修筑水平梯田和蓄水保土工程，整治排水系统，治理水土流失。

水土流失地区的集体所有的土地承包给个人使用的，应当将治理水土流失的责任列入承包合同，当地乡、民族乡、镇的人民政府和农业集体经济组织应当监督承包合同的履行。

荒山、荒沟、荒丘、荒滩的水土流失，可以由农业个人、联户或者专业队承包治理，也可以由企业事业单位或者个人投资劳入股治理。实行承包治理的，发包方和承包应当签订承包治理合同。在承包期间，承包方经发包方同意，可以将承包治理合同转让给第三者。

企业事业单位在建设和生产过程中造成水土流失的，应当负责治理。因技术等原因无力自行治理的，可以交纳防治费，由水行政主管部门组织治理，防治费的收取标准和使用管理办法由省级以上人民政府财政部门、主管物价的部门会同水行政主管部门制定。

对水行政主管部门投资营造的水土保持林、水源涵养林和防风固沙林进行抚育和更新性质的采伐时，所提取的育林基金应当用于营造水土保持林、水源涵养林和防风固沙林。

建成的水土保持设施和种植的林草，应当按照国家技术标准进行检查验收；验收合格物，应当建立档案，设立标志，落实管护责任制。

任何单位和个人不得破坏或者侵占水土保持设施。企业事业单位在建设和生产过程中损坏水土保持设施的，应当给予补偿。

国务院水行政主管部门和省、自治区、直辖市人民政府水行政主管部门应当定期分别分行水土保持监测情况。公告应当包括下列事项：（一）水土流失的面积、分布状况和流失程度；（二）水土流失造成的危害及其发展趋势；（三）水土流失防治情况及其效益。

有水土流失防治任务的企业事业单位，应当定期向县级以上地方人民政府水行政主管部门通报本单位水土流失防治工作的情况。

县级以上地方人民政府水行政主管部门及其所属的水土保持监督管理机构，应当对《水土保持法》和本条例的执行情况实施监督检查。水土保持监督人员依法执行公务时，应当持有县级以上人民政府颁发的水土保持监督检查证件。

依照《水土保持法》第三十二条的规定处以罚款的，罚款幅度为非法开垦的陡坡地每平方米1~2元。依照《水土保持法》第三十三条的规定处以罚款的，罚款幅度为擅自开垦的荒坡地每平方米0.5~1元。依照《水土保持法》第三十四条的规定处以罚款的，罚款幅度为500以上、5000元以下。依照《水土保持法》第三十五条的规定处以罚款的，罚款幅度为造成的水土流失面积每平方米2~5元。依照《水土保持法》第三十六条的规定处以罚款的，罚款幅度为1000元以上、1万元以下。

破坏水土保持设施，尚不够刑事处罚的，由公安机关依照《中华人民共和国治安管理处罚条例》的有关规定予以处罚。

依照《水土保持》第三十九条第二款的规定，请求水行政主管部门处理赔偿责任和赔偿金额纠纷的，应当提出申请报告。申请报告应当包括下列事项：（一）当事人的基本情况；（二）受到水土流失危害的时间、地点、范围；（三）损失清单；（四）证据。

由于发生不可抗拒的自然灾害而造成水土流失时，有关单位和个人应当向水行政主管部门报告不可抗拒的自然灾害的种类、程度、时间、和已采取的措施等情况，经水行政主管部门查实并做出"不能避免造成水土流失危害"认定的，免予承担责任。

3. 水土保持重点工程农民投劳管理暂行规定

水利部于2004年12月颁布了《水土保持重点工程农民投劳管理暂行规定》，对水土保持重点工程的农民投劳做出了具体规定，主要是：

水利部负责国家水土保持重点工程农民投劳（以下简称"投劳"）的监督管理；地方各级水利水土保持部门负责本辖区投劳的监督管理工作；乡级人民政府负责投劳的组织协调工作；村民委员会负责投劳的具体组织实施工作。

投劳纳入村级"一事一议"范围，接受地方各级农民负担监督管理部门的检查监督。

投劳以村为单位统一组织，遵循"谁受益、谁负担"，"农民自愿、量力而行、民主决策、数量控制"的原则筹集。

投劳承诺应作为县级以上水利水土保持部门审查、审批水土保持重点工程前期工作重要依据之一，否则不予受理。

县级水利水土保持部门根据水土保持有关政策规定和工程建设需要，协助乡级人民政府指导村民委员会做好投劳承诺工作。

申报水土保持重点工程前，县级水利水土保持部门和乡级人民政府要在深入调查研究，广泛征求群众意见的基础上，制定切合实际的工程建设方案，并协助村民委员会将拟建工程的建设内容、预期效益和所需投劳数量等，以预案方式在工程受益区范围内向群众张榜公布。

预案公布后，经充分酝酿，召开村民大会或村民代表大会征求群众对工程投劳的意见。村民委员会在受益区群众签字认可投劳的基础上，出具投劳承诺书。

县级水利水土保持部门根据落实的投资计划，确定工程的投劳任务，报县级人民政府备案，下达到有关乡级人民政府，落实到各行政村。

村民委员会根据确定的投劳任务，分解到受益区农户，并张榜公布，组织实施。

投劳可按面积大小、措施难易、受益多少分担，具体办法由村民大会或村民代表大会、村民小组会议讨论决定。

由于农民外出务工等原因不能投劳的，可由他人代工，或本人出资代劳（雇工），并报乡级人民政府备案。

农民投劳数量由村民委员会或村民小组负责登记，并配合县级农民负担监督管理部门将投劳数量登记到农民负担监督卡。

村民委员会根据工程进度、劳动力承受能力，合理安排投劳，避免影响当年生产。工程竣工后，村民委员会及时将投劳的使用情况向村民张榜公布。

投劳原则上不能跨村使用，确需跨村使用投劳的，应采取借工、换工或有偿用工等形式，不得平调农村劳动力。对于跨村受益工程所需的投劳，由乡级人民政府统筹协调。

投劳严格按照批准的数额筹集，不得擅自提高标准、扩大范围；不得跨项目或结转下一个项目使用；不得挪作他用。

各级水利水土保持部门要加强对投劳的监督检查。县级水利水土保持部门要和县级农民负担监督管理部门密切协作，定期检查投劳的筹集、使用和管理情况，对检查中发现的问题，要及时处理，并将有关情况报县级政府和上级主管部门。

对于违反"一事一议"、未达到村民大会（或村民代表大会、村民小组会议）规定人数签字承诺的和未按计划完成投劳任务，影响工程进度、质量和任务完成的，省级水利水土保持部门责令限期改正。逾期不改的，停止工程实施。

15.3.2 其他对策措施

除了坚持依法行政、严格这些严格水土保持的法律法规外，做好水土保持工作还需要在以下方面努力。

一是坚持实行分区治理，分类指导。西北黄土高原区以建设稳产高产基本农田为突破口，突出沟道治理，退耕还林还草；东北黑土区大力推行保土耕作，保护和恢复植被；南方红壤丘陵区采取封禁治理，提高植被覆盖度，通过以电代柴解决农村能源问题；北方土石山区改造坡耕地，发展水土保持林和水源涵养林；西南石灰岩地区陡坡退耕，大力改造坡耕地，蓄水保土，控制石漠化；风沙区营造防风固沙林带，实施封育保护，防止沙漠扩展；草原区实行围栏、封育、轮牧、休牧，建设人工草场。

二是加强封育保护，依靠生态的自我修复能力，促进大范围的生态环境改善。按照人与自然和谐相处的要求，控制人类活动对自然的过度索取和侵害。大力调整农牧业生产方式，在生态脆弱地区，封山禁牧，舍饲圈养，依靠大自然的力量，特别是生态的自我修复能力，增加植被，减轻水土流失，改善生态环境。

三是大规模地开展生态建设工程。继续开展以长江上游、黄河中游地区以及环京津地区的一系列重点生态工程建设，加大退耕还林力度；搞好天然林保护；加快跨流域调水和水资源工程建设，尽快实施南水北调工程，缓解北方地区水资源短缺矛盾，改善生态环境；在内陆河流域合理安排生态用水，恢复绿洲和遏制沙漠化。

四是科学规划，综合治理。实行以小流域为单元的山、水、田、林、路统一规划，尊重群众的意愿，综合运用工程、生物和农业技术三大措施，有效控制水土流失，合理利用水土资源，通过经济结构、产业结构和种植结构的调整，提高农业综合生产能力和农民收入，使治理区的水土流失程度减轻，经济得到发展，人居环境改善，实现人口、资源、环境和社会的协调发展。

五是加强水土保持科学研究，促进科技进步。不断探索有效控制土壤侵蚀、提高土地综合生产能力的措施，加强对治理区群众的培训，搞好水土保持科学普及和技术推广工作。积极开展水土保持监测预报，大力应用"3S"等高新技术，建立全国水土保持监测网络和信息系统，努力提高科技在水土保持中的贡献率。

六是完善和制定优惠政策，建立适应社会主义市场经济体制要求的水土保持发展机制，明晰治理成果的所有权，保护治理者的合法权益，鼓励和支持广大农民和社会各界人士，积极参与治理水土流失。

七是加强水土保持方面的国际合作和对外交流，增进相互了解，不断学习、借鉴和吸收国外水土保持方面的先进技术、先进理念和先进管理经验，不断提高我国水土保持的科技水平。

本章参考文献：

［1］王永生：《聚焦青海土地生态六大问题》，《中国国土资源报》，2006年1月26日。
［2］水利部：2004年中国水土保持公报。
［3］水利部：水土保持重点工程农民投劳管理暂行规定。
［4］中华人民共和国水土保持法。
［5］中华人民共和国水土保持法实施条例。
［6］2004年青海省环境状况公报。

第 16 章 生态农业与农业可持续发展

在农业可持续发展中，生态农业是一种重要模式。实践证明，生态农业能够把我国农业持续发展的三个目标很好地结合起来，能够把现代农业很好地建立在生态环境良的基础上，是把现代农业与可持续发展有效结合起来的良好模式。大力发展生态农业，不断完善生态农业生产和技术体系，对实现农业可持续发展是非常重要的。

16.1 生态农业在我国的实践

我国开展生态农业研究和试点工作已有 20 多年的历史。特别是 20 世纪 90 年代以来，开展了全国生态农业县建设试点，为我国农业的可持续发展提供了一条有效的途径，也为国际上特别是为发展中国家提供了典型示范。

生态农业概念在我国的正式提出和使用是在 20 世纪 80 年代初。1980 年在银川召开的全国农业生态经济学术讨论会上，一些学者提出了"生态农业"，这是"生态农业"这一术语在我国的第一次使用。1982 年，中国农业环境保护会在四川乐山召开的综合性学术讨论会，正式向主管部门提出了发展生态农业的建议，随后国务院环境保护领导小组开始组织生态农业的试点工作。1984 年国务院《关于环境保护工作的决定》中提出，"要认真保护农业生态环境，积极推广生态农业，防止环境污染和破坏"；1985 年国务院环境委员会发出《关于发展生态农业，加强生态环境保护工作的意见》，对发展我国生态农业提出了具体要求；1991 年国家在《国民经济和社会发展十年规划和第八个五年计划纲要》中，提出"继续搞好环境治理示范工程和生态农业试点"；1992 年国家把发展生态农业作为环境与发展十大对策之一，提出要增加生态农业的投入，"推广生态农业"；1993 年国务院七部委成立了"全国生态农业县建设领导小组"，并召开了"第一次全国生态农业县建设会议"，把生态农业建设纳入了政府工作议程，作为可持续农业的一种模式，发展生态农业被写入《中国 21 世纪议程》，标志着我国生态农业建设从此纳入了政府行为；1994 年国务院批准了七部委提出的"关于加快发展生态农业的报告",要求各地积极开展生态农业建设试点工作;1996年中共中央十四届五中全会提出"大力发展生态农业";1997年《中华人民共和国国民经济和社会发展"九五"计划和2010年远景规划纲要》中,正式列入"大力发展生态农业"的内容。至此,发展生态农业作为我国实施可持续发展战略重要措施之一的政策方针得到完全确立。

我国生态农业建设由小范围试验到大面积实施,由科学家试验研究到国家政府行为,使全国各地区的生态户、生态村、生态乡、生态县蓬勃发展起来。目前,全国不同类型、不同级别的生态农业建设试点已达2000多个,全国开展生态农业建设的县已达到300多个,其中国家级生态农业试点示范县102个,省级试点示范县200多个,遍布全国30多个省、自治区、直辖市。我国已形成了以国家级试点县为主导,国家试点与省级试点相结合,生态农业县与生态农业地区相结合的全国生态农业建设网络。为适应生态农业蓬勃发展的需要,各级各地都建立起有效的组织管理体系,同时全国已有20多个省、区、市出台了《农业环境保护条例》,进一步明确了生态农业建设的职责和任务。逐步形成的以农业环境保护机构为主的国家级、省级、县级生态农业建设技术服务和监测网络,为生态农业建设提供了坚实的技术保障。

我国生态农业建设取得了显著效益。根据部分省、市、自治区生态农业试点的调查,开展生态农业建设后,粮食产量增长幅度一般均为15%以上,单产比试点前增长10%以上,人均收入水平均高于当地平均水平的12%。通过综合治理生态环境,普遍提高了森林覆盖率,有效控制了水土流失。29个试点县统计资料表明,与1990年相比,水土流失面积减少49%、土壤沙化面积减少21%、秸秆还田率增加13%、省柴节煤灶普及率达74%;废气、废水处理率及固体废弃物利用率分别提高了24%、45%和34%。生态环境的明显改善,提高了农业抗灾能力和持续发展的后劲。通过多样化宣传、培训教育及生态农业建设试点的效益,促进了农村精神文明建设,增强了广大干部和群众生态环境意识和持续发展观念。据统计,全国首批51个生态农业试点县在实施生态农业建设前的1990—1993年期间,扣除物价因素,其生产总值、农业总产值和农民人均纯收入平均年增长分别低于全国同期水平3.2、1.1和1.4个百分点,而实施生态农业的1994—1997年,平均年增长分别比前三年平均增长速度高4.7、4.5和3.3个百分点,比全国同期平均水平高出2.2、0.6和1.5个百分点。同时,试点县资源优势得到较好的发挥,农林牧渔结构趋于合理,脱贫致富步伐加快。经过几年建设,国家51个生态农业试点县的土壤沙化和水土流失得到了有效控制，其中水土流失治理率达到 73.4%，土壤沙化治理率达到 60.5%；森林覆盖率提高了 3.7 个百分点；秸秆还田率达到 49%；省柴节煤灶推广率达到 72%；废气净化率达到 73.4%；废水净化率达到 57.4%；固体废弃物利用率达到 31.9% 等。生态农业建设节省了能源，保护了植被，改善了生态环境，同时还推动了生态经济产业发展、社会文明进步。

我国生态农业建设在国际上引起高度重视。联合国环境规划署给予很高评价，环境规划署先后授予我国北京市大兴区留民营村、浙江省杭州市萧山区山一村、浙江省宁波市鄞县上李家村、江苏省泰州市河横村、安徽省颍上县小张庄村、辽宁省大洼县西安生态养殖场、浙江省奉化市滕头村等生态农业试点单环境保护"全球 500 佳"荣誉称号。

16.2 我国生态农业的基本原理

生态农业这一概念虽源自西方，但我国生态农业是对西方生态农业的扬弃。应该指出，我国的生态农业与西方发达国家在探索现代农业替代模式时提出的生态农业有着重要的区别，二者尽管名称相同，但内涵并不完全相同。西方的生态农业从一开始就强调低投入，强调化学肥料和农药的禁用，主张尽量减少各种人工投入，过分强调农业生产的生物学过程和自我维持，不再将农业的增产作为主要目标。这种思想的产生与西方现代农业的高投入及化学性投入引发的生态环境问题直接有关，但更主要的还是其倡导宁可牺牲农业生产力也追求回归自然的思想倾向在起作用。显然，牺牲农业生产力的纯粹的自然生态环境保护是没有意义的，而且这种做法因无法满足社会对农产品不断增长的需求而难以在实践中推行，所以，即使在西方国家，对这种生态农业模式也难以广泛承认和接受。我国的生态农业从一开始就强调追求高的农业生产力，追求现代化农业，主张合理的人工投入，强调产出和经济效益，兼顾生态效益与社会效益。我国生态农业基本理论认为，生态农业即不同于完全依靠内部封闭或内部物质循环的有机农业，也不同于主要依靠外部大量投入商品能量和物质的工业化农业，而是两者优缺点的扬弃。生态农业不是单纯的自然循环，而是自然、经济、社会的复合体，因而它必然是一个开放系统而不可能是一个自我维持或自给的系统。在能量和物质的利用上，我国的生态农业虽然也强调利用自然，充分发挥复合生态系统的"内循环"效应，以节省辅助能量与其他资源的投入量，但也强调要使辅助能量投入保持一定的水平，并在不损坏自然生态环境的条件下尽可能地增加农业投入水平，以获得满足社会需要的农产品供给。总之，我国农业生态体现了现代常规农业与农业可持续发展的结合，因而能够成为我国农业可持续发展的基本模式。

我国农业部等7部委在《关于加快发展生态农业的报告》中指出："我国生态农业是按照生态学和生态经济学原理，应用系统工程方法，把传统农业技术和现代先进农业技术相结合，充分利用当地自然和社会资源优势，因地制宜地规划、设计和组织实施的综合农业体系。它以发展大农业为出发点，按照整体协调的原则，实行农、林、水、牧、副、渔统筹规划，协调发展，并使各业互相支持，相得益彰，促进农业生态系统物质、能量的多层次利用和良性循环，从而实现农业持续、快速、健康发展。"这是对我国生态农业概念的基本内涵、特点和目标的概括，也是对我国学术界创立的具有中国特色的生态农业理论的总结。

我国生态农业的主要特征，概括起来主要有这样几个方面：一是我国的生态农业是从系统的思想出发，按照生态经济学的基本原理，运用系统工程方法建立起来的综合农业发展模式。二是我国的生态农业强调经济效益，追求高的农业生产收入，不排除资本和农业生产资料的大量投入，尤其是化肥和农药的投入。三是我国的生态农业包含有较为完整的生态过程，其生态效益是通过对生态过程的驾驭来实现的。即初级生产者（绿色植物），第二级农业者（各种动物）和分解者（微生物）并存，通过人为设计，理顺各级生产者之间的关系来实现生态效益目标。

我国生态农业的基本原理，马世骏教授概括为"整体、协调、循环、再生"四个方面，具体有下列十项原理：①整体效益原理；②生物与环境协同进化原理；③生物之间链索式的相互制约原理；④能量多级利用与物质循环再生原理；⑤边缘效应原理；⑥互惠共生原理；⑦相居而安原理；⑧生态位原理；⑨地域性原理；⑩限制因子作用原理。

在我国，生态农业发展源远流长，稻田养鱼、桑基鱼塘已有上千年的历史，至今仍兴盛不衰。其生命力就在于它是一个开放的、发展的技术经济模式，在生产实践中全程贯穿了资源节约和生态建设，通过不断吸纳科学最新成果和新的生产要素形成先进生产力，把绿色、无污染、安全、优质农产品作为产出目标，满足了市场多层次、多样化的需求；通过食物链的加环和生态产业链的延长，形成了"丘陵山地综合开发""庭院生态经济综合利用""农业废弃物综合利用""立体农业种养"等具有地域特色的良性循环增值的发展模式，推动了产加销贸的一体化；通过与传统农业结合运用，广泛使用免耕覆盖技术、立体种植技术、清洁生产技术；在生产和加工过程中不使用或控制使用化学农药、化肥、化学除草剂等化学合成物质；尽可能地利用当地生态系统中的可再生资源与生物能源；保持农业生态系统及其周边环境的生物多样性，保护植物和野生动物的栖息地，等等，开发利用的资源多，投资收益好，不但易于被农民接受，而且更适合我国农业生产条件多样和劳动力资源丰富的特点。经济高效、技术简便、适应性强，注定了生态农业生机旺盛。

16.3 我国生态农业的技术类型

我国生态农业适应不同地域特色，发展了不同特点的生态农业技术类型，根据一些专家的概括，主要有以下类型：

(1) 立体复合型。即利用生物群落内各层生物的不同生态位特性及互利共生关系，分层利用自然资源，以达到充分利用空间，提高生态系统光能利用率和土地生产力，增加物质生产的目的。这是一个在空间上多层次，在时间上多序列的产业结构，种植业中的间混套作、稻鱼共生，经济林中乔灌草结合以及池塘水体中的立体多层次放养等均是这种类型。

(2) 物质循环型。即模拟生态系统的食物链结构，在生态系统中建立物质的良性循环多级利用链条，一个系统排放的废物是另一个系统的投入物，废物可以循环利用，在系统内形成一种稳定的物质良性循环，达到充分利用资源，获得最大经济效益的目的，同时有效地防止了废弃物对环境的污染。

(3) 生态环境综合治理型。即采用生物措施和工程措施相结合的方法来综合治理诸如水土流失、盐碱化、沙漠化等生态恶化环境，通过植树造林，改良土壤，兴修水利，农田基本建设等，并配合模拟自然顶极群落的方式，实行乔、灌、草结合，建立多层次、多年生、多品种的复合群落生物措施，是生物技术与工程技术的综合运用。

(4) 病虫害防治型。即利用生物防治技术，选用抗病虫害品种，保护天敌、利用生物以虫或菌来防治病虫害，选择高效、低毒、低残留农药，改进施药技术等，保证农作物优质、高产、安全。

具体的生产技术，概括起来，主要侧重以下几个方面：

(1) 立体生产技术。指在农业生产中，利用生物群落内各层生物的不同生态位特性及互利共生关系，分层利用自然资源，以达到充分利用空间，提高生态系统光能利用率和土地生产力，增加物质生产的目的，这是一个在空间上多层次、在时间上多序列的产业结构。种植业中的间混套作，稻鱼共生，经济林中乔灌草结合以及池塘水体中的立体多层次放养等均属立体生产技术的应用。不仅在大田作物之间开展多熟种植和间套作，而且包括利用木本果树、林木、热带作物、牧草甚至食用菌。立体种养还利用动物，如畜禽鱼等。林地间药材、稻田养鱼、果园养茹、多层养鱼等。

(2) 有机物多层次利用技术。这种技术模拟了生态系统中的食物链结构，在生态系统中建立了物质的良性循环多级利用，一个系统的产出（废弃物）是另一个系统的投入，废弃物在生产过程中得到再次或多次利用，使系统内形成一种稳定的物质良性循环系统，这样可以充分利用自然资源，获得较大的经济效益。例如在一些生态农场，鸡的粪便喂猪，猪的粪便喂鱼（或进入沼气池），鱼塘的泥（或沼气发酵的废弃物）用于农作物的肥料，农作物的产品又是鸡、猪的饲料，如此形成良性的物质循环。

(3) 农林牧副渔业一体化，种植、养殖、加工相结合的配套生态工程技术。这是指在一定区域内，调整种、养、加的产业结构，使农林牧副渔各业合理规划、全面发展的综合生态工程技术。它要求根据各地自然资源特点，发展资源优势，以一种产业为主，带动其他产业的发展，对农村环境进行综合治理，它是当前我国生态农业建设中最重要也是最多的一种技术类型。

(4) 能源开发技术。广开途径，积极开辟新能源，解决农村能源问题，提高农业生态系统中能量流动与资源合理开发利用，促进良性循环，是生态农业建设的一个重要内容。近年来，不少农村重视利用农业废弃物进行沼气发酵，发展利用太阳灶、太阳能热水器、节柴灶、微型风力发电等，为扭转农村能源紧缺所引起的生态环境恶化实现良性循环起到辅助、推动作用。

(5) 病虫害综合防治（IPM）技术。病虫害综合防治具有保护生物多样性及改善环境的特点。目前我国主要采用抗病虫品种，保护天敌，利用生物以虫或以菌防治病虫害，选择高效、低毒、低残留农药，改进施药技术，实行轮作倒茬等，保证农作物优质、高产、安全。

(6) 维持土壤肥力的植物养分综合管理（IPNM）技术。主要包括配方施肥和合理开发使用有机肥等。

(7) 引入新品种，充实生态位技术。充实生态位是一种生物工程与生态工程结合、利用优良种质资源并通过生物技术手段选出基因优化组合新品种,再配置各自合适的生态位,有利于生产力成倍地提高。近年来,我国农村一般的作物种子趋于老化、退化。因此,本来适宜的生态位,由强转弱,只有不断更换适宜种与品种,充实到各种生态位去,才能提高系统生产力。

(8) 农业环境综合整治技术。采用了生物措施与工程措施相结合的方法来综合整治农业环境,这一方法已成功地应用于治理华南和黄土高原的水土流失、华北黄淮海平原的盐碱地和西北的沙漠化问题。广东省五华县在治理花岗岩红壤低丘的严重水土流失时,在坡面开水平梯田,竹节沟拦截表面径流,在沙坳建拦沙坝来截流水土,在坡顶和坡底开排洪沟。此外,还采用生物模拟自然顶极群落,实行乔、灌、草结合,建立多层次、多年生、多品种的复合群落。山东省陵县张西楼村在治理风沙、盐碱时,采用打浅井、开深沟、建造人工防护林;引进抗盐碱的豆科牧草发展畜牧业;种植压青绿肥增加土壤有机制;还建立桐粮、桐棉、果粮、果棉等立体配置的植被结构。

(9) 农业资源的保护与增殖技术。生物养地技术是我国传统农业的精华之一。目前采用的方法有:作物秸秆和动物粪便经堆制、沤制或经养茹、制沼气之后回田作肥;实行养地作物和耗地作物的轮作间种;采集野生绿肥、食品加工副产物、河流沉积物等,增加有机肥投入。为扩大森林的保护效应,我国实施了"三北"防护林、东南沿海防护林、长江中下游防护林建设等重大林业工程。渔业资源增殖包括在河流和近海放养鱼苗、虾苗、蟹苗,在近海建立人工鱼礁等。

(10) 小流域综合利用技术。广东省韶关市江区长坝实行"山顶种树,山腰种果,山坑养鱼"的综合利用模式。黄土高原不少地方实行"青草盖顶,林木封沟,果树缠腰,米粮铺底"的模式。

(11) 庭院资源综合利用技术。河北省农村平均每户庭院 0.03 平方公里,可利用面积 0.02 平方公里。当地庭院资源利用技术包括:种植花、果、菜、药、树的技术,养猪、鸡、牛、羊、兔、鸽的技术,开展编织、五金、皮毛生产等加工,通常还配置沼气、大棚温室、秸秆饲料、粮食储备等。在庭院形成立体配置、物质循环利用的综合生产体系。

(12) 农业副产物再利用技术。这些技术包括:利用牛粪、秸秆进行食用菌生产;利用蔗渣、茶叶进行蚯蚓生产;鸡粪、猪粪饲料化、秸秆氨化技术;利用农业有机物的沼气制造技术等。

16.4 我国生态农业发展前景与重点

随着农村全面小康社会建设进程的加快，城乡居民提高生活水平的需求，对生产环境与居住环境改善的需求，都使农产品的优质安全问题、农业与农村的生态问题变的更加突出。既要满足人口持续增长条件下的多样化的食物消费需求，保障农产品质量和食物卫生安全，恢复、维护生命支持系统，又要控制农业的污染、农村的脏乱环境，有效遏制自然资源耗竭和生态环境日益恶化的趋势，不断提高生态承载力和环境容量，这些都对发展生态农业提出了挑战也提供了机遇。建设"生产发展、生活宽裕、乡风文明、村容整洁、管理民主"的社会主义新农村建设，为生态农业发展提供了更为广阔的空间。

在理念上，我国生态农业发展应遵循以下原则：①生态规律和经济规律相结合，经济规律的作用要建立在生态规律的基础上，生态规律的作用要为经济规律的作用服务。②生态效益与经济效益相结合，追求经济效益不能以牺牲生态效益为代价，维护生态效益也不能以牺牲经济效益为代价，为了做到这一点，就需要在农业发展过程中既要尽量吸收保留自然生态系统中合理的、对人类有利的机制，又要善于采用现代科学技术上的一切成就，包括工业化农业技术体系中一切行之有效的增产措施，如合理使用化肥、（特别是高效、低毒、低残留和无公害农药）、畜禽饲料添加剂以及合适的农业机械等。③产出增加与环境改善相结合，通过科学的运行，使农业在可更新资源不断得到再生的基础上实现持续的产出增加，并使环境质量获得改善。④开放系统，即为满足不断增长着的对农产品的需求，生态农业必须是日益开放的农业，高产出和高商品率必然要求大量投入能量和物质，代表着现代农业发展趋向的生态农业，不应该成为自我维持的封闭系统。

在实践中，我国生态农业发展还要搞好四个方面的调控。

（1）生物调控。生物调控包括个体调控、种群调控和生产结构调控。个体调控主要是通过生物遗传特性的改变，使目标生物更加适应当地自然条件，更适合群体和系统的要求、更能满足人类的需要，因此，农业科研就要在选种、育种方面重点培育对环境的适应性、丰产性、抗逆性较好的优良品种。群体调控主要是调节个体与个体之间、种群与种群的关系，包括密度调节、群体种类组成的调节、种群内不同性别和年龄组成的调节等。生产结构调控主要指协调农、林、牧、渔业的种类及比例，以便最大限度地利用当地的农业自然资源和满足人们的需要。

（2）环境调控。环境调控是为了增加农业生物产量和改善农村环境质量所采取的一切改造生态环境的措施，包括土壤环境的调控（如耕地、耙地、平地、施肥培肥土壤的草田轮作等）、气候因子的调控（如植树造林、营造护林带网、人工降雨、防雹、防霜、保护地栽培等）、水的调控（如修建水利设施、防止水土流失的生物措施和工程措施等）、环境质量、庭院立体农业等。的调控（如合理使用农药、化肥、防治乡镇企业污染的危害等）。

（3）结构调控。结构调控包括平面结构调控、立体结构调控、时间结构调控和食物链结构调控。平面结构调控是指在一定生态区域内，各农业生物种群或生态类型所占面积的比例与分布特征，平面结构既要符合自然资源特点，又要能够满足社会的需要。立体结构调控在于将不同生态位和种间互补的种群巧妙的组合起来，建成多层次的生物复合群体，以充分利用自然环境资源，如山地立体农业、平原立体农业等。时间结构调控是通过生物种群的安排，使生物对环境资源的吸收转化与自然环境的时间节律保持同步协调，以提高农业对环境资源的利用率。食物链结构调控是在增加初级生产的基础上，延长食物链环节，以层层利用、多级利用光合产物，增强农业系统的稳定性。

（4）信息调控。信息调控是建立生态农业的信息系统，通过对信息的加工和使用，保证农业系统的健康运行。

在重点上，我国生态农业发展要突出以下几个方面：

（1）深化生态农业的产出定位。生态农业的最终产出无非是两类，一类是物质产品，另一类是生态环境服务。生态农业的物质产品种类很多，如粮、棉、油、肉、蛋、奶等。由于这些产品是在生态原理的指导下，在生产过程中通过降低污染、减少化学物质施用、实行清洁生产方式生产出来的，其产品基本符合具有特定市场标志又具有严格质量标准的无公害、绿色和有机产品的要求，因此，生态农业既是这三类农产品生产的基地、平台，又是具备有地理特征、增加农产品附加价值的一种生态产业模式。从服务上分析，生态农业作为一种地域内的农业生产模式，同时也是一种建立在自然生态系统基础上的季节性、周期性的景观生态，包括有海滨、内陆水域、旱地、岛屿、山地、丘陵、河谷、农田以及城郊等多种区域生态类型，蕴涵特定的美学、文化价值，这些生态农业的服务功能又可以开发为具有地理标志、经过认证、以观赏旅游为目的的服务产品。因此，生态农业提供的产品和服务应当是多样化的，发挥其功效，必须形成有地域特色的并具有市场标志和质量标准的系列化产品与服务，在生产和交换中通过不断积淀、拓展其内涵，开发品种花色，才能有效满足市场需求。

（2）推进形成区域生态农业的适度经营规模。生态农业既然有向外部输出农产品和服务的功能，就必然涉及投入产出关系，因此也就有一般生产意义上的经营规模问题，同时还有一定地域范围内的农业生态系统的服务规模问题。因此，一个地域的生态农业的生产经营规模、旅游服务规模不能过小，也不能过大，也就是要实现适度经营规模。要有针对性地研究生态农业的市场需求容量，生态农业技术、管理的流程、规程，从业人员具备的知识和技能，景观生态的美学价值的吸引力、影响力，生物多样性的保持，地方农耕历史文化的积淀，生态农业和农副产品特色加工及服务业的有机衔接等，通过综合分析，组装集成，选择出适合区域自然生态系统的适度经营规模。

（3）创建生态农业的产品和服务品牌。推进生态农业发展，不仅要生产出符合消费者需要的产品和服务，不同地区还应对地域、流域内的农业生态系统的功能，如供给功能（如粮食与水的供给）、调节功能（如调节洪涝、干旱、土地退化，以及疾病等）、支持功能（如土壤形成与养分循环等）和文化功能（如娱乐、精神、宗教以及其他非物质方面的效益）等，进行流程再造、功能组合和资源合理搭配，在不破坏原生态的基础上，强化生态设计和生态产业设计，把农业生态系统的自然调节机制与技术调控手段相结合，把原生型生态与工艺型、艺术型生态紧密结合，形成多层级的食物链、产业链，建立充分利用空间和资源的立体生态系统，并创制出具有特色优势的地域品牌，努力提高生态农业的产品和服务品牌在市场上的认知度，发挥其品牌效应，使生产者、消费者都能够从生态农业的综合功能中获益。

（4）提升生态农业的科技含量。生态农业需要投入一定量的现代科技物化产品，如肥料、饲料、农药、农膜、机械设备等。在生产中，畜禽规模饲养的粪便污染问题，过量施用化学肥料带来的土壤肥力下降、水源污染问题，饲料添加剂的毒副安全问题，畜禽水产品药物残留与卫生质量问题，农膜的白色污染问题等，会导致农业生态系统的污染、破坏。因此，如何控制生态农业的自身污染和农业的外源污染问题，消除化肥过量使用、饲料药物超标、农药残留及其有毒有害问题，处理外来生物入侵危害问题，实行有机肥料、生物肥料、生物农药的投入替代问题，以及推行清洁生产方式问题，加强对农业野生植物资源保护和利用问题，加强农业生态环境与农产品质量监管问题等，都需要用现代技术手段和科学的管理方式来解决。应着力开展生态农业的自主创新和科技集成，着眼于不同区域的资源开发、生态维护需求，以尽可能小的资源消耗和环境成本，获得尽可能大的经济和社会效益，从而使经济系统与自然生态系统的物质循环过程相互和谐，逐步建立起"产品—资源—废弃物—再生资源"的循环经济模式，促进资源的永续利用。

（5）培育生态文化。按照联合国"千年生态系统评估"项目的定义，文化功能是生态系统服务功能中的一项重要功能，它是指通过丰富精神生活、发展认知、大脑思考、消遣娱乐，以及美学欣赏等方式，而使人类从生态系统获得非物质效用与收益，主要包括生态系统的美学方面，娱乐与生态旅游方面，精神与宗教方面，故土情，文化继承，以及激励、教育功能等。生态文化是生态农业的灵魂，缺少文化的生态农业是残缺的、不健全的。在许多地方，农耕文化被引入市场，不断涌现的"生态文化节""生态文化乡"成为当地发展生态经济的产业载体和卖点。通过生态文化的积淀和生态文明的培育，使人们逐渐形成新的生态伦理观、生态道德，爱护、尊重生命和自然界，把促进人与自然和谐共处、协调发展作为首要的价值选择，养成尊重自然、爱护自然、崇尚自然的良好的社会道德风尚。

总之，生态农业作为我国农业可持续发展的基本模式，要在遵循生态规律和经济规律的条件下，在实践中不断发展，不断完善。通过生态农业的推行，实现我国现代农业的可持续发展。

本章参考文献：

[1] 王东阳等：《中国生态农业发展前景展望》，《农业展望》，2006年第1期。

[2] 金鉴明、金冬霞：《中国的生态农业》，《世界科技研究与发展》，1999年第2期。

[3] 雍兰利：《中国生态农业发展模式初探》，《青海民族学院学报（社科版）》，1999年第2期。

第 17 章 促进农业可持续发展的政策措施

在农业可持续发展中，政府发挥着重要作用。从理论上讲，生态环境的治理和维护属于经济生活中的公共产品。因此，政府有提供良好的生态环境公共产品的职责。政策手段是政府促进农业可持续发展的基本工具，要建立和完善促进农业可持续发展的政策体系，发挥政策等手段对促进农业可持续发展的作用。

17.1 促进农业可持续发展的政策手段

政府促进农业可持续发展的基本政策手段有三个：行政手段、经济手段、法律手段。

第一，行政手段的使用和优化。行政手段是指通过行政系统的上下级权威关系和服从关系，依靠行政机构，使用行政命令、指示、指令性计划和下达任务等方法，按照行政方式来管理农业生态环境。行政手段具有直接性、单一性和强制性。所谓直接性，是指它依据下级服从上级的组织原则，由上级直接指挥被管理者或各个经济组织的活动；所谓单一性，是指一般情况下，上级下达指令，对某一问题只含有一个方案，而不是同时提出几个方案供下级选择；所谓强制性，是指下级对上级的行政指令，必须绝对服从并执行。权利约束是行政手段有效性的基础和保证。在我国农业可持续发展中，行政手段已经得到较多运用，如规定乡镇企业的排污标准，淮河、太湖等水系污染限期达标，强行关闭一些污染严重的小造纸厂和小皮革厂，对一些坡耕地进行退耕还林，规定植树造林任务等。这些行政手段的使用，对农业生态环境的改善产生了较大的作用。然而，行政命令在使用过程中也存在一些问题，主要是规范不够、地方政府的保护行为较为严重、缺乏经常化和制度化的检查和监督等。

根据我国的基本国情，行政手段作为促进我国农业可持续发展的一个基本手段还应不断强化。强化的内容包括：

(1) 制定明确的行政法规条文，提高行政措施的规范性；

（2）严格行政法规条文的执行，提高行政措施的严肃性，坚决纠正地方政府为本地经济利益而对行政法规的讨价还价行为；

（3）保持行政法规的相对稳定性，当一项法规制度出来后，应在一个时期内保持相对稳定，不要频繁变动；

（4）建立严肃的检查监督制度，对行政措施的执行情况进行经常化、制度化的检查监督，对违反措施的行为要按照行政系统约束关系从严处理，不得姑息迁就。

第二，经济手段的使用和优化。经济手段是指政府依据宏观经济规律和物质利益原则，借助于经济杠杆、经济合同、经济责任、投资及物质分配等手段，诱导微观经济主体的经济行为，使其与既定的农业持续发展目标一致。经济手段的特点是物质利益的直接性和灵活性。所谓物质利益的直接性，是指任何经济手段都会直接影响到微观经济主体的物质利益，经济手段所实施的就是物质利益约束。在商品经济社会里，每一个微观经济主体都有各自的物质利益，是每一个微观主体的基本行为目标和准则，这构成经济手段有效性的基础。所谓灵活性，是指政府可以根据变化了的情况及时调整经济手段，从而使经济手段始终处于最佳的运行状态。从理论上讲，经济手段的内容，包括收费、罚款、补贴和建立市场几个方面。

收费具体包括：

（1）排污费，是对向环境排放污染物而收费，由排放污染物的数量和质量而定；

（2）用户费，是对集中处理污染物而收取的费用，收费标准根据污染物处理而定；

（3）产品费，是对在生产和消费中有污染后果或需要建立特别处理系统的产品收费，收费进入产品价格，其目的是抑制该类产品的生产和消费；

（4）管理费和为了支付环境管理工作所需开支而向管理对象收取的费用，如登记某种受管制的化学品时要收费等；

（5）差别税，是针对产品对环境可能产生的影响而设的项目，目的是使对环境有害的产品税率高，降低其竞争能力，从而抑制这些有害产品的生产，差别税在实质上类同于产品费。

补贴手段具体包括：

（1）赠款，这是当污染者采取措施以降低污染水平时，由政府提供的财政资助，这种资助无须偿还。

（2）软贷款，其利率低于市场利率，提供给那些采取措施减轻污染的经济活动者。

（3）税收减免，通过允许加速折旧或其他形式的税收见面手段，优待那些采取防治污染措施的经济活动者。

建立市场是以排污权交易为核心的经济手段，具体包括：

（1）排污权交易。即释放污染量低于政府规定的排污标准的经济活动主体，可以把它的实际排放与允许排放间的差额卖给另一个经济活动主体，买者因而可以排放高于自家排放限制的污染物，这种交易可以在市场上广泛进行。

（2）价格干预。对于某些有潜在利用价值的废弃物，要使其成为另一个经济活动主体的生产原料而得以再利用，必须要有合适的交易价格。价格过低，卖者无利可图，价格过高买者无利可图，此两种情况均无法成交，废弃物的利用受阻，而废弃物不加以处理地进入环境，则会给环境带来负影响。所以，在此情况下，政府就应该进行必要的价格干预。干预方式主要有价格补贴和限价保障两种方式，前者是在废弃物市场价格降到一定水平时，政府补贴卖者，后者则是对卖方实行最高限价。这样的干预结果，可以保证对环境有害的废弃物综合利用的市场持续存在。

（3）责任保险。经济活动主体对环境的污染行为具有一定的风险，如果造成环境污染的事故或受到政府的罚款，就要承抵一大笔治理费用，所以保险公司可以开办一个险种，或政府命令保险公司开办一种保险业务，由经济活动主体交纳一定的保险金，出事时由保险公司赔偿。这样，保险费将大致反映环境的破坏程度和治理费用。保险手段可以刺激经济活动者改善生产经营活动，降低污染水平，因为，如果它造成污染损害可能性越小交纳的保险金就可能少，到它不会造成污染时，也就不需参加该项保险了。

目前，经济手段在我国农业可持续发展及环境管理中的使用还不充分。今后，随着我国社会主义市场经济体制的进一步完善，政府应加大经济手段的使用力度，充分发挥经济手段在农业环境经济管理工作中的作用。

经济手段的优化应突出以下几点：

（1）应尽量体现污染者付费原则，这一原则要体现在上述各种经济手段的设计和运行上。

（2）应使经济手段的诱导机制重于敛资机制。经济手段与资金相联系，但不能把敛资作为经济手段的唯一目的，这样做不利于环境经济管理的高质量运行。敛资只是使经济手段发生效用的工具。所以，在任何时候，经济手段都应始终把对农业经济活动主体产生环境保护作用的刺激作用和诱导作用放在首位。

（3）尽可能降低实施环境保护经济手段的运行成本。增加一项经济手段，就要相应增加用于操作这项政策的人力、物力、财力和时间，即要发生相应的操作成本。在不少情况下，操作成本是影响经济手段出台的决定性因素。当一项经济手段的操作成本很高时，即使这种手段的效果会很好，也很难出台。西方国家把这种操作成本与期望取得的效果之间的比较结果称为"管理效率"。所以，我国农业环境经济管理经济手段的设计和运行，一定要有管理效率意识，对各种经济手段的管理效率进行分析，以选择管理效率的经济手段。从这个意义上讲，环境保护的经济手段并非越多、越细越好，要充分考虑操作成本，尽可能地降低经济手段的操作成本。

第三，法律手段的使用和优化。法律手段是政府通过立法和司法活动，对社会经济活动进行控制和监督，以规范经济活动主体的行为，使其与既定的社会经济发展目标相一致。法律手段对农业环境的经济管理，不是表现在诱导，而是表现为一种超经济的国家强制；它的核心不是物质利益，而是一种法定的、刚性的权利、责任和义务关系，虽然有的法律手段也明显的涉及物质利益，但也仅是对这种物质利益关系的确认和保护；法律手段还具有较高的稳定性，法律一旦制定出来，一般不能随意更改，可以在较长时间内反复使用。规范刚性是法律手段有效性的基础。我国农业可持续发展的法制化建设已取得可喜进步，已经颁布实施了一批资源与环境保护的法律，如《农业法》《水土保持法》《草原法》《环境保护法》《森林法》《土地管理法》《渔业法》《乡镇企业法》《动物检疫法》《水产资源保护条例》《种子管理条例》《基本农田保护条例》《基本农田保护区环境保护规程》《农药管理条例》等。这些法律的出台，对促进我国农业可持续发展和农业环境经济管理工作的开展起着重要的作用。目前存在的主要问题是，法律体系还不够健全，法律之间存在着某些冲突，有法不依、执法不严的现象比较严重。所以，我国农业环境经济管理的法律手段还必须强化。农业环境经济管理法律优化的重点，一是完善法律体系，应通过积极地细致工作，逐步建立起一套完善的农业环境保护法律体系；二是协调法律条款，尽量减少甚至消除法律之间及条款之间的冲突，法律之间要很好的协调，即不能留下"真空"地带，也不能过多的相互交叉重叠；三是加大执法力度，严格法律的执行，坚决纠正有法不依、执法不严的现象，真正确立法律手段在管理农业环境中的严肃性和权威性。

上述三个手段之间还存在着一个配合问题。行政手段、经济手段和法律手段,不仅要单独发生作用,而且要相互配合,相互协调一致,并相互补充,形成一个高效的促进农业可持续发展的政策手段体系。

17.2 促进农业可持续发展的基本对策

实施农业可持续发展战略,把现代农业的建立与生态环境的优化密切地结合起来、有机地统一起来、辩证地协调起来,需要采取如下的相应对策。

第一,把环境纳入经济大系统。传统的经济系统模型把整个经济社会看作一个系统,没有特别考虑环境与自然资源的影响。在传统经济系统模型中,有两个基本行为主体,生产者和消费者。这两个行为主体由物品市场和要素市场连接起来。一方面,生产者生产物品和服务,通过物品市场出售给消费者,消费者向生产者支付货币;另一方面,消费者通过要素市场向生产者提供劳动、土地、资本等生产要素,生产者利用这些要素从事生产活动,而向要素提供者提供报酬。这样整个经济就成为一个物品(包括服务)和货币做相反的流动并联系起来的系统。然而,这个系统未能将资源环境因素包含在内,很容易对生态环境形成忽视甚至损伤,如生产者为了产出最大化可能不顾资源的更新和环境的吸收能力并增加生产。可持续发展的核心是要把发展建立在资源环境良性循环的基础上,因此必须把资源环境因素纳入社会经济大系统。引入自然生态环境因素后,经济系统就成为整个系统的一个组成部分,经济系统与环境系统之间就形成了相互依存关系,经济发展与环境优化就有机地结合起来。

第二,兼顾农业可持续发展的三个目标。从我国的实际出发,我国农业可持续发展的目标有三个:

(1)产量目标,即提高农业的生产能力,满足居民生活和经济发展对农产品不断增加的需求。我国是一个人口大国,吃饭问题始终是第一位的问题。吃饭问题解决问题不好,整个社会稳定就实现不了。从经济发展趋势看,我国人口在未来几十年内是不断增加的趋势,2030年将可能达到16亿。人口增加会直接推动农产品需求量的增加。按现有粮食占有量计算,净增加几亿人口就会增加1500亿公斤左右的粮食占有量需求。另一方面,人均收入水平的提高,也会成为农产品需求量的增加的一个重要推动力量。随着收入水平的提高,粮食直接消费(口粮)会减少,这一趋势在我国过去的20多年已表现出来了,但粮食的间接消费即通过对动物性食品消费而派生出来的消费会增加。随着我国经济的发展，人均收入水平提高是一个必然的趋势。看来很明显，未来几十年，我国农业面临着巨大的需求压力，这是一个挑战。从资源角度上讲，未来耕地减少又是一个不可避免的趋势。这意味着，今后我国要以更少的耕地养活更多的人口，农业生产的任务是相当艰巨的。所以产量目标，即保证农产品的有效供给，满足城乡居民和经济发展对农产品的需求，是我国农业可持续发展的一个重要目标。失去了这个目标，其他任何方面都将是没有意义的。

（2）收入目标，即通过促进农村综合发展，不断增加农民收入，改进农民生活质量。农民收入的增加，是农民生活改善的基础。没有收入的不断增加，要改善农民的生活是难以做到的。农民收入状况不仅对农民生活本身有影响，而且对农业生产和国民经济有重要影响。如上所述，产量目标是我国今后农业发展的一个重要目标，而产量目标的能否顺利实现，一个重要决定性因素就是农民积极性状况，因为劳动者是生产力中最活跃的、起决定性作用的因素。农民收入状况直接影响着农民的生产积极性，收入增加缓慢则不利于调动农民的生产积极性，收入减少则会抑制农民的生产积极性。农民的收入状况还是构成农村市场容量的主要部分，只有不断增加收入，才能使农村市场充满活力，为工业和劳务产品提供不断扩大的市场，促进整个国民经济的不断增长。所以，在我国农业可持续发展过程中，不能忽略农民的收入问题，要千方百计增加农民收入。

（3）环境目标，即合理和利用保护自然资源，维护和改善生态环境。生态环境的良好状况，是农业实现可持续发展的主要基础，这是由农业是经济再生产与自然再生产的统一这一特性决定的。农业能否实现可持续发展，最根本的影响因素是自然生态环境的状况。如果自然生态环境受到破坏，农业的可持续发展就失去了基础。也就是说，建立在自然生态环境不断恶化的基础上的农业是不可能实现持续发展的。所以，维持一个良好的自然生态环境，是我国农业发展的一个重要目标。然而上述三个目标并不总是一致的，目标之间有一定的冲突关系。比如，增加粮食生产和农民收入就有可能损坏自然生态环境，正如我国传统农业改造实践所表现出来的那样。总体上讲，在可持续发展的大目标下，任何目标之间的冲突都应该依照有利于实现持续发展原则加以处理。比如，当增加粮食生产和农民收入会导致对农业生态环境的不利影响时，粮食生产和农民收入目标就应服从于环境目标。当然服从环境目标并不绝对意味着生产缩减和收入的降低，如果这样，农业在经济上不可能实现持续发展，这样的生态环境持续性是没有任何意义的。服从于环境目标的实质在于，通过调整农业生产技术的模式，使增加生产和收入的活动不对生态环境形成伤害，新技术的采用和投资的追加要注重合理开发利用和保护自然资源，维护和改善生态环境，把农业生产和经济的持续性与生态环境的持续性融合在一起。

第三，建立农业自然资源核算制度。所谓农业自然资源核算，是指对一定时间和空间内的农业自然资源，从实物、价值和质量等方面，在其真实统计和合理估价的基础上，统计、核实和测算其总量和结构变化并反映其平衡状态的工作。农业自然资源核算的内容，一是自然环境实物量核算，二是自然环境价值量核算，三是自然环境质量核算，这三个方面互为基础、互为补充，缺一不可。核算不仅包括静态意义上的存量核算，而且包括动态意义上的流量核算。显而易见，农业自然资源核算是实现农业可持续发展的一项基础工作，它有助于确定或确认自然资源的最佳或最适度的利用水平，有助于资源在代间利用的合理分配以最大限度地满足各代人的需要；有利于适量地、及时地判断在数量、质量和价值量等方面的变化，有利于分析自然资源变化的影响因素，有助于防止和纠正自然资源过度消耗的现象。所以，农业自然资源核算是保护农业自然资源、合理利用自然资源、实现农业可持续发展的重要手段。目前，我国尚未建立全面的农业自然资源核算制度。资源家底不清，对自然资源的利用动态缺乏真实的了解，不能不是我国农业生态环境趋于恶化的一个基本原因。因此，实现我国农业的可持续发展，建立系统的农业自然资源核算制度非常必要和迫切。要尽快建立和完善符合我国国情的农业自然资源核算制度，规范核算项目，调整和增设农业自然资源统计项目，如水资源及其利用、耕地质量及其变化等等，并将农业自然资源统计工作规范化、制度化，保证统计项目的系统性和相对连续性及同类农业资源统计口径的一致性。完善农业自然资源报告制度，逐步实现定期化、规范化、公开化的农业自然资源报告制度，对就农业自然资源及其利用情况进行定期发布，使资源状况社会化。

第四，建立完善促进农业节约资源的政策体系。运用经济、法律、行政、科技和教育等多种手段，推动资源节约型农业发展。要通过建立完善投入、价格、补贴等政策措施，引导、鼓励、支持农业生产经营者节约资源。完善农业投入政策，加大对农业生产基础设施的建设力度，提高农业基础设施有效传输、承载、利用农业资源的能力，形成有助于节约资源的农业生产基础设施体系。完善农业资源价格政策，提高农业资源尤其是灌溉水资源的有偿使用标准，严格对超过定额的灌溉用水实施高价，用价格杠杆调节农业生产经营者使用资源的行为。完善农业补贴政策，扩大对农民购买节水设备和实施测土配方施肥的补助规模，加大对农民开展小型农田水利基础设施建设的支持力度，对有机肥料产业发展给予必要的财政补贴或从税收、信贷、运输等环节给予扶持。完善农业生产标准化体系，加快建立以节水、节肥、节药、节地为主要内容的农业生产标准化体系，逐步在农业生产的全过程推行标准化生产。

第五，广泛培育农民的资源节约意识。农业可持续发展，离不开农民文化和科技素质的提高，离不开农民资源节约意识的树立和增强。要采取多种形式，对农民进行资源节约教育和培训，广泛普及农业科技知识，提供农业节约资源的试点示范，提高农业生产经营者节约使用资源的意识和能力，逐步使节约资源成为农业生产经营者的自觉行动。进一步整合培训资源，充分发挥农业科研、教学、推广机构的优势，发挥现有培训工程的作用，开展多层次、多渠道、多形式的农民主体培训，大力提高农民科学文化素质。加快推进农业标准化生产，制定农业标准化相关法律法规，健全农业标准，使我国主要农产品品种、生产、加工、质量、安全、包装、保鲜、贮运等方面的国家或行业标准基本配套，农产品的产前、产中、产后的每个环节都有相应的技术标准可遵循。进一步规范种植、养殖和加工行为，指导农产品生产、经营者严格按照标准组织生产和加工，科学合理使用农药、化肥、兽药、饲料等农业投入品和灌溉、养殖用水。加快推广先进的动植物病虫害综合防治技术，推广高效低残毒农药、兽药、饲料添加剂品种，推广配方施肥技术和有机肥、复混专用肥。重点抓好农产品标准化生产综合示范区、养殖小区、示范农场、无规定动物疫病区和出口农产品基地建设，发挥对农民的示范带动作用。要通过各种手段，增强农民的农业可持续发展意识，提高农民的农业可持续发展能力，为农业可持续发展创造坚实的基础。

本章参考文献：

［1］冯海发等：《结构变革与农村发展》，中国财政经济出版社，1990年版。
［2］冯海发：《我国农业环境经济管理研究》，国家自然科学基金课题研究报告，1997年。